Minister Louis Farrakhan
NATIONAL REPRESENTATIVE OF THE HONORABLE ELIJAH MUHAMMAD
AND
THE NATION OF ISLAM

**IN THE NAME OF ALLAH, THE BENEFICENT, THE MERCIFUL.
I BEAR WITNESS THAT THERE IS NO GOD BUT ALLAH AND I BEAR
WITNESS THAT MUHAMMAD IS HIS MESSENGER**

February 26, 2011

Dear Believers, the Beloved of Allah:

I am so grateful to Allah for the work of Brothers Demetric Muhammad and Ilia Rashad Muhammad for their wonderful, exhaustive work on producing this dictionary of words found in the Supreme Wisdom Lessons and 13 paragraphs of Instructions to the Laborers given by Master Fard Muhammad, the Great Mahdi.

I am pleased to offer this work as a Saviours' Day Gift to the Registered Members of the Nation of Islam along with an insert of all of the Questions and Answers of Lesson No. 1 which lays the Base of our Work in North America and throughout the World.

Best wishes for our continued success as we study and qualify ourselves for positions awaiting us.

Your Brother and Servant,

Louis Farrakhan

The Honorable Minister Louis Farrakhan
Servant to the Lost-Found
Nation of Islam in the West

HMLF/km

A Complete Dictionary of
The Supreme Wisdom Lessons

"But there is more to be understood in the words."

Brother Demetric Muhammad &
Brother Ilia Rashad Muhammad

All definitions courtesy of Collins Dictionary of The English Language unless otherwise noted.

© Copyright 2009
For Your Toolbox Publishing
Memphis, TN

Contact for Sales and Speaking Engagements
Brother Demetric Muhammad: brotherdemetric@gmail.com
Brother Rashad Muhammad: brorashad@yahoo.com

Special Thanks

All praise is due to Allah who appeared to us in the person of Master W. Fard Muhammad for his coming and raising the Most Honorable Elijah Muhammad, the Honorable Minister Louis Farrakhan and all the wonderful believers ever since it all began in 1930.

Much love and peace to Sister Tomiko my wife and life partner. Thanks to Khadir, Bilal and Elisha my children.

Thanks to Brother Ilia Rashad Muhammad and Sister Angela Muhammad for their partnership on this project. Thanks to Terrika, Kurteous, Tazia, Barak, and Kushmir, their children.

Love and Peace to Brother Marticus Muhammad and his wife Sister Nicole Muhammad. Thank you Brother Marticus for your support of the student ministers in their quest to be better representatives of the teachings through constructive critique (smile).

Thank you Sister Nicole for your help in editing and proofing.

Thanks Mom and Dad; David and Marilyn. Thanks Wendy Renee Cross (Momee) for your support and assistance.

Thanks Brother Student Minister Anthony Muhammad for your guidance and for providing ample opportunities for us to grow and develop in the ministry. We will forever be indebted to you and thank Allah for you and your family: Sister Jill, Nura, Aquil, Shaquil, and Zari.

Thanks Brother Student Captain Anthony J. Muhammad for your mentoring, encouragement and for leading by example. Thanks Brother Student Secretary Harold Muhammad for being a rock-solid example of consistency and due diligence over the years. Special Thanks Brother Student Minister Robert Muhammad of Houston, Texas, for your brotherhood, wise counsel, encouragement, enthusiasm and support. Thanks to all who shared encouragement and kindness to us during this labor of love.

Special thanks for all the material and moral support in the production of the Special Saviours' Day Gift Edition:

Publisher Honorable Minister Louis Farrakhan, Chicago, Illinois

Brother Berve Muhammad, Student National Secretary, Chicago, Illinois

Editing and Proofreading Sister Vivian X Lee, Oakland, California

Cover Design Brother Jahleel Muhammad, Detroit, Michigan

Consultant Brother Jesse Muhammad, Houston, Texas

Consultant Alan Muhammad, Springfield Massachusetts

Sister Tomiko Muhammad, Memphis, Tennessee

Sister Angela Muhammad, Memphis, Tennessee

Sister Kim Muhammad, Chicago, Illinois

The Gazebo Group for Nation of Islam Historical Research

Brother Student Minister Anthony Muhammad, Memphis Tennessee

Brother Student Minister Robert Muhammad, Houston Texas

Brother Student Minister Rodney Muhammad, Philadelphia, Pennsylvania

Brother John 8X, Philadelphia, Pennsylvania

Brother Victor Muhammad, Boston, Massachusetts

Brother Dr. Wesley Muhammad, Ann Arbor, Michigan

Brother Cedric Muhammad, Washington, D.C.

Brother Bridge Muhammad, Holly Springs, Mississippi

Brother Jackie Muhammad, Atlanta, Georgia

Brother Jehron Muhammad, Philadelphia, Pennsylvania

Brother Sultan Muhammad, Chicago, Illinois

Brother Dr. Larry Muhammad, Student National Director of Muhammad of University of Islam Chicago, Muhammad

Brother Ahmed Muhammad, Student National Minister of Information, Chicago, Illinois

Brother Dr. Ridgely Muhammad, Student National Minister of Agriculture Terrell County, Georgia

Brother Ashahed Muhammad, Assistant Editor of The Final Call Newspaper, Chicago, Illinois

Brother Kendrick Muhammad, Greenville, South Carolina

Contents

"But there is more to be understood in the words." vii

Parsing The Lessons ix

Introduction x

Dictionary Entries A-Z 17

Appendix I: A Guide To The English Language 231

Appendix II: Word Frequency Table 247

"But there is more to be understood in the words."

The following dictionary of words that make up the Supreme Wisdom Lessons is designed to be a reference and study tool for those who seek to gain deeper and deeper understanding of this profound body of knowledge affectionately referred to as simply "the lessons."

The lessons comprise the prescriptive body of Divine Wisdom that is the inheritance to all who belong to the Nation of Islam in the west. This is inclusive of the entire 30 to 40 million Blacks and Native American Indians. For it is these communities that fulfill the Bible's prophesies of a chosen people whom Allah(God) himself would give special wisdom to for the purpose of the chosen people functioning as a royal priesthood.

The chosen people, The Chosen Elect, The Body of Christ, The Righteous Ummah and The People of God are all appellations of a body of people or nation whom Allah (God) will teach and share special knowledge with. They would need that knowledge to carry out their assignment of restoring, redeeming and repairing fallen humanity. All religions for the most part seek to return man and woman to the lofty position that the scriptural Adam fell from.

This position is a state of being of oneness with (Allah)God through willful submission to Allah(God's) commandments and laws. It should be noted that the scripture's Adam did not need a prophet or intercessor. He received communication (i.e. revelation) from God directly.

Master W. Fard Muhammad is the Great Mahdi. He is a man that is the living repository and house of the ancient and modern wisdom of the Originator of the heavens and the earth-Allah. He has been described as the words of the Holy Quran clothed in flesh. His work among the down trodden Black man and woman of America fulfills much of what the Bible and Holy Qur'an says that the Messiah will do on his arrival into the world.

And despite what he means to us who believe in him, he is an extremely significant, important and somewhat hidden figure in the history of America. In today's vernacular we could describe him as a biracial Arab. He is, however, a world traveler according to the Honorable Elijah Muhammad (Pittsburgh Courier, 1957) who studied educational pedagogies of all the nations of the earth. Before sonar and science's discovery of the language of animals like dolphins, birds and primates he learned the language of birds and developed the ability to communicate with them. While most Americans remain monolingual Master Fard Muhammad arrived in America with the ability to speak 16 different languages and could write 10 of them.

Growing up in Arabia his father, a very dark-skinned Black man named Alphonso, sought priceless wisdom from every available source to teach him. His father indoctrinated him at an early age with the purpose for which he had been made and born. That purpose according to the Honorable Elijah Muhammad was to go after the lost sheep of the human family of the planet Earth. That purpose was one of redemption, justice, freedom and equality.

His purpose is important because the redemption and restoration of the lost sheep is the key to saving the American Empire or Modern Rome from what her persecution and oppression of the lost sheep has earned her.

The Bible in Daniel talks about the Babylonian Empire that had a head of gold, chest and arms of silver and among other descriptions had feet of iron mixed with miry clay. This was the weakest part of the empire. We are taught by the Honorable Elijah Muhammad that the feet represent the lost sheep-Black man and woman of America. The lost sheep don't enjoy the gold and silver and bronze that they help to produce through their slave labor. They are on the bottom. Seemingly unbeknownst to the head or powerful ruling class the condition of the feet threatens the very existence of the Empire.

So even though Master Fard Muhammad came for the lost sheep the success of his work and accomplishment of the restoration would lead to the preservation or saving of the American Empire from the doom of God's chastisement and her internal decay or rot. We are taught that he is biologically made of both Black (father) and White (mother) so that he could give justice to both peoples - justice to replace injustice.

We can see then that in his person he is a demonstration of the best of America's professed ideals. His father's sense of mission produced for him a biological make-up of biraciality, this coupled with cultural acumen gained via his travels to the nations of the earth is an indication of his appreciation and respect for the diversity of the human family. His linguistic achievements represent a very high level of intelligence and reflect the kind of academic mastery that is the natural aspiration of all in a free and pluralistic society. The willingness to learn to communicate with animal life demonstrates a respect and attitude of humaneness towards animals as creatures of God. And his work among the down-trodden Blacks are evidence of his great heart of love and compassion and concern for the proverbial "least of these."

Therefore upon a closer observation, free from the negatively biased representations of him by the mass media outlets, the American public might glean and understand from Master Fard Muhammad that which it says it seeks to produce; a diverse society where love and compassion are commonplace, a beloved home of an enlightened citizenry in pursuit of academic and its subsequent moral excellence where the poor, downtrodden, weak, infirmed and animals are respected and cared for.

Actions arising out this better understanding might help to repair the great calumny and offense that has been the case so far in America, where the true identity and purpose of Master W. Fard Muhammad have been hidden from the public. He and his messenger and representative, the Honorable Elijah Muhammad and Honorable Minister Louis Farrakhan, and their followers have been much maligned. America's wars against the Islamic world are therefore unfortunate seeing as it was Mecca, the capital of Islam, which produced Master Fard Muhammad - a Saviour and Redeemer of the Black Man and America's only hope for survival.

Parsing Apart The Lessons

The Honorable Minister Louis Farrakhan asked us to take the lessons and to parse them. Parsing means to take sentences and break them down into their constituent parts. It means to analyze the words and meaning and parts of speech. Where the lessons are concerned this is all for the purpose of gaining greater understanding so that the wisdom can be fully grasped and applied as a medicine to heal.

When we began in the Mosque in Memphis, Tennessee (Mosque No. 55) to carry out the Minister's instructions on Friday nights I noticed we all had our copy of the lessons along with some sort of dictionary so that we might look up the words that actually made up the lessons themselves. It was during this exercise that the idea came to me to do a specialized dictionary of the constituent words that make up the lessons.

In June of 2000 Jewish writer Daniel Pipes published an article on his website called How Elijah Muhammad Won. In that article Pipes cites how the name Malik had become the #1 name choice for African-American (Black) mothers naming newborn sons. Malik is Arabic for Master. It is one of the 99 names of Allah (God). It is an essential attribute that appears in the first chapter of the Holy Quran called al-Fatiha. In the collective experience of Blacks in America the word master has the negative connotation of "slave-master." Master Fard Muhammad is Master in the sense of being a supreme teacher, and one who has attained the highest level in all disciplines. He is excellence personified. He has the ability and desire to make masters out of every one of the lost sheep. But the lost sheep must submit to become initiates (students) in his classroom. The martial arts analogy is instructive to us in this case for it demonstrates that pain, perseverance, preparation, patience and prayer are all necessary and actually constitute the cost the initiate (student) pays to become a possessor of the wisdom that he master has to offer.

Master Fard Muhammad studied 42 years to come and deliver us and continued to study even after that intense preparatory period. He left for us one photograph of himself. It is of him reading the Holy Quran. We are taught that this photo means "study." The Honorable Minister Louis Farrakhan has said to me on January 20, 2011 that this photo actually means more than just "study." This photo instructs us visually of "what to study, which is the best of books, the Holy Qur'an. The Lessons are the keys to unlock the Bible and Holy Qur'an." I pray that Master Fard Muhammad, the Honorable Elijah Muhammad and the Honorable Minister Louis Farrakhan will be pleased with this effort. I pray that this modest effort will be of benefit and deemed a useful and powerful tool in the toolbox of every member of the Nation of Islam and all our suffering people.

- Brother Demetric Muhammad

Introduction
Read In The Name Of Thy Lord

The greatest of Allah's (God's) gifts is divine guidance that comes from revelation through His prophets, messengers, and scriptures. The Divine Scriptures have been revealed for the purposes of being read and understood by those who are Believers so they can successfully follow His will. Therefore, a working knowledge of language skills is required to properly understand and submit to Allah(God). Fortunately, resource tools such as dictionaries become highly conducive to properly understand any written texts, especially the word of Allah (God).

One of the first revelations of the Holy Qur'an revealed to Prophet Muhammad(PBUH) was to *"Read"*. More specifically that revelation instructs Muhammad and the Believers to *"Read In The Name of Thy Lord"* (*96:1*). This phrase suggests how the reader should approach the Holy Qur'an, which should be with the guidance of Allah (God). Similarly, the Bible encourages the Believer to study without depending solely on one's own finite understanding, but instead, one must acknowledge the superiority of God in his or her affairs (Proverbs *3:5*). These verses give readers insight concerning how to best follow the way of Allah(God).

The Bible is comprised of nearly every literary device recognized in language from similes and metaphors to synecdoches and hyperboles. Yet, many who read and believe in these scriptures are not linguistically skilled, which limits their ability to unveil the depth of what the scriptures offer. More and more it becomes evident that the Believers in Allah (God) must become proficient in language in order to understand Him. Even still, it remains apparent that a special teacher is needed to interpret these special language that permeates those scriptures. The Honorable Elijah Muhammad has proven to be such a man who has made the sacred scriptures most relevant to the Original people and their universal struggle for truth and liberation. Perhaps this is why the Holy Prophet Muhammad (PBUH) reported, *"one learned man is harder on the devil than a thousand ignorant worshipers."* In an effort to grow into the mind of Allah and simultaneously combat the workings of Satan, the Believers must become equipped in the proper study of Allah's messages, including what He revealed to The Most Honorable Elijah Muhammad. Such a divine study requires the appropriate tools and resources.

The Supreme Wisdom

The Honorable Minister Louis Farrakhan stated, *"the highest form of communication is language that is used to communicate the Wisdom of God"* (Jabril Muhammad, *2005*). Students in The Nation Of Islam recognize that wisdom via the coming of Allah in The Person of Master Fard Muhammad. His coming has been made evident through His raising of The Most Honorable Elijah Muhammad as His Messenger-Messiah, His establishment of The Nation Of Islam (N.O.I.), and His guidance through The Honorable Minister Louis Farrakhan. These are all essential factors in Allah's Divine Plan, which involve the study and implementation of The Supreme Wisdom (frequently referred to as The Lessons).

Simply put, these Lessons represent that specially coded wisdom that Allah(God) revealed to the Honorable Elijah Muhammad for the ultimate and total salvation of a people who have undergone what no other people on the earth have witnessed, The Trans-Atlantic Slave Experience.

The Supreme Wisdom is a relatively small book designated for registered members of The Nation Of Islam and is comprised of esoteric language expressed in the form of statements, questions, answers, mathematical problems, and instructions that seem to be constructed in overly-simplistic terms. Yet this seemingly simple text is packed with timeless codes of guidance and wisdom that can best be unlocked by persons for whom the book is intended. In the Bible, Jesus thanked God because He hid His wisdom from the wise and prudent and revealed it to a child-like people. Likewise, members of the N.O.I. are recipients of the divine knowledge and wisdom of God that has been kept a mystery for several million years. However, such a gift requires the responsibility of devotion to Allah's will and His Apostle, whom the students are to work with.

Necessity of This Dictionary

As a young student in the N.O.I., it would seem perplexing that The Supreme Wisdom makes several references to the English language and associates its proper usage with each student's success. Obviously there is much more to the language, words, and letters than what it seems, which should compel each student to undergo a close study of these Lessons. Therefore, students in The Nation Of Islam may greatly benefit from the use of this dictionary as a tool and resource. It is stated in The Supreme Wisdom, "*There is more to be understood in the words . . .* " Therefore, every word needs to be examined, analyzed, and studied in order to acquire the Supreme Wisdom buried in each word.

Every word is like a treasure full of precious gems, but like anything of value, work is required to harvest the hidden treasures from within. This is why dictionaries and thesauruses, are excellent resources to help yield the benefits of a given text. This may explain why the word *thesaurus* is derived from the Latin word *thēsauros*, meaning '*a treasure; a storehouse of goods*'. Thus, it is only when one is able to learn words, can he or she unlock the hidden mysteries and reap the treasures of language and wisdom.

This dictionary is a tool for enhancing study skills intended to awaken and illuminate the student into a culture of growth and development by defining each of the words listed in The Supreme Wisdom. Additionally, this dictionary offers keys to unraveling words and their deeper meanings. In a January *2005* Final Call Newspaper interview with Jabril Muhammad, The Honorable Louis Farrakhan asserted, "*The entanglement of the people is an entanglement of words, and how they perceive the meaning of those words. So, the freedom of people is the untangling of their understanding or perception of meaning, and giving them a new and better meaning of a word that they think they know or understand.*" History has also demonstrated that "controlled language" has been a major factor used to enslave the original people of the earth and is continuously used to contain and sway the masses of the people today.

Since language is essential for communication and communication is essential for teaching, learning, and growing, then anything that can limit ones ability to communicate, ultimately limits ones ability to grow. This truth is perhaps better stated in the axiom coined by Minister Farrakhan, *"He who controls the diameter of your knowledge, dictates the circumference of your activity."*

Take for example The Honorable Elijah Muhammad. Consider that this man was taught by Allah and left on a course of study whereby he developed the best understanding of words and language. Although not considered to be an eloquent orator, Muhammad was able to produce the most prolific speakers of our sojourn, notably Minister Malcolm X and Minister Louis Farrakhan. Even critics of the Nation Of Islam attribute the consciousness of Black America to the Teachings of The Honorable Elijah Muhammad. Although some refer to him as uncharismatic and inarticulate, they credit Elijah Muhammad with producing the most articulate and charismatic persons that Black America has witnessed. Such is a phenomenon that has baffled even the world of scholarship and science, especially since Muhammad's words and teachings are producing more relevance and profundity each passing day. In the case of Malcolm X, his study of the entire dictionary while incarcerated increased his ability to understand some of the profound wisdom that The Honorable Elijah Muhammad taught him. Malcolm's knowledge of words also enabled him to clearly articulate his teacher's message. Similarly, Minister Farrakhan was being specially groomed and coded to further Muhammad's mission before he even heard the message.

As a young child, Farrakhan attended some of the best public schools available, which heavily emphasized language skills and word origins. His prior knowledge and mastery of language continues to play a significant role in his ability to rebuild the work and teachings of The Most Honorable Elijah Muhammad. Minister Farrakhan has stated, *"the Word of God that came to the Honorable Elijah Muhammad was a word that was designed to fit the condition of our minds at that time, but a deeper study of that same word would disentangle us from a limited understanding of what we thought we understood when we first heard that word."* Moreover, Minister Farrakhan's mastery of language and words is partially responsible for his deeper insight of his teacher, thereby exalting him as The Most Honorable Elijah Muhammad's top student and the guide designated by Allah's Messiah for the salvation of His people.

Because of the depth and insight that Minister Farrakhan is blessed with, he is able to yield greater meaning from words than conventional dictionaries. His experiences, circumstances, and wisdom allow him to see and foresee what others are incapable of grasping. Much of this ability has to do with his knowledge with words and their relationship to his divine mission. Farrakhan has been the foremost in making practical use of The Honorable Elijah Muhammad's guidance and thereby obtained unparalleled success and protection in the face of the most overwhelming odds, even staring death right in the face. This is greatly due to the codes of wisdom that Allah has blessed him to unlock through his study and usage of the Supreme Wisdom.

Students

In a society where reading comprehension and literacy skills are dwindling, primarily among Black Youth, it becomes fundamentally necessary for a new and improved educational paradigm that starts with a new knowledge. Such knowledge can only come from outside of the present paradigm.

What Master Fard Muhammad revealed to Elijah Muhammad represents that 'outside' knowledge, which will serve as the foundational curriculum of a new education and new world order. The Supreme Wisdom Lessons also serve as the filter whereby the student can discern truth from falsehood and grow toward his or her divine potential. Perhaps this is why Master Fard Muhammad frequently referred to the Believers as students.

In traditional academic settings, the terms student and pupil have been used interchangeably. A pupil is also the dark part of the eye that helps absorb and regulate the light that is used through the eye. Likewise, the true students enrolled in this divine coursework are those who bring in the light of Allah's(God's) wisdom and act accordingly. It is also important to note that the coursework associated with the Nation Of Islam is not the same as other institutions of education or religion. Instead, the N.O.I. was established on the basics of Allah's own handy work. Plainly put, the Nation Of Islam and the Lessons are key components in the development of a new mind, a new people, and a new world based on a new idea contained in the message of Master Fard Muhammad.

Stipulative Definitions

Due to the unique purpose of this dictionary and the unique audience for whom this work is intended, certain definitions may differ from the traditional or conventional definitions found in mainstream lexicon, so stipulative definitions are used to offer clarity and a closer association to what The Supreme Wisdom acknowledges. A stipulative definition is a type of definition to which a specific meaning is given for a word or term for the purposes of argument or discussion of a given text. Certain definitions of some words and terms are given or suggested in the text of The Supreme Wisdom. For this reason, it is only appropriate to include stipulative definitions for those words that are already defined through the pages of The Supreme Wisdom.

Furthermore, stipulative definitions in academic arenas are not used to suggest that a definition is considered right or wrong; instead, such definitions are given to facilitate the reader's understanding of the text. In the case of this dictionary, those special definitions have either replaced or have been combined with the traditional ones.

Additionally, there are definitions of words that are not directly within the text of The Supreme Wisdom, but due to the relevant nature of some terms, certain words have been included. Most of these included words are closely related derivatives, cognates, or forms of words that are present in the text. Hopefully the students who use this dictionary will find each entry useful for his or her studies.

First Person Point Of View

As a student enrolled in the Nation Of Islam, as a composer of this dictionary, and as a teacher of the English Language, I have personally obtained more knowledge and insight into the English Language from The Honorable Louis Farrakhan than all my years of formal education. More intriguing is that I have greatly benefited from the words of a man who hasn't known me from a 'can of paint', which demonstrates that the wisdom that he shares is so powerful it could affect change in those who may have never gotten within a hundred yards of the man.

In high school, I failed my English Classes three consecutive years in a row. I went to summer school just to graduate on time and I barely made it in to college. Ironically, I currently teach English and Language Arts in the public high school, which seems to be a drastic change from the mind that I possessed in high school.

It was during my Freshman year in college when I first witnessed the wisdom of Farrakhan and the Nation Of Islam for myself. It just so happened that Minister Farrakhan was visiting the City of Memphis during my first college semester. Upon seeing and hearing what I and countless others witnessed was "clear truth", I sought to find the local Mosque where I later began another course of study in The Nation Of Islam. There I found a knowledge, wisdom, and understanding far superior to what I was receiving in college. The studies I began obtaining from the Mosque allowed me to challenge and defeat many of my college professors in debates, which influenced the collegiate student body to elect me as President of The Student Government Association for two consecutive years.

Having acquired many Degrees from relatively prestigious institutions of higher learning, it seemed easy to matriculate through college once being exposed to The Nation Of Islam. Yet, I would still wonder why The Supreme Wisdom makes frequent references to the English Language for us to study. It seems that the principles and rules of the English Language, its structure, its order, and development are directly applicable to the principles and rules of this divine mission. Just as one has to use language according to its rules and structures, the Believers must adhere to the divine rules and laws of Allah (God) in order to be successful. Letters and words are not to be thrown together any kind of way, but there is a structure that governs how we are to associate, pronounce, and use these units of language. Once letters and words are organized properly, it is only then can we read and obtain information and guidance. Likewise, when we as students are actively structured according to Allah's way, then and only then can we obtain the greater benefits of this divine teaching.

While there is so much to share in this regard, it seems apparent that we can began our study of The Supreme Wisdom on the foundational level, which involves defining each word and term that make up our divine text. This dictionary serves as a complementary resource for students enrolled in The Nation Of Islam, so let us be found engaging in righteousness and righteous dialogue centered around what Allah (God) Revealed to The Most Honorable Elijah Muhammad for our liberation and salvation. Remember, *"there is more to be understood in the words . . ."* May Allah bless us with His mercy, guidance, and success.

- Brother Ilia Rashad Muhammad

Dictionary Key

abbrev.	**abbreviation**
adj.	**adjective**
adv.	**adverb**
colloq.	**colloquialism**
conj.	**conjunction**
contract.	**contraction**
deter.	**determiner**
interject.	**interjection**
n.	**noun**
past part.	**past participle**
pl.	**plural**
pron.	**pronoun**
v.	**verb**

A

a (1) *n.* **1.** First letter of the alphabet. **2.** Sixth note of the diatonic scale of C major. **3.** First hypothetical person or example. **4.** Highest category. **5.** *(Algebra)* First known quantity. *ind. art.* **1.** Used when referring to someone or something for the first time in a text or conversation. **a (2) 1.** Colloquialism for first-rate, excellent, from A to B, from one place to another, from A to Z, from beginning to end. *abbr.* **1.** Ampere(s) **2.** Answer, *adj.* **1.** One, some, any. **2.** One like. **3.** One single. **4.** The same. **5.** Per. *prep.* **1.** To, towards. **2.** Doing or being. **3.** On. **4.** In.

ability *n.* **1.** Capacity or power. **2.** Cleverness, talent. -ability *suffix* Forming nouns of quality from, or corresponding to, adjectives in.

able *adj.* **1.** Having the capacity or power. **2.** Talented, clever. -ably *adv.*

about *adj.* **1.** That may or must be. **2.** That can be made the subject of. **3.** Relevant to or in accordance with. *prep.* **1a.** On the subject of. **b.** Relating to. **c.** In relation to. **2.** At a time near to. **3a.** In round. **b.** All round from a center. **4.** At points in. **5.** Carried with. **6.** Occupied with. *adv.* **1a.** Approximately. **b.** (Colloq.) in an understatement. **2.** Nearby. **3.** In every direction. **4.** On the move; in action. **5.** In rotation or succession. **6.** *Be about* Have as its essential nature, to be on the point of.

above *prep.* **1.** Over; on the top of; higher than; over the surface of. **2.** More than. **3.** Higher in rank, importance, etc., than. **4a.** Too great or good for. **b.** Beyond the reach of. *adv.* **1.** At or to a higher point; overhead. **2.** Earlier on a page or in a book. *adj.* **1.** Preceding. *n.* **1.** Preceding text above all most of all, more than anything else, above oneself, conceited, arrogant.

abroad *adv.* **1.** In or to a foreign country or countries. **2.** Widely. **3.** In circulation.

absence *n.* **1.** Being away. **2.** Time of this. **3.** Lack of, absence of mind, inattentiveness.

absent *adj.* **1.** Not present. **2.** Not existing, lacking. **3.** Inattentive. *v.* **1.** Go, or stay, away. *adv.* --absently

absolute *adj.* **1.** Complete, utter. **2.** Unconditional. **3.** Despotic. **4.** Not relative or comparative. **5a.** Syntactically independent of the rest of the sentence. **b.** Without an expressed noun or object. **6.** Final. *n.* That which can exist independently of anything else.

absolutely *adv.* **1.** Completely, utterly. **2.** In an absolute sense. **3.** *(Colloq.)* Quite so; yes.

accept *v.* **1.** Willingly receive. **2.** Answer affirmatively. **3.** Regard favorably; treat as welcome. **4.** Believe, receive as adequate or valid. **5.** Take as suitable. **6.** Undertake.

accomplish *v.* **1.** Succeed in doing; achieve, complete.

accomplished *adj.* **1.** Clever, skilled.

accomplishment *n.* **1.** Completion. **2.** Acquired esp. social; skill. **3.** Things achieved.

according *adv.* **1a.** As stated by. **b.** In proportion to. **2.** In a manner or to a degree that varies as.

account *n.* **1.** Narration, description. **2.** Arrangements at a bank etc. for depositing and withdrawing money, credit, etc. **3.** Record or statement of financial transactions with the balance. *v.* **1.** Consider as account for. **2.** Serve as or provide an explanation for. **3.** Answer for **4.** Kill, destroy, defeat. **5.** Make up a specified amount of. **6.** *By all accounts* In everyone's opinion. **7.** *Call to account* Require an explanation from. **8.** *Give a good account of oneself* Impress; be successful. **9.** *Keep account of* Keep a record of; follow closely. **10.** *Of no account* Unimportant. **11.** *Of some* *account* Important. **12. *On account*** To be paid for later; in part payment. **13. *On one's account*** On one's behalf. **14. *On account of*** Because of. **15. *On no account*** Under no circumstances. **16. *Take account of*** Consider. **17. *Turn to account*** Turn to one's advantage.

accusation *n.* Accusing or being accused.

accuse *v.* Charge with a fault or crime; blame.

act *n.* **1.** Something done; a deed. **2.** process of doing. **3.** Item of entertainment. **4.** Pretense. **5.** main division of a play, etc. **6a.** Decree of a legislative body. **b.** Document attesting a legal transaction. *v.* **1.** Behave. **2.** Perform an action or function; take action. **3.** Have an effect. **4a.** Perform a part in a play, film, etc. **b.** Pretend. **5a.** Play the part of. **b.** Perform. **c.** Portray by actions; act for, be the representative of, act of God, natural event, e.g. an earthquake. **6.** *Act up (colloq.)* Misbehave; give trouble. **7.** *Get one's act together (slang)* Become properly organized; prepare. **8.** *Put on act (colloq.)* Make pretense.

acting *n.* Art or occupation of an actor. *adj.* Serving temporarily or as a substitute.

action *n.* **1.** Process of doing or acting. **2.** Forcefulness or energy. **3.** Exertion of energy or influence. **4.** Deed, act **5a.** Series of events in a story, play, etc. **b.** *(Slang)* Exciting activity. **6.** Battle, fighting. **7a.** Mechanism of an instrument. **b.** Style of movement of an animal or human. **8.** Lawsuit. **9.** *Out of action* Not working.

actual *adj.* **1.** Existing in fact, real. **2.** Current.

add *v.* **1.** Join as an increase or supplement. **2.** Put together to find their total. **3.** Say further. **4.** *Add in* or *add up* **1.** Find the total of. **2.** Amount to. **3.** *(Colloq.)* Make sense.

advocate *n.* **1.** Person who supports or speaks in favor. **2.** Person who pleads for another, esp. in a law court. *v.* **1.** Recommend by argument.

affair *n.* **1.** Matter, concern, or thing to be attended to. **2a.** Celebrated or notorious happening. **b.** *(Colloq.)* Thing or event. **3.** Love affair. **4.** Public or private business.

afraid *adj.* **1.** Alarmed, frightened: *be afraid*. **2.** *(Colloq.)* Politely regret.

Africa *n.* The second largest continent, a southward projection of the Old World landmass divided roughly in half by the equator and surrounded by sea except where the Isthmus of Suez joins it to Asia. The original people live on this continent and they are the ones who strayed away from civilization and are living a jungle life. The original people call this continent - Asia, but the Devils call it, Africa, to try to divide them.

African *n.* **1.** Native of Africa. **2.** Person of African descent. *adj.* **1.** Of Africa.

after *prep.* **1.** Following in time, later than. **2.** In view of, in spite of. **3.** Behind. **4.** In pursuit or quest of. **5.** About, concerning **6.** In allusion to. **7.** In imitation of **8.** Next in importance to. *conj.* **1.** Later than. *adv.* **1.** Later. **2.** Behind. *adj.* **1.** Later, following. **2.** *(Naut.)* Nearer the stern. **3.** *After all* In spite of everything. **4.** *After one's own heart* To one's taste.

against *prep.* **1.** In opposition to. **2.** Into collision or in contact with. **3.** To the disadvantage of. **4.** In contrast to. **5.** In anticipation of. **6.** As a compensating factor to. **7.** In return for.

age *n.* **1.** Length of time that a person or thing has existed. **2a.** *(Colloq.)* A long time **b.** Distinct historical period. **3.** Old age. *v.* **1.** Show or cause to show signs of advancing age. **2.** Grow old. **3.** Mature. **4.** *Come of age* Reach adult status.

Agean (also Aegean) Sea *n.* A part of the Mediterranean Sea that lies between Greece and Turkey, bounded on the south by Crete and Rhodes and linked to the Black Sea by the Dardanelles, the Sea of Marmara, and the Bosporus. This sea encompasses the Island Pelan, The same that is called Patmos in the Revelations 1:9.

ago *adv.* **1.** Earlier, in the past.

agree *v.* **1.** Holds the same opinion. **2.** Consent. **3a.** Become or be in harmony. **b.** Suit. **c.** *(Gram.)* Have the same number, gender, case, or person as. **4.** Reach agreement about. **5.** Decide mutually on, be agreed, be of one opinion.

aid *n.* **1.** Helps. **2.** Person or thing that helps. *v.* **1.** Help. **2.** Promote: *in aid of.* **1.** In support of. **2.** *(Colloq.)* For the purpose of.

ailment *n.* Minor illness or disorder.

air *n.* **1.** Mixture mainly of oxygen and nitrogen surrounding the earth. **2.** Earth's atmosphere; open space in it. **3a.** Distinctive impression or manner. **b.** Pretentiousness. **4.** Tune. **5.** Light wind. *v.* **1.** Expose to fresh air or warmth to remove damp. **2.** Express and discuss publicly.

al def. art. in the Arabic language; means *the.*

Ali *n.* **1.** Fourth caliph of Islam, considered the first caliph by the Shiites: cousin and son-in-law of Muhammad. **2.** One of the 99 attributes of Allah in Islam meaning *the Most High.*

Ali, Mr. A. *n.* A man mentioned in *The Supreme Wisdom, Problem Book* who wants to know the answers to *Problems 11* and *17.* The name Ali means *most high* in Arabic.

alike *adj.* **1.** Similar, like. *adv.* **1.** In a similar way.

all *deter..* **1.** Whole amount, quantity, or extent of. **2.** Any; whatever. **3.** Greatest possible. *n.* **1.** All concerned, everything **2a.** The whole of. **b.** Every one of. **3.** One's whole strength or resources. **4.** Each. *adv.* **1.** Entirely, quite. **2.** To that or the utmost extent. **3.** *All along* From the beginning. **4.** *All in all* Everything considered. **5.** *All manner of* Every kind of. **6.** *All of a sudden* Suddenly. **7.** *All one* A matter of indifference. **8.** *All out* Using all one's strength. **9.** *All over* **a.** Completely finished. **b.** In or on all parts of. **10.** *All right* Satisfactory; safe and sound; in good condition. **11.** Satisfactorily. **12.** *In all respects* For each person all the same.

Allah *n.* **1.** The ancient and proper name of the one true God; Supreme Being; the Sender of all Prophets and revealer of all truth; the Muslim name for God that encompasses all the names of God.

allegiance *n.* **1.** Loyalty. **2.** The duty of a subject.

allow *v.* **1.** Permit. **2.** Assign a limited amount etc. **3.** Provide or set aside for a purpose; add or deduct in consideration.

Almighty *adj.* **1.** Having complete power. **2.** God.

along *prep.* Beside or through the length of. *adv.* **1.** Onward, into a more advanced state. **2.** With oneself or others. **3.** Beside or through part or the whole length of a thing, along with in addition to; together with.

already *adv.* **1.** Before the time in question. **2.** As early or as soon as this.

also *adv.* In addition, besides.

always *adv.* **1.** At all times; on all occasions. **2.** Whatever the circumstances. **3.** Repeatedly, often.

America *n.* **1.** Short for the United States of America. **2.** The American continent, including North, South, and Central America. Also called: *the Americas.*

America (North America) *n.* A continent comprising the northern half of the American landmass, connected to South America by the Isthmus of Panama. It contains Canada, the U.S., Mexico, the countries of Central America, and usually Greenland. An Italian explorer, Amerigo Vespucci, was the one person for whom North and South America was named after.

among *prep.* **1.** Surrounded by, with. **2.** Included in. **3.** In the category of. **4a.** Between; shared by. **b.** From the joint resources of. **5.** With one another.

amount *n.* Quantity, esp. a total in number, size, value, extent, etc. *v.* Be equivalent to in number, significance, etc.

an *ind. art. deter.* A form of *a*, used before an initial vowel sound.

> USAGE: *An* was formerly often used before words that begin with *h* and are unstressed on the first syllable: *an hotel; an historic meeting.* Sometimes the initial *h* was not pronounced. This usage is now becoming obsolete.

analysis *n.* **1a.** Detailed examination of elements or structure. **b.** Statement of the result of this. **2.** Determination of the constituent parts of a mixture or compound. **3.** Psychoanalysis.

and *conj.* **1a.** Connecting words, clauses, or sentences, to be taken jointly. **b.** Implying progression. **c.** Implying causation. **d.** Implying great duration. **e.** Implying a great number. **f.** Implying addition. **g.** Implying variety.

and/or *conj.* Either or both of two stated alternatives.

angel *n.* **1.** One of a class of spiritual beings attendant upon God. In medieval angelology they are divided by rank into nine orders: seraphim, cherubim, thrones, dominations, virtues, powers, principalities, archangels, and angels. **2.** A divine messenger from God. **3.** A guardian spirit. **4.** A conventional representation of any of these beings, depicted in human form with wings. **5.** A person, esp. a woman, who is kind, pure, or beautiful. **6.** An investor in a venture, esp. a backer of a theatrical production.

animal *n.* **1.** Living organism, esp. other than man, which feeds and usu. has sense-organs and a nervous system and can move quickly. **2.** Brutish person. *adj.* **1.** Of or like an animal. **2.** Bestial, carnal.

annual *adj.* **1.** Reckoned by the year. **2.** Occurring yearly. **3.** Living or lasting a year. *n.* **1.** Book etc. published yearly. **2.** Plant that lives only a year. **--annually** *adv.*

another *adj.* **1.** An additional; one more. **2.** Person like. **3.** A different. **4.** Some other. *pron.* **1.** Additional, other, or different person or thing.

answer *n.* **1.** Something said or done in reaction to a question, statement, or circumstance. **2.** Solution to a problem. *v.* **1.** Make an answer or response. **2.** Suit **3.** Be responsible. **4.** Correspond, esp. to a description. **5.** *Answer back* Answer insolently.

any *adj.* **1a.** One, no matter which, of several. **b.** Some, no matter how much or many or of what sort. **2.** A minimal amount of. **3.** Whichever is chosen. **4.** An appreciable or significant. *pron.* **1.** Any one. **2.** Any number or amount. *adv.* **1.** At all.

anyone *pron.* **1.** Anybody.

> USAGE: Anyone is written as two words to emphasize a numerical sense, as in any one of us can do it.

anything *pron.* **1.** Anything; thing of any sort.

apart *adv.* **1.** Separately, not together. **2.** Into pieces. **3.** To or on one side. **4.** To or at a distance: *apart from.* **1.** Excepting, not considering. **2.** In addition to.

apostle *n.* **1.** A chief disciple of Jesus the Christ. **2.** A vigorous and pioneering advocate or supporter of a particular policy, idea, or cause. **3.** A divine messenger or representative. **4.** Leader, esp. of a new movement.

appearance *n.* **1.** Act of appearing. **2.** Outward form as perceived. **3.** Semblance. **4.** *Keep up appearances* Maintain an impression or pretense of virtue, affluence, etc. **5.** *Make an appearance* Be present, esp. briefly.

application *n.* **1.** Formal request. **2.** Act of applying. **3.** Substance applied. **4a.** Relevance. **b.** Use. **5.** Diligence.

approval *n.* 1. Approving. 2. Consent; favorable opinion on.

approve *v.* 1. Confirm, sanction. 2. Regard with favor.

approximate *adj.* 1. Fairly correct, near to the actual. *v.* 1. Bring or come near, approximately.

Arabia *n.* A peninsula in the Far East that is bordered by the Indian Ocean on the south. The Root of Civilization is in the Arabian Desert. Arabia is where the Original Man kept the Best Part preserved for himself ever since he made it. The Best Part of the earth is in Arabia, at the Holy City (Mecca). Area: about 2,600,000 sq. km.

Arabian *adj.* 1. Of or relating to Arabia *n.* 1. Native of Arabia.

USAGE: In the sense 'native of Arabia', the usual term is now Arab.

are *v.* 1. 2nd person singular, present and 1st, 2nd, 3rd plural present of *be*.

area *n.* 1. Metric unit of measure, 100 square meters. 2. Extent or measure of a surface. 3. Region. 4. Space for a specific purpose. 5. Scope or range. 6. Space in front of the basement of a building.

argument *n.* 1. Exchange of views, dispute 2. Reason given; reasoning process 3. Summary of a book etc.

Ariel *n.* The smallest of the four large satellites of Uranus.

arise *v.* 1. Originate. 2. Result. 3. Come to one's notice; emerge. 4. Rise, esp. from the dead or from kneeling.

arose *past tense* of **arise**

around *adv.* 1. On every side; all round; round about. 2a. *(Colloq.)* In existence; available. b. Near at hand. 3. Here and there. *prep.* 1. On or along the circuit of. 2. On every side of. 3. Here and there; in or near. 4a. Round. b. At a time near to, have been around. 5. *(Colloq.)* Be widely experienced.

as (1) *conj.* While, when, at the time that, in the way that, that which, what, of. **as (2)** *n.* Roman copper coin.

ascend *v.* 1. Move or slope upwards, rise. 2. Climb, go up. 3. *Ascend the throne* Become king or queen.

Asia *n.* 1. The original name of the entire planet earth, the home of the Original Man. 2. The largest of the continents, bordering on the Arctic Ocean, the Pacific Ocean, the Indian Ocean, and the Mediterranean and Red Seas in the west. It includes the large peninsulas of Asia Minor, India, Arabia, and Indochina and the island groups of Japan, Indonesia, the Philippines, and Ceylon; contains the mountain ranges of the Hindu Kush, Himalayas, Pamirs, Tian Shan, Urals, and Caucasus, the great plateaus of India, Iran, and Tibet, vast plains and deserts, and the valleys of many large rivers including the Mekong, Irrawaddy, Indus, Ganges, Tigris, and Euphrates. Pop.: 3, 589, 233 000. Area: 44, 391 162 sq. km.

Asiatic *adj.* 1. Relating to or deriving from Asia or the Original People of the planet earth. 2. Asian.

ask *v.* 1. Call for an answer to or about. 2. Seek to obtain from someone. 3. Invite. 4. Seek to obtain, meet, or be directed to. 5. *Ask after* Inquire about. 6. *Ask for it (slang)* Invite trouble.

assignment *n.* 1. Something that has been assigned, such as a mission or task. 2. A position or post to which a person is assigned. 3. The act of assigning or state of being assigned. 4a. The transfer to another of a right, interest, or title to property, esp. personal property: *assignment of a lease.* b. The document effecting such a transfer. c. The right, interest, or property transferred. 5. The transfer, esp. by an insolvent debtor, of property in trust for the benefit of his creditors. 6. A function that associates specific values with each variable in a formal expression. 7. A system whereby a convict could become the unpaid servant of a freeman.

astronomy *n.* The scientific study of the individual celestial bodies and of the universe as a whole. Its various branches include astrometry, astrodynamics, cosmology, and astrophysics.

at *prep.* **1.** Expressing position. **2.** Expressing a point in time. **3.** Expressing a point in a scale. **4.** Expressing engagement in an activity etc. **5.** Expressing a value or rate. **6a.** With or with reference to. **b.** By means of. **7.** Expressing motion or aim towards. **8.** *At it* Engaged in an activity; working hard.

Atlantic *adj.* Of or adjoining the ocean between Europe and Africa to the east and America to the west.

Atlantic Ocean *n.* The ocean that lies between Europe and Africa on the east and North and South America on the west. It is divided by the equator into the North Atlantic and the South Atlantic oceans. The Atlantic Ocean covers 41,321,000 square miles.

atmosphere *n.* **1a.** Gases enveloping the earth, any other planet, etc. **b.** Air in a room etc., esp. if fetid. **2.** Pervading tone or mood of a place, situation, or work of art. **3.** Unit of pressure equal to mean atmospheric pressure at sea level, 101,325 pascals.

atom *n.* **1a.** The smallest quantity of an element that can take part in a chemical reaction. **b.** This entity as a source of nuclear energy the power of the atom. **2.** Any entity regarded as the indivisible building block of a theory. **3.** The hypothetical indivisible particle of matter postulated by certain ancient philosophers as the fundamental constituent of matter. **4.** A very small amount or quantity; minute fragment: *to smash something to atoms; There is not an atom of truth in his allegations.*

attract *v.* **1.** To draw to oneself by conspicuous behavior or appearance. **2.** To exert a force on that tends to cause an approach or oppose a separation. **3.** To possess some property that pulls or draws towards itself. **4.** To exert a pleasing, alluring, or fascinating influence.

average *n.* **1.** Usual amount, extent, or rate. **2.** Amount obtained by adding two or more numbers and dividing by how many there are. **3.** Ratio obtained by subtracting the initial from the final value of each element of the ratio. *adj.* **1a.** Usual, ordinary. **b.** Mediocre. **2.** Constituting an average. *v.* **1.** To calculate or estimate the average of. **2.** Estimate the average of. **3.** *Average out* Result in an average. **4.** *Law of averages* Principle that if one of two extremes occurs the other will also. **5.** *On average* As an average rate or estimate.

await *v.* **1.** Wait for. **2.** Be in store for.

awake *v.* **1.** Cease to sleep or arouse from sleep. **2.** Become or make alert, aware, or active. *pred. adj.* **1.** Not asleep. **2.** Alert, aware.

awaken *v.* Awake.

USAGE: *Awake* and *awaken* are interchangeable but *awaken* is much rarer than *awake* as an intransitive verb.

away *adv.* **1.** To or at a distance from the place, person, or thing in question. **2.** Into non-existence. **3.** Constantly, persistently. **4.** Without delay. *attrib. adj.* **1.** Sport not played on one's own ground. *n.* **1.** *(Sport)* Away match or win.

Azhar, University of *n.* One of the oldest learning institutions on the earth located in Cairo, Egypt.

B

n. **1.** Second letter of the alphabet. **2.** *(Music)* Seventh note of the diatonic scale of C major. **3.** Second hypothetical person or example. **4.** Second highest category. **5.** *(Algebra)* Second known quantity.

baby *n.* **1.** Very young child. **2.** Childish person. **3.** Youngest member of a family etc. **4a.** Very young animal. **b.** Small specimen. **5.** *(Slang)* Sweetheart. **6.** One's special concern etc. *v.* **1.** Treat like a baby; pamper, babyhood.

back *n.* **1a.** Rear surface of the human body from shoulder to hip. **b.** Upper surface of an animal's body. **2.** Back like surface. **3.** Reverse or more distant part. **4.** Defensive player in football etc. *adv.* **1.** To the rear. **2.** In or into a previous state, place, or time. **3.** At a distance. **4.** In return **5.** In check. *v.* **1a.** Give moral or financial support to. **b.** Bet on. **2.** Move backwards. **3a.** Put or serve as a back, background, or support to. **b.** *(Music)* Accompany. **4.** Lie at the back of. **5.** Move anticlockwise. *adj.* **1.** Situated to the rear; remote, subsidiary. **2.** Past; not current. **3.** Reversed. **4.** *Back and forth* To and fro. **5.** *Back down* Withdraw from confrontation. **6.** *The back of* Beyond; very remote place.

balance *n.* **1a.** Even distribution of weight or amount. **b.** Stability of body or mind. **2.** Apparatus for weighing, esp. one with a central pivot, beam, and two scales. **3a.** Counteracting weight or force. **b.** Regulating device in a clock etc. **4.** Decisive weight or amount. **5a.** Agreement or difference between credits and debits in an account. **b.** Amount still owing or outstanding. **c.** Amount left over. **6a.** Art harmony and proportion. **b.** *(Music)* Relative volume of sources of sound. **7.** Zodiacal sign or constellation: Libra. *v.* **1.** Bring into, keep, or be in equilibrium. **2.** Offset or compare with another. **3.** Counteract, equal, or neutralize the weight or importance of. **4.** Make well-proportioned and harmonious. **5a.** Compare and esp. equalize the debits and credits of. **b.** Have credits and debits equal. **6.** *In the balance* Uncertain; at a critical stage. **7.** *On balance* All things considered.

base (1) *n.* **1a.** Part supporting from beneath or serving as a foundation. **b.** Notional support or foundation. **2.** Principle or starting-point. **3.** *(Esp. Military)* Headquarters. **4.** Main or important ingredient. **5.** Number in terms of which other numbers or logarithms are expressed. **6.** Substance capable of combining with an acid to form a salt. **7.** *(Baseball)* Each of the four stations on a pitch. *v.* **1.** Found or establish. **2.** Station. *adj.* **1.** Cowardly, despicable. **2.** Menial. **3.** Alloyed. **4.** Low in value.

be (1) *v.* **1.** Exist, live. **2a.** Occur; take place. **b.** Occupy a position. **3.** Remain, continue. **4a.** Linking subject and predicate, expressing. **b.** Identity. **c.** Condition. **d.** State or quality. **e.** Opinion. **f.** Total. **g.** Cost or significance. **5a.** With a *past participle* to form the passive. **b.** With a *present participle* to form continuous tenses. **5c.** With an *infinitive* to express duty or commitment, intention, possibility, destiny, or hypothesis. **6.** *Be at* Occupy oneself with. **7.** *Be off (colloq.)* Go away; leave-to-be of the future.

be (2) *prefix* forming verbs **1a.** All over; all round. **b.** Thoroughly, excessively. **2.** Expressing transitive action. **3.** Expressing transitive action. **4a.** Affect with. **b.** Treat as. **c.** Having.

beast *n.* **1.** Animal, esp. a wild mammal. **2a.** A brutal person. **b.** Objectionable person or thing. **3.** The animal nature in man.

beat *v.* **1a.** Strike persistently and violently. **b.** Strike repeatedly. **2.** Pound or knock repeatedly. **3a.** Overcome; surpass. **b.** Be too hard for; perplex. **4.** Whisk vigorously. **5.** Shape by blows. **6.** Pulsate rhythmically. **7a.** Indicate by tapping etc. **b.** Sound by striking a drum etc. **8.** Move or cause to move up and down. **9.** Make by trampling. **10.** Strike to rouse game. *n.* **1a.** Main accent in music or verse. **b.** Rhythm indicated by a conductor. **c.** Strong rhythm. **2a.** Stroke or blow or measured sequence of strokes. **b.** Throbbing movement or sound. **3a.** Police officer's route or area. **b.** Person's habitual round. *pred. adj.* **1.** *(Slang)* Exhausted, tired out. **2.** *Beat about the bush* Not come to the point. **3. *Beat the bounds*** Mark parish boundaries by striking certain points with rods. **4. *Beat down* a.** Cause to lower the price by bargaining. **b.** Strike to the ground. **c.** Shine or fall relentlessly. **5. *Beat it*** Go away. **6. *Beat off*** Drive back. **7. *Beat a person to it*** Arrive or do something before another person. **8. *Beat up*** Beat, esp. with punches and kicks.

beautiful *adj.* **1.** Having beauty, pleasing to the eye, ear, or mind, etc. **2.** Pleasant, enjoyable. **3.** Excellent. --**beautifully** *adv.*

beauty *n.* **1.** Combination of shape, color, sound, etc., that pleases the senses. **2a.** *(Colloq.)* Excellent specimen. **b.** Attractive feature; advantage. **3.** Beautiful woman.

became *past tense* of **become**

because *conj.* **1.** For the reason that; since. **2. *Because of*** On account of; by reason of.

become *v.* **1.** Begin to be. **2a.** Look well on; suit. **b.** Befit, become of, happen to.

bed *n.* **1.** Piece of furniture for sleeping on. **2.** Any place used for sleep or rest. **3.** Garden plot, esp. for flowers. **4a.** Bottom of the sea, a river, etc. **b.** Foundations of a road or railway. **5.** Stratum, layer. *v.* **1.** Put or go to bed. **2.** Plant in a garden bed **3.** Cover up or fix firmly. **4.** Arrange as a layer. **5. *Go to bed.*** **1.** Retire; to sleep.

bedtime *n.* **1.** The time when one usually goes to bed.

been *past part.* of **be**

before *conj.* **1.** Earlier than the time when. **2.** Rather than that. *prep.* **1.** Earlier than. **2a.** In front of, ahead of. **b.** In the face of. **c.** Awaiting **3.** Rather than. **4a.** In the presence of. **b.** For the attention of. *adv.* **1.** Previously; already. **2.** Ahead. **3.** On the front.

beg *v.* **1a.** Ask for. **b.** Live by begging. **2.** Ask earnestly, humbly, or formally. **3.** Take leave. **4.** Ask to be excused from something. **5.** Get excused a penalty etc. **6. *Beg the question*** Assume the truth of a proposition needing proof. **7. *Go begging*** Be unwanted or refused.

begin *n.* **1.** Existence. **2.** Nature or essence. **3.** Person or creature. *v.* **1.** Perform the first part of; start. **2.** Come into being. **3.** Start at a certain time. **4.** Be begun. **5a.** Start speaking. **b.** Take the first step, be the first. **6.** *(Colloq.)* Show any likelihood.

beginning *n.* **1.** Time or place at which anything begins. **2.** Source or origin. **3.** First part.

believe *v.* **1.** Accept as true or as conveying the truth. **2.** Think, suppose. **3a.** have faith in the existence of. **b.** Have confidence in. **c.** Have trust in as a policy. **4.** Have faith. --**believable** *adj.*, --**believer** *n.*

belong *v.* **1a.** Be the property of. **b.** Be correctly assigned to. **c.** Be a member of. **2.** Fit socially. **3.** Be correctly placed or classified.

belonging *n.* Secure relationship; affinity.

benefit *n.* **1.** Favorable or helpful factor etc. **2.** Insurance or social security payment. **3.** Public performance or game in aid of a charitable cause etc. *v.* **1.** Help; bring advantage to. **2.** Receive benefit: the benefit of the doubt; concession that a person is innocent, correct, etc., although doubt exists.

besides *prep.* In addition to; apart from. *adv.* also; moreover.

best *adj.* **1.** Of the most excellent or desirable kind. *adv.* **1.** In the best manner. **2.** To the greatest degree. **3.** Most usefully. *n.* **1.** That which is best. **2.** Chief merit or advantage. **3.** Winning majority of. **4.** One's best clothes. *v.* **1.** *(Colloq.)* Defeat, outwit, outbid, etc. **2. *At best*** On the most optimistic view. **3. *Do one's best*** Do all one can. **4. *Get the best of*** Defeat, outwit. **5. *Had best*** Would find it wisest to. **6. *Make the best of*** Derive what limited advantage one can from.

Bible *n.* **1.** Part of the divinely revealed scriptures of God consisting of numerous books from various prophets, messengers, and sages. **2.** Any particular copy, edition, or translation of the Bible.

big *adj.* **1a.** Of considerable size, amount, intensity, etc. **b.** Of a large or the largest size. **2.** Important. **3.** Adult, elder. **4a.** *(Colloq.)* Boastful. **b.** Often iron, generous **c.** Ambitious. **5.** Advanced in pregnancy. *adv. (Colloq.)* Impressively or grandly; in a big way. **2.** *(Colloq.)* With great enthusiasm, display, etc.

billion *n.* **1.** A thousand million. **2.** *(Colloq.)* A very large number.

bill (1) *n.* **1.** Statement of charges for goods or services. **2.** Draft of a proposed law **3.** Poster, placard. **4.** Program of entertainment. **5.** U.S. banknote. *v.* **1.** Send a statement of charges to. **2.** Put in the program; announce. **3.** Advertise as. **bill (2)** *n.* **1.** Bird's beak. **2.** Narrow promontory. **bill (3)** *n.* **1.** *(Historical)* Weapon with a hooked blade.

bind *v.* **1.** Tie or fasten tightly. **2.** Restrain forcibly. **3.** Cohere. **4.** Compel; impose a duty on. **5a.** Edge with braid etc. **b.** Fasten in a cover. **6.** Constipate. **7.** Ratify. **8.** Bandage. *n.* **1.** *(Colloq.)* Nuisance; restriction. **2.** *Bind over law* Order to do something, esp. keep the peace.

birth *n.* **1.** Emergence of a baby or young from its mother's body. **2.** Beginning. **3a.** Ancestry. **b.** High or noble birth; inherited position. **4.** *Give birth to* Produce. **5.** Be the cause of.

Black *adj.* **1.** Of the very darkest color; the opposite of white; original. **2.** Of any human group having dark-colored skin, esp. of aboriginal ancestry. **3.** Heavily overcast. **4.** Angry; gloomy. **5.** Implying disgrace etc. **6** Wicked, sinister, deadly. **7.** Portending trouble. **8.** Comic but sinister. **9.** Without milk. **10.** Boycotted, esp. by a trade union, in a strike etc. *n.* **1.** The essence from whence all color is derived. **2.** A member of a dark-skinned people, especially one of Aboriginal ancestry. **3.** A black piece, ball, etc. **4.** Credit side of an account. *v.* **1.** Make black.

blind *v.* **1.** Deprive of sight. **2.** Rob of judgment; deceive; overawe. **3.** *(Slang)* Go recklessly. *n.* **1.** Screen for a window; awning. **2.** Thing used to hide the truth. **3.** Obstruction to sight or light. **blind** *adj.* **1.** Unable to see; sightless. **2.** Unable or unwilling to understand or discern. **3.** Not based on evidence or determined by reason: *blind hatred.* **4.** Acting or performed without control or preparation. **5.** Done without being able to see, relying on instruments for information. **6.** Hidden from sight: *a blind corner; a blind stitch.* **7.** Closed at one end: *a blind alley* **8.** Completely lacking awareness or consciousness: *a blind stupor.* **9.** Very drunk. **10.** Having no openings or outlets: *a blind wall.* **11.** Without having been seen beforehand: *a blind purchase.* **12.** Having failed to produce flowers or fruits. **13.** *Turn a blind eye* To disregard deliberately or pretend not to notice. *adv.* **1.** Without being able to see ahead or using only instruments to: *drive blind; flying blind.* **2.** Without adequate knowledge or information; carelessly: *to buy a house blind.* **3.** *Bake blind* To bake by half filling with dried peas, crusts of bread, etc. *v.* **1.** To deprive of sight permanently or temporarily. **2.** To deprive of good sense, reason, or judgment. **3.** To darken; conceal. **4.** To overwhelm by showing detailed knowledge: *to blind somebody with science.* **5.** To drive very fast. **6.** To curse. *n.* **1.** For or intended to help the blind: *a blind school.* **2.** A shade for a window, usually on a roller. **3.** Any obstruction or hindrance to sight, light, or air. **4.** A person, action, or thing that serves to deceive or conceal the truth. **5.** A person who acts on behalf of someone who does not wish his identity or actions to be known. **6.** A screen of brush or undergrowth, in which hunters hide to shoot their quarry. **7.** A round or demolition charge that fails to explode. --**blindly** *adv.,* **blindness** *n.*

blood *n.* **1.** Usually red fluid circulating in the arteries and veins of animals. **2.** Bloodshed, esp. killing. **3.** Passion, temperament. **4.** Race, descent, parentage. **5.** Relationship; relations.

bond *n.* **1.** Something that binds, fastens, or holds together, such as a chain or rope. **2.** Something that brings or holds people together; tie: *a bond of friendship.* **3.** Something that restrains or imprisons; captivity or imprisonment. **4.** Something that governs behavior; obligation; duty. **5.** A written or spoken agreement, esp. a promise: *marriage bond.* **6.** Adhesive quality or strength. **7.** A certificate of debt issued in order to raise funds. It carries a fixed rate of interest and is repayable with or without security at a specified future date. **8.** A written acknowledgment of an obligation to pay a sum or to perform a contract. **9.** A policy guaranteeing payment of a stated sum to an employer in compensation for financial losses incurred through illegal or unauthorized acts of an employee. **10.** Any of various arrangements of bricks or stones in a wall in which they overlap so as to provide strength. **11.** *In bond* Deposited in a bonded warehouse. *v.* **1.** To hold or be held together, as by a rope or an adhesive; bind; connect. **2.** To join together such that they are electrically interconnected. **3.** To put or hold in bond. **4.** To place under bond. **5.** To issue bonds on; mortgage. **6.** To arrange in a bond.

bone *n.* **1.** Any piece of hard tissue making up the skeleton in vertebrates. **2a.** Skeleton, esp. as remains. **b.** Body. **3.** Material of bones or similar material, e.g. ivory. **4.** Thing made of bone. **5.** Essentials. **6.** Strip of stiffening in a corset etc. *v.* **1.** Remove the bones from. **2.** Stiffen with bone etc. **3.** *Have a bone to pick* Have cause for dispute. **4.** *Make no bones about* Be frank about.

book *n.* **1a.** A written or printed work with pages bound along one side. **b.** Work intended for publication. **2.** Bound blank sheets for notes, records, etc. **3.** Bound set of tickets, stamps, matches, etc. **4.** Set of records or accounts. **5.** Main division of a large literary work. **6.** Telephone directory. **7.** *(Colloq.)* Magazine. **8.** Libretto, script, etc. **9.** Record of bet. *v.* **1a.** Reserve in advance. **b.** Engage. **2.** A take; the personal details of. **b.** Enter in a book or list. **3.** Buy tickets in advance. **4.** *Go by the book* Proceed by the rules. **5.** *In a person's good* In favor with a person.

border *n.* **1.** Edge or boundary, or the part near it. **2a.** Line or region separating two countries. **b.** Boundary between Scotland and England, or N. Ireland and the Irish Republic. **3.** *(Esp. ornamental)* Strip round an edge. **4.** Long narrow flower-bed. *v.* **1.** Be a border to. **2.** Provide with a border. **3a.** Adjoin; come close to being. **b.** Resemble.

born *adj.* **1.** Existing as a result of birth. **2a.** Of natural ability or quality. **b.** Destined. **3.** Of a certain status by birth.

bought *v. past tense* and *past part.* of **buy**

boy *n.* **1.** Male child, son. **2.** Young man. **3.** Male servant etc.

brain *n.* **1.** Organ of soft nervous tissue in the skull of vertebrates, the centre of sensation and of intellectual and nervous activity. **2a.** *(Colloq.)* Intelligent person. **b.** Intelligence. **3.** *(Colloq.)* Cleverest person in a group; mastermind. **4.** Electronic device functioning like a brain. *v.* **1.** *Dash out the brains of* (colloq.) Strike hard on the head. **2.** *On the brain* Obsessively in one's thoughts.

bread *n.* **1.** Baked dough of flour and water, usu. leavened with yeast. **2.** Necessary food. **3.** *(Slang)* Money. *v.* **1.** Coat with breadcrumbs for cooking.

break *v.* **1a.** Separate into pieces under a blow or strain; shatter. **b.** Make or become inoperative. **c.** Break a bone in or dislocate. **2a.** Interrupt. **b.** Have an interval. **3.** Fail to keep. **4a.** Make or become subdued or weak; yield; destroy. **b.** Weaken the effect of. **5.** Surpass. **6.** End a friendship with. **7a.**

Be no longer subject to. **b.** Free from a habit. **8.** Reveal or be revealed. **9a.** Change suddenly. **b.** Curl over and foam. **c.** Dawn. **d.** Move apart. **e.** Begin violently. **10.** Electrical disconnect. **11a.** Change with emotion. **b.** Change at puberty. **12a.** Divide. **b.** Change for coins. **13.** Ruin financially. **14.** Penetrate by force. **15.** Decipher. **16.** Make by force. **17.** Burst forth. **18a.** Disperse in confusion. **b.** Rupture. **19a.** Escape by a sudden effort. **b.** Escape or emerge from. **20.** Tennis etc. win a game against. **21.** Come out of a clinch. **22.** *(Billiards)* Disperse the balls at the start of a game. *n.* **1a.** Act or instance of breaking. **b.** Point of breaking; gap. **2.** Interval, interruption; pause. **3.** Sudden dash. **4.** *(Colloq.)* Piece of luck; fair chance. **5.** *(Cricket)* Deflection of a bowled ball on bouncing. **6.** *Break away* Make or become free or separate. **7.** *Break the back of* Do the hardest or greatest part of. **8.** *Break down* **a.** Fail mechanically; cease to function. **b.** Fail, collapse. **c.** Fail in health. **d.** Collapse in tears or emotion. **9a.** Demolish, destroy. **b.** Suppress. **c.** Force to yield. **10.** Analyse into components. **11.** *Break even* Make neither profit nor loss. **12.** *Break the ice* Begin to overcome formality or shyness. **13.** *Break in* **a.** Enter by force, esp. with criminal intent. **b.** Interrupt. **c.** Accustom to a habit etc. **d.** Wear etc. until comfortable. **e.** Tame; accustom to a saddle etc. **14.** *Break in on* Disturb; interrupt. **15.** *Break into* **a.** Enter forcibly. **b.** Burst forth with. **c.** Change pace for. **d.** Interrupt. **16.** *Break off* **a.** Detach by breaking. **b.** Bring to an end. **c.** Cease talking etc. **17.** *Break open* Open forcibly. **18.** *Break out* **a.** Escape by force, esp. from prison. **b.** Begin suddenly. **c.** Become covered in. **d.** Exclaim. **19.** *Break up* **a.** Break into small pieces. **b.** Disperse; disband. **c.** End the school term. **d.** Terminate a relationship; disband.

breathe *v.* **1.** Draw air into and expel it from the lungs. **2.** Be or seem alive. **3a.** Utter or sound. **b.** Express. **4.** Pause. **5.** Send out or take in with the breath. **6.** Be exposed to the air. **7.** *Breathe again* Feel relief.

breeder *n.* **1.** A person who breeds plants or animals. **2.** Something that reproduces, esp. to excess rabbits are persistent breeders. **3.** An animal kept for breeding purposes. **4.** A source or cause a breeder of discontent.

bring *v.* **1.** Come carrying; lead, accompany; convey. **2.** Cause or result in. **3.** Be sold for; produce as income. **4a.** Prefer. **b.** Initiate **5.** Cause to become or to reach a state. **6.** Adduce. **7.** *Bring about* Cause to happen. **8.** *Bring back* Call to mind. **9.** *Bring down* Cause to fall; lower. **10.** *Bring forth* Give birth to; cause. **11.** *Bring forward* Transfer from the previous page or account. **12.** *Bring home* To cause to realize fully. **13.** *Bring the house down* Receive rapturous applause. **14.** *Bring in* **a.** Introduce. **b.** Yield as income or profit. **15.** *Bring off* Achieve successfully. **16.** *Bring on* Cause to happen, appear, or make progress. **17.** *Bring out* **a.** Emphasize; make evident; **b.** Publish. **18.** *Bring over* Convert to one's own side. **19.** *Bring round* **a.** Restore to consciousness. **b.** Persuade. **20.** *Bring through* Aid through adversity, esp. illness. **21.** *Bring to* Restore to consciousness. **22.** *Bring up* **a.** Rear **b.** Vomit. **c.** Call attention to.

broke *v. past tense* of break *adj.* **1.** Having no money; bankrupt. **2.** *Go for broke* To risk everything in a gambling or other venture.

brother *n.* **1.** A male person having the same parents as another person. **2.** Short for half-brother or step-brother. **3.** A male person belonging to the same group, profession, nationality, trade union, etc., as another or others; fellow member. **4.** Comrade; friend: used as a form of address. **5a.** Member of a male religious order who undertakes work for the order without actually being in holy orders. **b.** A lay member of a male religious order. *adj.*

Fraternal. *interject.* 1. An exclamation of amazement, disgust, surprise, disappointment, etc.

brought *past* and *past participle* of **bring**

brown *adj.* 1. Having the color of dark wood or rich soil. 2. Dark-skinned or suntanned. 3. Made from whole meal or wheat meal flour. *n.* 1. Brown color or pigment. 2. Brown clothes or material *v.* Make or become brown.

Buddhism *n.* A widespread Asian religion or philosophy, founded by Siddartha Gautama in northeastern India in the 5th century B.C. Buddhism has no creator god and gives a central role to the doctrine of karma. Buddhism is 35,000 years old.

build *v.* 1. Construct or cause to be constructed. 2a. Establish or develop. b. Base. 3. Of specified build. *n.* 1. Physical proportions. 2. Style of construction; make, build in; incorporate. 3. ***Build on*** Add. 4. ***Build up*** a. Increase in size or strength. b. Praise; boost. c. Gradually become established.

built *v. past* and *past part.* of **build**

buried *v.* 1. To place in a grave, usually with funeral rites. 2. To place in the earth and cover with soil. 3. To lose through death. 4. To cover from sight; hide. 5. To embed; sink: *to bury a nail in plaster.* 6. To occupy with deep concentration; engross: *to be buried in a book.* 7. To dismiss from the mind; abandon: *to bury old hatreds.* 8. ***Bury the hatchet*** To cease hostilities and become reconciled. 9. ***Bury one's head in the sand*** To refuse to face a problem.

burn (1) *v.* 1. Be consumed or destroyed by fire. 2. Blaze or glow with fire. 3. Be injured or damaged by fire, heat, radiation, acid, etc. 4. Use or be used as fuel etc. 5. Char in cooking. 6. Produce by fire or heat. 7a. Heat. b. Harden by fire. 8. Color, tan, or parch with heat or light. 9. Put to death by fire. 10. Cauterize, brand. 11. Make, be, or feel hot, esp. painfully. 12. Feel great emotion or passion. 13. *(Slang)* Drive fast.

n. Mark or injury caused by burning. *v.* 1. ***Burn one's boats*** Commit oneself irrevocably. 2. ***Burn the candle at both ends*** Work etc. excessively. 3. ***Burn down*** Destroy or be destroyed by burning. 4. ***Burn one's fingers*** Suffer for meddling or rashness. 5. ***Burn the midnight oil*** Read or work late. 6. ***Burn out*** a. Be reduced to nothing by burning. b. Fail by burning. c. Suffer exhaustion. 7. ***Burn up*** a. Get rid of by fire. b. Begin to blaze.

busy *adj.* 1. Occupied or engaged in work etc. 2. Full of activity; fussy.

but *conj.* 1a. Nevertheless, however. b. On the other hand; on the contrary. 2. Except, otherwise than. 3. Without the result that. *prep.* Except; apart from; other than. *adv.* 1. Only; no more than; only just. 2. In emphatic repetition; definitely. *pron.* Who not; that not. *n.* An objection.

button *n.* 1. Small disc etc. sewn to a garment as a fastener or worn as an ornament. 2. Small round knob etc. pressed to operate electronic equipment. *v.* ***button up*** 1. Fasten with buttons. 2. *(Colloq.)* Complete satisfactorily. 3. *(Colloq.)* Be silent.

buy *v.* 1a. Obtain for money etc. 1. Serve to obtain. 2a. Procure by bribery etc. b. Bribe. 3. Get by sacrifice etc. 4. *(Slang)* Believe in, accept. 5. Be a buyer for a store etc. *n.* *(Colloq.)* 1. Purchase. *v.* 1. ***Buy in*** Buy a stock of. 2. ***Buy into*** Pay for a share in. 3. ***Buy off*** Pay to get rid of. 4. ***Buy oneself out*** Obtain one's release by payment. 5. ***Buy out*** Pay for ownership, an interest, etc. 6. ***Buy up*** a. Buy as much as possible of. b. Absorb by purchase.

by *prep.* 1. Near, beside. 2. Through the agency or means of. 3. Not later than. 4a. Past, beyond. b. Through; via. 5. During. 6. To the extent of. 7. According to; using as a standard or unit. 8. With the succession of. 9. Concerning; in respect of. 10. Used in mild oaths. 11. Expressing dimensions of an area etc. *adv.* 1. Near. 2. Aside, in reserve. 3. Past. 4. ***By and by*** Before long;

eventually. **5.** *By and large* On the whole; incidentally. **6.** *By oneself* **a.** Unaided. **b.** Unprompted. **c.** Alone.

C

n. **1.** Third letter of the alphabet. **2.** *(Music)* First note of the diatonic scale of C major. **3.** Third hypothetical person or example. **4.** Third highest category etc. **5.** *(Algebra)* Third known quantity.

cage *n.* **1.** Structure of bars or wires, esp. for confining animals or birds. **2.** Similar open framework, esp. a lift in mine etc. *v.* **1.** Place or keep in a cage.

Cairo *n.* The capital of Egypt, on the Nile: the largest city in Africa and in the Middle East; industrial centre; site of the university and mosque of Al Azhar. Its public Library of Cairo contains three million, seven hundred thousand books, of which sixty thousand treat exclusively of Mathematics, Astronomy, Language and other Sciences of Life. Arabic name: *El Qahira.*

calculate *v.* **1.** Ascertain or forecast esp. by mathematics or reckoning. **2.** Plan deliberately. **3.** Rely on; reckon on.

call *v.* **1a.** Cry, shout; speak loudly. **b.** Emits its characteristic sound. **2.** Communicate with by telephone or radio. **3.** Summon. **4.** Pay a brief visit. **5.** Order to take place. **6.** Name; describe as. **7.** Regard as. **8.** Rouse from sleep. **9.** Demand. **10.** appeal to **11.** Name in bidding at cards. **12.** Guess the outcome of tossing a coin etc. *n.* **1.** Shout, cry. **2a.** Characteristic cry of a bird etc. **b.** Instrument for imitating it. **3.** Brief visit. **4a.** Act of telephoning. **b.** Telephone conversation. **5a.** Invitation; summons. **b.** Vocation. **6.** Need, occasion. **7.** Signal on a bugle etc. **8.** Option of buying stock at a fixed price at a given date. **9a.** *(Cards)* A player's right or turn to make a bid. **b.** Bid made. *v.* **1.** *Call in* **a.** Withdraw from circulation. **b.** Seek the advice or services of. **2.** *Call off* **a.** Cancel to desist. **3.** *Call out* **a.** Summon to action. **b.** Order to strike. **4.** *Call the shots* Be in control;

take the initiative. **5.** *Call up* **a.** Telephone. **b.** Recall. **c.** Summon to military service. *adj.* **1.** *On call* Ready or available if required.

can (1) *aux. v.* **1a.** Be able to; know how to. **b.** Be potentially capable of. **2.** Be permitted to. *v.* **1.** To indicate ability, skill, or fitness to perform a task: *I can run a mile in under four minutes.* **2.** To indicate permission or the right to something. **3.** To indicate knowledge of how to do something: *He can speak eight languages fluently.* **4.** To indicate the possibility, opportunity, or likelihood: *My teacher says I can do well if I work really hard.* **can (2)** *n.* **1.** A container, esp. for liquids, usually of thin sheet metal: *a petrol can; beer can.* **2.** Another name for rin. **3.** The contents of a can or the amount a can will hold. **4.** *(Slang)* Prison **5.** *(Slang)* Toilet or buttocks. **6.** *(Slang)* Destroyer **7.** A depth charge. **8.** A shallow cylindrical metal container of varying size used for storing and handling film. **9.** *Can of worms* A complicated problem. **10.** *In the can* **a.** Having been recorded, processed, edited, etc. **b.** Arranged or agreed: *The contract is almost in the can.* *v.* **cans, canning, canned 1.** To put into a can or cans; preserve in a can. **2.** To dismiss from a job. **3.** To stop.

canal *n.* **1.** Artificial inland waterway. **2.** Tubular duct in a plant or animal.

cannot *v.* An auxiliary verb expressing incapacity, inability, withholding permission, etc.

captain *n.* **1.** The person in charge of and responsible for a vessel. **2.** An officer of the navy who holds a rank junior to a rear admiral but senior to a commander. **3.** An officer of the army, certain air forces, and the marine corps who holds a rank junior to a major but senior to a lieutenant. **4.** The officer in command of a civil aircraft, usually the senior pilot. **5.** The leader of a team in games. **6.** A person in command over a group, organization, etc.; leader, a captain of industry. **7.** A policeman in charge of a precinct. **8.** A head waiter. **9.** A supervisor of bellboys in a hotel. Also called: *bell captain*. *v.* **1.** To be captain of. *Note:* The Duty of a Captain is to give Orders to the Lieutenant.

capt. *abbrev*. for Captain.

car *n*. **1.** Motor vehicle for a driver and small number of passengers. **2.** Road vehicle or railway carriage esp. of a specified kind. **3.** Any railway carriage or van. **4.** Passenger compartment of a lift, balloon, etc.

care *n*. **1.** Worry; anxiety. **2.** Cause of this. **3.** Serious attention; caution. **4.** Protection, looking after, charge. **5.** Thing to be done or seen to. *v.* **1.** Feel concern or interest. **2.** Like, be fond of. **3.** Wish or be willing. **4.** *Care for* Provide for; look after. **5.** *Care of* At the address of, in care. **6.** *Take care* **a.** Be careful. **b.** Not fail or neglect. **7.** *Take care of* **a.** Look after. **b.** Deal with, dispose of.

carry *v*. **1.** Support or hold up, esp. while moving. **2.** Convey with one or have on one's person. **3.** Conduct or transmit. **4.** Take to a specified point; continue; prolong. **5.** Involve, imply. **6.** *(Math)* Transfer to a column of higher value. **7.** Hold in a specified way. **8a.** Publish. **b.** Broadcast. **9.** Keep a regular stock of. **10a.** Be audible at a distance. **b.** Travel or propel to a specified distance. **11a.** Win victory or acceptance for. **b.** Win acceptance from. **c.** Win, capture. **12a.** Endure the weight of; support. **b.** Be the driving force in. **13.** Be pregnant with. *n.* **1.** Act of carrying. **2.** *(Golf)* Distance a ball travels before reaching the ground. *v.* **1.** *Carry away* **a.** Remove. **b.** Inspire **c.** Deprive of self-control. **2.** *Carry the can* Bear the responsibility or blame. **3.** *Carry the day* Be victorious or successful. **4.** *Carry forward* Transfer to a new page or account. **5.** *Carry it off* Do well under difficulties. **6.** *Carry off* **a.** Take away, esp. by force. **b.** Win. **c.** Kill. **7.** *Carry on* **a.** Continue. **b.** Engage in. **3.** *(Colloq.)* Behave strangely or excitedly. **4.** *(Colloq.)* Flirt or have a love affair. **5.** *Carry out* Put into practice. **6.** *Carry over* or *carry forward* Postpone. **7.** *Carry through* **a.** Complete successfully. **b.** Bring safely out of difficulties. **8.** *Carry weight* Be influential or important.

case (1) *n*. **1.** Instance of something occurring. **2.** Hypothetical or actual situation. **3a.** Person's illness, circumstances, etc., as regarded by a doctor, social worker, etc. **b.** Such a person. **4.** Matter under esp. police investigation. **5.** Suit at law. **6a.** Sum of the arguments on one side, esp. in a lawsuit. **b.** Set of arguments. **c.** Valid set of arguments. **7a.** *(Grammar)* Relation of a word to other words in a sentence. **b.** Form of a noun, adjective, or pronoun expressing this. **8.** *(Colloq.)* Comical person. **9.** *In any case* Whatever the truth is; whatever may happen. **10.** *In case* **a.** In the event that; if. **b.** Lest; in provision against a possibility. **11.** *In case of* In the event of. **12.** *Is the case* Is so. **case (2)** *n*. **1.** Container or enclosing covering. **2.** This with its contents. **3.** Protective outer covering. **4.** Item of luggage, esp. a suitcase. *v.* **1.** Enclose in a case. **2.** Surround.

cast *v*. **1.** Throw, esp. deliberately or forcefully. **2a.** Direct or cause to fall. **b.** Express. **3.** Throw out into the water. **4.** Let down. **5a.** Throw off; get rid of. **b.** Shed or lose. **6.** Register. **7a.** Shape in a mould. **b.** Make thus. **8a.** Assign to a role. **b.** Allocate roles in. **9.** Arrange in a specified form. **10.** Reckon, add up. **11.** Calculate. *n.* **1.** Throwing of a missile, dice, line, net, etc. **2a.** Object made in a mould. **b.** Moulded mass of solidified material, esp. plaster for a broken limb. **3.** Actors in a play etc. **4.** Form, type, or quality. **5.** Tinge or shade of colour. **6.** Slight squint. *v.* **1.** *Cast off* **a.** Abandon **b.** finish a piece of knitting. **c.** Set a ship free from a quay etc. **2.** *Cast on* Make the first row of a piece of knitting. **3.** *Cast up* **a.** Deposit on the shore. **b.** Add up.

catch *v.* **1.** Capture in a trap, one's hands, etc. **2.** Detect or surprise. **3a.** Intercept and hold in the hands etc. **3b.** *(Cricket)* Dismiss by catching the ball before it reaches the ground. **4a.** Contract from an infected person. **b.** Acquire from another. **5a.** Reach in time and board. **b.** Be in time to see etc. **6.** Apprehend with the senses or mind. **7.** Reproduce faithfully. **8a.** Become fixed, entangled, or checked. **b.** Hit, deal a blow to. **9.** Draw the attention of; captivate. **10.** Begin to burn. **11.** Reach or overtake. **12.** Try to grasp. *n.* **1a.** Act of catching. **b.** *(Cricket etc.)* Chance or act of catching the ball. **2a.** Amount of a thing caught, esp. of fish. **b.** Thing or person caught or worth catching, esp. in marriage. **3a.** Question, trick, etc., intended to deceive, incriminate, etc. **b.** Unexpected or hidden difficulty or disadvantage. **4.** Device for fastening a door or window etc. **5.** *(Music)* Round, esp. with words arranged to produce a humorous effect. *v.* **1.** *Catch hold of* Grasp, seize. **2.** *(Slang) Catch it* Be punished. **3.** *(Colloq.) Catch on* **a.** Become popular. **b.** Understand what is meant. **4.** *Catch out* Detect in a mistake etc. **5.** *Catch up* **a.** Reach a person etc. ahead. **b.** Make up arrears. **c.** Pick up hurriedly.

Caucasian (or Caucasic) *adj.* **1.** Another word for Caucasoid. **2.** of or relating to the Caucasus. *n.* **1.** The Colored man; the Devil **2.** A white person; a person of European origin. **3.** A member of the Caucasoid race; a white man. **4.** A native or inhabitant of Caucasia. **5.** Any of three possibly related families of languages spoken in the Caucasus: North-West Caucasian, including Circassian and Abkhaz, North-East Caucasian, including Avar, and South Caucasian including Georgian.

cause *n.* **1.** A thing that produces an effect. **2.** Person or thing that occasions or produces something. **3.** Reason or motive. **4.** Adequate reason. **5.** Principle, belief, or purpose. **6.** Matter to be settled at law. **7.** Case offered at law. *v.* **1.** Be the cause of, produce, make happen.

cave *n.* **1.** Large hollow in the side of a cliff, hill, etc., or underground. *v.* **1.** Explore caves. **2.** *Cave in* **a.** Subside or collapse. **b.** Yield, give up.

Cavy *n.* Any small South American hystricomorphic rodent of the family Caviidae, esp. any of the genus Cavia, having a thickset body and very small tail. See also *guinea pig*: from New Latin *Cavia*, from Galibi *cabiai*.

cent *n.* **1.** A monetary unit of Antigua and Barbuda, Australia, the Bahamas, Barbados, Belize, Brunei, Canada, Cyprus, Dominica, Estonia, Ethiopia, the countries of the European Union who have adopted European Monetary Union, Fiji, Grenada, Guyana, Jamaica, Kenya, Kiribati, Liberia, Malaysia, Malta, the Marshall Islands, Mauritius, Micronesia, Namibia, Nauru, the Netherlands, New Zealand, Saint Kitts and Nevis, Saint Lucia, Saint Vincent and the Grenadines, the Seychelles, Sierra Leone, Singapore, the Solomon Islands, Somalia, South Africa, Sri Lanka, Surinam, Swaziland, Taiwan, Tanzania, Trinidad and Tobago, Tuvalu, Uganda, the United States, and Zimbabwe. It is worth one hundredth of their respective standard units. **2.** An interval of pitch between two frequencies f2 and f1 equal to 3986.31 log one twelve-hundredth of the interval between two frequencies having the ratio 1:2 from Latin centesimus hundredth, from centum hundred.

century *n. pl.* **-ries 1.** A period of 100 years. **2.** One of the successive periods of 100 years dated before or after an epoch or event, esp. the birth of Christ. **3.** A score or grouping of 100 to score: *a century in cricket.* **4.** A unit of foot soldiers, originally 100 strong, later consisting of 60 to 80 men. **5.** A division of the people for purposes of voting. **6.** A style of type from Latin centuria, from *centum*.

certain *adj.* **1a.** Confident, convinced. **b.** Indisputable. **2.** Sure; destined. **3.** Unerring, reliable. **4.** That need not be specified or may not be known to the reader or hearer. **5.** Some but not much. *pron.* **1.** Some but not all. **2.** *For certain* Without doubt.

challenge *v.* **1.** To invite or summon. **2.** To call into question; dispute. **3.** To make demands on; stimulate: *The job challenges his ingenuity.* **4.** To order to halt and be identified or to give a password. **5.** To make formal objection to. **6.** To lay claim to. **7.** To cry out on first encountering the scent of a quarry. **8.** To inject with disease microorganisms to test for immunity to the disease. *n.* **1.** A call to engage in a fight, argument, or contest. **2.** A questioning of a statement or fact; a demand for justification or explanation. **3.** A demanding or stimulating situation, career, object, etc. **4.** A demand by a sentry, watchman, etc., for identification or a password. **5.** An assertion that a person is not entitled to vote or that a vote is invalid **6.** A formal objection to a person selected to serve on a jury or to the whole body of jurors from Old French *chalenge,* from Latin *calumnia.*

chance *n.* **1.** Possibility. **2.** Probability. **3.** Unplanned occurrence **4.** Opportunity. **5.** Fortune; luck. **6.** Course of events regarded as a power; fate. *adj.* **1.** Fortuitous, accidental. *v.* **1.** *(Colloq.)* Risk. **2.** Happen. **3.** *By any chance* Perhaps by chance; fortuitously. **4.** *Chance one's arm* Try though unlikely to succeed. **5.** *Chance on* Happen to find, meet, etc. **6.** *Game of chance* One decided by luck, not skill. **7.** *On the off chance* Just in case. **8.** *Stand a chance* Have a prospect of success etc. **9.** *Take a chance* Risk failure; behave riskily. **10.** *Take a chance on* Risk the consequences of.

change *n.* **1a.** Making or becoming different. **b.** Alteration or modification. **2a.** Money exchanged for money in larger units or a different currency. **b.** Money returned as the balance of that given in payment. **3.** New experience; variety **4.** Substitution of one thing for another. **5.** *(Colloq.)* Menopause. **6.** One of the different orders in which bells can be rung. *v.* **1.** Undergo, show, or subject to change; make or become different. **2a.** Take or use another instead of; go from one to another. **b.** Give up or get rid of in exchange. **3.** Give or get money in exchange for. **4.** Put fresh clothes or coverings on. **5.** Give and receive exchange. **6.** Change trains etc. **7.** Arrive at a fresh phase. **8.** *Change down* Engage a lower gear. **9.** *Change gear* Engage a different gear. **10.** *Change hands* **a.** Pass to a different owner. **b.** Substitute one hand for the other. **11.** *Change one's mind* Adopt a different opinion or plan. **12.** *Change over* Change from one system or situation to another. **13.** *Change one's tune* **a.** Voice a different opinion from before. **b.** Become more respectful. **14.** *Change up* Engage a higher gear. **15.** *Get no change out of (Slang)* **a.** Get no information or help from. **b.** Fail to outwit.

changeable *adj.* **1.** Able to change or be changed; fickle: *changeable weather.* **2.** Varying in colour when viewed from different angles or in different lights.

chapter *adv.* **1.** Main division of a book. **2.** Period of time. **3a.** Canons of a cathedral or members of a religious community. **b.** Meeting of these.

charge *v.* **1a.** Ask as a price. **b.** Ask for an amount as a price. **2.** Debit the cost of to. **3a.** Accuse. **b.** Make an accusation that. **4.** Instruct or urge. **5.** Entrust with. **6.** Make a rushing attack. **7a.** Give an electric charge to. **b.** Store energy in. **8.** Load or fill to the full or proper extent. **9a.** Saturated with. **b.** Pervaded. *n.* **1a.** Price asked for services or goods. **b.** Financial liability or commitment. **2.** Accusation. **3a.** Task, duty, commission. **b.** Care, custody. **c.** Person or thing entrusted. **4a.** Impetuous rush or attack, esp. in battle. **b.** Signal for this. **5.** Appropriate amount of material to be put into a receptacle, mechanism, etc. at one time, esp. of explosive for a gun. **6a.** Quantity of this carried by the body. **b.** Energy stored chemically for conversion into electricity. **7.** Exhortation; directions, orders. **8.** Heraldic device or bearing. **9.** *In charge* Having command. **10.** *Take charge* Assume control. --**chargeable** *adj.*

cheerful *adj.* **1.** In good spirits, noticeably happy. **2.** Bright, pleasant. --**cheerfully** *adv.*, --**cheerfulness** *n.*

child *n.* **1a.** Young human being below the age of puberty. **b.** Unborn or newborn human being. **2.** One's son or daughter. **3.** Descendant, follower, or product of. **4.** Childish person. --**childless** *adj.*

chill *n.* **1.** A moderate coldness. **2.** A sensation of coldness resulting from a cold or damp environment, or from a sudden emotional reaction. **3.** A feverish cold. **4.** A check on enthusiasm or joy. **5.** A metal plate placed in a sand mould to accelerate cooling and control local grain growth. **6.** Another name for bloom. *adj.* **1.** Another word for chilly. *v.* **1.** To make or become cold. **2.** To cool or freeze. **3a.** To depress. **b.** To discourage. **4.** To cool rapidly in order to prevent the formation of large grains in the metal. **5.** Chiefly to relax; calm oneself. --**chillingly**. *adv.*

chosen *v. past part.* of **choose.** *adj.* Selected or picked out, esp. for some special quality.

Christ *n.* **1.** The title, also treated as a name, given to Jesus of the Bible. **2.** The Messiah or anointed one of God as the subject of Old Testament prophecies. **3.** An image or picture of Christ. *interject.* **1.** An oath expressing annoyance, surprise, etc. Latin *Christus*, from Greek *khristos* - anointed. --**Christly** *adj.*

Christianity *n.* **1.** The Christian religion. **2.** Christian beliefs, practices or attitudes. **3.** A less common word for **Christendom**. **4.** The religion widely believed to be based on the person and teachings of Jesus of the Bible or its beliefs and practices. However, Jesus' Teaching was not Christianity. It was Freedom, Justice and Equality. The Devil uses his name to shield his dirty religion, which is called Christianity; also, to deceive the people so they will believe in him.

Christopher *n.* **1.** Saint. 3rd century A.D., Christian martyr; patron saint of travelers.

cipher (or **cypher**) *n.* **1.** A method of secret writing using substitution or transposition of letters according to a key. **2.** A secret message. **3.** The key to a secret message. **4.** An obsolete name for zero. **5.** Any of the Arabic numerals or the Arabic system of numbering as a whole. **6.** A person or thing of no importance; nonentity. **7.** A design consisting of interwoven letters; monogram. **8.** A defect in an organ resulting in the continuous sounding of a pipe, the key of which has not been depressed. *v.* **1.** To put into secret writing. **2.** To sound without having the appropriate key depressed. **3.** To perform arithmetically.

circle *n.* **1.** A closed plane curve every point of which is equidistant from a given fixed point, the centre. Area Equation: $A=\pi r^2$ where r is the radius and π is pi which equals 3.14; Circumference Equation: $C=2\pi r$ or $C=\pi d$ where d is the diameter of the circle. **2.** The figure enclosed by such a curve. **3.** The section of seats above the main level of the auditorium, usually comprising the dress circle and the upper circle. **4.** Something formed or arranged in the shape of a circle. **5.** A group of people sharing an interest, activity, upbringing, etc.; set: *golf circles; a family circle.* **6.** A domain or area of activity, interest, or influence. **7.** A circuit. **8.** A process or chain of events or parts that forms a connected whole; cycle. **9.** A parallel of latitude. **10.** The ring of a circus. **11.** One of a number of Neolithic or Bronze Age rings of standing stones, such as Stonehenge, found in Europe and thought to be associated with some form of ritual or astronomical measurement. **12.** A circular argument. **13. *Come full circle*** To arrive back at one's starting point. **14. *Go or run round in circles*** To engage in energetic but fruitless activity. *v.* **1.** To move in a circle: *We circled the city by car.* **2.** To enclose in a circle.

circumference *n.* **1.** The boundary of a specific area or geometric figure, esp. of a circle. **2.** The length of a closed geometric curve, esp. of a circle. The circumference of a circle is equal to the diameter multiplied by pi (π). --**circumferential** *adj.* --**circumferentially** *adv.* --**circumference** *n.*

city (1) *n.* **1.** Any large town or populous place. **2.** A large town that has received this title from the Crown: usually the seat of a bishop. **3.** An incorporated urban centre with its own government and administration established by state charter **4.** A similar urban municipality incorporated by the provincial government. **5.** An ancient Greek city-state; polis. **6.** The people of a city collectively. **7.** In or characteristic of a city.

civil *adj.* **1.** Of the ordinary life of citizens as distinguished from military, legal, or ecclesiastical affairs. **2.** Of or relating to the citizen as an individual civil rights. **3.** Of or occurring within the state or between citizens civil strife. **4.** Polite or courteous a civil manner. **5.** A less common word for civic. **6.** Of or in accordance with Roman law. **7.** Relating to the private rights of citizens.

civilly *adv.* In a civil manner.

civilization *n.* **1.** The state of one having knowledge, wisdom, understanding, culture, refinement and is not savage; Pursuit of Happiness. **2.** The stage of human social development and organization that is considered most advanced. **3.** The process by which a society or place reaches this stage. **4.** The society, culture, and way of life of a particular area.

civilize *v.* **1.** To bring out of savagery or barbarism into a state characteristic of civilization. **2.** To refine, educate, or enlighten. **3.** To teach the knowledge and wisdom of the human family of the planet earth.

civilized *adj.* **1.** Having a high state of culture and social development. **2.** Cultured; polite.

claim *v.* **1.** To demand as being due or as one's property; assert one's title or right to he claimed the record. **2.** To assert as a fact; maintain against denial: *He claimed to be telling the truth.* **3.** To call for or need; deserveL *This problem claims our attention.* **4.** To take: *The accident claimed four lives.* *n.* **1.** An assertion of a right; a demand for something as due. **2.** An assertion of something as true, real, or factual: *He made claims for his innocence.* **3.** A right or just title to something; basis for demand: *a claim to fame.* **4. *Lay claim to or stake a claim to*** To assert one's possession of or right to. **5.** Anything that is claimed, esp. in a formal or legal manner, such as a piece of land staked out by a miner. **6a.** A demand for payment in connection with an insurance policy, etc. **b.** The sum of money demanded. --**claimable** *adj.*

class *n.* **1.** A collection or division of people or things sharing a common characteristic, attribute, quality, or property. **2.** A group of persons sharing a similar social position and certain economic, political, and cultural characteristics. **3.** A group of persons sharing the same relationship to the means of production. **4.** The pattern of divisions that exist within a society on the basis of rank, economic status, etc. **5a.** A group of pupils or students who are taught and study together. **b.** A meeting of a group of students for tuition. **6.** A group of students who graduated in a specified year. **7.** A grade of attainment in a university honors degree: *second-class honors.* **8.** One of several standards of accommodation in public transport. **9a.** Excellence or elegance, esp. in dress, design, or behaviour: *That girl's got class.* **b.** A class act. **10.** Outstanding speed and stamina in a racehorse. **11.** Any of the taxonomic groups into which a phylum is divided and which contains one or more orders. Amphibia, Reptilia, and Mammalia are three classes of phylum Chordata. **12a.** Another name for set. **b.** Proper class a class which cannot itself be a member of other classes. **13.** *In a class of its own or in a class by oneself* Unequalled; unparalleled. *verb* **14.** To have or assign a place within a group, grade, or class.

clean *adj.* **1.** Without dirt or other impurities; unsoiled. **2.** Without anything in it or on it: *a clean page.* **3.** Without extraneous or foreign materials. **4.** Without defect, difficulties, or problems: *a clean test flight.* **5a.** Producing little or no radioactive fallout or contamination. **b.** Uncontaminated. **6.** Having no pus or other sign of infection. **7.** Pure; morally sound. **8.** Without objectionable language or obscenity: *a clean joke.* **9.** Relatively free from errors; easily readable: *clean copy.* **10.** Thorough or complete: *a clean break.* **11.** Dexterous or adroit: *a clean throw.* **12.** Played fairly and without fouls. **13.** Simple in design: *a ship's clean lines.* **14.** Causing little turbulence; streamlined. **15.** Having no projections, such as rockets, flaps, etc., into the airstream. **16.** Honorable or respectable. **17.** Habitually neat. **18.** Showing or having no record of offenses. **19a.** Innocent; not guilty. **b.** Not carrying illegal drugs, weapons, etc. **20a.** Having its bottom clean. **b.** Having a satisfactory bill of health. **21a.** Free from ceremonial defilement. **b.** Lawful to eat. **22.** Morally and spiritually pure. *v.* **1.** To make or become free of dirt, filth, etc.: *The stove cleans easily.* **2.** To remove in making clean: *to clean marks off the wall.* **3.** To prepare for cooking: *to clean a chicken.* *adv.* **1.** In a clean way; cleanly. **2.** *Come clean* To make a revelation or confession. *n.* **1.** The act or an instance of cleaning: *He gave his shoes a clean.*

cleanly *adv.* **1.** In a fair manner. **2.** Easily or smoothly: *The screw went into the wood cleanly.* **3.** Habitually clean or neat.

cleanliness *n.* Freshness, immaculacy, immaculateness, neatness, purity, sanitariness, spotlessness, stainlessness, sterility, tidiness, unspottedness: *Cleanliness is next to Godliness.*

clear *adj.* **1.** Free from darkness or obscurity; bright. **2.** Free from dullness or clouds. **3.** Transparent *clear water.* **4.** Even and pure in tone or colour: *clear blue.* **5.** Without discoloration, blemish, or defect: *clear skin.* **6.** Easy to see or hear; distinct. **7.** Free from doubt or confusion: *His instructions are not clear.* **8.** Certain in the mind; sure: *Are you clear?* **9.** Evident or obvious: *It is clear that he won't come now.* **10.** Not harsh or hoarse. **11.** Serene; calm. **12.** Without qualification or limitation; complete: *a clear victory.* **13.** Free of suspicion, guilt, or blame: *a clear conscience.* **14.** Free of obstruction; open: *a clear passage.* **15.** Free from debt or obligation. **16.** Without deduction; net. **17.** Emptied of freight or cargo. **18.** Having a smooth, unblemished surface. **19.** Not in code. **20.** Ridden without any fences being knocked down or any points being lost. *adv.* **1.** In a clear or distinct manner. **2.** Completely or utterly. **3.** Not in contact; free: *Stand clear of the gates.* *n.* **1.** A clear space. **2.** Another word for clearance. **3.** *In the clear* **a.** Free of suspicion, guilt, or blame. **b.** Able to receive a pass without being tackled. *v.* **1.** To make or become free from darkness, obscurity, etc. **2a.** To become free from dullness, fog, rain, etc. **b.** To disappear. **3.** To free from impurity or blemish. **4.** To free from doubt or confusion: *to clear one's mind.* **5.** To rid of objects, obstructions, etc. **6.** To make or form by removing obstructions. **7.** To free or remove from something, such as suspicion, blame, or guilt. **8.** To move or pass by or over without contact or involvement: *He cleared the wall easily.* **9.** To rid of phlegm or obstruction. **10.** To make or gain as profit. **11.** To discharge or settle. **12.** To free from obligation. **13.** To pass through one's bank and be charged against one's account. **14.** To settle accounts by exchanging in a clearing house. **15.** To permit to unload, disembark, depart, etc., after fulfilling the customs and other requirements, or to be permitted to unload, etc. **16.** To obtain or give. **17.** To obtain clearance from. **18.** To make microscope specimens transparent by immersion in a fluid such as xylene. **19.** To permit to see or handle classified information **20a.** To achieve transmission of and acknowledgment of its receipt at its destination. **b.** To decode. **21.** To hit, kick, carry, or throw out of the defense area. **22.** To remove data from a storage device and replace it with particular characters that usually indicate zero. **23.** To remove from land. **24.** *Clear the decks* To prepare for action, as by removing obstacles from a field of activity or combat.

clothing *n.* **1.** Garments collectively. **2.** Something that covers or clothes.

clothe *v.* **clothing, clothed, clad 1.** To dress or attire. **2.** To provide with clothing or covering. **3.** To conceal or disguise. **4.** To endow or invest clothing.

coat *n.* **1.** An outdoor garment with sleeves, covering the body from the shoulder to waist, knee, or foot. **2.** Any similar garment, esp. one forming the top to a suit. **3.** A layer that covers or conceals a surface a coat of dust. **4.** The hair, wool, or fur of an animal. *v.* **1.** To cover a layer or covering. **2.** To provide with a coat.

cold *adj.* **1.** Having relatively little warmth; of a rather low temperature. **2.** Without sufficient or proper warmth: *This meal is cold.* **3.** Lacking in affection, enthusiasm, or warmth of feeling: *a cold manner.* **4.** Not affected by emotion; objective: *cold logic.*
5. Dead. **6.** Sexually unresponsive or frigid. **7.** Lacking in freshness: *a cold scent; cold news.* **8.** Chilling to the spirit; depressing. **9.** Having violet, blue, or green predominating; giving no sensation of warmth. **10.** Denoting or relating to a process in which work-hardening occurs as a result of the plastic deformation of a metal at too low a temperature for annealing to take place. **11.** Not involving heat, in contrast with traditional methods: *cold typesetting; cold technology.* **12.** Far from the object of a search. **13.** Denoting the contacting of potential customers, voters, etc., without previously approaching them in order to establish their interest: *cold mailing.* **14.** *Cold comfort* Little or no comfort. **15.** *Cold steel* The use of bayonets, knives, etc., in combat. **16.** *From cold* Without advance notice; without giving preparatory information. **17.** *In cold blood* Showing no passion; deliberately; ruthlessly. **18.** *Leave cold* To fail to excite: *The performance left me cold.* **19.** *Throw cold water on* To be unenthusiastic about or discourage. *n.* **1.** The absence of heat regarded as a positive force: *The cold took away our breath.* **2.** The sensation caused by loss or lack of heat. **3.** *In the cold* Neglected; ignored. **4.** An acute viral infection of the upper respiratory passages characterized by discharge of watery mucus from the nose, sneezing, etc. **5.** *Catch a cold* To make a loss; lose one's investment. *adv.* **1.** Without preparation: *He played his part cold.* **7.** Thoroughly; absolutely: *She turned him down cold.*

color *n.* **1a.** An attribute of things that results from the light they reflect, transmit, or emit in so far as this light causes a visual sensation that depends on its wavelengths. **b.** The aspect of visual perception by which an observer recognizes this attribute. **c.** The quality of the light producing this aspect of visual perception. **2.** *Chromatic colour* A colour, such as red or green, that possesses hue, as opposed to achromatic colours such as white or black. **3.** A substance, such as a dye, pigment, or paint, that imparts colour to something. **4.** The skin complexion of a person, esp. as determined by his race. **5.** The use of all the hues in painting as distinct from composition, form, and light and shade. **6.** The quantity and quality of ink used in a printing process. **7.** The distinctive tone of a musical sound; timbre. **8.** Vividness, authenticity, or individuality. **9.** Semblance or pretext. **10.** A precious mineral particle, esp. gold, found in auriferous gravel. **11.** One of three characteristics of quarks, designated red, blue, or green, but having only a remote formal relationship with the physical sensation. *v.* **1.** To give or apply color to. **13.** To give a convincing or plausible appearance to something, esp. to that which is spoken or recounted: *to color an alibi.* **14.** To influence or distort: *Anger coloured her judgment.* **15.** To become red in the face, esp. when embarrassed or annoyed. **16.** To change hue.

colored *adj.* **1.** Having been altered from its original state. **2.** Having had color added to it. **3.** In American culture, *colored* has been used as an ethnic label for people of mixed ethnic origin, primarily of African descent. *n.* The Colored man is the Caucasian (white man) or Yacub's grafted Devil - the Skunk of the planet Earth.

Columbus *n.* **1.** A city in central Ohio: the state capital. Pop.: 657, 0532 a city in W. Georgia, on the Chattahoochee River. Pop.: 182,828.

Columbus, Christopher *n.* Spanish name *Cristobal Colon,* Italian name *Cristoforo Colombo.* 1451-1506, Italian navigator and explorer in the service of Spain, who discovered the New World; a half-original man who was born in Italy, which is southeast Europe. He found the Indians here who were exiled sixteen thousand years ago from India.

come *v.* **comes, coming, came, come 1.** To move towards a specified person or place come to my desk. **2.** To arrive by movement or by making progress. **3.** To become perceptible. **4.** To occur in the course of time. **5.** To exist or occur at a specific point in a series. **6.** To happen as a result. **7.** To originate or be derived. **8.** To occur to the mind. **9.** To extend or reach. **10.** To be produced or offered. **11.** To arrive at or be brought into a particular state or condition. **12.** To be or have been a resident or native. **13.** To become. **14.** To be given awareness. **15.** To germinate. **16.** To have an orgasm. **17.** To play the part of. **18.** To cause or produce. **19.** *As they come* The most characteristic example of a class or type. **20.** *Come again* What did you say? **21.** *Come and* To move towards a particular person or thing or accompany a person with some specified purpose: *Come and see what I've found.* **22.** *Come clean* To make a revelation or confession. **23.** *Come good* To recover and perform well after a bad start or setback. **24.** *Come it* **a.** To pretend; act a part. **b.** To exaggerate. **c.** To try to impose. **d.** To divulge a secret; inform the police. **25.** *Come to light* To be revealed. **26.** *Come to light with* To find or produce. **27.** *Come to pass* To take place. **28.** *How come?* What is the reason that? *interject.* An exclamation expressing annoyance, irritation, etc.: *"Come now!"*

coming *adj.* **1.** Approaching or next. **2.** Promising. **3.** Of future importance. **4.** *Coming up!* An expression used to announce that a meal is about to be served. **5.** *Have it coming* To one to deserve what one is about to suffer. **6.** *Not know whether one is coming or going* To be totally confused. *n.* **1.** Arrival or approach. **2.** The return of Christ in glory.

common *adj.* **1.** Belonging to or shared by two or more people: *common property.* **2.** Belonging to or shared by members of one or more nations or communities; public: *a common culture.* **3.** Of ordinary standard; average: *common decency.* **4.** Prevailing; widespread: *common opinion.* **5.** Widely known or frequently encountered; ordinary: *a common brand of soap.* **6.** Widely known and notorious: *a common nuisance.* **7.** Considered by the speaker to be low-class, vulgar, or coarse: *a common accent.* **8.** Having no special distinction, rank, or status: *the common man.* **9a.** Having a specified relationship with a group of numbers or quantities: *common denominator.* **b.** Tangential to two or more circles. **10.** Able to be long or short, or stressed or unstressed. **11.** Denoting or belonging to a gender of nouns, esp. one that includes both masculine and feminine referents: *Latin sacerdos is common.* **12a.** Having branches: *the common carotid artery.* **b.** Serving more than one function: *the common bile duct.* **13.** Of or relating to the common of the Mass or divine office. **14.** *Common or garden* Ordinary; unexceptional. *n.* **1.** A tract of open public land, esp. one now used as a recreation area. **2.** The right to go onto someone else's property and remove natural products, as by pasturing cattle or fishing. **3a.** A form of the proper of the Mass used on festivals that have no special proper of their own. **b.** The ordinary of the Mass. **4.** The ordinary people; the public, esp. those undistinguished by rank or title. **5.** *In common* Mutually held or used with another or others.

compare *v.* **1.** To regard or represent as analogous or similar; liken: *The general has been compared to Napoleon.* **2.** To examine in order to observe resemblances or differences: *to compare one with the other.* **3.** To be of the same or similar quality or value. **4.** To bear a specified relation of quality or value when examined: *This car compares badly with the other.* **5.** To correspond to: *Profits were 3.2 million. This compares with 2.6 million last year.* **6.** To give the positive, comparative, and superlative forms of. **7.** To compete or vie. **8.** *Compare notes* To exchange opinions. *n.* **1.** Comparison or analogy.

comparison *n.* **1.** The act or process of comparing. **2.** The state of being compared. **3.** Comparable quality or qualities; likeness: *There was no comparison between them.* **4.** A rhetorical device involving comparison, such as a simile. **5.** The listing of the positive, comparative, and superlative forms of an adjective or adverb. **6.** *Bear or stand comparison* To be sufficiently similar in class or range to be compared with, esp. favorably.

complete *adj.* **1.** Having every necessary part or element; entire. **2.** Ended; finished. **3.** Thorough; absolute: *He is a complete rogue.* **4.** Perfect in quality or kind: *He is a complete scholar.* **5.** Constituted such that a contradiction arises on the addition of any proposition that cannot be deduced from the axioms of the system. **6.** Having sepals, petals, stamens, and carpels. **7.** Expert or skilled; accomplished. *v.* **1.** To make whole or perfect. **2.** To end; finish. **3.** To pay any outstanding balance on a contract for the conveyance of land in exchange for the title deeds, so that the ownership of the land changes hands. **4.** To make a forward pass successfully.

completely *adv.* **1.** In a complete manner.

compound (1) *n.* **1.** A substance that contains atoms of two or more chemical elements held together by chemical bonds. **2.** Any combination of two or more parts, aspects, etc. **3.** A word formed from two existing words or combining forms. *v.* **1.** To mix or combine so as to create a compound or other product. **2.** To make by combining parts, elements, aspects, etc.: *to compound a new plastic.* **3.** To intensify by an added element: *His anxiety was compounded by her crying.* **4.** To calculate or pay on both the principal and its accrued interest. **5.** To come to an agreement in. **6.** To settle for less than what is owed; compromise. **7.** To agree not to prosecute in return for a consideration: *to compound a crime.* **8.** To place duplex windings on the field coil of, one acting as a shunt, the other being in series with the main circuit, thus making the machine self-regulating. *adj.* **1.** Composed of or created by the combination of two or more parts, elements, etc. **2.** Consisting of elements that are also words or productive combining forms. **3.** Formed by coordination of two or more sentences. **4.** Formed by using an auxiliary verb in addition to the main verb. The future in English is a compound tense involving the use of such auxiliary verbs as *shall* and *will*. **5a.** Denoting a time in which the number of beats per bar is a multiple of three. Six-four is an example of compound time. **b.** Greater than an octave. **6.** Another word for *colonial*. **7.** Having multiple stages in which the steam or working fluid from one stage is used in a subsequent stage. **compound (2)** *n.* **1.** An enclosure, esp. on the mines, containing the living quarters for Black workers. **2.** Any similar enclosure, such as a camp for prisoners of war. **3.** The enclosure in which a European's house or factory stood.

conceal *v.* **1.** To keep from discovery; hide. **2.** To keep secret concealable.

concerning *prep.* **1.** About; regarding; on the subject of. *adj.* **1.** Worrying or troublesome.

concern *v.* **1.** To relate, to be of importance or interest to; affect. **2.** To involve or interest: *He concerns himself with other people's affairs.* *n.* **1.** Something that affects or is of importance to a person; affair; business. **2.** Regard for or interest in a person or a thing: *He felt a strong concern for her.* **3.** Anxiety, worry, or solicitude. **4.** Important bearing or relation: *His news has great concern for us.* **5.** A commercial company or enterprise. **6.** A material thing, esp. one of which one has a low opinion concerning. *prep.* **1.** About, as regards, as to, in the matter of, on the subject of, regarding, relating to, respecting, touching, with reference to.

condition *n.* **1.** A particular state of being or existence; situation with respect to circumstances: *the human condition.* **2.** Something that limits or restricts something else; a qualification: *You may enter only under certain conditions.* **3.** External or existing circumstances: *Conditions were right for a takeover.* **4.** State of health or physical fitness, esp. good health. **5.** An ailment or physical disability: *a heart condition.* **6.** Something indispensable to the existence of something else: *Your happiness is a condition of mine.* **7.** Something required as part of an agreement or pact; terms: *The conditions of the lease are set out.* **8a.** A declaration or provision in a will, contract, etc., that makes some right or liability contingent upon the happening of some event. **b.** The event itself. **9.** A statement whose truth is either required for the truth of a given statement or sufficient to guarantee the truth of the given statement. **10.** A presupposition, esp. a restriction on the domain of quantification, indispensable to the proof of a theorem and stated as part of it. **11.** Short for *experimental condition.* **12.** Rank, status, or position in life. **13.** *On condition that* Provided that. *v.* **1a.** To alter the response of to a particular stimulus or situation. **b.** To establish a conditioned response in. **2.** To put into a fit condition or state. **3.** To improve the condition of by use of special cosmetics. **4.** To accustom or inure. **5.** To subject to a condition. **6.** To make conditions.

conference *n.* **1.** A meeting for consultation, exchange of information, or discussion, esp. one with a formal agenda. **2.** A formal meeting of two or more states, political groups, etc., esp. to discuss differences or formulate common policy. **3.** An assembly of the clergy or of clergy and laity of any of certain Protestant Christian Churches acting as representatives of their denomination: *the Methodist conference.* **4.** A league or division of clubs or teams. **5.** An act of bestowal.

confer *v.* **1.** To grant or bestow. **2.** To hold or take part in a conference or consult together. **3.** An obsolete word for *compare.* --**conferment** or --**conferral** *n.*

confined *adj.* **1.** Enclosed or restricted; limited. **2.** In childbed; undergoing childbirth. *v.* **1.** To keep or close within bounds; limit; restrict. **2.** To keep shut in; restrict the free movement of. *n.* **1.** A limit; boundary.

Congo *n.* **1.** People's Republic of; the republic in W. Central Africa: formerly the French colony of Middle Congo, part of French Equatorial Africa. It became independent in 1960; consists mostly of equatorial forest, with savanna and extensive swamps; drained chiefly by the Rivers Congo and Ubangi. Official language: French. Religion: Christian majority. Currency: franc. Capital: Brazzaville. Pop.: 2, 658, 000. Area: 342, 000 sq. km Former names: Middle Congo, Congo-Brazzaville. **2.** Democratic Republic of; the republic in South Central Africa, with a narrow strip of land along the Congo estuary leading to the Atlantic in the west: Congo Free State established in 1885, with Leopold II of Belgium as absolute monarch; became the Belgian Congo colony in 1908; gained independence in 1960, followed by civil war and the secession of Katanga. President Mobutu Sese Seko seized power in 1965; declared a one-party state in 1978; Sese Seko, accused of corruption on a massive scale, was overthrown by rebels in 1997. The country consists chiefly of the Congo basin, with large areas of dense tropical forest and marshes, and the Mitumba highlands reaching over 5,000 m in the east. Official language: French. Religion: Christian majority, animist minority. Currency: Congolese franc. Capital: Kinshasa. Pop.: 49, 001, 000. Area: 2, 344, 116 sq. km; Former names: Congo Free State, Belgian Congo, Congo-Kinshasa, Zaire. **3.** The second longest river in Africa, rising as the Lualaba on the Katanga plateau in the Democratic Republic of the Congo and flowing in a wide northerly curve to the Atlantic: forms the border between the People's Republic of the Congo and the Democratic Republic of the Congo Length: about 4,800 km. Area of basin: about 3, 000, 000 sq. km. Former Zairese name: *Zaire* **4.** A variant spelling of Kongo.

Congo River *n.* **1.** A major river in central Africa that rises as the Lualaba River south of Kisangani in northern Democratic Republic of the Congo (formerly Zaire). Its area equals two million, three hundred sixty-nine and one-half miles. It flows in a great curve to the west and then turns southwest to form the border between the Congo and the Democratic Republic of the Congo before emptying into the Atlantic Ocean. Also called *Zaire River.*

consider *v.* **1.** To think carefully about or ponder on; contemplate. **2.** To judge, deem, or have as an opinion. **3.** To have regard for; respect. **4.** To look at; regard. **5.** To bear in mind as possible or acceptable. **6.** To describe or discuss. **7.** To keep in mind and make allowances.

consideration (1) *n.* **1.** The act or an instance of considering; deliberation; contemplation. **2.** *Take into consideration* To bear in mind; consider. **3.** *Under consideration* Being currently discussed or deliberated. **4.** A fact or circumstance to be taken into account when making a judgment or decision. **5.** *On no consideration* For no reason whatsoever; never. **6.** Thoughtfulness for other people; kindness. **7.** Payment for a service; recompense; fee. **8.** Thought resulting from deliberation; opinion. **9.** The promise, object, etc., given by one party to persuade another to enter into a contract. **10.** Estimation; esteem. **11.** *In consideration of* **a.** Because of. **b.** In return for.

considered *adj.* **1.** Presented or thought out with care: *a considered opinion.* **2.** Esteemed: *highly considered.*

construction *n.* **1.** The process or act of constructing or manner in which a thing is constructed. **2.** The thing constructed; a structure. **3a.** The business or work of building dwellings, offices, etc. **b.** A construction site. **4.** An interpretation or explanation of a law, text, action, etc.: *They put a sympathetic construction on her behavior.* **5.** A group of words that together make up one of the constituents into which a sentence may be analysed; a phrase or clause. **6.** A drawing of a line, angle, or figure satisfying certain conditions, used in solving a problem or proving a theorem. **7.** An abstract work of art in three dimensions or relief.

contain (1) *v.* **1.** To hold or be capable of holding or including within a fixed limit or area. **2.** To keep within bounds; restrain. **3.** To consist of; comprise: *The book contains three different sections.* **4.** To prevent from operating beyond a certain level or area. **5.** To be a multiple of, leaving no remainder.

continent (1) *n.* **1.** One of the earth's large land masses: Africa, Antarctica, Asia, Australia, Europe, North America, South America. **2.** That part of the earth's crust that rises above the oceans and is composed of sialic rocks. Including the continental shelves, the continents occupy 30 per cent of the earth's surface. **3a.** Mainland as opposed to islands. **b.** A continuous extent of land. **continent (2)** *adj.* **1.** Able to control urination and defecation. **2.** Exercising self-restraint, esp. from sexual activity; chaste.

continuation *n.* **1.** A part or thing added, esp. to a book or play, that serves to continue or extend; sequel. **2.** A renewal of an interrupted action, process, etc.; resumption. **3.** The act or fact of continuing without interruption; prolongation.

continue *v.* **1.** To remain or cause to remain in a particular condition, capacity, or place. **2.** To carry on uninterruptedly; persist in: *He continued running.* **3.** To resume after an interruption: *We'll continue after lunch* **4.** To draw out or be drawn out; prolong or be prolonged: *Continue the chord until it meets the tangent.* **5.** To postpone or adjourn.

contradict *v.* **1.** To affirm the opposite of. **2.** To declare to be false or incorrect; deny. **3.** To be argumentative or contrary. **4.** To be inconsistent with: *The facts contradicted his theory.* **5.** To be at variance; be in contradiction.

contribution *n.* **1.** The act of contributing. **2.** Something contributed, such as money or ideas. **3.** An article, story, etc., contributed to a newspaper or other publication. **4.** A portion of the total liability incumbent on each of two or more companies for a risk with respect to which all of them have issued policies. **5.** A levy, esp. towards the cost of a war.

control *v.* **1.** To command, direct, or rule: *to control a country.* **2.** To check, limit, curb, or regulate; restrain: *to control one's emotions; to control a fire.* **3.** To regulate or operate. **4.** To verify by conducting a parallel experiment in which the variable being investigated is held constant or is compared with a standard. **5a.** To regulate. **b.** To examine and verify. **6.** To restrict or regulate the authorized supply of. *n.* **1.** Power to direct or determine: *under control; out of control.* **2.** A means of regulation or restraint; curb; check: *a frontier control.* **3.** A device or mechanism for operating a car, aircraft, etc. **4.** A standard of comparison used in a statistical analysis or scientific experiment. **5.** A device that regulates the operation of a machine. A dynamic control is one that incorporates a governor so that it responds to the output of the machine it regulates. **6.** An agency believed to assist the medium in a séance. **7.** A letter, or letter and number, printed on a sheet of postage stamps, indicating authenticity, date, and series of issue. Also called: *control mark*. **8.** One of a number of checkpoints on a car rally, orienteering course, etc., where competitors check in and their time, performance, etc., is recorded.

convert *v.* **1.** To change or adapt the form, character, or function of; transform. **2.** To cause to change in opinion, belief, etc. **3.** To change for the better. **4.** To admit of being changed: *The table converts into a tray.* **5.** To change or be changed into another chemical compound or physical state: *to convert water into ice.* **6a.** To assume unlawful proprietary rights over. **b.** To change from realty into personalty or vice versa. **7.** To make a conversion after. **8.** To transpose the subject and predicate of by conversion. **9.** To change from one system of units to another. **10.** To exchange for something of equivalent value. *n.* A person who has been converted to another belief, religion, etc.

cook *v.* **1.** To prepare by the action of heat, as by boiling, baking, etc., or to become ready for eating through such a process. **2.** To subject or be subjected to the action of intense heat: *The town cooked in the sun.* **3.** To alter or falsify: *to cook the books.* **4.** To spoil or ruin. **5.** To happen. **6.** To prepare by heating. **7.** To play vigorously: *The band was cooking.* **8. Cook someone's goose a.** To spoil a person's plans. **b.** To bring about someone's ruin, downfall, etc. *n.* **1.** A person who prepares food for eating, esp. as an occupation.

Cook *n. Mount* **1.** A mountain in New Zealand, in the South Island, in the Southern Alps: the highest peak in New Zealand. Height: 3,764 m. Official name: Aorangi-Mount Cook. **2.** A mountain in SE Alaska, in the St. Elias Mountains. Height: 4,194 m.

copy *n.* **1.** An imitation or reproduction of an original. **2.** A single specimen of something that occurs in a multiple edition, such as a book, article, etc. **3a.** Matter to be reproduced in print. **b.** Written matter or text as distinct from graphic material in books, newspapers, etc. **4.** The words used to present a promotional message in an advertisement. **5.** Suitable material for an article or story: *Disasters are always good copy.* **6.** A model to be copied, esp. an example of penmanship. *v.* **1.** To make a copy or reproduction of. **2.** To imitate as a model. **3.** To imitate unfairly.

correct *v.* **1.** To make free from errors. **2.** To indicate the errors in. **3.** To rebuke or punish in order to set right or improve: *to correct a child; to stand corrected.* **4.** To counteract or rectify: *These glasses will correct your sight.* **5.** To adjust or make conform, esp. to a standard. *adj.* **1.** Free from error; true; accurate: *the correct version.* **2.** In conformity with accepted standards correct behavior.

cost *n.* **1.** The price paid or required for acquiring, producing, or maintaining something, usually measured in money, time, or energy; expense or expenditure; outlay. **2.** Suffering or sacrifice; loss; penalty. **3.** The amount paid for a commodity by its seller. **4.** The expenses of judicial proceedings. *v.* **1.** To be obtained or obtainable in exchange for; be priced at: *The ride cost one pound.* **2.** To cause or require the expenditure, loss, or sacrifice. **3.** To estimate the cost of for the purposes of pricing, budgeting, control, etc.

could *v. past tense* of **can 2.** To make the subjunctive mood of *can*, esp. used in polite requests or in conditional sentences: *Could I see you tonight? She'd telephone if she could.* **3.** To indicate suggestion of a course of action. **4.** To indicate a possibility: *He could well be a spy.*

count *v.* **1.** To add up or check in order to ascertain the sum; enumerate: *Count your change.* **2.** To recite numbers in ascending order up to and including. **3.** To take into account or include: *We must count him in.* **4.** *Not counting* Excluding. **5.** To believe to be; consider; think; deem: *Count yourself lucky.* **6.** To recite or list numbers in ascending order either in units or groups: *to count in tens.* **7.** To have value, importance, or influence: *This picture counts as a rarity.* **8.** To have a certain specified value or importance: *The job counts for a lot.* **9.** To keep time by counting beats. *n.* **1.** The act of counting or reckoning. **2.** The number reached by counting; sum. **3.** A paragraph in an indictment containing a distinct and separate charge. **4.** The total number of photons or ionized particles detected by a counter. **5.** *Keep count* To keep a record of items, events, etc. **6.** *Lose count* To fail to keep an accurate record of items, events, etc. **7.** The act of telling off a number of seconds by the referee, as when a boxer has been knocked down or a wrestler pinned by his opponent. **8.** *Out for the count* Knocked out and unable to continue after a count of ten by the referee. **9.** *Take the count* To be unable to continue after a count of ten. **10.** Notice; regard; account. **count (2)** *n.* **1.** A nobleman in any of various European countries having a rank corresponding to that of a British earl. **2.** Any of various officials in the late Roman Empire and under various Germanic kings in the early Middle Ages. **3.** A man who has received an honor from the Pope in recognition of good deeds, achievements, etc.

country *n.* **1.** A territory distinguished by its people, culture, language, geography, etc. **2.** An area of land distinguished by its political autonomy; state. **3.** The people of a territory or state: *The whole country rebelled.* **4.** An area associated with a particular person. **5.** The part of the land that is away from cities or industrial areas; rural districts. **6.** Short for country music. **7.** A particular locality or district. **8.** *Up country* Away from the coast or the capital. **9.** One's native land or nation of citizenship. **10.** The outlying area or area furthest from the finish of a sports ground or racecourse. **11.** Rough; uncouth; rustic: *country manners.* **12.** *Across country* Not keeping to roads, etc.

course *n.* **1.** A continuous progression from one point to the next in time or space; onward movement: *the course of his life.* **2.** A route or direction followed. **3.** The path or channel along which something moves: *the course of a river.* **4.** An area or stretch of land or water on which a sport is played or a race is run. **5.** A period of time; duration. **6.** The usual order of and time required for a sequence of events; regular procedure. **7.** A mode of conduct or action: *If you follow that course, you will fail.* **8.** A connected series of events, actions, etc. **9a.** A prescribed number of lessons, lectures, etc., in an educational curriculum. **b.** The material covered in such a curriculum. **10.** A prescribed regimen to be followed for a specific period of time. **11.** A part of a meal served at one time. **12.** A continuous, usually horizontal, layer of building material, such as a row of bricks, tiles, etc. **13.** Any of the sails on the lowest yards of a square-rigged ship. **14.** The horizontal rows of stitches. **15.** A charge by knights in a tournament. **16a.** A hunt by hounds relying on sight rather than scent. **b.** A match in which two greyhounds compete in chasing a hare. **17.** The part or function assigned to an individual bell in a set of changes. **18.** A running race. **19.** *As a matter of course* As a natural or normal consequence, mode of action, or event. **20.** *The course of nature* The ordinary course of events. **21.** *In course of* In the process of: *The ship was in course of construction.* **22.** *In due course* At some future time, esp. the natural or appropriate time. **23.** *Of course* **a.** As expected; naturally. **b.** Certainly; definitely. **24.** *Run its course* To complete its development or action. *v.* **1.** To run, race, or flow, esp. swiftly and without interruption. **2.** To cause to hunt by sight rather than scent or to hunt thus. **3.** To run through or over; traverse. **4.** To take a direction; proceed on a course.

cover *v.* **1.** To place or spread something over so as to protect or conceal. **2.** To provide with a covering; clothe. **3.** To put a garment, esp. a hat, on. **4.** To extend over or lie thickly on the surface of; spread: *Snow covered the fields.* **5.** To bring upon, invest as if with a covering. **6.** To act as a screen or concealment for; hide from view. **7.** To protect by taking up a position from which fire may be returned if those being protected are fired upon. **8.** To assume responsibility for: *to cover for a colleague in his absence.* **9.** To provide an alibi. **10.** To have as one's territory. **11.** To travel over: *to cover three miles a day.* **12.** To have or place in the aim and within the range of. **13.** To include or deal with. **14.** To be sufficient to meet. **15a.** To insure against loss, risk, etc. **15b.** To provide for by insurance. **16.** To purchase in order to meet contracts, esp. short sales. **17.** To deposit in a bet or wager. **18.** To play a card higher in rank than. **19.** To act as reporter or photographer on for a newspaper or magazine: *to cover sports events.* **20.** To guard or protect. **21.** To record a cover version of. **22.** To brood. *n.* **1.** Anything that covers, spreads over, protects, or conceals. **2.** Woods or bushes providing shelter or a habitat for wild creatures. **3a.** A blanket used on a bed for warmth. **b.** Another word for bedspread **4.** Liquid assets, reserves, or guaranteed income sufficient to discharge a liability, meet an expenditure, etc. **5.** A pretext, disguise, or false identity. **6.** Another word for coverage. **7.** An envelope or package for sending through the post under plain cover. **8.** An entire envelope that has been postmarked. **9.** An individual table setting, esp. in a restaurant. **10.** The guarding or protection of an opponent, team-mate, or area. **11.** A version by a different artist of a previously recorded musical item. Also called: *cover version.* **12a.** The area more or less at right angles to the pitch on the off side and usually about halfway to the boundary: *to field in the covers.* **b.** A cover drive by a batsman. **c.** A fielder in such a position. **13.** The percentage of the ground surface covered by a given species of plant. *v.* **1. Break cover** To come out from a shelter or hiding place. **2. Take cover** To make for a place of safety or shelter. *adj.* **1. Under cover** Protected, concealed, or in secret: *under cover of night.*

cracked *adj.* **1.** Damaged by cracking. **2.** Crazy.

crack *v.* **1.** To break or cause to break without complete separation of the parts: *The vase was cracked but unbroken.* **2.** To break or cause to break with a sudden sharp sound; snap: *to crack a nut.* **3.** To make or cause to make a sudden sharp sound: *to crack a whip.* **4.** To cause to change tone or become harsh or to change tone, esp. to a higher register; break. **5.** To fail or cause to fail. **6.** To yield or cause to yield: *to crack under pressure.* **7.** To hit with a forceful or resounding blow. **8.** To break into or force open: *to crack a safe.* **9.** To solve or decipher. **10.** To tell. **11.** To break into smaller molecules or radicals by the action of heat, as in the distillation of petroleum. **12.** To open for drinking: *Let's crack another bottle.* **13.** To achieve. **14.** To find or catch to crack a wave in surfing. **15.** Crack a smile: *to break into a smile.* **16. Crack hardy or hearty** To disguise one's discomfort, etc.; put on a bold front. *n.* **1.** A sudden sharp noise. **2.** A break or fracture without complete separation of the two parts: *a crack in the window.* **3.** A narrow opening or fissure. **4.** A resounding blow. **5.** A physical or mental defect; flaw. **6.** A moment or specific instant: *the crack of day.* **7.** A broken or cracked tone of voice. **8.** An attempt; opportunity to try: *He had a crack at the problem.* **9.** A gibe; wisecrack; joke. **10.** A person that excels. **11.** A talk; chat. **12.** A processed form of cocaine hydrochloride used as a stimulant that is highly addictive. **13.** Fun; informal entertainment: *The crack was great in here last night.* **14.** A burglar or burglary. **15. Crack of dawn a.** The very instant that the sun rises. **b.** Very early in the morning. **16.** *A fair crack of the whip* A fair chance or opportunity. **17.** ***Crack of doom*** Doomsday; the end of the world; the Day of Judgment.

cream *n.* **1.** The fatty part of milk, which rises to the top if the milk is allowed to stand. **2.** Anything resembling cream in consistency: *shoe cream; beauty cream.* **3.** The best one or most essential part of something: *Pick the cream of the bunch.* **4.** A soup containing cream or milk: *cream of chicken soup.* **5.** Any of various dishes, cakes, biscuits, etc., resembling or containing cream. **6.** A confection made of fondant or soft fudge, often covered in chocolate. **7.** ***Cream sherry*** A full-bodied sweet sherry. **8.** A yellowish-white colour. *v.* **1.** To skim or otherwise separate the cream from. **2.** To beat. **3.** To form cream. **4.** To add or apply cream or any creamlike substance to: *to cream one's face; to cream coffee.* **13.** To take away the best part of. **14.** To prepare or cook with cream or milk. **15.** To allow to form a layer of cream on its surface or to form such a layer. **16.** To beat thoroughly.

creature *n.* **1.** A living being, esp. an animal. **2.** Something that has been created, whether animate or inanimate: *a creature of the imagination.* **3.** A human being; person: used as a term of scorn, pity, or endearment. **4.** A person who is dependent upon another; tool or puppet.

credit *n.* **1.** Commendation or approval, as for an act or quality. **2.** A person or thing serving as a source of good influence, repute, ability, etc. **3.** The quality of being believable or trustworthy. **4.** Influence or reputation coming from the approval or good opinion of others. **5.** Belief in the truth, reliability, quality, etc., of someone or something. **6.** A sum of money or equivalent purchasing power, as at a shop, available for a person's use. **7a.** The positive balance in a person's bank account. **b.** The sum of money that a bank makes available to a client in excess of any deposit. **8a.** The practice of permitting a buyer to receive goods or services before payment. **b.** The time permitted for paying for such goods or services. **9.** Reputation for solvency and commercial or financial probity, inducing confidence among creditors. **10a.** Acknowledgment of an income, liability, or capital item by entry on the right-hand side of an account. **b.** The right-hand side of an account. **c.** An entry on this side. **d.** The total of such entries. **11a.** A distinction awarded to an examination candidate obtaining good marks. **b.** A section of an examination syllabus satisfactorily completed, as in higher and professional education. **12.** ***Letter of credit*** An order authorizing a named person to draw money from correspondents of the issuer. **13.** ***On credit*** With payment to be made at a future date. *v.* **-dits, -diting, -dited 1.** To ascribe; give credit: *They credited him with the discovery.* **2.** To accept as true; believe. **3.** To do credit to. **4a.** To enter as a credit in an account. **b.** To acknowledge by making such an entry. **5.** To award a credit to.

cremator *n.* **1.** A furnace for cremating corpses. **2.** A person who operates such a furnace.

cube (1) *n.* **1.** A solid having six plane square faces in which the angle between two adjacent sides is a right angle. **2.** The product of three equal factors: *The cube of 2 is 2 x 2 x 2.* **3.** Something in the form of a cube. *v.* **1.** To raise to the third power. **2.** To measure the cubic contents of. **3.** To make, shape, or cut to tenderize by scoring into squares or by pounding with a device which has a surface of metal. **cube (2)** *n.* **1.** Any of various tropical American plants, esp. any of the leguminous genus Lonchocarpus, the roots of which yield rotenone. **2.** An extract from the roots of these plants.

cubic *adj.* **1.** Having the shape of a cube. **2a.** Having three dimensions. **b.** Denoting or relating to a linear measure that is raised to the third power; Abbrevs.: *cu.* **3.** Of, relating to, or containing a variable to the third power or a term in which the sum of the exponents of the variables is three. **4.** Relating to or belonging to the crystal system characterized by three equal perpendicular axes. The unit cell of cubic crystals is a cube with a lattice point at each corner and one in the cube's centre or a lattice point at each corner and one at the centre of each face. *n.* A cubic equation, such as x3 + x + 2 = 0; a cubic term or expression.

culture *n.* **1.** The total of the inherited ideas, beliefs, values, and knowledge, which constitute the shared bases of social action. **2.** The total range of activities and ideas of a group of people with shared traditions, which are transmitted and reinforced by members of the group. **3.** A particular civilization at a particular period. **4.** The artistic and social pursuits, expression, and tastes valued by a society or class, as in the arts, manners, dress, etc. **5.** The enlightenment or refinement resulting from these pursuits. **6.** The cultivation of plants, esp. by scientific methods designed to improve stock or to produce new ones. **7.** The rearing and breeding of animals, esp. with a view to improving the strain. **8.** The act or practice of tilling or cultivating the soil. **9a.** The experimental growth of microorganisms, such as bacteria and fungi, in a nutrient substance usually under controlled conditions. **b.** A group of microorganisms grown in this way. *v.* **1.** To cultivate. **2.** To grow in a culture medium.

current *adj.* **1.** Of the immediate present; in progress current events. **2.** Most recent; up-to-date the current issue of a magazine. **3.** Commonly known, practiced, or accepted; widespread: *a current trend.* **4.** Circulating and valid at present. *n.* **1.** A steady usually natural flow. **2.** A mass of air, body of water, etc., that has a steady flow in a particular direction. **3.** The rate of flow of such a mass electric current. **4a.** A flow of electric charge through a conductor. **b.** The rate of flow of this charge. It is usually measured in amperes. Symbol: *I*. **5.** A general trend or drift: *currents of opinion.*

D

n. **1.** The fourth letter and third consonant of the modern English alphabet. **2.** A speech sound represented by this letter, usually a voiced alveolar stop, as in *dagger.* **3.** The semicircle on a billiards table having a radius of 11 inches and its straight edge in the middle of the baulk line. **d** *symbol* for: **1.** Density or relative density. **2.** A small increment in a given variable or function: used to indicate a derivative of one variable with respect to another, as in dy/dx. **D** *symbol* for: **1a.** A note having a frequency of 293.66 hertz or this value multiplied or divided by any power of 2; the second note of the scale of C major. **b.** A key, string, or pipe producing this note **c.** The major or minor key having this note as its tonic. **3.** The Roman numeral for 500.

daily *adj.* **1.** Of or occurring every day or every weekday: *a daily paper.* **2. Earn one's daily bread** To earn one's living. **3. The daily round** The usual activities of one's day. *n., pl.* **-lies 1.** A daily publication, esp. a newspaper. **2.** Another name for a charwoman, also called *daily help. adv.* **1.** Every day. **2.** Constantly; often.

dark *adj.* **1.** Having little or no light: *a dark street.* **2.** Reflecting or transmitting little light: *dark brown.* **3.** Not fair or blond; swarthy; brunette. **4.** Gloomy or dismal. **5.** Sinister; evil: a dark purpose. **6.** Sullen or angry; a dark scowl. **7.** Ignorant or unenlightened: *a dark period in our history.* **8.** Secret or mysterious: *keep it dark.* **-darkness** *n.* **1.** Absence of light. **2.** Night or nightfall. **3.** A dark place, patch, or shadow. **4.** A state of ignorance. *v.* An archaic word for *darken, darkish.*

date *n.* **1.** A specified day of the month. **2.** The particular day or year of an event. **3.** The years of a person's birth and death or of the beginning and end of an event or period. **4.** An inscription on a coin, letter, etc., stating when it was made or written. **5a.** An appointment for a particular time, esp. with a person of the opposite sex. **5b.** The person with whom the appointment is made. **6.** The present moment; now. *v.* **1.** To mark with the day, month, or year. **2.** To assign a date of occurrence or creation to. **3.** To have originated. **4.** To reveal the age of. **5.** To make or become old-fashioned. **6a.** To be a boyfriend or girlfriend of. **b.** To accompany on a date. *n.* **1.** The fruit of the date palm, having sweet edible flesh and a single large woody seed. **2.** Short for date palm.

day *n.* **1.** The period of time, the calendar day, of 24 hours duration reckoned from one midnight to the next. **2.** The period of light between sunrise and sunset, as distinguished from the night. **3.** The part of a day occupied with regular activity, esp. work. **4.** A period or point in time. **5.** The period of time, the sidereal day during which the earth makes one complete revolution on its axis relative to a particular star. The mean sidereal day lasts 23 hours 56 minutes 4.1 seconds of the mean solar day. **6.** The period of time, the solar day during which the earth makes one complete revolution on its axis relative to the sun. The mean solar day is the average length of the apparent solar day and is some four minutes longer than the sidereal day. **7.** The period of time taken by a specified planet to make one complete rotation on its axis; the Martian day. **8.** A day designated for a special observance, esp. a holiday: *Christmas Day.* **9.** *All in a day's work* Part of one's normal activity; no trouble. **10.** *At the end of the day* In the final reckoning. **11.** *Day of rest* The Sabbath; Sunday. **12.** *End one's days* Pass the end of one's life. **13.** *Every dog has his day* One's luck will come. **14.** *In this day and age* Nowadays. **15.** *It's early days* It's too early to tell how things will turn out. **16.** *Late in the day* **a.** Very late. **b.** Too late. **17.** *That will be the day* **a.** I look forward to that. **b.** That is most unlikely to happen. **18.** Time of success, recognition, power, etc.: *His day will soon come.* **19.** A struggle or issue at hand: *The day is lost.* **20.** The ground surface over a mine. **21.** *From day to day* Without thinking of the future. **22.** *Call it a day* Stop work or other activity. **23.** *Day after day* Without respite; relentlessly. **24.** *Day by day* Gradually or progressively. **25.** *Day in, day out* Every day and all day long. **26.** *From Day 1 or Day One* From the very beginning. **27.** *One of these days* At some future time. **28.** Of, relating to, or occurring in the day: *the day shift.*

days *adv.* During the day, esp. regularly works days.

dead *adj.* **1.** No longer alive. **2.** Not endowed with life; inanimate. **3.** No longer in use or relevant. **4.** Unresponsive or unaware; insensible. **5.** Lacking in freshness, interest, or vitality. **6.** Devoid of physical sensation; numb: *His gums were dead from the anaesthetic.* **7.** Resembling death; deathlike: *a dead sleep.* **8.** No longer burning or hot. **9.** Withered; faded. **10.** *A dead stop* A dead loss. **11.** Very tired. **12a.** Drained of electric charge; discharged: *The battery was dead.* **b.** Not connected to a source of potential difference or electric charge. **13.** Lacking acoustic reverberation: *a dead sound; a dead surface.* **14.** Out of play. **15.** Unerring; accurate; precise. **16.** Lacking resilience or bounce: *a dead ball.* **17a.** Set but no longer needed for use. **b.** Already composed. **18.** Not yielding a return; idle dead capital. **19.** Certain to suffer a terrible fate; doomed: *You're dead if your mother catches you at that.* **20.** Not glossy or bright; lackluster. **21.** Stagnant: *dead air.* **22.** Shielded from view, as by a geographic feature or environmental condition: *a dead zone; dead space.* **23.** *Dead as a doornail* Completely dead. **24.**

Dead from the neck up Stupid or unintelligent. **25.** *Dead in the water* Unsuccessful, and with little hope of future success. **26.** *Dead to the world* Unaware of one's surroundings, esp. fast asleep or very drunk. **27.** *Leave for dead* **a.** To abandon. **b.** To surpass or outdistance by far. **28.** *Wouldn't be seen dead* To refuse to wear, to go etc. *n.* **1.** A period during which coldness, darkness, or some other quality associated with death is at its most intense: *the dead of winter.* *adv.* **1.** *Dead easy stop* Dead dead level. **2.** *Dead on* Exactly right.

deaf *adj.* **1a.** Partially or totally unable to hear. **b.** As collective noun proceeded by *the*: *the deaf.* **2.** Refusing to heed: *deaf to the cries of the hungry.* --**deafly** *adv.* --**deafness** *n.*

death *n.* **1.** The permanent end of all functions of life in an organism or some of its cellular components. **2.** An instance of this: *His death ended an era.* **3.** A murder or killing: *He had five deaths on his conscience.* **4.** Termination or destruction: *the death of colonialism.* **5.** A state of affairs or an experience considered as terrible as death: *Your constant will be the death of me.* **6.** A cause or source of death. **7.** A personification of death, usually a skeleton or an old man holding a scythe. **8.** *To death* or *to the death* Until dead: *Bleed to death; a fight to the death.* **9.** *At death's door* Likely to die soon. **10.** *Catch one's death* To contract a severe cold. **11.** *Do to death* **a.** To kill. **b.** To overuse so that it no longer has any effect. **12.** *In at the death* **a.** Present when an animal that is being hunted is caught and killed. **b.** Present at the finish or climax. **13.** *Like death warmed up* Very ill. **14.** *Like grim death* As if afraid of one's life. **15.** *Put to death* To kill deliberately or execute. Related prefixes **necro-**.

deceive *v.* **1.** To mislead by deliberate misrepresentation or lies. **2.** To delude. **3.** To be unfaithful to. **4.** To disappoint: *His hopes were deceived.*

decide *v.* **1.** To reach a decision: *Decide what you want.* **2.** To cause to reach a decision: *The weather decided me against going.* **3.** To determine or settle: *They decided his future plans.* **4.** To influence decisively the outcome of: *His stamina decided the match.* **5.** To pronounce a formal verdict.

decided *adj.* **1.** Unmistakable: *a decided improvement.* **2.** Determined; resolute: *a girl of decided character.* --**decidedly** *adv.*

declare *v.* **1.** To make clearly known or announce officially; to declare one's interests: *War was declared.* **2.** To state officially that is as specified: *He declared him fit.* **3.** To state emphatically; assert. **4.** To show, reveal, or manifest the heavens: *Declare the glory of God.* **5.** To make known one's choice or opinion. **6.** To make a complete statement of. **7a.** To display on the table so as to add to one's score. **b.** To decide by making the final bid. **8.** To close an innings voluntarily before all ten wickets have fallen. **9.** To authorize the payment of from corporate net profit.

deliver *v.* **1.** To carry to a destination, esp. to carry and distribute to several places. **2.** To hand over, transfer, or surrender. **3.** To release or rescue. **4a.** To aid in the birth of. **b.** To give birth to. **c.** To aid or assist in the birth. **d.** To give birth. **5.** To utter or present. **6.** To utter: *to deliver a cry of exultation.* **7.** To discharge or release suddenly. **8.** To cause to support a given candidate, cause, etc.: *Can you deliver the Bronx?* **9.** Deliver oneself of; to speak with deliberation or at length: *to deliver oneself of a speech.* **10.** *Deliver the goods* To produce or perform something promised or expected. --**deliverable** *adj.*

delivery *n.* **1a.** The act of delivering or distributing goods, mail, etc. **b.** Something that is delivered. **c.** A delivery service. **2** The act of giving birth to a child: *she had an easy delivery.* **3.** Manner or style of utterance, esp. in public speaking or recitation: *The chairman had a clear* *delivery*. **4.** The act of giving or transferring or the state of being given or transferred. **5.** The act of rescuing or state of being rescued; liberation. **6a.** The act or manner of bowling or throwing a ball. **b.** *The ball so delivered* A fast delivery. **7.** An actual or symbolic handing over of property, a deed, etc. **8.** The discharge rate of a compressor or pump delivery.

department *n.* **1.** A specialized division of a large concern, such as a business, store, or university: *the geography department.* **2.** A major subdivision or branch of the administration of a government. **3.** A branch or subdivision of learning: *Physics is a department of science.* **4.** A territorial and administrative division in several countries, such as France. **5.** A specialized sphere of knowledge, skill, or activity: *Sewing is my wife's department.*

departure *n.* **1.** The act or an instance of departing. **2.** A deviation or variation from previous custom; divergence. **3.** A project, course of action, venture, etc.: *Selling is a new departure for him.* **4a.** The net distance travelled due east or west by a vessel. **b.** The latitude and longitude of the point from which a vessel calculates dead reckoning. Also called: *point of departure.* **5.** A euphemistic word for *death*.

depth *n.* **1.** The extent, measurement, or distance downwards, backwards, or inwards. **2.** The quality of being deep; deepness. **3.** Intensity or profundity of emotion or feeling. **4.** Profundity of moral character; penetration; sagacity; integrity. **5.** Complexity or abstruseness, as of thought or objects of thought. **6.** Intensity, as of silence, colour, etc. **7** Lowness of pitch. **8.** The distance from the top of a ship's keel to the top of a particular deck. **9.** A deep, far, inner, or remote part, such as an inaccessible region of a country. **10.** The deepest, most intense, or most severe part: *the depths of winter.* **11.** A low moral state; demoralization: *How could you sink to such depths?* **12a.** Vast space or abyss. **13.** *Beyond or out of one's depth* **a.** In water deeper than one is tall. **b.** Beyond the range of one's competence or understanding. **14.** *In depth* Thoroughly or comprehensively.

desert (1) *n.* **1.** A region that is devoid or almost devoid of vegetation, esp. because of low rainfall. **2.** An uncultivated uninhabited region. **3.** A place which lacks some desirable feature or quality: *a cultural desert.* **4.** Of, relating to, or like a desert; infertile or desolate. **desert (2)** *v.* **1.** To leave or abandon without intending to return, esp. in violation of a duty, promise, or obligation. **2.** To abscond from with no intention of returning. **3.** To fail in time of need: *His good humour temporarily deserted him.* **4.** To give up or postpone. **desert (3)** *n.* **1.** Something that is deserved or merited; just reward or punishment. **2.** The state of deserving a reward or punishment. **3.** Virtue or merit.

desire *v.* **1.** To wish or long for; crave; want. **2.** To express a wish or make a request for; ask for. *n.* **1.** A wish or longing; craving. **2.** An expressed wish; request. **3.** Sexual appetite; lust. **4.** A person or thing that is desired.

destroy *v.* **1.** To ruin; spoil; render useless. **2.** To tear down or demolish; break up; raze. **3.** To put an end to; do away with; extinguish. **4.** To kill or annihilate. **5.** To crush, subdue, or defeat. **6.** To be destructive or cause destruction.

destruction *n.* **1.** The act of destroying or state of being destroyed; demolition. **2.** A cause of ruin or means of destroying.

detect *v.* **1.** To perceive or notice: *to detect a note of sarcasm.* **2.** To discover the existence or presence of: *to detect alcohol in the blood.* **3.** To extract information from. **4.** To reveal or expose. --**detectable, detectible** *adj.*

determined *adj.* **1.** Of unwavering mind; resolute; firm determinedly. *v.* **1.** To settle or decide conclusively, as by referring to an authority. **2.** To ascertain or conclude, esp. after observation or consideration. **3.** To shape or influence; give direction to: *Experience often determines ability.* **4.** To fix in scope, extent, variety, etc.: *The river determined the edge of the property.* **5.** To make or cause to make a decision: *He determined never to marry.* **6.** To define or limit by adding or requiring certain features or characteristics. **7.** To fix or specify the position, form, or configuration of two points: *determine a line.* **8.** To come or bring to an end, as an estate or interest in land.

Detroit *n.* A major industrial city and Great Lakes shipping center in northeastern Michigan. It represents the city where the first Temple (Mosque) of Islam was established for the Lost-Found Nation Of Islam in the West and the location where The Honorable Elijah Muhammad first met Master Fard Muhammad. It has been the center of the U.S. automobile industry and has played a significant role in influencing American culture, economics, and politics.

devil *n.* **1.** A grafted man which is made weak and wicked; any grafted, live germ from the original is a devil. **2.** The Colored man or Caucasian is the Devil; the Skunk of the planet Earth; also called Yacub's grafted devil. Note: a devil is a very wicked or cruel person, but The Devil is he whose wickedness is not confined to himself, but of worldwide influence; among other names The Devil is also called the arch deceiver, Satan, the enemy, and the God of this world. **3.** A person or animal regarded as cruel, wicked, or ill-natured. **4.** A person or animal regarded as unfortunate or wretched. **5.** A person or animal regarded as clever, daring, mischievous, or energetic. **6.** Something difficult or annoying. **7.** The opposite of truth; an error, lie, or false belief in sin, sickness, and death. **8.** A ghost. **9.** A portable furnace or brazier, esp. one used in road-making or one used by plumbers. **10.** Any of various mechanical devices, such as a machine for making wooden screws or a rag-tearing machine. **11.** A junior barrister who does work for another in order to gain experience, usually for a half fee. **12.** A small whirlwind in arid areas that raises dust or sand in a column. **13. Between the devil and the deep blue sea** Between equally undesirable alternatives. **14. Give the devil his due** Acknowledge the talent or the success of an opponent or unpleasant person. **15. Go to the devil a.** To fail or become dissipated. **b.** Used to express annoyance with the person causing it. **16. Like the devil** With great speed, determination, etc. **17. Play the devil with** To make much worse; upset considerably: *The damp plays the devil with my rheumatism.* **18. Raise the devil a.** To cause a commotion. **b.** To make a great protest. **19. Talk of the devil!** A phrase used when an absent person who has been the subject of conversation appears. **20. The devil! a.** Used in such phrases as *"what the devil," "where the devil,"* etc. **b.** An exclamation of anger, surprise, disgust, etc. **20. The devil's own!** Any very difficult or problematic thing. **21. The devil to pay** Problems or trouble to be faced as a consequence of an action. **22. The very devil** Something very difficult or awkward. "If the devil doesn't exist, but man has created him, he has created him in his own image and likeness" *Fyodor Dostoevsky, The Brothers Karamazov.* "How art thou fallen from heaven, O Lucifer, son of the morning!" *Bible, Isaiah.* "Be sober, be vigilant; because your adversary the devil, as a roaring lion, walketh about, seeking whom he may devour" *Bible: I Peter.* "The devil's most devilish when respectable" *Elizabeth Barrett Browning Aurora Leigh.* "An apology for the Devil, It must be remembered that we have only heard one side of the case. God has written all the books" *Samuel Butler Better.*

devilishment *n.* The Tricknollegy that Yacub taught for the devil, which consisted of telling lies, stealing, and how to master the original man.

devote *v.* **1.** To apply or dedicate to some pursuit, cause, etc. **2.** To curse or doom devotement.

devoted *adj.* **1.** Feeling or demonstrating loyalty or devotion; ardent; devout. **2.** Set apart, dedicated, or consecrated. --**devotedly** *adv.*

diameter *n.* **1a.** A straight line connecting the centre of a geometric figure, esp. a circle or sphere, with two points on the perimeter or surface. **b.** The length of such a line. **2.** The thickness of something, esp. with circular cross section.

did *v. past tense* of **do.**

didn't *contr.* of **did not**

different *adj.* **1.** Partly or completely unlike. **2.** Not identical or the same; other: *He always wears a different tie.* **3.** Out of the ordinary; unusual. --**differently** *adv.*

dilute *v.* **1.** To make or become less concentrated, esp. by adding water or a thinner. **2.** To make or become weaker in force, effect, etc.: *He diluted his story.* *adj.* **3a.** Having a low concentration or a concentration that has been reduced by admixture. **b.** Present in solution, esp. a weak solution in water.

diploma *n.* **1.** A document conferring a qualification, recording success in examinations or successful completion of a course of study. **2.** An official document that confers an honour or privilege.

direction *n.* **1.** The act of directing or the state of being directed. **2.** Management, control, or guidance. **3.** The work of a stage or film director. **4.** The course or line along which a person or thing moves, points, or lies. **5.** The course along which a ship, aircraft, etc., is travelling, expressed as the angle between true or magnetic north and an imaginary line through the main fore-and-aft axis of the vessel. **6.** The place towards which a person or thing is directed. **7.** A line of action; course. **8.** The name and address on a letter, parcel, etc. **9.** The process of conducting an orchestra, choir, etc. **10.** An instruction in the form of a word or symbol heading or occurring in the body of a passage, movement, or piece to indicate tempo, dynamics, mood, etc. **11a.** Being any one of the three angles that a line in space makes with the three positive directions of the coordinate axes. Usually given as a, b, and c with respect to the x-, y-, and z- axes **b.** Being the cosine of any of the direction angles.

dirty *adj.* **dirtier, dirtiest 1.** Covered or marked with dirt; filthy. **2a.** Obscene; salacious: *dirty books.* **b.** Sexually clandestine: *a dirty weekend.* **3.** Causing one to become grimy: *a dirty job.* **4.** Not clear and bright; impure. **5.** Unfair; dishonest; unscrupulous; unsporting. **6.** Mean; nasty: *a dirty cheat.* **7.** Scandalous; unkind: *a dirty rumour.* **8.** Revealing dislike or anger: *a dirty look.* **9.** Rainy or squally; stormy. **10.** Having projections into the airstream, such as lowered flaps. **11.** Producing a large quantity of radioactive fallout or contamination. **12.** *Be dirty on* To be offended by or be hostile towards. **13.** *Dirty dog* A despicable person. **14.** *Dirty linen* Intimate secrets, esp. those that might give rise to gossip. **15.** *Dirty word* **a.** An obscene word. **b.** Something that is regarded with disapproval. **16.** *Dirty work* Unpleasant or illicit activity. **17.** *Do the dirty on* To behave meanly or unkindly towards. *v.* **1.** To make or become dirty; stain; soil.

disagreeable *adj.* **1.** Not likable, esp. bad-tempered, offensive, or disobliging: *disagreeable remarks.* **2.** Not to one's liking; unpleasant: *a disagreeable task.*

disappear *v.* **1.** To cease to be visible; vanish. **2.** To go away or become lost, esp. secretly or without explanation. **3.** To cease to exist, have effect, or be known; become extinct or lost: *The pain has disappeared.*

4. To arrest secretly and presumably imprison or kill.

disbelieve *v.* **1.** To reject as false or lying; refuse to accept as true or truthful. **2.** To have no faith: *disbelieve in God.* --**disbeliever** *n.*

discover *v.* **1.** To be the first to find or find out about: *Fleming discovered penicillin.* **2.** To learn about or encounter for the first time; realize: *She discovered the pleasures of study.* **3.** To find after study or search: *I discovered a leak in the tank.* **4.** To reveal or make known.

dismiss *v.* **1.** To remove or discharge from employment or service. **2.** To send away or allow to go or disperse. **3.** To dispel from one's mind; discard; reject. **4.** To cease to consider: *They dismissed the problem.* **5.** To decline further hearing to: *The judge dismissed the case.* **6.** To bowl out a side for a particular number of runs *sentence substitute* **1.** An order to end an activity or give permission to disperse. --**dismissible** *adj.*

dispute *v.* **1.** To argue, debate, or quarrel about. **2.** To doubt the validity, etc., of. **3.** To seek to win; contest for. **4.** To struggle against; resist. *n.* **1.** An argument or quarrel. --**disputer** *n.*

disqualify *v.* **1.** To make unfit or unqualified. **2.** To make ineligible, as for entry to an examination. **3.** To debar from a sporting contest. **4.** To divest or deprive of rights, powers, or privileges: *disqualified from driving.* --**disqualifiable** *adj.*

distill *v.* **1.** To subject to or undergo distillation. See also *rectify.* **2.** To purify, separate, or concentrate, or be purified, separated, or concentrated by distillation. **3.** To obtain or be obtained by distillation: *to distill whisky.* **4.** To exude or give off in drops or small quantities. **5.** To extract the essence of as if by distillation.

disturbed *adj.* **1.** Emotionally upset, troubled, or maladjusted.

disturb *v.* **1.** To intrude on; interrupt. **2.** To destroy or interrupt the quietness or peace of. **3.** To disarrange; muddle. **4.** To upset or agitate; trouble: *I am disturbed at your bad news.* **5.** To inconvenience; put out: *Don't disturb yourself on my account.* --**disturber** *n.*

divide *v.* **1.** To separate or be separated into parts or groups; split up; part. **2.** To share or be shared out in parts; distribute. **3.** To diverge or cause to diverge in opinion or aim. **4.** To keep apart or be a boundary between. **5.** To vote by separating into two groups. **6.** To categorize; classify. **7.** To calculate the quotient of and by division. **8.** To diverge: *The roads divide.* **9.** To mark increments of as by use of an engraving machine. *n.* **1.** An area of relatively high ground separating drainage basins; watershed. **2.** A division; split: *divide and rule.*

do *v.* **1.** To perform or complete: *to do a portrait.* **2.** To serve the needs of; be suitable for suffice. **3.** To arrange or fix. **4.** To prepare or provide; serve. **5.** To make tidy, elegant, ready, etc., as by arranging or adorning. **6.** To improve. **7.** To find an answer to. **8.** To translate or adapt the form. **9.** To conduct oneself. **10.** To fare or manage. **11.** To cause or produce. **12.** To give or render. **13.** To work at, esp. as a course of study or a profession. **14.** To perform; act. **15.** To travel at a specified speed, esp. as a maximum. **16.** To travel or traverse. **17.** Used as an auxiliary before the subject of an interrogative sentence as a way of forming a question. **18.** Used as an auxiliary to intensify positive statements and commands. *adv.* **1.** Used as an auxiliary in inverted constructions. **2.** Used as an auxiliary to replace an earlier verb or verb phrase. *v.* **1.** To visit or explore as a sightseer or tourist. **2.** To wear out; exhaust. **3.** To happen. **4.** To serve as a prison sentence. **5.** To cheat or swindle. **6.** To rob. **7a.** To arrest. **b.** To convict of a crime. **8.** To lose or spend completely. **9.** To treat violently; assault. **10.** To take or use. **11.** Act like. **12.** *Do or die* To make a final or supreme effort. **13.** *How do you do?* Conventional formula when being introduced. **14.** *Make do* Manage with whatever is available. *n.* **1.** An act or instance of cheating or swindling. **2.** A formal or festive gathering; party. **3.** *Do's and dont's* Things that should or should not be done; rules.

doctor *n.* **1.** A person licensed to practice medicine. **2.** A person who has been awarded a higher academic degree in any field of knowledge. **3.** A person licensed to practice dentistry or veterinary medicine. **4.** A title given to any of several of the leading Fathers or theologians in the history of the Christian Church down to the late Middle Ages whose teachings have greatly influenced orthodox Christian thought. **5.** Any of various gaudy artificial flies. **6.** A person who mends or repairs things. **7.** A cook on a ship or at a camp. **8.** A man, esp. a teacher, of learning. **9.** A device used for local repair of electroplated surfaces, consisting of an anode of the plating material embedded in an absorbent material containing the solution. **10.** A blade that is set to scrape the roller in order to regulate the thickness of pulp or ink on it. **11.** *What the doctor ordered* Something needed or desired. *v.* **1a.** To give medical treatment to. **b.** To prescribe for. **2.** To practice medicine: *He doctored in Easter Island for six years.* **3.** To repair or mend, esp. in a makeshift manner. **4.** To make different in order to deceive, tamper with, falsify, or adulterate. **5** To adapt for a desired end, effect, etc. **6.** To castrate. -- **doctorial** *adj.*

does *v.* Used with a singular noun or the pronouns *he, she,* or a form of the present tense of *do*.

doing *n.* **1.** An action or the performance of an action: *Whose doing is this?* **2.** A beating or castigation.

dollar *n.* **1.** The standard monetary unit of the U.S. and its dependencies, divided into 100 cents. **2.** The standard monetary unit, comprising 100 cents, of the following countries: Antigua and Barbuda. **3.** Five shillings or a coin of this value. **4.** *Look or feel a million dollars* To look or feel extremely well.

done *v. past part.* of do **1.** *Be or have done with* to end relations with. **2.** *Have done* To be completely, finished. **3.** *That's done it* **a.** An exclamation of frustration when something is ruined. **b.** An exclamation when something is completed; interjection. **4.** An expression of agreement, as on the settlement of a bargain between two parties. *adj.* **1.** Completed; finished. **2.** Cooked enough: *done to a turn.* **3.** Used up: *They had to surrender when the ammunition was done.* **4.** Socially proper or acceptable: *That isn't done in higher circles.* **5.** Cheated; tricked: *done for.* **6a.** Dead or almost dead. **b.** In serious difficulty. **7.** *Done in or up* Physically exhausted.

don't *contr.* of do not

door *n.* **1a.** A hinged or sliding panel for closing the entrance to a room, cupboard, etc. **b.** Doorbell; doorknob. **2.** A doorway or entrance to a room or building. **3.** A means of access or escape: *a door to success.* **4.** *Lay at someone's door* To lay on someone. **5.** *Out of doors* In or into the open air. **6.** *Show someone the door* To order someone to leave.

down (1) *prep.* **1.** Used to indicate movement from a higher to a lower position. **2.** At a lower or further level or position on, in, or along: *He ran down the street. adv.* **1.** Downwards; at or to a lower level or position. **2.** Used with many verbs when the result of the verb's action is to lower or destroy its object: *Pull down; knock down; bring down.* **3.** Used with several verbs to indicate intensity or completion: *Calm down.* **4.** Immediately: *cash down.* **5.** On paper: *write this down.* **6.**

Arranged; scheduled: *The meeting is down for next week.* **7.** In a helpless position: *They had him down on the ground.* **8a.** Away from a more important place: *down from London.* **8.** Away from a more northerly place: *down from Scotland.* **c.** Away from the university; on vacation. **d.** In a particular part of a country: *down south.* **9.** Having the rudder to windward. **10.** Reduced to a state of lack or want: *down to the last pound.* **11.** Lacking a specified amount at the end of the day: *The cashier was ten pounds down.* **12.** Lower in price: *Beef is down.* **13.** Including all intermediate terms, grades, people, etc. *from managing director down to tea-lady.* **14.** From an earlier to a later time: *The heirloom was handed down.* **15.** To a finer or more concentrated state: *to grind down; boil down.* **16.** Being a specified number of points, goals, etc. behind another competitor, team, etc.: *six goals down.* **17.** Being inactive, owing to illness: *down with flu.* **18. Down with** Wanting the end of somebody or something: *Down with the king!* **22. Get down on something** To procure something, esp. in advance of needs or in anticipation of someone else. *adj.* **1.** Depressed or miserable. **2.** Of or relating to a train or trains from a more important place or one regarded as higher: *the down line.* **3.** Temporarily out of action. **4.** Made in cash: *a down payment.* **5.** Down to the responsibility or fault of: *This defeat was down to me.* *v.* **1.** To knock, push or pull down. **2.** To go or come down. **3.** To drink, esp. quickly. **4.** to bring down, esp. by tackling. *n.* **1.** *(Football)* One of a maximum of four consecutive attempts by one team to advance the ball a total of at least ten yards. **2.** A descent; downward movement. **3.** A lowering or a poor period. **4. Have a down on** To bear ill will towards. **down (2)** *n.* **1.** The soft fine feathers with free barbs that cover the body of a bird and prevent loss of heat. In the adult they lay beneath and between the contour feathers. **2.** Another name for eiderdown. **3.** A fine coating of soft hairs, as on certain leaves, fruits, and seeds. **4.** Any growth or coating of soft fine hair, such as that on the human face. **down (3)** *n.* **1.** A district of SE Northern Ireland, in Co. Pop.: 58, 008. Area: 649 sq. km. **2.** A historical county of SE Northern Ireland, on the Irish Sea: generally hilly, rising to the Mountains of Mourne: in 1973 it was replaced for administrative purposes by the districts of Ards, Banbridge, Castlereagh, Down, Newry and Mourne, North Down, and part of Lisburn. Area: 2,466 sq. km. **down (4)** *n.* Any of various lowland breeds of sheep, typically of stocky build and having dense close wool, originating from various parts of southern England, such as Oxford, Hampshire, etc.

downhill *adj.* **1.** Going or sloping down. *adv.* **1.** Towards the bottom of a hill; downwards. **2.** Go downhill to decline; deteriorate. *n.* **1.** The downward slope of a hill; descent, **2.** A competitive event in which skiers are timed in: *a downhill run.*

drawn *adj.* **1.** Haggard, tired, or tense in appearance.

draws *v.* draw, drawing, drew, drawn **1.** To cause to move towards or away by pulling. **2.** To bring, take, or pull out, as from a drawer, holster, etc. **3.** To extract or pull or take out to draw teeth: *to draw a card from a pack.* **4.** To take out of a cask, keg, tank, etc., by means of a tap. **5.** To move, go, or proceed, esp. in a specified direction: *to draw alongside.* **6.** To attract or elicit: *to draw a crowd; draw attention.* **7.** To cause to flow: *to draw blood.* **8.** To depict or sketch in lines, as with a pencil or pen, esp. without the use of colour; delineate. **9.** To make, formulate, or derive: *to draw conclusions, comparisons, parallels.* **10.** To write in proper form. **11.** To suck or take in: *to draw a breath.* **12.** To induce or allow a draught to carry off air, smoke, etc.: *The flue draws well.* **13.** To take or receive from a source: *to draw money from the bank.* **14.** To earn: *draw interest.* **15.** To write out: *to* *draw a cheque* **16.** To choose at random: *to draw lots.* **17.** To reduce the diameter of by pulling it through a die. **18.** To shape by rolling, by pulling it through a die or by stretching. **19.** To bend by pulling the string. **20.** To steep or to steep in boiling water. **21.** To disembowel: *draw a chicken.* **22.** To cause to discharge from an abscess or wound. **23.** To finish a game with an equal number of points, goals, etc.; tie. **24.** To keep leading a suit in order; to force out. **25.** ***Draw trumps*** To play the trump suit until the opponents have none left. **26.** To cause to spin back after a direct impact with another ball by applying backspin when making the stroke. **27.** To search in order to find wild animals, game, etc., for hunting. **28.** To cause to move with a controlled right-to-left trajectory or to veer gradually from right to left. **29.** To deliver gently. **30.** To require in which to float. **31.** ***Draw blank*** To get no results from something. **32.** ***Draw and quarter*** To disembowel and dismember after hanging. **33.** ***Draw stumps*** To close play, as by pulling out the stumps. *n.* **1.** The act of drawing. **2.** A sum of money advanced to finance anticipated expenses. **3.** An event, occasion, act, etc., that attracts a large audience. **4.** A raffle or lottery. **5.** Something taken or chosen at random, as a ticket in a raffle or lottery. **6.** A contest or game ending in a tie. **7.** A small natural drainage way or gully. **8.** A defect found in metal castings due to the contraction of the metal on solidification.

drink *v.* **drunk 1.** To swallow; imbibe. **2.** To take in or soak up; absorb: *This plant drinks a lot of water.* **3.** To pay close attention; be fascinated: *He drank in the speaker's every word.* **4.** To bring by consuming alcohol. **5.** To dispose of or ruin by excessive expenditure on alcohol: *He drank away his fortune.* **6.** To consume alcohol, esp. to excess. **7.** To drink in celebration, honor, or hope. **8.** ***Drink under the table*** To be able to drink more intoxicating beverage than. **9.** ***Drink the health of*** To salute or celebrate with a toast. **10.** ***Drink with the flies*** To drink alone. *n.* **1.** Liquid suitable for drinking; any beverage. **2.** Alcohol or its habitual or excessive consumption. **3.** A portion of liquid for drinking; draught. **4.** ***The drink*** The sea.

drop *n.* **1.** A small quantity of liquid that forms or falls in a spherical or pear-shaped mass; globule. **2.** A very small quantity of liquid. **3.** A very small quantity of anything. **4.** Something resembling a drop in shape or size, such as a decorative pendant or small sweet. **5.** The act or an instance of falling; descent. **6.** A decrease in amount or value; slump: *a drop in prices.* **7.** The vertical distance that anything may fall. **8.** A steep or sheer incline or slope. **9.** Short for *fruit drop*. **10.** The act of unloading troops, equipment, or supplies by parachute. **11.** A short spur from a trunk cable that feeds signals to an individual house. **12.** Another word for trap door or gallows. **13.** A slot or aperture through which an object can be dropped to fall into a receptacle. **14.** The midships height of a sail bent to a fixed yard. **15.** A fall of the wicket: *He came in at first drop.* **16.** ***A drop in the bucket*** An amount very small in relation to what is needed or desired. **17.** ***At the drop of a hat*** Without hesitation or delay. **18.** ***Have had a drop too much*** To be drunk. **19.** ***Have the drop on*** To have the advantage over. *v.* **drops, dropping, dropped 1.** To fall or allow to fall in globules. **2.** To fall or allow to fall vertically. **3.** To allow to fall by letting go of. **4.** To sink or fall or cause to sink or fall to the ground, as from a blow, wound, shot, weariness, etc. **5.** To fall, move, or go in a specified manner, direction, etc. **6.** To pay a casual visit. **7.** To decrease or cause to decrease in amount or value: *The cost of living never drops.* **8.** To sink or cause to sink to a lower position, as on a scale. **9.** To make or become less in strength, volume, etc. **10.** To sink or decline in health or condition. **11.** To pass easily into a state or condition to drop into a habit. **12.** To move along gently as with a current of water or air. **13.** To allow to pass casually in conversation: *to drop a hint.* **14.** To leave out. **15.** To set down or unload. **16.** To send or post: *drop me a line.* **17.** To discontinue; terminate: *Let's drop the matter.* **18.** To cease to associate or have to do with. **19.** To cease to employ: *He was dropped from his job.* **20.** To leave or deposit, esp. at a specified place. **21.** To give birth to. **22.** To lose money, esp. when gambling. **23.** To lengthen. **24.** To unload by parachute. **25.** To leave behind; sail out of sight of. **26.** From a team. **27.** To lose: *The champion dropped his first service game.* **28.** To hit or throw into a goal: *He dropped a foot putt.* **29.** To hit with a drop shot. **30.** ***Drop astern*** To fall back to the stern. **31.** To spin and crash out of the race. **32.** To swallow an exclamation of contempt.

drops *n.* Any liquid medication applied by means of a dropper.

dry *adj.* **drier, driest or dryer, driest 1.** Lacking moisture; not damp or wet. **2.** Having little or no rainfall. **3.** Not in or under water: *dry land.* **4.** Having the water drained away or evaporated: *a dry river.* **5.** Not providing milk: *a dry cow.* **6.** Free from tears. **7a.** In need of a drink; thirsty. **b.** Causing thirst: *dry work.* **8.** Eaten without butter, jam, etc.: *dry toast.* **9.** Not sweet. **10.** Not accompanied by or producing a mucous or watery discharge: *a dry cough.* **11.** Consisting of solid as opposed to liquid substances or commodities. **12.** Without adornment: *plain dry facts.* **13.** Lacking interest or stimulation: *a dry book.* **14.** Lacking warmth or emotion; cold: *a dry greeting.* **15.** Shrewd and keen in an impersonal, sarcastic, or laconic way. **16.** Opposed to or prohibiting the sale of alcoholic liquor for human consumption: *a dry area.* **17.** Without a lamb after the mating season. **18.** Imperfect because the solder has not adhered to the metal, thus reducing conductance. *v.* **dries, drying, dried 1.** To make or become dry or free from moisture. **2.** To preserve by removing the moisture. *n. pl.* **dries 1.** A Conservative politician who is considered to be a hard-liner. Compare *wet.* **2.** The dry season. **3.** An informal word for *prohibitionist.*

duck (1) *n.* **1.** Any of various small aquatic birds of the family Anatidae, typically having short legs, webbed feet, and a broad blunt bill: order Anseriformes. **2.** The flesh of this bird, used as food. **3.** The female of such a bird, as opposed to the male. **4.** Any other bird of the family Anatidae, including geese, and swans. **5.** A person, esp. one regarded as odd or endearing. **6.** A score of nothing by a batsman. **7.** *Like water off a duck's back* Without effect. **8.** *Take to something like a duck to water* To become adept at or attracted to something very quickly. *v.* **1.** To move quickly downwards or away, esp. so as to escape observation or evade a blow. **2.** To submerge or plunge suddenly and often briefly under water. **3.** To dodge or escape. **4.** To play a low card when possessing a higher one rather than try to win a trick. *n.* **1.** The act or an instance of ducking. --**ducker** *n.* **duck (2)** *n.* a heavy cotton fabric of plain weave, used for clothing, tents, etc. See also *ducks.*

ducks *n.* Clothing made of duck, esp. white trousers for sports.

dug *v. past tense, past part.* of **dig.** *n.* **1.** The nipple, teat, udder, or breast of a female mammal. **2.** A human breast, esp. when old and withered. **dug (2)** *n.* A Scot. word for dog.

dumb *adj.* **1.** Lacking the power to speak, either because of defects in the vocal organs or because of hereditary deafness; mute. **2.** Lacking the power of human speech: *dumb animals.* **3.** Temporarily lacking or bereft of the power to speak: *struck dumb.* **4.** Refraining from speech; uncommunicative. **5.** Producing no sound; silent: *a dumb piano.* **6.** Made, done, or performed without speech. **7a.** Slow to understand; dim-witted. **b.** Foolish; stupid.

during *prep.* **1.** Concurrently with: *Kindly don't sleep during my lectures!* **2.** Within the limit of: *during the day.*

duty *n.* **1.** A task or action that a person is bound to perform for moral or legal reasons. **2.** Respect or obedience due to a superior, older persons, etc.: *filial duty.* **3.** The force that binds one morally or legally to one's obligations. **4.** A government tax, esp. on imports. **5a.** The quantity of work for which a machine is designed. **b.** A measure of the efficiency of a machine. **6.** The quantity of water necessary to irrigate an area of land to grow a particular crop. **7a.** A job or service allocated. **b.** Duty rotation. **8.** *Do duty for* To act as a substitute for.

E

n. **1.** The fifth letter and second vowel of the modern English alphabet. **2.** Any of several speech sounds represented by this letter, in English as in *he, bet,* or *below.* **e** *symbol* for **1.** A transcendental number, fundamental to mathematics, that is the limit $(1+1/n)^n$ as n increases to infinity: used as the base of natural logarithms. Approximate value: 2.718 282; relation to π: $e\pi i = 1$, where $i = \sqrt{-1}$. **E** *symbol* for a musical note having a frequency of 329.63 hertz or this value multiplied or divided by any power of 2; the third note of the scale of C major. A key, string, or pipe producing this note. The major or minor key having this note as its tonic.

each *pron. deter.* **1.** Every of two or more considered individually: *each day; each person; each gave according to his ability.* *adv.* **1.** *For, to, or from each one* Apiece: *four apples each.* *n.* **1.** Should be used with a singular form of a verb: *Each of the candidates was interviewed separately.*

early *adj., adv.* **-lier, -liest 1.** Before the expected or usual time. **2.** Occurring in or characteristic of the first part of a period or sequence. **3.** Occurring in or characteristic of a period far back in time. **4.** Occurring in the near future. **5.** *At the earliest* Not before the time or date mentioned. **6.** *Early days* Too soon to tell how things will turn out. --**earliness** *n.*

earn *v.* **1.** To gain or be paid in return for work or service. **2.** To acquire, merit, or deserve through behavior or action: *He has earned a name for duplicity.*

Earth *n.* **1.** The planet that serves as the primary abode of humanity; the surface of the world as distinct from the sky or the sea. The total area of the land and water of the planet Earth is 196,940,000 square miles. Its circumference is 24,896 miles with a diameter of 7,926 miles. The Earth weighs six sextillion tons - (a unit followed by 21 ciphers) and is located 93,000,000 miles from the Sun. The Earth travels at the rate of 1,037 1/3 miles per hour.

earthquake *n.* A sudden release of energy in the earth's crust or upper mantle, usually caused by movement along a fault plane or by volcanic activity and resulting in the generation of seismic waves which can be destructive.

easily *adv.* **1.** With ease; without difficulty or exertion. **2.** By far; beyond question; undoubtedly: *He is easily the best in the contest.* **3.** Probably; almost certainly: *He may easily come first.* *adj.* **easy** , **easier, easiest** Not requiring much labour or effort; not difficult; simple: *an easy job.* **2.** Free from pain, care, or anxiety: *easy in one's mind.* **3.** Not harsh or restricting; lenient: *easy laws.* **4.** Tolerant and undemanding: *easy-going; an easy disposition.* **5.** Readily influenced or persuaded; pliant: *She was an easy victim of his wiles.* **6.** Not tight or constricting; loose an easy fit. **7.** Not strained or extreme; moderate; gentle: *an easy pace; an easy ascent.* **8a.** Readily obtainable. **b.** Characterized by low demand or excess supply with prices tending to fall. **9.** Ready to fall in with any suggestion made; not predisposed: *He is easy about what to do.* **10.** Sexually available. **11.** *Easy on the eye* Pleasant to look at; attractive, esp. sexually. **12.** *Woman of easy virtue* A sexually available woman, esp. a prostitute. *adv.* **1.** In an easy or relaxed manner. **2.** *Easy does it* Go slowly and carefully; be careful. **3.** *Go easy on* **a.** To use in moderation. **b.** To treat leniently. **4.** *Stand easy* A command to soldiers standing at ease that they may relax further. **17.** *Take it easy* **a.** To avoid stress or undue hurry. **b.** To remain calm; not become agitated or angry. --**easies**, --**easying**, --**easied** *v.*

east (1) *n.* **1.** One of the four cardinal points of the compass, 90 degrees clockwise from north and 180 from west. **2.** The direction along a parallel towards the sunrise, at 90 degrees to north; the direction of the earth's rotation. **3.** *The East* Any area lying in or towards the east. **4.** The player or position at the table to east on the compass. *adj.* **1.** Situated in, moving towards, or facing the east. **2.** From the east adv. **1.** In, to, or towards the east. **2.** From the east. Symbol: *E.*

East (2) *n.* **1.** The continent of Asia regarded as culturally distinct from Europe and the West; the Orient. **2.** The countries under Communist rule and formerly under Communist rule, lying mainly in the Eastern hemisphere. **3a.** The area north of the Ohio and east of the Mississippi. **b.** The area north of Maryland and east of the Alleghenies. adj. of or denoting the eastern part of a specified country, area, etc.

eat *v.* **eats, eating, ate, eaten 1.** To take into the mouth and swallow esp. after biting and chewing. **2.** To destroy as if by eating: *The damp had eaten away the woodwork.* **3.** To use up or waste: *Taxes ate into his inheritance.* **4.** To make by eating or gnawing: *Rats ate through the floor.* **5.** To take or have: *We always eat at six.* **6.** To include as part of one's diet: *He doesn't eat fish.* **7.** To cause to worry; make anxious: *What's eating you?* **8.** *I'll eat my hat if* To be greatly surprised if. **9.** *Eat one's heart out* To brood or pine with grief or longing.

11. *Eat one's words* To take back something said; recant; retract. **12.** *Eat out of hand* To be entirely obedient to. **13.** *Eat out of house and home* To ruin by consuming all his food.

eating *n.* **1.** Food, esp. in relation to its quality or taste: This fruit makes excellent eating. *adj.* **1.** Relating to or suitable for eating. **2.** Relating to or for eating. --**eats** *pl.*

educate *v.* **1.** To impart knowledge by formal instruction to teach. **2.** To provide schooling for. **3.** To improve or develop. **4.** To train for some particular purpose or occupation.

educational *adj.* **1.** Providing knowledge; instructive or informative: *an educational toy.* **2.** Of or relating to education. --**educationally** *adv.*

effort *n.* **1.** Physical or mental exertion, usually considerable when unqualified: *The rock was moved with effort.* **2.** A determined attempt: *Our effort to save him failed.* **3.** Achievement; creation: *a great literary effort.* **4.** An applied force acting against inertia. --**effortful** *adj.*

eight *n.* **1.** The cardinal number that is the sum of one and seven and the product of two and four. **2.** A numeral, 8, VIII, etc., representing this number. **3.** The numeral 8 used as the lower figure in a time signature to indicate that the beat is measured in quavers. **4.** The amount or quantity that is one greater than seven. **5.** Something representing, represented by, or consisting of eight units, such as a playing card with eight symbols on it.

eighth *adj.* **1a.** Coming after the seventh and before the ninth in numbering or counting order, position, time, etc.; being the ordinal number of eight: often written *8th* **b.** The eighth in line. *n.* **1a.** one of eight equal or nearly equal parts of an object, quantity, measurement, etc. **b.** An eighth part. **2.** The fraction equal to one divided by eight. **3.** Another word for octave. *adv.* **1.**

After the seventh person, position, event, etc.

eighty *n.* 1. The cardinal number that is the product of ten and eight. 2. A numeral, 80, LXXX, etc., representing this number. 3. The numbers 80-89, esp. the 80th to the 89th year of a person's life or of a particular century. 4. The amount or quantity that is eight times as big as ten. 5. Something represented by, representing, or consisting of 80 units. 6a. Amounting to eighty: *eighty pages of nonsense.* b. As pronoun: *Eighty are expected.*

eleven *n.* 1. The cardinal number that is the sum of ten and one. 2. A numeral 11, XI, etc., representing this number. 3. Something representing, represented by, or consisting of 11 units. 4. A team of 11 players in football, cricket, hockey, etc.

eleventh *adj.* 1a. Coming after the tenth in numbering or counting order, position, time, etc.; being the ordinal number of eleven: often written *11th.* b. The eleventh in succession. *n.* 1a. One of 11 equal or nearly equal parts of an object, quantity, measurement, etc. b. An eleventh part. 2. The fraction equal to one divided by 11. 3. An interval of one octave plus one fourth.

Elijah *n.* A Hebrew prophet of the 9th century B.C., who was persecuted for denouncing Ahab and Jezebel. Elijah means *"My God is God himself."*

"Amid the darkness of his age this mantle-clad prophet of the wilderness suddenly burst upon the scene to announce the judgement of God upon the people for their rejection of Him. What impresses us, as we meditate upon the life and work of Elijah, is that he is more prophetic or typical of Jesus than John the Baptist. Under Elijah's control was the forces of nature as he declared no dew nor rain would descend, and when he commanded fire to come out of the heavens, he predicted the coming of Jesus, who, upholding all things by the word of His power, would in His miracles reveal His command and control of all forces. When Elijah was commanded to hide himself from the king, he predicted the Jesus, who was compelled to flee from cruel Herod, and who for 30 years was hid in His humble home at Nazareth until He entered His public ministry of mercy and judgement. Elijah also multiplied the bread, he acted beforehand, the miracle of Jesus in multiplying the loaves and fishes. Elijah raised the dead, after lying on the widow's son 3 times. *(I Kings 17:21).* Elijah was also a man of prayer who knew how to pray for great results. *(James 5: 16-18).* Although subject to like passions as we are, he prevailed. Jesus was heard of God in that He feared. Separate altogether from our passions, as the sinless one, He was always heard by God. *(John 11:42).* The mighty prayers of both Elijah and Emmanuel teach us that "more things are wrought by prayer than this world dreams of." Then, what about the 40 days in the desert without natural food? Does not such an experience foreshadow Jesus 40 days in the wilderness when He was divinely sustained during His temptations. Elijah cast his mantle upon his successor Elisha, an act implying that he was to continue the ministry of his master. Did not Jesus say that it was expedient for Him to go away so that the Holy Spirit could come to expand His influence among men? At last, Elijah was translated. He was not, for God took him, even as He did Enoch before him. Often the actual, visible translation of Elijah is compared to the Ascension of Jesus, of which of course it was a type. But Elijah did not die, as Jesus died, before His translation. At the Transfiguration, Elijah reappeared on the mount in his glorified body, along with Moses, for the express purpose of having a conversation with Jesus about His death at Calvary." –Herbet Lockyer: *All The Messianic Prohecies of the Bible.*

Elijah Muhammad See Muhammad, Elijah.

else *deter.*. **1.** In addition; more. **2.** Other; different. *adv.* **1.** *Or else* If not: *then go away or else I won't finish my work today.*

emblem *n.* **1.** A visible object or representation that symbolizes a quality, type, group, etc., esp. the concrete symbol of an abstract idea: *The dove is an emblem of peace.* **2.** An allegorical picture containing a moral lesson, often with an explanatory motto or verses, esp. one printed in an emblem book. --**emblematic** -- **emblematical** adj. --**emblematically** adv., --**emblem** n.

emphatic *adj.* **1.** Expressed, spoken, or done with emphasis. **2.** Forceful and positive; definite; direct: *an emphatic personality.* **3.** Sharp or clear in form, contour, or outline. **4.** Important or significant; stressed: *the emphatic points in an argument.* **5.** Denoting certain dental consonants of Arabic that are pronounced with accompanying pharyngeal constriction. *n.* **6.** An emphatic consonant, as used in Arabic. --**emphatically** *adv.*

empty -tier, -tiest *adj.* **1.** Containing nothing. **2.** Without inhabitants; vacant or unoccupied. **3.** Carrying no load, passengers, etc. **4.** Without purpose, substance, or value: *an empty life.* **5.** Insincere or trivial: *empty words.* **6.** Not expressive or vital; vacant: *She has an empty look.* **7.** Hungry. **8.** Devoid; destitute: *a life empty of happiness.* **9.** Drained of energy or emotion: *After the violent argument he felt very empty.* **10.** Having no reference. *v.* -ties, -tying, -tied **1.** To make or become empty. **2.** To unburden or rid: *to empty oneself of emotion.* *n.* **1.** An empty container, esp. a bottle. --**emptiable** *adj.,* -- **emptier** --**emptiness** *n.,* --**emptily** *adv.*

end (1) *n.* **1.** The extremity of the length of something, such as a road, line, etc. **2.** The surface at either extremity of a three-dimensional object. **3.** The extreme extent, limit, or degree of something. **4.** The most distant place or time that can be imagined the ends of the earth. **5.** The time at which something is concluded. **6a.** The last section or part. **b.** The end office. **7.** A share or part: *his end of the bargain.* **8.** A remnant or fragment. **9.** A final state, esp. death; destruction. **10.** The purpose of an action or existence. **11.** Either of the two defended areas of a playing field, rink, etc. **12.** A section of play from one side of the rink to the other. **13.** A player at the extremity of the playing line; wing. **14.** *All ends up* Totally or completely. **15.** A sticky end an unpleasant death. **16.** *At a loose end* or *at loose ends* Without purpose or occupation. **17.** *At an end* Exhausted or completed. **18.** *Come to an end* To become completed or exhausted. **19.** *End on* **a.** With the end pointing towards one. **b.** With the end adjacent to the end of another object. **20.** *Go off the deep end* To lose one's temper; react angrily. **21.** *In the end* Finally. **22.** *Make ends meet* To spend no more than the money one has. **23.** *On end* **a.** Upright. **b.** Without pause or interruption. **24.** *The end of the road* The point beyond which survival or continuation is impossible. **25.** *Throw in at the deep end* To put into a new situation, job, etc., without preparation or introduction. *v.* **1.** To bring or come to a finish; conclude. **2.** To die or cause to die. **3.** Surpass; outdo: *a novel to end all novels.* **4.** *End it all* To commit suicide. **end (2)** *v.* To put into a barn or stack. **end-** *combining form* A variant of **endo-** before a vowel **-end** *suffix* forming nouns.

ending *n.* **1.** The act of bringing to or reaching an end. **2.** The last part of something, as a book, film, etc. **3.** The final part of a word, esp. a suffix.

enemy *n.* **1.** A person hostile or opposed to a policy, cause, person, or group, esp. one who actively tries to do damage; opponent. **2.** An armed adversary; opposing military force. **3.** Hostile nation or people. **4.** Something that harms or opposes; adversary: *Courage is the enemy of failure.*

enforce *v.* **1.** To ensure observance of or obedience to. **2.** To impose by or as by force. **3.** To emphasize or reinforce enforceable. --**enforcedly** *adv.*, --**enforcer**, --**enforceability** --**enforcement**, *n.*

engine *n.* **1.** Any machine designed to convert energy, esp. thermal energy, into mechanical work: *a steam engine a petrol engine.* **2a.** A railway locomotive. **b.** The engine cab. **3.** Any of various pieces of equipment formerly used in warfare, such as a battering ram or gun. **4.** Any instrument or device engines of torture.

engineer *n.* **1.** A person trained in any branch of the profession of engineering. **2.** The originator or manager of a situation, system, etc. **3.** A mechanic; one who repairs or services machines. **4.** The driver of a railway locomotive. **5.** An officer responsible for a ship's engines. **6.** A member of the armed forces, esp. the army, trained in engineering and construction work. *v.* **1.** To originate, cause, or plan in a clever or devious manner: *He engineered the minister's downfall.* **2.** To design, plan, or construct as a professional engineer.

engineering *n.* The profession of applying scientific principles to the design, construction, and maintenance of engines, cars, machines, etc. buildings, bridges, roads, etc. electrical machines and communication systems chemical plant and machinery or aircraft.

England *n.* The largest division of Great Britain, bordering on Scotland and Wales: unified in the mid-tenth century and conquered by the Normans in 1066; united with Wales in 1536 and Scotland in 1707; monarchy overthrown in 1649 but restored in 1660. Capital: London. Pop.: 47, 055, 200 Area: 130, 439 sq. km.

English *n.* **1.** The official language of Britain, the U.S., most parts of the Commonwealth, and certain other countries. It is the native language of over 280 million people and is acquired as a second language by many more. It is an Indo-European language belonging to the West Germanic branch. See also Middle English, Old English, Modern English. **2.** The English functioning the natives or inhabitants of England or loosely of Britain collectively. **3.** Formerly a size of printer's type approximately equal to 14 point. **4.** An old style of black-letter typeface. **5.** Often not cap the usual U.S. and Canadian term for side in billiards. *adj.* **1.** Denoting, using, or relating to the English language. **2.** Relating to or characteristic of England or the English. *v.* **1.** To translate or adapt into English.

enlist *v.* **1.** To enter or persuade to enter into an engagement to serve in the armed forces. **2.** To engage or secure for a venture, cause, etc. **3.** To enter into or join an enterprise, cause, etc. --**enlister**, --**enlistment** *n.*

enough *adj.* **1.** Sufficient to answer a need, demand, supposition, or requirement; adequate: *Enough is now known.* **2. That's enough!** That will do. *adv.* **1.** So as to be adequate or sufficient; as much as necessary: *You have worked hard enough.* **2.** Very or quite; rather: *She was pleased enough to see me.* **3. Oddly enough:** *Surprisingly enough.* **4.** Just adequately; tolerably: *He did it well enough.*

enrich *v.* **1.** To increase the wealth of. **2.** To endow with fine or desirable qualities: *to enrich one's experience by travelling.* **3.** To make more beautiful; adorn; decorate: *a robe enriched with jewels.* **4.** To improve in quality, colour, flavour, etc. **5.** To increase the food value of by adding nutrients: *to enrich dog biscuits with calcium.* **6.** To make more productive, esp. by adding fertilizer. **7.** To increase the concentration or abundance of one component or isotope in orconcentrate: *to enrich a solution by evaporation; enrich a nuclear fuel.* --**enriched** *adj.*, --**enrichment** *n.*

enrollment *n.* **1.** The act of enrolling or state of being enrolled. **2.** A list of people enrolled. **3.** The total number of people enrolled.

enslave *v.* To make a slave of; reduce to slavery; subjugate. --**enslavement**, --**enslaver** *n.*

equal *adj.* 1. Identical in size, quantity, degree, intensity, etc.; the same. 2. Having identical privileges, rights, status, etc.: *All men are equal before the law.* 3. Having uniform effect or application: *equal opportunities.* 4. Evenly balanced or proportioned: *The game was equal between the teams.* 5. Having the necessary or adequate strength, ability, means, etc.: *to be equal to one's work.* 6. Equivalent. *n.* 1. A person or thing equal to another, esp. in merit, ability, etc.: *He has no equal when it comes to boxing.* *v.* 1. To be equal to; correspond to; match: *My offer equals his.* 2. To become equal or level. 3. To make, perform, or do something equal to: *to equal the world record.* 4. To make equal. --**equally** *adv.*

equality *n. pl.* **-ties.** 1. The state of being equal. 2. A statement, usually an equation, indicating that quantities or expressions on either side of an equal sign are equal in value.

equipment *n.* 1. An act or instance of equipping. 2. The items so provided. 3. A set of tools, devices, kit, etc., assembled for a specific purpose, such as a soldier's kit and weapons equipment.

Egypt *n.* A republic in NE Africa, on the Mediterranean and Red Sea: its history dates back about 5,000 years. Occupied by the British from 1882, it became an independent kingdom in 1922 and a republic in 1953. Over 96 per cent of the total area is desert, with the chief areas of habitation and cultivation in the Nile delta and valley. Cotton is the main export. Official language: Arabic. Official religion: Muslim; Sunni majority. Currency: pound. Capital: Cairo. Pop.: 63, 261, 000 Area: 997, 739 sq. km Official name: Arab Republic of Egypt Former official name United Arab Republic Egypt.

Erie (1) *n. pl.* **Eries** or **Erie 1.** A member of a North American Indian people formerly living south of Lake Erie. 2. The language of this people, possibly belonging to the Iroquoian family. **Erie (2)** *n.* 1. *(Lake)* A lake between the U.S. and Canada: the southernmost and the shallowest of the Great Lakes; empties by the Niagara River into Lake Ontario. Area: 25,718 sq. km. 2. A port in NW Pennsylvania, on Lake Erie. Pop.: 105, 270.

error *n.* 1. A mistake or inaccuracy, as in action or speech: *a typing error.* 2. An incorrect belief or wrong judgment. 3. The condition of deviating from accuracy or correctness, as in belief, action, or speech. 4. Deviation from a moral standard; wrongdoing: *He saw the error of his ways.* 5. *(Math, statistics)* A measure of the difference between some quantity and an approximation to or estimate of it, often expressed as a percentage.

eu *affix.* A word part that means hillsides. **eu-** combining form meaning good; well; easily; normal as in euphoria. **Eu** *symbol* for the chemical element europium.

Europe *n.* 1. The second smallest continent, forming the West extension of Eurasia: the border with Asia runs from the Urals to the Caspian and the Black Sea. The coastline is generally extremely indented and there are several peninsulas and offshore islands. It contains a series of great mountain systems in the south a large central plain, and a N. region of lakes and mountains in Scandinavia. Pop.: 729,370,000. Area: about 10,400,000 sq. km. 2. The continent of Europe except for the British Isles. The name comes from *Eu*, which means hillsides and *Rope*, which is the rope to bind in. Europe is where the devils were driven and went savage.

ever *adv.* 1. At any time: *Have you ever seen it?* 2. By any chance; in any case: *How did you ever find out?* 3. At all times: *always ever busy.* 4. In any possible way or manner: *Come as fast as ever you can.*

Everest *n.* **1.** *Mount.* A mountain in S. Asia on the border between Nepal and Tibet, in the Himalayas: the highest mountain in the world; first climbed by a British expedition Height: 8,848 m 29,141 ft. **2.** Any high point of ambition or achievement.

every *n.* **1.** Each one without exception. **2.** The greatest or best possible: *every hope of success.* **3.** Each *(used before a noun)* Phrase to indicate the recurrent, intermittent, or serial nature of a thing. **4.** *Every quite* Just; equally. **5.** *Every other* Each alternate: *every second; every other day.* **6.** *Every which way* **a.** In all directions: *everywhere.* **b.** From all sides: *Stones coming at me every which way.*

everyone *pron.* **1.** Every person, everybody, everyone and everybody are interchangeable, as are no one and nobody, and someone and somebody.

USAGE: Care should be taken to distinguish between *everyone* and *someone* as single words and *every one* and *some one* as two words, the latter form correctly being used to refer to each individual person or thing in a particular group: *Every one of them is wrong.*

everything *pron.* **1.** The entirety of a specified or implied class: *She lost everything in the War.* **2.** A great deal, esp. of something very important: *She means everything to me.* **everywhere** *adv.* **1.** To or in all parts or places everywhere.

exact *adj.* **1.** Correct in every detail; strictly accurate: *an exact copy.* **2.** Precise, as opposed to approximate; neither more nor less: *the exact sum.* **3.** Specific; particular: *this exact spot.* **4.** Operating with very great precision: *exact instruments.* **5.** Allowing no deviation from a standard; rigorous; strict: *an exact mind.* **6.** Based mainly on measurement and the formulation of laws, as opposed to description and classification: *Physics is an exact science.* *v.* **1.** To force or compel; extort: *to exact tribute.* **2.** To demand as a right; insist upon: *to exact respect from one's employees.* **3.** To call for or require: *This work exacts careful effort.* --**exactable** *adj.*, --**exactness,** --**extractor,** --**exacter** *n.*

examination *n.* **1.** The act of examining or state of being examined. **2.** Written exercises, oral questions, or practical tasks, set to test a candidate's knowledge and skill. **3a.** Physical inspection of a patient or parts of his body, in order to verify health or diagnose disease. **b.** Laboratory study of secretory or excretory products, tissue samples, etc., esp. in order to diagnose disease. **4.** The formal interrogation of a person on oath, esp. of an accused or a witness. --**examinational** *adj.*

examine *v.* **1.** To look at, inspect, or scrutinize carefully or in detail; investigate. **2.** Education to test the knowledge or skill of a candidate in a subject or activity by written or oral questions or by practical tests. **3.** Law to interrogate a witness or accused person formally on oath. **4.** To investigate the state of health of a patient. --**examinable** *adj.* **examiner** *n.* **examining** *adj.*

example *n.* **1.** A specimen or instance that is typical of the group or set of which it forms part; sample. **2.** A person, action, thing, etc., that is worthy of imitation; pattern: *You must set an example to the younger children.* **3.** A precedent, illustration of a principle, or model: *An example in a maths book.* **4.** A punishment or the recipient of a punishment serving or intended to serve as a warning. **5.** *For example* As an illustration; for instance. *v.* **1.** *(Now usually passive)* **To present an example of** Exemplify.

except *prep.* **1.** Other than; apart from; with the exception of: *He likes everyone except you.* Also: *except for.* **2.** *Except that* But for the fact that; were it not true that. *conj.* **1.** An archaic word for *unless.* **2.** *Except that* But for the fact that. *v.* **1.** To leave out; omit; exclude. **2.** To take exception; object.

exclusive *adj.* **1.** Excluding all else; rejecting other considerations, possibilities, events, etc.: *an exclusive preoccupation with money.* **2.** Belonging to a particular individual or group and to no other; not shared: *exclusive rights; an exclusive story.* **3.** Belonging to or catering for a privileged minority, esp. a fashionable clique: *an exclusive restaurant.* **4.** Limited to; found only in this model: *is exclusive to Harrods.* **5.** Single; unique: *The exclusive means of transport on the island was the bicycle.* **6.** Separate and incompatible mutually: *exclusive principles.* **7.** Not including the numbers, dates, letters, etc., mentioned. **8.** Except for; not taking account of: *Exclusive of bonus payments, you will earn this amount.* **9.** Commerce binding the parties to do business only with each other with respect to a class of goods or services. **10.** Logic of a disjunction true if only one rather than both of its component propositions is true. **11.** *An exclusive story* A story reported in only one newspaper. --**exclusively** *adv.* **exclusivity** or **exclusiveness** *n.*

exile *n.* **1.** A prolonged, usually enforced absence from one's home or country; banishment. **2.** The expulsion of a person from his native land by official decree. **3.** A person banished or living away from his home or country; expatriate. 4. Another name for the Babylonian captivity. *v.* **1.** To expel from home or country, esp. by official decree as a punishment; banish. --**exilian,** --**exiled** *adj.*

exist *v.* **1.** To have; being or reality; to be. **2.** To eke out a living; stay alive; survive: *He could barely exist on such a low wage.* **3.** To be living; live. **4.** To be present under specified conditions or in a specified place. **5a.** To be actual rather than merely possible. **b.** To be a member of the domain of some theory, an element of some possible world, etc. **c.** To have contingent being while free, responsible, and aware of one's situation. --**existing** *adj.*

experiment *n.* **1.** A test or investigation, esp. one planned to provide evidence for or against a hypothesis: *a scientific experiment.* **2.** The act of conducting such an investigation or test; experimentation; research. **3.** An attempt at something new or different; an effort to be original: *a poetic experiment.* **4.** An obsolete word for experience. *v.* **1.** To make an experiment or experiments, --**experimenter** *n.*

expiration *n.* **1.** The finish of something; ending; expiry. **2.** The act, process, or sound of breathing out. **3.** *(Rare)* A last breath; death.

expire *v.* **1.** To finish or run out; cease; come to an end. **2.** To breathe out, exhale. **3.** To die. --**expirer** *n.*

explanation *n.* **1.** The act or process of explaining. **2.** A statement or occurrence that explains. **3.** A clarification of disputed terms or points; reconciliation.

explosion *n.* **1.** The act or an instance of exploding. **2.** A violent release of energy resulting from a rapid chemical or nuclear reaction, esp. one that produces a shock wave, loud noise, heat, and light. **3.** A sudden or violent outburst of activity, noise, emotion, etc. **4.** A rapid increase, esp. in a population. **5.** Another word for *plosion*.

external *adj.* **1.** Of, situated on, or suitable for the outside; outer. **2.** Coming or acting from without external evidence from an independent source. **3.** Of or involving foreign nations; foreign. **4.** Of, relating to, or designating a medicine that is applied to the outside of the body. **5.** Situated on or near the outside of the body: *the external ear.* **6.** Denoting assessment by examiners who are not employed at the candidate's place of study. **7.** Studying a university subject extramurally. **8.** Taken to exist independently of a perceiving mind. *n.* **1.** An external circumstance or aspect, esp. one that is superficial or inessential. **2.** A student taking an extramural subject.

extra *adj.* **1.** Being more than what is usual or expected; additional. *n.* **1.** A person or thing that is additional. **2.** Something for which an additional charge is made: *The new car had many extras.* **3.** An additional edition of a newspaper, esp. to report a new development or crisis. **4.** Films an actor or person temporarily engaged, usually for crowd scenes. **5.** A run not scored from the bat, such as a wide, no-ball, bye, or leg bye. **6.** Something that is better than usual in quality. *adv.* **1.** Unusually; exceptionally: *an extra fast car.* **extra-** *prefix* **1.** Outside or beyond an area or scope: *extrasensory; extraterritorial.*

extract *v.* **1.** To withdraw, pull out, or uproot by force. **2.** To remove or separate. **3.** To derive from some source or situation. **4.** To deduce or develop. **5.** To extort money, etc. **6.** To obtain a substance from a mixture or material by a chemical or physical process, such as digestion, distillation, the action of a solvent, or mechanical separation. **7.** To cut out or copy out from a publication. **8.** To determine the value of. *n.* **1.** Something extracted, such as a part or passage from a book, speech, etc. **2.** A preparation containing the active principle or concentrated essence of a material. **3.** *(Pharmacology)* A solution of plant or animal tissue containing the active principle. --**extractable** *adj.* --**extractability** *n.*

eye *n.* **1.** The organ of sight of animals, containing light-sensitive cells associated with nerve fibres, so that light entering the eye is converted to nervous impulses that reach the brain. In man and other vertebrates the iris controls the amount of light entering the eye and the lens focuses the light onto the retina. **2.** The ability to see; sense of vision: *weak eyes.* **3.** The visible external part of an eye, often including the area around it: *heavy-lidded eyes; piercing eyes.* **4.** A look, glance, expression, or gaze: *a stern eye.* **5.** A sexually inviting or provocative look: *give the glad eye; make eyes at.* **6.** Attention or observation: *catch someone's eye; keep an eye on; cast an eye over.* **7.** Ability to recognize, judge, or appreciate an eye for antiques. **8.** Opinion, judgment, point of view, or authority in the eyes of the law. **9.** A structure or marking having the appearance of an eye, such as the bud on a twig or potato tuber or a spot on a butterfly wing. **10.** A small loop or hole, as at one end of a needle. **11.** A small area of low pressure and calm in the centre of a tornado. **12.** *All eyes* To be acutely vigilant or observant: *The children were all eyes.* **13.** *All my eye* Rubbish; nonsense. **14.** *An eye for an eye* Retributive or vengeful justice; retaliation. **15.** *Cut one's eye after, at,* or *on (Caribbean)* To look rudely at a person and then turn one's face away sharply while closing one's eyes; a gesture of contempt. **16.** *Eyes out* With every possible effort: *He went at the job eyes out.* **17.** *Get one's eye in* To become accustomed to the conditions, light, etc., with a consequent improvement in one's performance. **18.** *Half an eye* **a.** A modicum of perceptiveness: *Anyone with half an eye can see she's in love.* **b.** Continuing unobtrusive observation or awareness: *The dog had half an eye on the sheep.* **19.** *Have eyes for* To be interested in: *She has eyes only for him.* **20.** *In one's mind's eye* Pictured within the mind; imagined or remembered vividly. **21.** *In the public eye* Exposed to public curiosity or publicity. **22.** *Keep an eye open or out for* To watch with special attention for. **23.** *Keep one's eyes peeled or skinned* To watch vigilantly for. **24.** *Look in the eye* To look openly and without shame or embarrassment at. **25.** *Make sheep's eyes at (Old-fashioned)* To ogle amorously. **26.** *More than meets the eye* Hidden motives, meaning, or facts. **27.** *Pick the eyes out of* To select the best parts or pieces of. **28.** *See eye to eye with* To agree with. **29.** *Set, lay, or clap eyes on* Usually used with a negative: *to see she had never laid eyes on him before.* **30. *The eye of the wind (Nautical)*** The direction from which the wind is blowing. **31. *Turn a blind eye to*** or ***close one's eyes to*** To pretend not to notice or ignore deliberately. **32. *Up to one's eyes in*** Extremely busy with. **33. *With an eye in*** A manner: *He regards our success with a jealous eye.* **prep. 1. *With or having an eye to*** **a.** Regarding; with reference to: *with an eye to one's own interests.* **b.** With the intention or purpose of: *with an eye to reaching agreement.* **2. *With one's eyes open*** In the full knowledge of all relevant facts. **3. *With one's eyes shut*** **a.** With great ease, esp. as a result of thorough familiarity: *I could drive home with my eyes shut.* **b.** Without being aware of all the facts. *v.* **--eyes**, **--eyeing** or **--eying**, **--eyed 1.** To look at carefully or warily.

eyes *n.* The part of the bows of a ship that is furthest forward at the level of the main deck.

Ezekiel *n.* **1.** A Hebrew prophet of the 6th century B.C. who prophesied the forthcoming destruction of Jerusalem and the Jewish nation and inspired hope for the future well-being of a restored nation. **2.** A book of the Bible containing his prophecies whose 3rd chapter and 18th verse is referenced in *The Supreme Wisdom Lessons.*

F

n. **1.** The sixth letter and fourth consonant of the modern English alphabet. **2.** A speech sound represented by this letter, usually a voiceless labio-dental fricative, as in fat.

F *symbol* for **1. *Music*** **a.** A note having a frequency of 349.23 hertz (F above middle C) or this value multiplied or divided by any power of 2; the fourth note of the scale of C major. **b.** A key, string, or pipe producing this note. **c.** The major or minor key having this note as its tonic. **2.** Fahrenheit.

face *n.* **1a.** The front of the head from the forehead to the lower jaw; visage. **2a.** The expression of the countenance; look: *a sad face.* **b.** A distorted expression, esp. to indicate disgust; grimace: *She made a face.* **3.** Make-up. **4.** Outward appearance: *The face of the countryside is changing.* **5.** Appearance or pretense. **6.** Worth in the eyes of others; dignity. **7.** Impudence or effrontery. **8.** The main side of an object, building, etc., or the front: *the face of a palace; a cliff face.* **9.** The marked surface of an instrument, esp.; the dial of a timepiece. **10.** The functional or working side of an object, as of a tool or playing card. **11.** The exposed area of a mine from which coal, ore, etc., may be mined. **12.** The uppermost part or surface: *the face of the earth.* **13.** Any one of the plane surfaces of a crystal or other solid figure. Also called: side. **14.** *(Mountaineering)* A steep side of a mountain, bounded by ridges. **15.** Either of the surfaces of a coin, esp. the one that bears the head of a ruler. **16.** *(Printing)* Also called: *typeface* **a.** The printing surface of any type character. **b.** The style, the design, or sometimes the size of any type font. **c.** The print made from type. **17.** *(Nautical, aeronautics)* The aft or near side of a propeller blade. **18. *Fly in the face of*** To act in defiance of. **19. *In one's face*** Directly opposite or against one. **20. *In the face of*** Despite. **21. *Look in the face*** To look directly at a person without fear or shame. **22. *On the face of it*** To all appearances. **23. *Set one's face against*** To oppose with determination. **24. *Show one's face*** To make an appearance. **25. *To someone's face*** In someone's presence; directly and openly: *I told him the truth to his face.* **27. *Until one is blue in the face*** To the utmost degree; indefinitely. *v.* **1.** When introduced, to look or be situated or placed in a specified direction: *The house faces on the square.* **2.** To be opposite: *facing page 9.* **3.** To meet or be confronted by: *In his work, he faces many problems.* **4.** To provide with a surface of a different material: *The cuffs were faced with velvet.* **5.** To dress the surface of stone or other material. **6.** To expose a card: *with the face uppermost.* **7.** *(Military)* To order a formation to turn in a certain direction or of a formation to turn as required: *Right face!* **8.** *(Ice hockey)* Of the referee to drop the puck between two opposing players, as when starting or restarting play. **9.** *Face the music* To confront the consequences of one's actions.

fact *n.* **1.** An event or thing known to have happened or existed. **2.** A truth verifiable from experience or observation. **3.** A piece of information. **4.** An actual event, happening, etc., as distinguished from its legal consequences: *Questions of fact are decided by the jury, questions of law by the court or judge.* **5.** A proposition that may be either true or false, as contrasted with an evaluative statement. **6.** After or before the fact. **7.** *As a matter of fact, in fact, in point of fact* In reality or actuality. **8.** *Fact of life* An inescapable truth, esp. an unpleasant one. **9.** *The fact of the matter* The truth.

fail *v.* **1.** To be unsuccessful in an attempt at something or to do something. **2.** To stop operating or working properly: *The steering failed suddenly.* **3.** To judge or be judged as being below the officially accepted standard required for success in. **4.** To prove disappointing, undependable, or useless to. **5.** To neglect or be unable. **6.** To prove partly or completely insufficient in quantity, duration, or extent. **7.** To weaken; fade away. **8.** To go bankrupt or become insolvent. *n.* **1.** A failure to attain the required standard, as in an examination. **2.** *Without fail* Definitely; with certainty.

Fall *n.* The Adam's sin of disobedience and the state of innate sinfulness ensuing from this for himself and all mankind. Also *original sin.*

false *adj.* **1.** Not in accordance with the truth or facts. **2.** Irregular or invalid: *a false start.* **3.** Untruthful or lying: *a false account.* **4.** Not genuine, real, or natural; artificial; fake: *false eyelashes.* **5.** Being or intended to be misleading or deceptive: *a false rumour.* **6.** Disloyal or treacherous: *a false friend.* **7.** Based on mistaken or irrelevant ideas or facts: *false pride; a false argument.* **8.** Prenominal superficially resembling the species specified: *false hellebore.* **9.** Serving to supplement or replace, often temporarily: *a false keel.* **10.** *(Music)* **a.** Out of tune. **b.** Of the interval of a perfect fourth or fifth decreased by a semitone. **c.** Of a cadence interrupted or imperfect. *adv.* **1.** In a false or dishonest manner. --**falsely** *adv.*

family *n.* **1.** A primary social group consisting of parents and their offspring, the principal function of which is provision for its members: *Family quarrels; a family unit.* **2.** One's wife or husband and one's children. **3.** One's children, as distinguished from one's husband or wife. **4.** A group of persons related by blood; a group descended from a common ancestor. **5.** All the persons living together in one household. **6.** Any group of related things or beings, esp. when scientifically categorized. **7.** Any of the taxonomic groups into which an order is divided and which contains one or more genera. Felidae and Canidae are two families of the order Carnivora. **8.** A group of organisms of the same species living together in a community. **9.** A group of historically related languages assumed to derive from one original language. **10.** An independent local group of the Mafia: *the Corleone Family.* **11.** A group of curves or surfaces whose equations differ from a given equation only in the values assigned to one or more constants in each curve: *a family of concentric circles.* **12.** The isotopes, collectively, that comprise a radioactive series. **13.** *In the family way* Pregnant.

far *adv.* **farther** or **further**, **farthest** or **furthest 1.** At, to, or from a great distance. **2.** At or to a remote time: *far in the future.* **3.** To a considerable degree; very much: *a* *far better plan.* **4.** ***As far as*** **a.** To the degree or extent that. **b.** To the distance or place of. **5.** ***By far*** By a considerable margin. **6.** ***Far and away*** By a very great margin. **7.** ***Far and wide*** Over great distances; everywhere. **8.** ***Far be it from me*** I would not presume on no account: *Far be it from me to tell you what to do.* **9.** ***Far gone*** **a.** In an advanced state of deterioration. **b.** Extremely drunk. **10.** ***Go far*** **a.** To be successful; achieve much: *Your son will go far.* **b.** To be sufficient or last long: *The wine didn't go far.* **11.** ***Go too far*** To exceed reasonable limits. **12.** ***How far?*** To what extent, distance, or degree? **13.** ***In so far as*** To the degree or extent that. **14.** ***So far*** **a.** Up to the present moment. **b.** Up to a certain point, extent, degree, etc. **15.** ***So far, so good*** An expression of satisfaction with progress made. **adj. 1.** Remote in space or time: *a far country; in the far past.* **17.** Extending a great distance; long. **18.** More distant: *the far end of the room.* **19.** ***A far cry*** **a.** A long way. **b.** Something very different. **20.** ***Far from*** In a degree, state, etc., remote from: *he is far from.*

Fard *adj.* (Linguistic) Portioning, influencing, requiring, and a given share. ***n.*** (Legal) That which is established via certain evidence, or that which does not cease (being obligatory when omitted), intentionally or absentmindedly. It is that which the Qur'an requires. ***n.*** An imperative duty, which is incumbent upon every Muslim; the one who denies a fard turns an unbeliever and the one who ignores it without a genuine reason becomes a sinner. A Fard may be (1) Fard 'Äyn, (obligated on the individual) or (2) Fard Kifayah (obligated on the group). ***v.*** To impose law, prescribe, ordain, enact, settle, fix ratify, oppoint, command an observation or obedience to, sanction, assign, be aged. See *Master Fard Muhammad.*

fast (1) *adj.* **1.** Acting or moving or capable of acting or moving quickly; swift. **2.** Accomplished in or lasting a short time: *fast work; a fast visit.* **3.** Adapted to or facilitating rapid movement: *the fast lane of a motorway.* **4.** Requiring rapidity of action or movement: *a fast sport.* **5.** Indicating a time in advance of the correct time. **6.** Given to an active dissipated life. **7.** Of or characteristic of such activity: *a fast life.* **8.** Not easily moved; firmly fixed; secure. **9.** Firmly fastened, secured, or shut. **10.** Steadfast; constant. **11.** Of a playing surface, running track conducive to rapid speed, as of a ball used on it or of competitors playing or racing on it. **12.** That will not fade or change colour readily: *a fast dye.* **13.** Proof against fading: *The colour is fast to sunlight.* **14a.** Requiring a relatively short time of exposure to produce a given density: *fast film.* **b.** Permitting a short exposure time: *a fast shutter.* **15.** Characteristically delivering the ball rapidly. **16.** Glib or unreliable; deceptive: *a fast talker.* **17.** Sound; deep: *a fast sleep.* **18.** A deceptive or unscrupulous trick in the phrase: *pull a fast one.* **19.** ***Fast worker*** A person who achieves results quickly. **adv. 1.** Quickly; rapidly. **2.** Soundly; deeply: *fast asleep.* **3.** Firmly; tightly. **4.** In quick succession. **5.** In advance of the correct time: *My watch is running fast.* **6.** In a reckless or dissipated way. **7.** ***Fast by or beside*** Close or hard by; very near. **8.** ***Play fast and loose*** To behave in an insincere or unreliable manner. **fast (2)** *v.* To abstain from eating all or certain foods, meals, or endeavors esp. as a religious observance. **fast (3)** *n.* An act or period of fasting or abstaining from food, meals, or certain endeavors.

father (1) *n.* **1.** A male parent. **2.** A person who founds a line or family; forefather. **3.** Any male acting in a paternal capacity paternal. **4.** A respectful term of address for an old man. **5.** A male who originates something: *the father of modern psychology.* **6.** A leader of an association, council, etc.; elder: *a city father.* **7.** The eldest or most senior member in a society, profession, etc.: *father of the house.* **8.** A senator or patrician in ancient Rome. **9.** *The father of* A very large, severe, etc., example of a specified kind: *the father of a whipping.* *v.* **1.** To procreate or generate offspring; beget. **2.** To create, found, originate, etc. **3.** To act as a father to. **4.** To acknowledge oneself as father or originator of. **5.** To impose or place without a just reason.

Father (2) *n.* **1.** God, esp. when considered as the first person of the Christian Trinity. **2.** Any of the writers on Christian doctrine of the pre-Scholastic period. **3.** A title used for Christian priests father.

fear *n.* **1.** A feeling of distress, apprehension, or alarm caused by impending danger, pain, etc. **2.** A cause of this feeling. **3.** Awe; reverence: *fear of God.* **4.** Concern; anxiety. **5.** Possibility; chance: *There is no fear of that happening.* **6.** *For fear of* That or lest to forestall or avoid. **7.** *No fear* Certainly not. **8.** *Put the fear of God into* To frighten. *v.* **1.** To be afraid or of dread. **2.** To revere; respect. **3.** To be sorry: used to lessen the effect of an unpleasant statement: *I fear that you have not won.* **4.** To feel anxiety about something. **5.** An archaic word for *frighten.* --**fearlessness** *n.*

February *n. pl.* -aries The second month of the year, consisting of 28 or 29 days and usually considered the last month of winter.

feed *v.* **feeds, feeding, fed 1.** To give food to: *to feed the cat.* **2.** To give as food to: *feed meat to the cat.* **3.** To eat food: *The horses feed at noon.* **4.** To provide food for. **5.** To provide what is necessary for the existence or development of: *to feed one's imagination.* **6.** To gratify; satisfy: *to feed one's eyes on a beautiful sight.* **7.** To supply a machine, furnace, etc. with; to flow or move forwards into a machine, etc. **8.** To use as grazing. **9.** To cue with lines or actions. **10.** To pass a ball to. **11.** Electronics to introduce electrical energy into a circuit, esp. by means of a feeder. **12.** To eat or cause to eat. *n.* **1.** The act or an instance of feeding. **2.** Food, esp. that of animals or babies. **3.** The process of supplying a machine or furnace with a material or fuel. **4.** The quantity of material or fuel so supplied. **5.** The rate of advance of a cutting tool in a lathe, drill, etc. **6.** A mechanism that supplies material or fuel or controls the rate of advance of a cutting tool. **7.** A performer, esp. a straight man, who provides cues. **8.** An informal word for *meal.*

feet *n. pl.* of **foot. 1.** *At feet* As someone's disciple. **2.** *Be run or rushed off one's feet* To be very busy. **3.** *Carry or sweep off one's feet* To fill with enthusiasm. **4.** *Feet of clay* A weakness that is not widely known. **5.** *Get one's feet wet* To begin to participate in something. **6.** *Have or keep one's feet on the ground* To be practical and reliable. **7.** *On one's or its feet* **a.** Standing up. **b.** In good health. **c.** Of a business, company, etc. thriving. **8.** *Put one's feet up* To rest. **9.** *Stand on one's own feet* To be independent. --**feetless** *adj.*

fell (1) *v. past tense* of **fall 1.** To cut or knock down: *to fell a tree; to fell an opponent.* **2.** To fold under and sew flat: *The timber felled in one season.* **3.** A seam finished by felling. **fell (2)** *adj.* **1.** Cruel or fierce; terrible. **2.** Destructive or deadly: *a fell disease.* **3.** A single hasty action or occurrence. **fell (4)** *n.* An animal skin or hide. **fell (5)** *n.* Mountain, hill, or tract of upland moor.

fever *n.* **1.** An abnormally high body temperature, accompanied by a fast pulse rate, dry skin, etc. **2.** Any of various diseases, such as yellow fever or scarlet fever, characterized by a high temperature. **3.** Intense nervous excitement or agitation: *She was in a fever about her party.* *v.* **1.** To affect with or as if with fever. --**fevered,** --**feverless** *adj.*

few *n.* **1.** A small number of; hardly any. **2.** *A good few* Several. **3a.** At great intervals;

widely spaced. **b.** Not abundant; scarce. **4.** *Have a few too many* To consume several or too many alcoholic drinks. **5.** *Not or quite a few* Several. *n.* **1.** *The few* A small number of people considered as a class.

field *n.* **1.** An open tract of uncultivated grassland; meadow. **2.** A piece of land cleared of trees and undergrowth, usually enclosed with a fence or hedge and used for pasture or growing crops: *a field of barley.* **3.** A limited or marked off are, usually of mown grass, on which any of various sports, athletic competitions, etc. are held: *a soccer field.* **4.** *(Geological Science)* An area that is rich in minerals or other natural resources. **5a.** An area o fhuman activity: *the field of human knowledge.* **b.** A sphere or division of knowledge, interest, etc.: *His field is physics.* **6.** A place away from the laboratory, office, library, etc., usually out of doors, where practical work is done or original material or data collected. *v.* **1.** To stop, catch, or return the ball as a fielder. **2.** To deal with or handle, especially adequately and by making a reciprocal gesture: *to field a question.*

fifteen *n.* **1.** The cardinal number that is the sum of ten and five. **2.** A numeral, 15, XV, etc., representing this number. **3.** Something represented by, representing, or consisting of 15 units **4.** A rugby football team. *deter.* **1.** Amounting to fifteen: *fifteen jokes; fifteen of us danced.*

fifth *adj.* **1.** Coming after the fourth in order, position, time, etc. Often written 5th: *He came on the fifth.* *n.* **1.** One of five equal or nearly equal parts of an object, quantity, measurement, etc. **2.** The fraction equal to one divided by five. **3.** *(Music)* **a.** The interval between one note and another five notes away from it counting inclusively along the diatonic scale. **b.** One of two notes constituting such an interval in relation to the other. **4.** An additional high gear fitted to some vehicles, esp. certain sports cars. *adv.* **1.** After the fourth person, position, event, etc. *sentence connector* **1.** As the fifth point: linking what follows with the previous statements, as in a speech or argument.

fifty *n.* **1.** The cardinal number that is the product of ten and five. **2.** A numeral, 50, L, etc., representing this number. **3.** Something represented by, representing, or consisting of 50 units. *deter.* **1a.** Amounting to fifty: fifty people. **b.** As pronoun: *Fifty should be sufficient.*

fight *v.* **fights, fighting, fought 1.** To oppose or struggle against in battle. **2.** To oppose or struggle against in any manner. **3.** To engage in or carry on. **4.** To uphold or maintain by fighting or struggling: *to fight for freedom.* **5.** To make or achieve a way by fighting. **6.** *(Boxing)* **a.** To box, as for a living. **b.** To use aggressive rough tactics. **7.** To engage another or others in combat. **8.** *Fight it out* To contend or struggle until a decisive result is obtained. **9.** *Fight shy of* To keep aloof from.

figure *n.* **1.** Any written symbol other than a letter, esp. a whole number. **2.** Another name for digit. **3.** An amount expressed numerically. **4.** *pl.* Calculation with numbers. **5.** Visible shape or form; outline. **6.** The human form, esp. as regards size or shape: *a girl with a slender figure.* **7.** A slim bodily shape: *keep or lose one's figure.* **8.** A character or personage, esp. a prominent or notable one; personality: *a figure in politics.* **9.** The impression created by a person through behaviour: *to cut a fine, bold, figure.* **10a.** A person as impressed on the mind. **b.** In combination: *father-figure.* **11.** A representation in painting or sculpture, esp. of the human form. **12.** An illustration or explanatory diagram in a text. **13.** A representative object or symbol; emblem. **14.** A pattern or design, as on fabric or in wood. **15.** A predetermined set of movements in dancing or skating. **16.** *(Geometry)* Any combination of points, lines, curves, or planes. A plane figure, such as a circle, encloses an area; a solid figure such as a sphere, encloses a volume. **17.** Figure of speech. **18.** *(Logic)* One of the four possible arrangements of the three terms in the premises of a syllogism. **19.** *(Music)* **a.** A numeral written above or below a note in a part, thorough bass. **b.** A characteristic short pattern of notes. *v.* **1.** To calculate or compute. **2.** To think or conclude; consider. **3.** To represent by a diagram or illustration. **4.** To pattern or mark with a design. **5.** To depict or portray in a painting, etc. **6.** To express by means of a figure of speech. **7.** To imagine. **8.** *(Music)* **a.** To decorate a melody line or part with ornamentation. **b.** To provide figures above or below a bass part as an indication of the accompanying harmonies required. **9.** To be included: *His name figures in the article.* **10.** To accord with expectation; be logical.

fill *v.* **1.** To make or become full. **2.** To occupy the whole of. **3.** To plug. **4.** To meet satisfactorily. **5.** To cover with writing, drawing, etc. **6.** To hold and perform the duties of. **7.** To appoint or elect an occupant to. **8.** To build up with fill. **9.** To swell or cause to swell with wind, as in manoeuvring the sails of a sailing vessel. **10.** To increase the bulk of by adding an inferior substance. **11.** To complete by drawing the cards needed. **12.** To put together the necessary materials for. **13.** *Fill the bill* To serve or perform adequately. *n.* **1.** Material such as gravel, stones, etc., used to bring an area of ground up to a required level. **2.** *One's fill* The quantity needed to satisfy one: *to eat your fill.*

filthy *adj.* **-filthier, -filthiest 1.** Characterized by or full of filth; very dirty or obscene. **2.** Offensive or vicious: *That was a filthy trick to play.* **3.** Extremely unpleasant: *filthy weather.* *adv.* **1.** Extremely; disgustingly: *filthy rich.* **--filthily** *adv.*, **--filthiness** *n.*

final *adj.* **1.** Of or occurring at the end; concluding; ultimate; last. **2.** Having no possibility for further discussion, action, or change; conclusive; decisive: *a final decree of judgment.* **3.** Relating to or constituting an end or purpose: *a final clause may be introduced.* **4.** At the end of a word. **5.** Another word for *perfect.* *n.* **1.** A terminal or last thing; end. **2.** A deciding contest between the winners of previous rounds in a competition. **3.** The tonic note of a church mode.

find *v.* **finds, finding, found 1.** To meet with or discover by chance. **2.** To discover or obtain, esp. by search or effort: *to find happiness.* **3.** To become aware of; realize. **4.** To regard as being; consider. **5.** To look for and point out. **6.** To determine an issue after judicial inquiry and pronounce a verdict. **7.** To regain. **8.** To reach. **9.** To provide, esp. with difficulty. **10.** To be able to pay. **11.** *Find oneself* To realize and accept one's real character; discover one's true vocation. **12.** *Find one's feet* To become capable or confident, as in a new job. *n.* A person, thing, etc., that is found, esp. a valuable or fortunate discovery. --**find, --findable,** *adj.*

finder *n.* **1.** A person or thing that finds. **2.** A small low-power wide-angle telescope fitted to a more powerful larger telescope, used to locate celestial objects to be studied by the larger instrument. **3.** Short for viewfinder. **4.** *Finders keepers* Whoever finds something has the right to keep it.

fine (1) *adj.* **1.** Excellent or choice in quality; very good of its kind: *a fine speech.* **2.** Superior in skill, ability, or accomplishment: *a fine violinist.* **3.** Clear and dry. **4.** Enjoyable or satisfying: *a fine time.* **5.** Quite well; in satisfactory health: *I feel fine.* **6.** Satisfactory; acceptable: *That's fine by me.* **7.** Of delicate composition or careful workmanship: *Fine crystal.* **8.** Pure or having a high or specified degree of purity: *fine silver gold 98 per cent fine.* **9.** Subtle in perception; discriminating: *a fine eye for antique brasses.* **10.** Abstruse or subtle: *a fine point in argument.* **11.** Very thin or slender: *fine hair.* **12.** Very small: *fine dust; fine print.* **13.** Sharp; keen. **14.**

Ornate, showy, or smart. **15.** Good-looking; handsome: *a fine young woman.* **16.** Polished, elegant, or refined: *a fine gentleman.* **17.** Morally upright and commendable: *a fine man.* **18.** Oblique to and behind the wicket: *fine leg.* **19.** Disappointing or terrible: *a fine mess.* **adv. 1.** Quite well; all right: *That suits me fine.* **2.** A nonstandard word for *finely.* **3.** *Cut it fine* To allow little margin of time, space, etc. *v.* **1.** To make or become finer; refine. **2.** To make or become smaller. **3.** To clarify by adding finings. **4.** To hit fine. **5.** To become fine. **fine (2)** *n.* **1.** A certain amount of money exacted as a penalty: *a parking fine.* **2.** A payment made by a tenant at the start of his tenancy to reduce his subsequent rent; premium. **3.** A sum of money paid by a man to his lord, esp. for a privilege. **4.** A method of transferring land in England by bringing a fictitious law suit: abolished 1833. **5.** *In fine* **a.** In short; briefly. **b.** In conclusion; finally. *v.* **1.** To impose a fine on.

first *adj.* **1.** Coming before all others; earliest, best, or foremost: *I was the first to arrive.* **2.** Preceding all others in numbering or counting order; the ordinal number of one. Often written: 1st; **3.** Rated, graded, or ranked above all other levels. **4.** Denoting the lowest forward ratio of a gearbox in a motor vehicle. **5a.** Denoting the highest part assigned to one of the voice parts in a chorus or one of the sections of an orchestra: *first soprano; the first violins.* **b.** Denoting the principal player in a specific orchestral section: *He plays first horn.* **6.** *First thing* As the first action of the day: *I'll see you first thing tomorrow.* **7.** *First things first* Must be done in order of priority. **8.** *The first thing, idea, etc.* Even one thing, etc.: *He doesn't know the first thing about me.* *n.* **1.** The beginning; outset: *I knew you were a rogue from the first.; I couldn't see at first because of the mist.* **2.** An honours degree of the highest class. **3.** The lowest forward ratio of a gearbox in a motor vehicle; low gear. **4a.** The highest part in a particular section of a chorus or orchestra. **b.** The instrument or voice taking such a part. **c.** The chief or leading player in a section of an orchestra; principal. **5a.** Rare word for prime. *adv.* **1.** Before anything else in order, time, preference, importance, etc. **2.** *First and last* On the whole; overall. **3.** *From first to last* Throughout **4.** For the first time: *I've loved you since I first saw you.* **18.** In the first place or beginning of a series of actions: *First I want to talk about criminality.*

fit (1) *v.* fits, fitting, fitted or U.S. fit **1.** To be appropriate or suitable for. **2.** To be of the correct size or shape for. **3.** To adjust in order to render appropriate: *They had to fit the idea to their philosophy.* **4.** To supply with that which is needed. **5.** To try clothes on in order to make adjustments if necessary. **6.** To make competent or ready: *The experience helped to fit him for the task.* **7.** To locate with care. **8.** To correspond with the facts or circumstances. *adj.* fitter, fittest **1.** Suitable to a purpose or design; appropriate. **2.** Having the right or deserving: *a book fit to be read.* **3.** In such an extreme condition that a specified consequence is likely: *She was fit to scream.; You look fit to drop.* *n.* **1.** The manner in which something fits. **2.** The act or process of fitting. **3.** The correspondence between observed and predicted characteristics of a distribution or model. See *goodness of fit.* **fit (2)** *n.* **1.** A sudden attack or convulsion, such as an epileptic seizure. **2.** A sudden spell of emotion: *a fit of anger.* **3.** An impulsive period of activity or lack of activity; mood: *a fit of laziness.* **4.** *Give a fit* To surprise in an outrageous manner. **5.** *Have or throw a fit* To become very angry or excited. **6.** *In or by fits and starts* In spasmodic spells; irregularly. **fit (3)** *n.* A story or song or a section of a story or song.

five *n.* **1.** The cardinal number that is the sum of four and one. **2.** A numeral, 5, V, etc., representing this number. **3.** The amount or quantity that is one greater than four. **4.** Something representing, represented by, or consisting of five units, such as a playing card with five symbols on it. *deter.* **1a.** Amounting to five: *five minutes; five nights; choose any five you like.*

flag *n.* **1.** A piece of cloth, esp. bunting, often attached to a pole or staff, decorated with a design and used as an emblem, symbol, or standard or as a means of signaling. **2.** A small paper flag, emblem, or sticker sold on flag days. **3.** An indicator, that may be set or unset, used to indicate a condition or to stimulate a particular reaction in the execution of a computer program. **4.** Another name for masthead. **5.** The fringe of long hair, tapering towards the tip, on the underside of the tail of certain breeds of dog, such as setters. **6.** The conspicuously marked tail of a deer. **7.** A less common name for bookmark. **8.** The part of a taximeter that is raised when a taxi is for hire. **9.** *Fly the flag* To represent or show support for one's country, an organization, etc. **10.** *Show the flag* **a.** To assert a claim, as to a territory or stretch of water, by military presence. **b.** To be present; make an appearance. **11.** *Strike the flag* **a.** To relinquish command, esp. of a ship **b.** To submit or surrender. *v.* **flags, flagging, flagged 1.** To decorate or mark with a flag or flags. **2.** To warn or signal to stop. **3.** To send or communicate by flag. **4.** To decoy by waving a flag or similar object so as to attract their attention. **5.** To mark for attention by attaching a small tab or flag. **6.** To consider unimportant. *n.* **1.** Any of various plants that have long swordlike leaves, esp. the Iris pseudacorus. **2.** The leaf of any such plant. See also *sweet flag.*

fluffy *adj.* **fluffier, fluffiest 1.** Of, resembling, or covered with fluff. **2.** Soft and light: *fluffy hair.* --**fluffily** *adv.,* --**fluffiness** *n.*

follow v. **1.** To go or come after in the same direction: *He followed his friend home.* **2.** To accompany; attend: *She followed her sister everywhere.* **3.** To come after as a logical or natural consequence. **4.** To keep to the course or track of: *She followed the towpath.* **5.** To act in accordance with; obey: *to follow instructions.* **6.** To accept the ideas or beliefs of. **7.** To understand: *The lesson was difficult to follow.* **8.** To watch closely or continuously: *She followed his progress carefully.* **9.** To have a keen interest in: *to follow athletics.* **10.** To help in the cause of or accept the leadership of: *the men who followed Napoleon.* **11.** To earn a living at or in: *to follow the Navy.* **12.** *Follow suit* **a.** To play a card of the same suit as the card played immediately before it. **b.** To do the same as someone else. *n.* **1a.** A forward spin imparted to a cue ball causing it to roll after the object ball. **b.** A shot made in this way.

follower *n.* **1.** A person who accepts the teachings of another; disciple; adherent a follower. **2.** An attendant or henchman. **3.** An enthusiast or supporter, as of a sport or team. **4.** A male admirer. **5.** A pursuer. **6.** A machine part that derives its motion by following the motion of another part.

following *adj.* **1.** About to be mentioned, specified, etc.: *the following items; Will the following please raise their hands?* **2.** Moving in the same direction as the course of a vessel. *n.* **1.** A group of supporters or enthusiasts: *He attracted a large following wherever he played.* *prep.* **1.** As a result of: *He was arrested following a tip-off.*

food *n.* **1.** Any substance containing nutrients, such as carbohydrates, proteins, and fats, that can be ingested by a living organism and metabolized into energy and body tissue. **2.** Nourishment in more or less solid form as opposed to liquid form: *food and drink.* **3.** Anything that provides mental nourishment or stimulus: *food for thought.* --**foodless** *adj.*

fool *n.* **1.** A person who lacks sense or judgement. **2.** A person who is made to appear ridiculous. **3.** A professional jester living in a royal or noble household. **4.** An idiot or imbecile: *the village fool.* **5. Form the fool** To play the fool or behave irritatingly. **6. No fool** A wise or sensible person. **7. Play or act the fool** To deliberately act foolishly; indulge in buffoonery. *v.* **1.** To deceive esp. in order to make him look ridiculous. **2.** To act or play irresponsibly or aimlessly: *to fool around with a woman.* **3.** To speak or act in a playful, teasing, or jesting manner. **4.** To squander; fritter: *He fooled away a fortune.* **5. Fool along** To move or proceed in a leisurely way.

foot *n.* **1.** The part of the vertebrate leg below the ankle joint that is in contact with the ground during standing and walking. **2.** Any of various organs of locomotion or attachment in invertebrates, including mollusks. **3.** The lower part of some plants or plant structures, as of developing moss or fern sporophytes. **4a.** A unit of length equal to one third of a yard or 12 inches. 1 Imperial foot is equivalent to 0.3048 metre. Abbrev.: *ft.* **b.** Any of various units of length used at different times and places, typically about 10 per cent greater than the Imperial foot. **5.** Any part resembling a foot in form or function: *the foot of a chair.* **6.** The lower part of something; base; bottom: *the foot of the page; the foot of a hill.* **7.** The end of a series or group: *the foot of the list.* **8.** Manner of walking or moving; tread: *step a heavy foot.* **9.** Infantry, esp. in the British army. **10.** Any of various attachments on a sewing machine that hold the fabric in position, such as a presser foot for ordinary sewing and a zipper foot. **11a.** A unit used in classifying organ pipes according to their pitch, in terms of the length of an equivalent column of air. **b.** This unit applied to stops and registers on other instruments. **12a.** The margin at the bottom of a page. **b.** The undersurface of a piece of type. **13.** A group of two or more syllables in which one syllable has the major stress, forming the basic unit of poetic rhythm. **14.** *A foot in the door* An action, appointment, etc., that provides an initial step towards a desired goal, esp. one that is not easily attainable. **15.** *Kick with the wrong foot* To be of the opposite religion to that which is regarded as acceptable or to that of the person who is speaking. **16.** *My foot!* An expression of disbelief, often of the speaker's own preceding statement: *He didn't know, my foot! Of course he did!* **17.** Of foot in manner of movement: *fleet of foot.* **18.** *On foot* **a.** Walking or running. **b.** In progress; astir; afoot. **19.** *One foot in the grave* Near to death. **20.** *On the wrong foot* In an inauspicious manner. **21.** *Put a foot wrong* To make a mistake. **22.** *Put one's best foot forward* **a.** To try to do one's best. **b.** To hurry. **23.** *Put one's foot down* **a.** To act firmly. **b.** To increase speed by pressing down on the accelerator. **24.** *Put one's foot in it* To blunder. **25.** *Set on foot* To initiate or start. **26.** *Tread under foot* To oppress. **27.** *Under foot* On the ground: *beneath one's feet v.* **1.** To dance to music. **2.** To walk over or set foot on; traverse. **3.** To pay the entire cost of. **4.** To add up.

footnote *n.* **1.** A note printed at the bottom of a page, to which attention is drawn by means of a reference mark in the body of the text. **2.** An additional comment, as to a main statement. *v.* **1.** To supply with footnotes.

for *prep.* **1.** Intended to reach; directed or belonging to: *There's a phone call for you.* **2.** To the advantage of: *I only did it for you.* **3.** In the direction of: *heading for the border.* **4.** Over a span of: *working for six days.* **5.** In favour of; in support of. **6.** In order to get or achieve. **7.** Appropriate to; designed to meet the needs of; meant to be used in. **8.** In exchange for; at a cost of; to the amount of. **9.** Such as explains or results in. **10.** In place of; a substitute for. **11.** Because of; through: *She wept for pure relief.* **12.** With regard or consideration to the usual characteristics of: *He's short for his age.* **13.** Concerning; as regards. **14.** As being: *We took him for the owner.* **15.** At a specified time. **16.** To do or partake of. **17.** In the duty or task of. **18.** To allow. **19.** Despite; notwithstanding. **20.** In order to preserve, retain, etc.: *to fight for survival.* **21.** As a direct equivalent as: *word for word.* **22.** In order to become or enter. **23.** In recompense for. **24.** *For it* Liable for punishment or blame. **25.** *Nothing for it* No choice; no other course. *conj.* **1.** *For the following reason* Because: *Seeing that I couldn't stay, for the area was violent.*

force (1) *n.* **1.** Strength or energy; might; power. **2.** Exertion or the use of exertion against a person or thing that resists; coercion. **3a.** A dynamic influence that changes a body from a state of rest to one of motion or changes its rate of motion. The magnitude of the force is equal to the product of the mass of the body and its acceleration. **b.** A static influence that produces an elastic strain in a body or system or bears weight. Symbol: *F.* **4.** Any operating influence that produces or tends to produce a change in a physical quantity: *electromotive force; coercive force.* **5a.** Intellectual, social, political, or moral influence or strength. **b.** A person or thing with such influence. **6.** Vehemence or intensity. **7.** A group of persons organized for military or police functions. **8.** The police force. **9.** A group of persons organized for particular duties or tasks. **10.** Violence unlawfully committed or threatened. **11.** That which an expression is normally used to achieve. **12.** *In force* **a.** Having legal validity or binding effect. **b.** In great strength or numbers. **13.** Join forces; to combine strengths, efforts, etc. *v.* **1.** To compel or cause to do something through effort, superior strength, etc.; coerce. **2.** To acquire, secure, or produce through effort, superior strength, etc.: *to force a confession.* **3.** To propel or drive despite resistance: *to force a nail into wood.* **4.** To break down or open. **5.** To impose or inflict: *He forced his views on them.* **6.** To cause to grow or fatten artificially at an increased rate. **7.** To strain or exert to the utmost: *to force the voice.* **8.** To rape; ravish. **9a.** To compel to trump in order to take a trick. **b.** To compel a player by the lead of a particular suit to play. **c.** To induce from one's partner by bidding in a certain way. **10.** *Force down* To compel an aircraft to land. **11.** *Force a smile* To make oneself smile. **12.** *Force the pace* To adopt a high speed or rate of procedure.

forget *v.* -gets, -getting, -got, -gotten or archaic or dialect -got **1.** To fail to recall, be unable to remember. **2.** To neglect, usually as the result of an unintentional error. **3.** To leave behind by mistake. **4.** To disregard intentionally. **5.** To fail to mention. **6.** *Forget oneself* **a.** To act in an improper manner. **b.** To be unselfish. **c.** To be deep in thought. **7.** *Forget it!* An exclamation of annoyed or forgiving dismissal of a matter or topic. --forgettable *adj.*, --forgetter *n.*

forgotten *v. past part.* of **forget**

form (1) *n.* **1.** The shape or configuration of something as distinct from its colour, texture, etc. **2.** The particular mode, appearance, etc., in which a thing or person manifests itself water in the form of ice in the form of a bat. **3.** A type or kind imprisonment is a form of punishment. **4a.** A printed document, esp. one with spaces in which to insert facts or answers: *an application form.* **b.** A form letter. **5.** Physical or mental condition, esp. good condition, with reference to ability to perform: *off form.* **6.** The previous record of a horse, athlete, etc., esp. with regard to fitness. **7.** A criminal record. **8.** Style, arrangement, or design in the arts, as opposed to content. **9.** A fixed mode of artistic expression or representation in literary, musical, or other artistic works: *sonata form; sonnet form.* **10.** A mould, frame, etc., that gives shape to something. **11.** Organized structure or order, as in an artistic work. **12.** A group of children who are taught together; class. **13.** Manner, method, or style of doing something, esp.

with regard to recognized standards. **14.** Behaviour or procedure, esp. as governed by custom or etiquette: *good form.* **15.** Formality or ceremony. **16.** A prescribed set or order of words, terms, etc., as in a religious ceremony or legal document. **17a.** The structure of anything as opposed to its constitution or content. **b.** Essence as opposed to matter. **c.** The ideal universal that exists independently of the particulars which fall under it. **form (2)** *n.* **1.** An ideal archetype existing independently of those individuals which fall under it, supposedly explaining their common properties and serving as the only objects of true knowledge as opposed to the mere opinion obtainable of matters of fact. Also called *idea.*

former (1) *adj.* **1.** Belonging to or occurring in an earlier time: *former glory.* **2.** Having been at a previous time: *a former colleague.* **3.** Denoting the first or first mentioned of two: *in the former case.* **4.** Near the beginning. *n.* **1.** ***The former*** The first or first mentioned of two: distinguished from ***latter.*** **former (2)** *n.* **1.** A person or thing that forms or shapes. **2.** A tool for giving a coil or winding the required shape, sometimes consisting of a frame on which the wire can be wound, the frame then being removed.

forth *adv.* **1.** Forward in place, time, order, or degree. **2.** Out, as from concealment, seclusion, or inaction. **3.** Away, as from a place or country. **4.** And so on; et cetera preposition. **5.** Out of; away from.

forty *n.* **1.** The cardinal number that is the product of ten and four. See also ***number.*** **2.** A numeral, 40, XL, etc., representing this number. **3.** Something representing, represented by, or consisting of 40 units. ***deter.*** **1.** Amounting to forty: *forty thieves; There were forty in the herd.*

found (1) *v. past tense* and *past part.* of **find.** *adj.* **1.** Furnished, or fitted out the boat is well found. **2.** With meals, heating, bed linen, etc., provided without extra charge.

found (2) *v.* **1.** To bring into being, set up, or establish. **2.** To build or establish the foundation or basis of. **3.** To have a basis; depend. **found (3)** *v.* **1.** To cast by melting and pouring into a mould. **2.** To shape or make in this way; cast.

founder (1) *n.* A person who establishes an institution, company, society, etc. **founder (2)** *v.* **1.** To sink. **2.** To break down or fail: *The project foundered.* **3.** To sink into or become stuck in soft ground. **4.** To fall in or give way; collapse. **5.** To stumble or go lame. **6.** To become ill from overeating. **founder (3)** *n.* **1.** A person who makes metal castings.

four *n.* **1.** The cardinal number that is the sum of three and one. **2.** A numeral, 4, IV, etc., representing this number. **3.** Something representing, represented by, or consisting of four units, such as a playing card with four symbols on it. **4.** Four hours after noon or midnight. Also called: *four o'clock.* **5a.** A shot that crosses the boundary after hitting the ground. **b.** The four runs scored for such a shot.

fourteen *n.* **1.** The cardinal number that is the sum of ten and four. **2.** A numeral, 14, XIV, etc., representing this number. **3.** Something represented by, representing, or consisting of 14 units. ***deter.*** **1.** amounting to fourteen.

fourth *adj.* **1a.** Coming after the third in order, position, time, etc. Often written: 4th **b.** The fourth in succession. **2.** Denoting the highest forward ratio of a gearbox in most motor vehicles. *n.* **1a.** The interval between one note and another four notes away from it counting inclusively along the diatonic scale **b.** one of two notes constituting such an interval in relation to the other. **4.** The fourth forward ratio of a gearbox in a motor vehicle, usually the highest gear in cars; top gear: *He changed into fourth as soon as he had passed me.* **5.** A less common word for quarter. Also *fourthly.* *adv.* **1.** After the third person, position, event, etc. also *fourthly* sentence connector. **2.** ***As the***

fourth point: linking what follows with the previous statements, as in a speech or argument.

free *adj.* **freer, freest 1.** Able to act at will; not under compulsion or restraint. **2.** Having personal rights or liberty; not enslaved or confined. **3.** Not subject or restricted; exempt: *a free market; free from pain.* **4.** Autonomous or independent. **5.** Exempt from external direction or restriction; not forced or induced: *free will.* **6.** Not subject to conventional constraints: *free verse.* **7.** Totally improvised, with no preset melodic, harmonic, or rhythmic basis. **8.** Not exact or literal: *a free translation.* **9.** Costing nothing; provided without charge: *free entertainment.* **10a.** Not subject to payment of rent or performance of services; freehold. **b.** Not subject to any burden or charge, such as a mortgage or lien; unencumbered. **11.** Ready or generous in using or giving; liberal; lavish: *free with advice.* **12.** Unrestrained by propriety or good manners; licentious. **13.** Not occupied or in use; available: *a free cubicle.* **14.** Not occupied or busy; without previous engagements. **15.** Open or available to all; public. **16.** Without charge to the subscriber or user: *freepost; freephone.* **17.** Not fixed or joined; loose: *the free end of a chain.* **18.** Without obstruction or impediment. **19.** Chemically uncombined: *free nitrogen.*

freedom *n.* **1.** Personal liberty, as from slavery, bondage, serfdom, etc. **2.** Liberation or deliverance, as from confinement or bondage. **3.** The quality or state of being free, esp. to enjoy political and civil liberties. **4.** The state of being without something unpleasant or bad; exemption or immunity: *freedom from taxation.* **5.** The right or privilege of unrestricted use or access: *the freedom of a city.* **6.** Autonomy, self-government, or independence. **7.** The power or liberty to order one's own actions. **8.** The quality, esp. of the will or the individual, of not being totally constrained; able to choose between alternative actions in identical circumstances. **9.** Ease or frankness of manner; candour: *She talked with complete freedom.* **10.** Excessive familiarity of manner; boldness. **11.** Ease and grace, as of movement; lack of effort.

friend *n.* **1.** A person known well to another and regarded with liking, affection, and loyalty; an intimate. **2.** An acquaintance or associate. **3.** An ally in a fight or cause; supporter **4.** A fellow member of a party, society, etc. **5.** A patron or supporter. **6. *Be friends*** To be friendly. **7. *Make friends*** To become friendly. *v.* **1.** An archaic word for befriend.

from *prep.* **1.** Used to indicate the original location, situation, etc. **2.** In a period of time starting at. **3.** Used to indicate the distance between two things or places. **4.** Used to indicate a lower amount: *from five to fifty pounds.* **5.** Showing the model of: *painted from life.* **6.** Used with the gerund to mark prohibition, restraint, etc. **7.** Because of.

fruit *n.* **1.** The ripened ovary of a flowering plant, containing one or more seeds. It may be dry, as in the poppy, or fleshy, as in the peach. **2.** Any fleshy part of a plant, other than the above structure, that supports the seeds and is edible, such as the strawberry. **3.** The spore-producing structure of plants that do not bear seeds. **4.** Any plant product useful to man, including grain, vegetables, etc. **5.** The result or consequence of an action or effort. **6.** Chap; fellow: used as a term of address. **7.** A person considered to be eccentric or insane. **8.** Offspring of man or animals; progeny. *v.* **1.** To bear or cause to bear fruit.

fulfill *v.* **-fills, -filling, -filled 1.** To bring about the completion or achievement of. **2.** To carry out or execute. **3.** To conform with or satisfy. **4.** To finish or reach the end of. **5. *Fulfil oneself*** To achieve one's potential or desires.

full (1) *adj.* **1.** Holding or containing as much as possible; filled to capacity or near capacity. **2.** Abundant in supply, quantity, number, etc.: *full of energy.* **3.** Having consumed enough food or drink. **4.** Rounded or plump; not thin. **5.** With no part lacking; complete. **6.** With all privileges, rights, etc.; not restricted: *a full member.* **7.** Of, relating to, or designating a relationship established by descent; from the same parents: *full brother.* **8.** Filled with emotion or sentiment: *a full heart.* **9.** Occupied or engrossed: *full of his own projects.* **10a.** Powerful or rich in volume and sound. **b.** Completing a piece or section; concluding: *a full close.* **11.** Containing a large amount of fabric; of ample cut. **12.** Distended by wind. **13.** Having a heavy body. **14.** Containing a large quantity of pure hue as opposed to white or grey; rich; saturated. **15.** Drunk. **16.** Another term for close-hauled. **17.** *Full of pride or conceit* Egoistic. **18.** Filled to capacity: *the cinema was full.* **19.** At the height of activity: *The party was in full swing.* *adv.* **1a.** Completely; entirely. **b.** Full-grown; full-fledged. **2.** Exactly; directly; right: *He hit him full in the stomach.* **3.** Very; extremely. **4.** *Full out* With maximum effort or speed. *n.* **1.** The greatest degree, extent, etc. **2.** A ridge of sand or shingle along a seashore. **3.** *In full* Without omitting, decreasing, or shortening: *We paid in full for our mistake.* **4.** *To the full* To the greatest extent; thoroughly; fully. *v.* **1.** To gather or tuck. **2.** To be fully illuminated. --**fullness**, --'**fulness** *n.* **full (2)** *v.* To become or to make heavier and more compact during manufacture through shrinking and beating or pressing.

future *n.* **1.** The time yet to come. **2.** Undetermined events that will occur in that time. **3.** The condition of a person or thing at a later date: *The future of the school is undecided.* **4.** Likelihood of later improvement or advancement: *He has a future as a singer.* **5a.** A tense of verbs used when the action or event described is to occur after the time of utterance. **b.** A verb in this tense. **6.** *In the future* From now on; henceforth. *adj.* **1.** That is yet to come or be. **2.** Of or expressing time yet to come: *destined to become a future president.* **4.** In or denoting the future as a tense of verbs.

G

n. **1.** The seventh letter and fifth consonant of the modern English alphabet. **2.** A speech sound represented by this letter, in English usually either a voiced velar stop, as in grass, or a voiced palato-alveolar affricate, as in page. **g** symbol for **1.** Gallon. **2.** Gram. **3.** Acceleration of free fall. **4.** Grav. **5.** Algebraic notation. **G** *symbol* for **1a.** A note having a frequency of 392 hertz or this value multiplied or divided by any power of 2; the fifth note of the scale of C major. **b.** A key, string, or pipe producing this note. **c.** The major or minor key having this note as its tonic.

gallon *n.* **1.** A unit of capacity equal to 277.42 cubic inches. 1 Brit. gallon is equivalent to 1.20 U.S. gallons or 4.55 litres. Also called: imperial gallon. **2.** A unit of capacity equal to 231 cubic inches. 1 U.S. gallon is equivalent to 0.83 imperial gallon or 3.79 litres.

gave *v. past tense* of **give**

general *adj.* **1.** Common; widespread: *a general feeling of horror at the crime.* **2.** Of, including, applying to, or participated in by all or most of the members of a group, category, or community. **3.** Relating to various branches of an activity, profession, etc.; not specialized: *general office work.* **4.** Including various or miscellaneous items: *general knowledge; a general store.* **5.** Not specific as to detail; overall: *a general description of the merchandise.* **6.** Not definite; vague. **7.** Applicable or true in most cases; usual. **8.** Having superior or extended authority or rank: *general manager consul general.* **9.** Designating a degree awarded at some universities, studied at a lower academic standard than an honours degree. **10.** Relating to or involving the entire body or many of its parts; systemic. **11.** Not specifying an individual subject but quantifying over a domain. *n.* **1.** An officer of a rank senior to lieutenant general, esp. one who commands a large military formation. **2.** Any person acting as a leader and applying strategy or tactics. **3.** A general condition or principle, opposed to particular. **4.** A title for the head of a religious order, congregation, etc. **5.** Short for general anaesthetic. **6.** The people; public. **7.** In general; generally; mostly or usually.

germ *n.* **1.** A microorganism, esp. one that produces disease in animals or plants. **2.** The rudimentary or initial form of something: *the germs of revolution.* **3.** A simple structure, such as a fertilized egg, that is capable of developing into a complete organism.

Germany *n.* A country in central Europe: in the Middle Ages the centre of the Holy Roman Empire; dissolved into numerous principalities; united under the leadership of Prussia in 1871 after the Franco-Prussian War; became a republic with reduced size in 1919 after being defeated in World War I; under the dictatorship of Hitler from 1933 to 1945; defeated in World War II and divided by the Allied Powers into four zones, which became established as East and West Germany in the late 1940s; reunified in 1990: a member of the European Union. It is flat and low-lying in the north with plateaus and uplands in the centre and south. Official language: German. Religion: Christianity, Protestant majority. Currency: euro and Deutschmark. Capital: Berlin, with Bonn as the current seat of government. Pop.: 82,148,000 Area: It equals fifty-five thousand square miles.

get *v.* **gets, getting, got 1.** To come into possession of; receive or earn. **2.** To bring or fetch. **3.** To contract or be affected by: *He got a chill at the picnic.* **4.** To capture or seize. **5.** To become or cause to become or act as specified. **6.** To succeed in going, coming, leaving, etc. **7.** To manage or contrive. **8.** To make ready or prepare to get a meal. **9.** To hear, notice, or understand: *I didn't get your meaning.* **10.** To learn or master by study. **11.** To come or arrive. **12.** To catch or enter. **13.** To induce or persuade. **14.** To reach by calculation. **15.** To receive. **16.** To communicate with as by telephone. **17.** To have an emotional effect: *That music really gets me.* **18.** To annoy or irritate. **19.** To bring a person into a difficult position from which he or she cannot escape. **20.** To puzzle; baffle. **21.** To hit. **22.** To be revenged on, esp. by killing. **23a.** To gain access with the purpose of bribing him. **b.** To obtain access and kill or silence him. **24.** To have the better of. **25.** To begin: *get moving.* **26. Go!** Leave now! **27.** To beget or conceive. **28.** Get even with. **29. Get it** To be reprimanded or punished severely. **30. Get with it** To allow oneself to respond to new ideas, styles, etc. **31. Get with child** To make pregnant. *n.* **1.** The act of begetting. **2.** Something begotten; offspring. **3.** A variant of git. **4.** A successful return of a shot that was difficult to reach.

girl *n.* **1.** A female child from birth to young womanhood, a young unmarried woman; lass; maid, a sweetheart or girlfriend, a woman of any age. **2.** *(Informal)* Daughter, a female employee, esp. a female servant.

give *v.* **gives, giving, gave, given 1.** To present or deliver voluntarily to the permanent possession of another or others. **2.** To transfer to the possession of another as part of an exchange. **3.** To place in the temporary possession of another. **4.** To grant, provide, or bestow: *give me some advice.* **5.** To administer: *to give a reprimand.* **6.** To award or attribute to give blame, praise, etc. **7.** To be a source of: *He gives no trouble.* **8.** To impart or communicate: *to give news; give a person* *a cold.* **9.** To utter or emit: *To give a shout.* **10.** To perform, make, or do. **11.** To sacrifice or devote. **12.** To surrender. **13.** To concede or yield. **14.** To happen. **15.** To cause; lead. **16.** To value at. **17.** To perform or present as an entertainment: *to give a play.* **18.** To propose as a toast. **19.** To yield or break under force or pressure. **20. Give battle** To commence fighting. **21. Give birth a.** To bear **b.** To produce, originate, or create. **22. Give five or some skin** To greet or congratulate by slapping raised hands. **23. Give ground** To draw back or retreat. **24. Give rise to** To be the cause of. *n.* **1.** A tendency to yield under pressure; resilience.

go *v.* **goes, going, went, gone 1.** To move or proceed, esp. to or from a point or in a certain direction. **2.** To proceed towards a particular person or place with some specified intention or purpose. **3.** To depart. **4.** To start, as in a race: often used in commands. **5.** To make regular journeys. **6.** To operate or function effectively. **7.** To become. **8.** To make a noise as specified. **9.** To enter into a specified state or condition. **10.** To be or continue to be in a specified state or condition. **11.** To lead, extend, or afford access this route. **12.** To proceed towards an activity. **13.** To serve or contribute. **14.** To follow a course as specified. **15.** To be applied or allotted to a particular purpose or recipient. **16.** To be sold or otherwise transferred to a recipient. **17.** To be ranked; compare. **18.** To blend or harmonize. **19.** To be known. **20.** To fit or extend. **21.** To have a usual or proper place. **22.** To be sounded; expressed, etc. **23.** To fail or give way. **24.** To break down or collapse abruptly. **25.** To die. **26a.** To elapse: *The hours go by so slowly at the office.* **b.** To travel past: *The train goes by her house.* **c.** To be guided. **27.** To occur: *Happiness does not always go with riches.* **28.** To be eliminated, abolished, or given up. **29.** To be spent or finished. **30.** To circulate or be transmitted. **31.** To attend: *go to school; go to church.* **32.** To join a stated profession. **33.** To have recourse; turn to. **34.** To subject or put oneself. **35.** To proceed, esp. up to or beyond certain limits. **36.** To be acceptable or tolerated. **37.** To carry the weight of final authority: *What the boss says goes.* **38.** To be contained in: *Four goes into twelve three times.* **39.** To endure or last out: *We can't go for much longer without water in this heat.*

god (1) *n.* **1.** A supernatural being, who is worshipped as the controller of some part of the universe or some aspect of life in the world or is the personification of some force. **2.** An image, idol, or symbolic representation of such a deity. **3.** Any person or thing to which excessive attention is given. **4.** A man who has qualities regarded as making him superior to other men.

God (2) *n.* **1.** The sole Supreme Being, eternal, spiritual, and transcendent, who is the Creator and ruler of all and is infinite in all attributes; the object of worship in monotheistic religions; Allah, Yahweh, Jehovah, Jah, Dios, Grand Father, Elohim, Adonai. **2. Play God** To behave in an imperious or superior manner. **3.** An oath or exclamation used to indicate surprise, annoyance, etc.

going *n.* **1.** A departure or farewell. **2.** The condition of a surface such as a road or field with regard to walking, riding, etc.: *muddy going.* **3.** Speed, progress, etc.: *We made good going on the trip.* *adj.* **1.** Thriving. **2.** Current or accepted, as from past negotiations or commercial operation: *The going rate for electricians.* **3.** Available: *the best going.* **4. Going, going, gone!** A statement by an auctioneer that the bidding has almost finished and is conluding.

gold *n.* **1.** A dense inert bright yellow element that is the most malleable and ductile metal, occurring in rocks and alluvial deposits: used as a monetary standard and in jewellery, dentistry, and plating. The radioisotope gold-198 with a half-life of 2.69 days is used in radiotherapy. Symbol: Au; atomic no.: 79; atomic wt.: 196.96654; valency: 1 or 3; relative density: 19.3; melting pt.: 1064.43°C; boiling pt.: 2857°C. Related adjectives: aurous, auric. **2.** A coin or coins made of this metal. **3.** Money; wealth. **4.** Something precious, beautiful, etc., such as a noble nature. **5a.** A deep yellow colour, sometimes with a brownish tinge. **b.** A gold carpet. **6.** The bull's eye of a target, scoring nine points. **7.** Short for *gold medal.*

gone *v. past part.* of **go.** *adj.* **1.** Ended; past. **2.** Lost; ruined. **3.** Dead or near to death. **4.** Spent; consumed; used up. **5.** Faint or weak. **6.** Having been pregnant. **7.** In love. **8.** In an exhilarated state, as through music or the use of drugs. **9.** *Gone out* Blankly and without comprehension, as if stupefied in surprise.

good *adj.* **better, best 1.** Having admirable, pleasing, superior, or positive qualities; not negative, bad or mediocre: *a good idea.* **2.** Morally excellent or admirable; virtuous; righteous: *a good man.* **3.** Suitable or efficient for a purpose: *a good winter coat.* **4.** Beneficial or advantageous: *Vegetables are good for you.* **5.** Not ruined or decayed; sound or whole: *The meat is still good.* **6.** Kindly, generous, or approving: *You are good to him.* **7.** Right or acceptable: *Your qualifications are good for the job.* **8.** Rich and fertile: *good land.* **9.** Valid or genuine. **10.** Honourable or held in high esteem. **11.** Commercially or financially secure, sound, or safe. **12.** Drawn for a stated sum. **13.** Expected to be fully paid. **14.** Clever, competent, or talented. **15.** Obedient or well-behaved: *a good dog.* **16.** Reliable, safe, or recommended: *a good make of clothes.* **17.** Affording material pleasure or indulgence. **18.** Having a well-proportioned, beautiful, or generally fine appearance. **19.** Complete; full. **20.** Propitious; opportune. **21.** Satisfying or gratifying. **22.** Comfortable. **23.** Newest or of the best quality. **24.** Fairly large, extensive, or long. **25.** Sufficient; ample. **26.** Of the third government grade, above standard and below choice. **27.** Serious or intellectual. *n.* **1.** Moral or material advantage or use; benefit or profit: *What is the good of worrying?* **2.** Positive moral qualities; goodness; virtue; righteousness; piety. **3.** Moral qualities seen as a single abstract entity. **4.** A commodity or service that satisfies a human need.

grade *n.* **1.** A position or degree in a scale, as of quality, rank, size, or progression: *high-grade timber.* **2.** A group of people or things of the same category. **3.** A military or other rank. **4.** A stage in a course of progression. **5.** A mark or rating indicating achievement or the worth of work done, as at school. **6.** A unit of pupils of similar age or ability taught together at school. **7.** Another word for gradient. **8.** A unit of angle equal to one hundredth of a right angle or 0.9 degree. **9.** An animal with one purebred parent and one of unknown or unimproved breeding. **10.** One of the forms of the vowel in a morpheme when this vowel varies because of gradation. **11.** *At grade* **a.** On the same level. **b.** At an equilibrium level and slope, because there is a balance between erosion and deposition. **12.** *Make the grade* **a.** To reach the required standard. **b.** To succeed. *v.* **1.** To arrange according to quality, rank, etc. **2.** To determine the grade of or assign a grade to. **3.** To achieve or deserve a grade or rank. **4.** To change or blend gradually; merge. **5.** To level to a suitable gradient. **6.** To cross with another; to produce a grade animal. *adj.* Combining form indicating a kind or manner of movement or progression plantigrade.

graft (1) *n.* **1a.** A small piece of plant tissue that is made to unite with an established plant which supports and nourishes it. **b.** The plant resulting from the union of scion and stock. **c.** The point of union between the scion and the stock. **2.** A piece of tissue or an organ transplanted from a donor or from the patient's own body to an area of the body in need of the tissue. **3.** The act of joining one thing to another by or as if by grafting. *v.* **1a.** To induce to unite with another part or to unite in this way. **b.** To produce by this means or to grow by this means. **2.** To transplant or to be transplanted. **3.** To attach or incorporate or become attached or incorporated. **graft (2)** *n.* **1.** Work. **2a.** The acquisition of money, power, etc., by dishonest or unfair means, esp. by taking advantage of a position of trust. **b.** Something gained in this way, such as profit from government business. **c.** A payment made to a person profiting by such a practice. *v.* **1.** To work. **2.** To acquire by or practice.

grammatic *adj.* **1.** Same as grammatical; of or relating to grammar; well formed; in accordance with the productive rules of the grammar of a language.

grave (1) *n.* **1.** A place for the burial of a corpse, esp. beneath the ground and usually marked by a tombstone. **2.** Something resembling a grave or resting place: *The ship went to its grave.* **3.** A poetic term for death. **4.** *Have one foot in the grave* To be near death. **5.** *To make turn in his grave* To do something that would have shocked. **grave (2)** *adj.* **1.** Serious and solemn: *a grave look.* **2.** Full of or suggesting danger: *a grave situation.* **3.** Important; crucial: *grave matters of state.* **4.** Sober or dull. **5a.** Spoken on a lower or falling musical pitch relative to neighbouring syllables or vowels. **b.** Of or relating to an accent over vowels, denoting a pronunciation with lower or falling musical pitch, with certain special quality, or in a manner that gives the vowel status as a syllable nucleus not usually possessed by it in that position. **grave (3)** *v.* To clean and apply a coating of pitch to. **grave (4)** *adj., adv.* To be performed in a solemn manner.

gravitation *n.* **1.** The force of attraction that bodies exert on one another as a result of their mass. **2.** Any process or result caused by this interaction, such as the fall of a body to the surface of the earth.

great *adj.* **1.** Relatively large in size or extent; big. **2.** Relatively large in number; having many parts or members a great assembly. **3.** Of relatively long duration: *a great wait.* **4.** Of larger size or more importance than others of its kind. **5.** Extreme or more than usual: *great worry.* **6.** Of significant importance or consequence. **7.** Of exceptional talents or achievements; remarkable. **8.** Arising from or possessing idealism in thought, action, etc.: *heroic great deeds.* **9.** Illustrious or eminent: *a great history.* **10.** Impressive or striking. **11.** Much in use; favoured. **12.** Active or enthusiastic. **13.** Doing or exemplifying on a large scale. **14.** Skillful or adroit. **15.** Excellent; fantastic. **16a.** Pregnant: *great with child.* **b.** Full: *great with hope.*

greatest *adj.* The superlative of great. *n.* The greatest: *an exceptional person.*

greet *v.* **1.** To meet or receive with expressions of gladness or welcome. **2.** To send a message of friendship to. **3.** To receive in a specified manner. **4.** To become apparent to.

grippe or grip *n.* A former name for influenza.

group *n.* **1.** A number of persons or things considered as a collective unit. **2.** A number of persons bound together by common social standards, interests, etc. **3.** A small band of players or singers, esp. of pop music. **4.** A number of animals or plants considered as a unit because of common characteristics, habits, etc. **5.** Another word, esp. in systemic grammar, for phrase. **6.** An association of companies under a single ownership and control, consisting of a holding company, subsidiary companies, and sometimes associated companies. **7.** Two or more figures or objects forming a design or unit in a design, in a painting or sculpture. **8.** A military formation comprising complementary arms and services, usually for a purpose: *a brigade group.* **9.** An air force organization of higher level than a squadron. **10.** Two or more atoms that are bound together in a molecule and behave as a single unit: *a methyl group -CH3.* **11.** A vertical column of elements in the periodic table that all have similar electronic structures, properties, and valencies. **12.** Any stratigraphical unit, esp. the unit for two or more formations. **13.** A set under an operation involving any two members of the set such that the set is closed, associative, and contains both an identity and the inverse of each member. **14.** To arrange or place in or into a group or to form into a group.

grown *adj.* **1.** Developed or advanced; fully grown.

guarantee *n.* **1.** A formal assurance, esp. in writing, that a product, service, etc., will meet certain standards or specifications. **2.** A promise, esp. a collateral agreement, to answer for the debt, default, or miscarriage of another. **3a.** A person, company, etc., to whom a guarantee is made. **b.** A person, company, etc., who gives a guarantee. **4.** A person who acts as a guarantor. **5.** Something that makes a specified condition or outcome certain. *v.* **1.** To take responsibility for. **2.** To serve as a guarantee for. **3.** To secure or furnish security: *For a small deposit will guarantee any dress.* **4.** To undertake; to protect or keep secure, as against injury, loss, etc. **5.** To ensure: *Good planning will guarantee success.* **6.** To promise or make certain. **-tees, -teeing, -teed** *v.*

guide *v.* **1.** To lead the way for. **2.** To control the movement or course of by physical action; steer. **3.** To supervise or instruct. **4.** To direct the affairs of: *He guided the country through the war.* **5.** To advise or influence in his standards or opinions: *Let truth guide you always.* *n.* **1.** A person, animal, or thing that guides. **2.** A person, usually paid, who conducts tour expeditions, etc. **3.** A model or criterion, as in moral standards or accuracy. **4.** A book that instructs or explains the fundamentals of a subject or skill: *a guide to better living.* **5.** Any device that directs the motion of a tool or machine part. **6.** A mark, sign, etc., that points the way. **7.** A spirit believed to influence a medium so as to direct what he utters and convey messages through him. **14a.** A ship in a formation used as a reference for manoeuvres, esp. with relation to maintaining the correct formation and disposition. **b.** A soldier stationed to one side of a column or line to regulate alignment, show the way, etc. -- **guidable** *adj.*, **--guideless --guider** *n.*, --**guiding** *adj.* or *v.*

H

n. **1.** The eighth letter and sixth consonant of the modern English alphabet. **2.** A speech sound represented by this letter, in English usually a voiceless glottal fricative, as in *hat.* **3.** Something shaped like an H: *an H-beam* **h** *symbol* for **1.** Planck constant. **2. hecto-**. **H** *symbol* for **1.** Hydrogen. **2a.** Magnetic field strength. **b.** Hamiltonian **3.** Henry.

had *v. past tense* and *past part.* of **have has, having, had 1.** To be in material possession of; own: *He has two cars.* **2.** To possess as a characteristic quality or attribute: *He has dark hair.* **3.** To receive, take, or obtain: *She had a present from him.; Have a look.* **4.** To hold or entertain in the mind: *to have an idea.* **5.** To possess a knowledge or understanding of. **6.** To experience or undergo: *to have a shock.* **7.** To be infected with or suffer from: *to have a cold.* **8.** To gain control of or advantage over: *You have me on that point.* **9.** To cheat or outwit: *He was had by that dishonest salesman.* **10.** To exhibit: *Have mercy on us, Lord.* **11.** To engage or take part in: *to have a conversation.* **12.** To arrange, carry out, or hold: *to have a party.* **13.** To cause, compel, or require: *to have my shoes mended.* **14.** Used as an auxiliary to express compulsion or necessity: *I had to run quickly to escape him.* **15.** To eat, drink, or partake of: *to have a good meal.* **16.** To tolerate or allow: *I won't have all this noise.* **17.** To declare, state, or assert: *Rumor has it that they will marry.* **18.** To put or place: *I'll have the sofa in this room.* **19.** To receive as a guest: *to have three people to stay.* **20.** To beget or bear: *She had three children.*

hail (1) *n.* **1.** Small pellets of ice falling from cumulonimbus clouds when there are very strong rising air currents. **2.** A shower or storm of such pellets. **3.** Words, ideas, etc., directed with force and in great quantity: *a hail of abuse.* **4.** A collection of objects, esp. bullets, spears, etc., directed at someone with violent force. *v.* **1.** To be the case that hail is falling. **2.** To fall or cause to fall as or like hail: *to hail criticism; bad language hailed about him.* **hail (2)** *v.* **1.** To greet, esp. enthusiastically: *The crowd hailed the actress with joy.* **2.** To acclaim or acknowledge: *They hailed him as their hero.* **3.** To attract the attention of by shouting or gesturing: *to hail a taxi.* **4.** To be a native; originate: *She hails from India.* *n.* **1.** The act or an instance of hailing. **2.** A shout or greeting. **3.** Distance across which one can attract attention. **4.** An exclamation of greeting.

hair *n.* **1.** Any of the threadlike pigmented structures that grow from follicles beneath the skin of mammals and consist of layers of dead keratinized cells. **2.** A growth of such structures, as on the human head or animal body, which helps prevent heat loss from the body. **3.** Any threadlike outgrowth from the epidermis, such as a root hair. **4.** A fabric or material made from the hair of some animals: *a hair carpet; a hair shirt.* **5.** *Get in someone's hair* To annoy someone persistently. **6.** *Let one's hair down* To behave without reserve. **7.** *Not turn a hair* To show no surprise, anger, fear, etc. **8.** *Split hairs* To make petty and unnecessary distinctions.

half *n.* **1a.** Either of two equal or corresponding parts that together comprise a whole. **b.** A quantity equalling such a part: *half a dozen.* **3.** A small drink of spirits, esp. whisky. **4.** The half of the pitch regarded as belonging to one team. **5.** An equal score on a hole or round with an opponent. **6.** Either of two periods of play separated by an interval. **7.** A half-price ticket on a bus, train, etc. **8.** Short for *half-hour*. **9.** A half-year period. **10.** Better half: *a person's wife or husband.* **11.** *By half* By an excessive amount or to an excessive degree. **12.** *By halves* Without being thorough or exhaustive. **13.** *Go halves* **a.** To share the expenses. **b.** To share the whole amount: *to go halves on an orange.* *deter.* **1a.** Being a half or approximately a half: *Half of them came.* *adj.* **1.** Not perfect or complete; partial: *He only did a half job on it.* *adv.* **1.** To the amount or extent of a half. **2.** To a great amount or extent. **3.** Partially; to an extent. **4.** *Have half a mind to* To have the intention of. **5.** *Not half* **a.** Not in any way: *He's not half clever enough.* **b.** Really; very; indeed: *He isn't half stupid.* **c.** Certainly; yes, indeed. Related prefixes **bi-, demi-, hemi-, semi-**

hand *n.* **1a.** The prehensile part of the body at the end of the arm, consisting of a thumb, four fingers, and a palm. **b.** The bones of this part. **2.** The corresponding or similar part in animals. **3.** Something resembling this in shape or function. **4a.** The cards dealt to one or all players in one round of a card game. **b.** A player holding such cards. **c.** One round of a card game. **5.** Agency or influence: *the hand of God.* **6.** A part in something done: *He had a hand in the victory.* **7.** Assistance to: *give someone a hand with his work.* **8.** A pointer on a dial, indicator, or gauge, esp. on a clock: *the minute hand.* **9.** Acceptance or pledge of partnership, as in marriage: *He asked for her hand.* **10.** A position or direction indicated by its location to the side of an object or the observer: *on the right hand.* **11.** A contrastive aspect, condition, etc. **12.** Source or origin: *A story heard at third hand.* **13.** A person, esp. one who creates something: *a good hand at painting.* **14.** A labourer or manual worker: *We've just taken on a new hand at the farm.* **15.** A member of a ship's crew: *all hands on deck.* **16.** Another name for index. **17.** A person's handwriting: *The letter was in his own hand.* **18.** A round of applause: *Give him a hand.* **19.** Ability or skill: *a hand for woodwork.* **20.** A manner or characteristic way of doing something: *the hand of a master.* **21.** A unit of length measurement equalling four inches, used for measuring the height of horses, usually from the front hoof to the withers. **22.** A cluster or bundle, esp. of bananas. **23.** A shoulder of pork. **24.** One of the two possible mirror-image forms of an asymmetric object, such as the direction of the helix in a screw thread. **25.** *A free hand* Freedom to do as desired. **26.** *A hand's turn* A small amount of work: *He hasn't done a hand's turn.* **27.** *A heavy hand* Tyranny, persecution, or oppression: *He ruled with a heavy hand.* **28.** *A high hand* An oppressive or dictatorial manner. **29.** *At hand* Very near or close, esp. in time. **30.** *At someone's hand* From the acts of kindness received at their hands. **31.** *By hand* **a.** By manual rather than mechanical means. **b.** By messenger or personally: *The letter was delivered by hand.* **32.** *Come to hand* To become available; be received. **33.** *Force someone's hand* To force someone to act. **34.** *From hand to hand* From one person to another. **35.** *From hand to mouth* **a.** In poverty: *living from hand to mouth.* **b.** Without preparation or planning. **36.** *Hand and foot in* All ways possible; completely: *They waited on him hand and foot.* **37.** *Hand in glove* In an intimate relationship or close association. **38.** *Hand in hand* **a.** Together; jointly. **b.** Clasping each other's hands. **39.** *Hand over fist* Steadily and quickly; with rapid progress: *He makes money hand over fist.* **40.** *Hold one's hand* To stop or postpone a planned action or punishment. **41.** *Hold someone's hand* To support, help, or guide someone, esp. by giving sympathy or moral support. **42.** *In hand* **a.** In possession. **b.** Under control. **c.** Receiving attention or being acted on. **d.** Available for use; in reserve. **e.** With deferred payment: *He works a week in hand.* **43.** *Keep one's hand in* To continue or practice. **44.** Lend a hand to help. **45.** *On hand* Close by; present: *I'll be on hand to help you.* **46.** *Out of hand* **a.** Beyond control. **b.** Without reservation or deeper examination: *He condemned him out of hand.* **47.** *Set one's hand to* **a.** To sign. **b.** *To start.* **48.** *Show one's hand* To reveal one's stand, opinion, or plans. **49.** *Take in hand* To discipline; control. **50.** *Throw one's hand in* See *throw in.* **51.** *To hand* Accessible. **52.** *Try one's hand* To attempt to do something. **53a.** Of or involving the hand: *a hand grenade.* **b.** Made to be carried in or worn on the hand: *hand luggage.* **c.** Operated by hand: *a hand drill.* **54.** *Made by hand* Rather than by a machine hand-sewn. *v.* **1.** To transmit or offer by the hand or hands. **2.** To help or lead with the hand. **3.** To furl. **4.** *Hand it to* Someone to give credit to.

happen *v.* **1.** To come about or take place; occur. **2.** To fall to the lot; be a source of good or bad fortune. **3.** To chance. **4.** To be the case, esp. if by chance. **5.** Perhaps: *Happen I'll see thee tomorrow.*

happiness *n.* Beatitude, bliss, cheer, cheerfulness, cheeriness, contentment, delight, ecstasy, elation, enjoyment, exuberance, felicity, gaiety, gladness, high spirits, joy, jubilation, light-heartedness, merriment, pleasure, prosperity, satisfaction, wellbeing.

hard *adj.* **1.** Firm or rigid; not easily dented, crushed, or pierced. **2.** Toughened by or as if by physical labour; not soft or smooth: *hard hands.* **3.** Difficult to do or accomplish; arduous: *a hard task.* **4.**

Difficult to understand or perceive: *a hard question.* **5.** Showing or requiring considerable physical or mental energy, effort, or application: *hard work.* **6.** Stern, cold, or intractable: *a hard judge.* **7.** Exacting; demanding: *a hard master.* **8.** Harsh; cruel: *a hard fate.* **9.** Inflicting pain, sorrow, distress, or hardship: *hard times.* **10.** Tough or adamant: *a hard man.* **11.** Forceful or violent: *a hard knock.* **12.** Cool or uncompromising: *We took a long hard look at our profit factor.* **13.** Indisputable; real: *hard facts.* **14.** Impairing the formation of a lather by soap. **15.** Practical, shrewd, or calculating. **16.** Too harsh to be pleasant: *hard light.* **17a.** In coin and paper rather than cheques. **b.** In strong demand, esp. as a result of a good balance of payments situation. **c.** Difficult to obtain; tight. **18.** Being a spirit rather than a wine, beer, etc.: *the hard stuff.* **19.** Highly addictive. **20.** Having high energy and the ability to penetrate solids. **21.** Almost complete. **22.** Durable. **23.** Short for *hardcore.* **24a.** An older word for *fortis.* **b.** Denoting the consonants *c* and *g* in English when they are pronounced as velar stops **c.** Not palatalized. **25a.** Being heavily fortified and protected. **b.** Located underground in massively reinforced silos. **26.** Politically extreme: *the hard left.* **27.** Incorrigible or disreputable. **28.** Stale and old. **29.** *A hard nut to crack* **a.** A person not easily persuaded or won over. **b.** A thing not easily understood. **30.** **Hard by near** Close by. **31.** **Hard doer** A tough worker at anything. **32.** **Hard done by** Unfairly or badly treated. **33.** **Hard up a.** In need of money; poor. **b.** In great need: *hard up for suggestions.* **34.** **Put the hard word on** To ask or demand something from. *adv.* **1.** With great energy, force, or vigour: *The team always played hard.* **2.** As far as possible; all the way: *hard left.* **3.** With application; earnestly or intently: *She thought hard about the formula.* **4.** With great intensity, force, or violence. **5.** Close; near: *hard on his heels.* **6.** Assiduously; devotedly. **7.** With effort or difficulty: *Their victory was hard won.* **8.** Slowly and reluctantly: *Prejudice dies hard.* **9.** **Go hard with** To cause pain or difficulty. **10.** **Hard at it** Working hard. **11.** **Hard put** Scarcely having the capacity. *n.* **1.** Any colorant that produces a harsh coarse appearance. **2.** A roadway across a foreshore. **3.** Hard labor.

hardly *adv.* **1.** Scarcely; barely: *We hardly knew the family.* **2.** Just; only: *He could hardly hold the cup.* **3.** Almost or probably not or not at all: *He will hardly incriminate himself.* **4.** With difficulty or effort. **5.** Harshly or cruelly.

has *v.* a form of the present tense of **have**

have *v.* **has, having, had 1.** To be in material possession of; own. **2.** To possess as a characteristic quality or attribute. **3.** To receive, take, or obtain. **4.** To hold or entertain in the mind; to have an idea. **5.** To possess a knowledge or understanding of: *I have no German.* **6.** To experience or undergo: *to have a shock.* **7.** To be infected with or suffer from. **8.** To gain control of or advantage over. **9.** To cheat or outwit: *He was had by that dishonest salesman.* **10.** To exhibit. **11.** To engage or take part in. **12.** To arrange, carry out: *to have my shoes mended.* **14.** Used as an auxiliary to express compulsion or necessity: *I had to run quickly to escape him.* **15.** To eat, drink, or partake of: *to have a good meal.* **16.** To tolerate or allow: *I won't have all this noise.* **17.** To declare, state, or assert: *Rumour has it that they will marry.* **18.** To put or place: ***I'll have the sofa in this room.*** **19.** To receive as a guest: *to have three people to stay.* **20.** To beget or bear: *She had three children.*

hay *n.* **1.** Grass, clover, etc., cut and dried as fodder: *hayfield; hayloft.* **2.** **Hit the hay** To go to bed. **3.** *Make hay of* To throw into confusion **4.** *Make hay while the sun shines* To take full advantage of an opportunity. *v.* **1.** To cut, dry, and store as fodder. **2.** To feed with hay.

he *n.* **1.** Refers to a male person or animal. **2.** Refers to an indefinite antecedent such as one, whoever, or anybody: *Everybody can do as he likes in this country.* **3.** Refers to a person or animal of unknown or unspecified sex: *A member of the party may vote as he sees fit.*

head *n.* **1.** The upper or front part of the body in vertebrates, including man, that contains and protects the brain, eyes, mouth, and nose and ears when present. **2.** The corresponding part of an invertebrate animal. **3.** Something resembling a head in form or function, such as the top of a tool. **4.** The person commanding most authority within a group, organization, etc.: *head buyer; headmaster.* **5.** The position of leadership or command: *at the head of his class.* **6a.** The most forward part of a thing; a part that juts out; front: *the head of a queue; head point.* **7.** The highest part of a thing; upper end: *the head of the pass.* **8.** The froth on the top of a glass of beer. **9.** Aptitude, intelligence, and emotions. **10.** Head a person or animal considered as a unit. **11.** The head considered as a measure of length or height. **12a.** A dense inflorescence such as that of the daisy and other composite plants. **b.** Any other compact terminal part of a plant, such as the leaves of a cabbage or lettuce. **13.** A culmination or crisis. **14.** The pus-filled tip or central part of a pimple, boil, etc. **15.** The head considered as the part of the body on which hair grows densely: *a fine head of hair.* **16.** The source or origin of a river or stream. **17.** A headland or promontory, esp. a high one. **18.** The obverse of a coin, usually bearing a portrait of the head or a full figure of a monarch, deity, etc. **19.** A main point or division of an argument, discourse, etc. **20.** The headline at the top of a newspaper article or the heading of a section within an article. **21a.** The front part of a ship or boat. **b.** The upper corner or edge of a sail. **c.** The top of any spar or derrick. **d.** Any vertical timber cut to shape. **22.** Another word for governor. **23.** The taut membrane of a drum, tambourine, etc. **24.** The height of the surface of liquid above a specific point, esp. when considered or used as a measure of the pressure at that point. **25.** A person who regularly takes drugs, esp. LSD or cannabis: *an acidhead.* **26.** Road driven into the coal face. **27a.** The terminal point of a route. **b.** Railhead. **28.** A device on a turning or boring machine, such as a lathe, that is equipped with one or more cutting tools held to the work by this device. **29.** Cylinder head. **30.** An electromagnet that can read, write, or erase information on a magnetic medium such as a magnetic tape, disk, or drum, used in computers, tape recorders, etc.

healthy *adj.* **1.** Enjoying good health. **2.** Functioning well or being sound: *The company's finances are not very healthy.* **3.** Conducive to health; salutary. **4.** Indicating soundness of body or mind: *a healthy appetite.* **5.** Considerable in size or amount: *a healthy sum.* **--healthily** *adv.* **--healthiness** *n.*

hear *v.* **1.** Attend, catch, eavesdrop, give attention, hark, hearken, heed, listen in, listen to, overhear. **2.** Ascertain, be told of, discover, find out, gather, get wind of, hear tell, learn, pick up, understand. **3.** Examine, judge, try.

heart *n.* **1.** The hollow muscular organ in vertebrates whose contractions propel the blood through the circulatory system. In mammals it consists of a right and left atrium and a right and left ventricle. **2.** The corresponding organ or part in invertebrates. **3.** This organ considered as the seat of life and emotions, esp. love. **4.** Emotional mood or disposition: *a happy heart; a change of heart.* **5.** Tenderness or pity. **6.** Courage or spirit; bravery. **7.** The inmost or most central part of a thing: *the heart of the city.* **8.** The most important or vital part: *the heart of the matter.* **9.** The inner compact part. **10.** The core of a tree. **11.** The part nearest the heart of a person; breast. **12.** A dearly loved person, usually used as a term of address: *dearest heart.* **13.** A conventionalized representation of the heart, having two rounded lobes at the top meeting in a point at the bottom. **14a.** A red heart-shaped symbol on a playing card. **b.** A card with one or more of these symbols or the suit of cards so marked. **15.** A fertile condition in land, conducive to vigorous growth in crops or herbage. **16. *After one's own heart*** Appealing to one's own disposition, taste, or tendencies. **17. *At heart*** In reality or fundamentally. **18. *Break one's heart*** To grieve very deeply, esp. through love. **19. *By heart*** By committing to memory. **20. *Cross my heart!*** I promise! **21. *Eat one's heart out*** To brood or pine with grief or longing. **22. *From one's heart*** Very sincerely or deeply. **23. *Have a heart!*** Be kind or merciful. **24. *Have one's heart in it*** To have enthusiasm for something. **25. *Have one's heart in one's boots*** To be depressed or down-hearted. **26. *Have one's heart in one's mouth*** To be full of apprehension, excitement, or fear. **27. *Have one's heart in the right place*** **a.** To be kind, thoughtful, or generous. **b.** To mean well. **28. *Have the heart*** To have the necessary will, callousness, etc.: *I didn't have the heart to tell him.* **29. *Heart and soul*** Absolutely; completely. **30. *Heart of hearts*** The depths of one's conscience or emotions. **31. *Heart of oak*** A brave person. **32. *In one's heart*** Secretly; fundamentally. **33. *Lose heart*** To become despondent or disillusioned. **34. *Lose one's heart to*** To fall in love with. **35. *Near or close to one's heart*** Cherished or important. **36. *Set one's heart on*** To have as one's ambition to obtain; covet. **37. *Take heart*** To become encouraged. **38. *Take to heart*** To take seriously or be upset about. **39. *To one's heart's content*** As much as one wishes. **40. *Wear one's heart on one's sleeve*** To show one's feelings openly. **41. *With all one's heart*** Very willingly.

heaven *n.* **1a.** The abode of God and the angels. **b.** A place or state of communion with God after death. **2.** The sky, firmament or space surrounding the earth. **3.** A place, such as Elysium or Valhalla, to which those who have died in the gods' favour are brought to dwell in happiness. **4.** A place or state of joy and happiness. **5.** God or the gods, used in exclamatory phrases of surprise, exasperation, etc.: *for heaven's sake; heavens above.* **6. *In seventh heaven*** Ecstatically happy. **7. *Move heaven and earth*** To do everything possible.

heavy *adj.* **1.** Of comparatively great weight: *a heavy stone.* **2.** Having a relatively high density. **3.** Great in yield, quality, or quantity: *heavy rain; heavy traffic.* **4.** Great or considerable: *heavy emphasis.* **5.** Hard to bear, accomplish, or fulfill: *heavy demands.* **6.** Sad or dejected in spirit or mood: *heavy at heart.* **7.** Coarse or broad: *a heavy line; heavy features.* **8.** Having a high clay content; cloggy. **9.** Solid or fat: *heavy legs.* **10.** Engaged in the large-scale complex manufacture of capital goods or extraction of raw materials. **11.** Serious; grave. **12a.** Armed or equipped with large weapons, armour, etc. **b.** Of a large and powerful type. **13.** Having stress or accentuation. **14.** Dull and uninteresting: *a heavy style.* **15.** Prodigious: *a heavy drinker.* **16.** Insufficiently leavened. **17.** Deep and loud: *a heavy thud.* **18a.** Dramatic and powerful; grandiose. **b.** Not immediately comprehensible or appealing. **19a.** Unpleasant or tedious. **b.** Wonderful. **c.** Having a powerful beat; hard. **20.** Weighted; burdened: *heavy with child.* **21.** Clumsy and slow: *heavy going.* **22.** Permeating: *a heavy smell.* **23.** Cloudy or overcast, esp. threatening: *rain heavy skies.* **24.** Not easily digestible: *a heavy meal.* **25.** Being or containing an isotope with greater atomic weight than that of the naturally occurring element: *heavy hydrogen; heavy water.* **26.** Soft and muddy. **27.** Using, or prepared to use, violence or brutality: *the heavy mob.* **28. *Heavy on*** Using large quantities of: *This car is heavy on petrol.* *n.* **1a.** A villainous role. **b.** An actor who plays such a part. **2a.** A large fleet unit, esp.

an aircraft carrier or battleship. **b.** A large calibre or weighty piece of artillery. **3.** A serious newspaper: *the Sunday heavies.* **4.** A heavyweight boxer, wrestler, etc. **5.** A man hired to threaten violence or deter others by his presence. **6.** Strong bitter beer. *adv.* **1a.** In a heavy manner; heavily: *Time hangs heavy.* **b.** Heavy-laden. --**heavily** *adv.*, --**heaviness** *n.*

height *n.* **1.** The vertical distance from the bottom or lowest part of something to the top or apex. **2.** The vertical distance of an object or place above the ground or above sea level; altitude. **3.** Relatively great altitude or distance from the bottom to the top. **4.** The topmost point; summit. **5.** The angular distance of a celestial body above the horizon. **6.** The period of greatest activity or intensity the height of the battle. **7.** An extreme example of its kind: *the height of rudeness.* **8.** An area of high ground. **9.** The state of being far above the ground: *I don't like heights.* **10.** A position of influence, fame, or power.

held *v.* **past tense** and **past part.** of **hold.** **1.** To have or keep with or within the hands, arms, etc.; clasp. **2.** To support or bear: *to hold a drowning man's head above water.* **3.** To maintain or be maintained in a specified state or condition; to hold one's emotions in check; hold firm. **4.** To set aside or reserve. **5.** To restrain or be restrained from motion, action, departure, etc. **6.** To remain fast or unbroken. **7.** To remain dry and bright: *How long will the weather hold?* **8.** To keep the attention of: *Her singing held the audience.* **9.** To engage in or carry on: *to hold a meeting.* **10.** To have the ownership, possession, etc., of: *He holds a law degree from London.* **11.** To have the use of or responsibility for: *to hold the office of director.* **12.** To have the space or capacity for: *The carton will hold only eight books.* **13.** To be able to control the outward effects of; drinking beer, spirits, etc.: *He can hold his drink well.* **14.** To remain or cause to remain committed: *He held by his views in spite of opposition.* **15.** To claim: *He holds that the theory is incorrect.* **16.** To remain relevant, valid, or true: *The old philosophies don't hold nowadays.* **17.** To keep in the mind; to hold affection for someone. **18.** To regard or consider in a specified manner: *I hold him very dear.* **19.** To guard or defend successfully: *hold the fort against the attack.* **20.** To continue to go: *hold on one's way.* **21.** To sustain the sound of throughout its specified duration: *to hold on a semibreve for its full value.* **22.** To retain in a storage device after copying onto another storage device or onto another location in the same device. **23.** To be in possession of illegal drugs. **24.** *Hold for* To apply or be relevant to the same rules: *hold for everyone.* **25.** *Hold it!* **a.** Stop! Wait! **b.** Stay in the same position! As when being photographed. **26.** *Hold one's head high* To conduct oneself in a proud and confident manner. **27.** *Hold one's own* To maintain one's situation or position esp. in spite of opposition or difficulty. **28.** *Hold one's peace or tongue* To keep silent. **29.** *Hold water* To prove credible, logical, or consistent. **30.** *There is no holding him* He is so spirited or resolute that he cannot be restrained. *n.* **1.** The act or method of holding fast or grasping, as with the hands. **2.** Something to hold onto, as for support or control. **3.** An object or device that holds fast or grips something else so as to hold it fast. **4.** Controlling force or influence: *She has a hold on him.* **5.** A short delay or pause. **6.** On hold in a state of temporary postponement; or delay. **7.** A prison or a cell in a prison. **8.** A way of seizing one's opponent: *a wrist hold.* **9.** A pause or fermata. **10a.** A tenure or holding, esp. of land: *leasehold freehold copyhold.* **11.** A container. **12.** A fortified place. **13.** *Get hold of* **a.** To obtain. **b.** To come into contact with. **14.** *No holds barred* All limitations removed. *n.* **1.** The space in a ship or aircraft for storing cargo.

hell *n.* **1a.** The place or state of eternal punishment of the wicked after death, with Satan as its ruler. **b.** Forces of evil regarded as residing there. **2.** The abode of the spirits of the dead. **3.** Pain, extreme difficulty, etc. **4.** A cause of such difficulty or suffering; *War is hell.* **5.** High spirits or mischievousness: *There's hell in that boy.* **6.** A box used by a tailor for discarded material. **7.** A gambling house, booth, etc. **8.** As hell: *Tired as hell.* **9.** *For the hell of it* For the fun of it. **10.** *From hell* Denoting a person or thing that is particularly bad or alarming: *neighbour from hell; hangover from hell.* **11.** *Give someone hell* **a.** To give someone a severe reprimand or punishment. **b.** To be a source of annoyance or torment to someone. **12.** *Hell of a or helluva* A hell of a good performance. **13.** *Hell for leather* At great speed. **14.** *Hell or high water* Whatever difficulties may arise. **15.** *Hell to pay* Serious consequences, as of a foolish action. **16.** *Like hell* **a.** *He works like hell.* **b.** An expression of strong disagreement with a previous statement, request, order, etc. **17.** *Play hell with* To throw into confusion and disorder; disrupt. **18.** *Raise hell* **a.** To create a noisy disturbance, as in fun. **b.** To react strongly and unfavourably. **19.** *The hell* **a.** Used in such phrases as *what the hell, who the hell.* **b.** An expression of strong disagreement or disfavour: *The hell I will.* **20.** An exclamation of anger, annoyance, surprise, etc.

help *v.* **1.** To assist or aid, esp. by sharing the work, cost, or burden of something: *He helped his friend to escape.* **2.** To alleviate the burden of by giving assistance. **3.** To assist; to go in a specified direction: *Help the old lady up from the chair.* **4.** To promote or contribute to; to help the relief operations. **5.** To cause improvement in: *Crying won't help.* **6a.** To avoid or refrain from: *We can't help wondering who he is.* **b.** To prevent or be responsible for: *I can't help it if it rains.* **7.** To alleviate. **8.** To serve: *Can I help you, Ma'am?* **9a.** To serve. **b.** To provide without permission: *He's been helping himself to money out of the petty cash.* **10.** *Cannot help but* To be unable to do anything else; except: *I cannot help but laugh.* **11.** *Help a person on or off with* To assist a person in the putting on or removal of. **12.** *So help me* **a.** On my honour. **b.** No matter what. *n.* **13.** The act of helping, or being helped, or a person or thing that helps: *She's a great help.* **14a.** A person hired for a job; employee, esp. a farm worker or domestic servant. **b.** Several employees collectively. **15.** A means of remedy: *There's no help for it.* *interject.* **1.** Used to ask for assistance.

helping *n.* A single portion of food taken at a meal.

her *n.* **1.** Refers to a female person or animal. **2.** Refers to things personified as feminine or traditionally to ships and nations. **3.** A dialect word for herself when used as an indirect object: *She needs to get her a better job.* **deter.** **1.** Of, belonging to, or associated with her.

here *adv.* **1.** In, at, or to this place, point, case, or respect: *We come here every summer.* **2.** *Here and there* At several places in or throughout an area. **3.** *Here goes* An exclamation indicating that the speaker is about to perform an action. **4.** *Here's to* A formula used in proposing a toast to someone or something. **5.** *Here today, gone tomorrow* Short-lived; transitory. **6.** *Here we go again* An event or process is about to repeat itself. **7.** *Neither here nor there* Of no relevance or importance. *n.* **l.** This place: *They leave here tonight.*

Hereafter *n.* **1.** The Hereafter means after the destruction of the present world, its power and authority to rule; after the present rule of the man of sin. It is a state and condition of life whereas the righteous will make unlimited progress; peace, joy and happiness will have no end. War will be forgotten; disagreement will have no place in the hereafter. The present brotherhood of Islam is typical of the life in the hereafter, the difference is that the brotherhood in the hereafter will enjoy the spirit of gladness and happiness forever in the presence of Allah. It will be the heaven of the righteous forever. **2.** Life after death. **3.** Afterlife, life after death, next world, the beyond.

herself *n.* **1.** The reflexive form of *she* or *her.* **2.** Her normal or usual self: *She looks herself again after the operation.* **3.** The wife or woman of the house: *Is herself at home?*

high *adj.* **1.** Being a relatively great distance from top to bottom; tall: *a high building.* **2.** Situated at or extending to a relatively great distance above the ground or above sea level: *a high plateau.* **3a.** Being a specified distance from top to bottom: *three feet high.* **b.** A seven-foot-high wall. **4.** Extending from an elevation: *a high dive.* **5.** Coming up to a specified level: *knee-high.* **6.** Being at its peak or point of culmination: *high noon.* **7.** Of greater than average height: *a high collar.* **8.** Greater than normal in degree, intensity, or amount: *high prices; a high temperature; a high wind.* **9.** Of large or relatively large numerical value: *high frequency; high voltage; high mileage.* **10.** Acute in pitch: *having a high frequency.* **11.** Situated relatively far north or south from the equator. **12.** Slightly decomposed or tainted, regarded as enhancing the flavour of game. **13.** Of great eminence; very important: *the high priestess.* **14.** Exalted in style or character; elevated: *high drama.* **15.** Expressing or feeling contempt or arrogance: *high words.* **16.** Elated; cheerful: *high spirits.* **17.** Overexcited by the end of term: *The children are really high.* **18.** Being in a state of altered consciousness, characterized esp. by euphoria and often induced by the use of alcohol, narcotics, etc. **19.** Luxurious or extravagant: *high life.* **20.** Advanced in complexity or development: *high finance.* **21.** Providing a relatively great forward speed for a given engine speed. Compare: low. **22.** Of, relating to, or denoting a vowel whose articulation is produced by raising the back of the tongue towards the soft palate or the blade towards the hard palate, such as for the *ee* in English *see* or *oo* in English. **23.** Formal and elaborate in style: *High Mass.* **24.** Of or relating to the High Church. **25.** Remote, esp. in time. **26a.** Having a relatively great value in a suit. **b.** Able to win a trick. **27.** *High and dry* Stranded; helpless; destitute. **28.** *High and low* In all places; everywhere. **29.** *High and mighty* Arrogant. **30.** *High as a kite* **a.** Very drunk. **b.** Overexcited. **c.** Euphoric from drugs. **31.** *High opinion* A favourable opinion. *adv.* **1.** At or to a height: *He jumped high.* **2.** In a high manner. **3.** Close to the wind with sails full. *n.* **1.** A high place or level. **2.** A state of altered consciousness, often induced by alcohol, narcotics, etc. **3.** Another word for anticyclone. **4.** Short for high school. **5.** The High Street. **6.** The voltage level in a logic circuit corresponding to logical one. **7.** *On high* **a.** At a height. **b.** In heaven.

higher *adj.* **1.** The comparative of high. *n.* **1a.** The advanced level of. **b.** Higher Latin. **2.** A pass in a particular subject.

hillside *n.* **1.** A conspicuous and often rounded natural elevation of the earth's surface, less high or craggy than a mountain. **2a.** A heap or mound made by a person or animal. **b.** A dunghill. **3.** An incline; slope. **4.** *Over the hill.* **a.** Beyond one's prime. **b.** Absent without leave or deserting. **5.** *Up hill and down dale* Strenuously and persistently. *v.* **1.** To form into a hill or mound. **2.** To cover or surround with a mound or heap of earth.

himself *pron.* **1.** The reflexive form of he or him.

his *pron.* **1.** Of, belonging to, or associated with him.

history *n.* **1.** A record or account, often chronological in approach, of past events, developments, etc. **2.** All that is preserved or remembered of the past, esp. in written form. **3.** The discipline of recording and interpreting past events involving human beings. **4.** Past events, esp. when considered as an aggregate. **5.** An event in the past, esp. one that has been forgotten or reduced in importance: *Their quarrel was just history.* **6.** The past, background, previous experiences, etc., of a thing or person: *The house had a strange history.* **7.** A play that depicts or is based on historical events. **8.** A narrative relating the events of a person's life: *the history of Jesus.*

holder *n.* **1.** A person or thing that holds. **2a.** A person, such as an owner, who has possession or control of something. **b.** Householder. **3.** A person who has possession of a bill of exchange, cheque, or promissory note that he is legally entitled to enforce: *holdership.*

hole *n.* **1.** An area hollowed out in a solid. **2.** An opening made in or through something. **3.** An animal's hiding place or burrow. **4.** An unattractive place, such as a town or a dwelling. **5.** A cell or dungeon. **6.** A small anchorage. **7.** A fault. **8.** A difficult and embarrassing situation. **9.** The cavity in various games into which the ball must be thrust. **10a.** The cup on each of the greens. **b.** Each of the divisions of a course represented by the distance between the tee and a green. **c.** The score made in striking the ball from the tee into the hole. **11a.** A vacancy in a nearly full band of quantum states of electrons in a semiconductor or an insulator. Under the action of an electric field holes behave as carriers of positive charge. **b.** Hole current. **c.** A vacancy in the nearly full continuum of quantum states of negative energy of fermions. A hole appears as the antiparticle of the fermion. **12.** *Hole in the wall* A small dingy place, esp. one difficult to find. **13.** *In holes* So worn as to be full of holes: *His socks were in holes.* **14.** *In the hole* **a.** In debt. **b.** Dealt face down in the first round. **15** *Make a hole in* To consume or use a great amount of: *to make a hole in a bottle of brandy.* *v.* **1.** To make a hole or holes in. **2.** To hit into the hole.

holy *adj.* **holier, holiest 1.** Of, relating to, or associated with God or a deity; sacred. **2.** Endowed or invested with extreme purity or sublimity. **3.** Devout, godly, or virtuous. *n.* **1a.** Sacred place. **b.** The holy persons or things invested with holiness.

home *n.* **1.** The place or a place where one lives. **2.** A house or other dwelling. **3.** A family or other group living in a house or other place. **4.** A person's country, city, etc., esp. viewed as a birthplace, a residence during one's early years, or a place dear to one. **5.** The environment or habitat of a person or animal. **6.** The place where something is invented, founded, or developed. **7.** A building or organization set up to care for orphans, the aged, etc. **8.** One's own ground. **9a.** The objective towards which a player strives in certain sports. **b.** An area where a player is safe from attack. **10a.** One of two positions of play nearest the opponents' goal. **b.** A player assigned to such a position inside home. **11.** Another name for *home plate*. **12.** *A home from home* A place other than one's own home where one can be at ease. **13.** *At home* **a.** In one's own home or country. **b.** At ease, as if at one's own home. **14.** *At home in, on, or with* Familiar or conversant with. **15.** *Home and dry* Definitely safe or successful; equivalent: *home and hosed.* **16.** *Near home* Concerning one deeply. *adj.* **1.** Of, relating to, or involving one's home, country, etc.; domestic. **2.** Done in one's house.

honor *n.* **1.** Personal integrity; allegiance to moral principles. **2a.** Fame or glory. **b.** A person or thing that wins this for another. **3.** Great respect, regard, esteem, etc., or an outward sign of this. **4.** High or noble rank. **5.** A privilege or pleasure. **6.** A woman's virtue or chastity. **7a.** Any of the top five cards in a suit or any of the four aces at no trumps. **b.** Any of the top four cards. **8.** The right to tee off first. **9. Do honour to. a.** To pay homage to. **b.** To be a credit to. **10. *Do the honours* a.** To serve as host or hostess. **b.** To perform a social act, such as carving meat, proposing a toast, etc. **11. *Honour bright*** An exclamation pledging honour. **12. *In honour bound*** Under a moral obligation. **13. *In honour of*** Out of respect for. **14. *On upon one's honour*** On the pledge of one's word or good name. *v.* **1.** To hold in respect or esteem. **2.** To show courteous behaviour towards. **3.** To worship. **4.** To confer a distinction upon. **5.** To accept and then pay when due. **6.** To keep; fulfill. **7.** To bow or curtsy to.

hope *n.* **1.** A feeling of desire for something and confidence in the possibility of its fulfillment. **2.** A reasonable ground for this feeling: *There is still hope.* **3.** A person or thing that gives cause for hope. **4.** A thing, situation, or event that is desired: *My hope is that prices will fall.* **5. *Not a hope or some hope*** Used ironically to express little confidence that expectations will be fulfilled. *v.* **1.** To desire with some possibility of fulfilment: *We hope you can come.* **2.** To have a wish. **3.** To trust, expect, or believe: *We hope that this is satisfactory.*

horse *n.* **1.** A domesticated perissodactyl mammal, Equus caballus, used for draught work and riding: family Equidae. **2.** The adult male of this species; stallion. **3. *Wild horse* a.** A horse that has become feral. **b.** Another name for Przewalski's horse. **4.** Any other member of the family Equidae, such as the zebra or ass. **5.** Horsemen, esp. cavalry a regiment of horse. **6.** A padded apparatus on legs, used for vaulting, etc. Also called: *buck.* **7.** A narrow board supported by a pair of legs at each end, used as a frame for sawing or as a trestle, barrier, etc. **8.** A contrivance on which a person may ride and exercise. **9.** A mass of rock within a vein of ore. **10.** A rod, rope, or cable, fixed at the ends, along which something may slide by means of a thimble, shackle, or other fitting; traveler. **11.** An informal name for knight. **12.** Short for *horsepower.* **13.** Drawn by a horse or horses: *a horse cart.* **14. *Be on one's high horse*** To be disdainfully aloof. **15. *Hold one's horses*** To hold back; restrain oneself. **16. *A horse of another or a different colour*** A completely different topic, argument, etc. **17. *Horses for courses*** A policy, course of action, etc. modified slightly to take account of specific circumstances without departing in essentials from the original. **20. *The horse's mouth*** The most reliable source. **21. *To horse!*** An order to mount horses. *v.* **1.** To provide with a horse or horses. **2.** To put or be put on horseback. **3.** To move into position by sheer physical strength.

hot *adj.* **hotter, hottest 1.** Having a relatively high temperature. **2.** Having a temperature higher than desirable. **3.** Causing or having a sensation of bodily heat. **4.** Causing a burning sensation on the tongue: *hot mustard; a hot curry.* **5.** Expressing or feeling intense emotion, such as embarrassment, anger, or lust. **6.** Intense or vehement: *a hot argument.* **7.** Recent; fresh; new: *a hot trial; hot off the press.* **8.** Thrown or struck hard, and so difficult to respond to. **9.** Much favoured or approved: *a hot tip; a hot favourite.* **10.** Having a dangerously high level of radioactivity: *a hot laboratory.* **11.** Stolen, smuggled, or otherwise illegally obtained. **12.** Being sought by the police. **13.** Intense; striking: *hot pink.* **14.** Close or following closely: *hot on the scent.* **15.** At a dangerously high electric potential: *a hot terminal.* **16.** Having an energy level higher than that of the ground state: *a hot atom.* **17.** Impressive or good of its kind. **18.** Arousing great excitement or enthusiasm by inspired improvisation, strong rhythms, etc. **19.** Dangerous or unpleasant. **20.** Very near the answer or object to be found. **21.** At a sufficiently high temperature for metal to be in a soft workable state. **22.** Excessive.

23. *Give it hot* To punish or thrash. **24.** *Hot on* **a.** Very severe: *The police are hot on drunk drivers.* **b.** Particularly skilled at or knowledgeable about: *He's hot on vintage cars.* **25.** *Hot under the collar* Aroused with anger, annoyance, etc. **26.** *In hot water* In trouble, esp. with those in authority. *adv.* **1.** In a hot manner.

hour *n.* **1.** A period of time equal to 3600 seconds; 1/24th of a calendar day. **2.** Any of the points on the face of a timepiece that indicate intervals of 60 minutes. **3.** *The hour* An exact number of complete hours: *The bus leaves on the hour.* **4.** The time of day as indicated by a watch, clock, etc. **5.** The period of time allowed for or used for something: *the lunch hour, the hour of prayer.* **6.** A special moment or period: *our finest hour.* **7.** *The hour* The present time: *the man of the hour.* **8.** The distance covered in an hour: *We live an hour from the city.* **9.** An angular measurement of right ascension equal to 15° or a 24th part of the celestial equator. **10.** *One's hour* **a.** A time of success, fame, etc. **b.** The time of one's death: *His hour had come.* **11.** *Take one's hour* To do something in a leisurely manner.

houses *n.* **1a.** A building used as a home; dwelling. **b.** House dog. **2.** The people present in a house, esp. its usual occupants. **3.** A building used for some specific purpo: *schoolhouse.* **4.** A family line including ancestors and relatives, esp. a noble one: *The House of York.* **5a.** A commercial company; firm: *a publishing house.* **b.** *House style* A house journal. **6.** An official deliberative or legislative body, such as one chamber of a bicameral legislature. **7.** A quorum in such a body. **8.** A dwelling for a religious community. **9.** Any of the 12 divisions of the zodiac. **10a.** Any of several divisions, esp. residential, of a large school. **b.** House spirit. **11a.** A hotel, restaurant, bar, inn, club, etc., or the management of such an establishment. **b.** House rules. **c.** Steakhouse. **12.** Sold unnamed by a restaurant, at a lower price than wines specified on the wine list: *the house red.* **13.** The audience in a theatre or cinema. **14.** An informal word for brothel. **15.** A hall in which an official deliberative or legislative body meets. **16.** Full house. **17.** The 12-foot target circle around the tee. **18.** Any structure or shelter on the weather deck of a vessel. **19.** *Bring the house down* To win great applause. **20.** *House and home* An emphatic form of home. **21.** *Keep open house* To be always ready to provide hospitality. **22.** *Like a house on fire* Very well, quickly, or intensely. **23.** *On the house* Paid for by the management of the hotel, bar, etc. **24.** *Put one's house in order* To settle or organize one's affairs. **25.** *Safe as houses* Very secure. *v.* **1.** To provide with or serve as accommodation. **2.** To give or receive shelter or lodging. **3.** To contain or cover, esp. in order to protect. **4.** To fit into a mortise, joint, etc. **5a.** To secure or stow. **b.** To secure. **c.** To secure and stow.

household *n.* **1.** The people living together in one house collectively. **2.** Of, relating to, or used in the running of a household; domestic: *household management.* *adj.* **1.** Domestic, family house.

house *n.* **1.** The House of Commons. **2.** The Stock Exchange. **3.** *(House music)* A type of disco music of the late 1980s, based on funk, with fragments of other recordings edited in electronically.

how *adv.* **1.** In what way? In what manner? By what means? How did it happen? Also used in indirect questions. *n.* **1.** The way a thing is done: *the how of it.* *sentence substitute* **1.** A greeting supposed to be or have been used by American Indians and often used humorously.

hundred *n.* **1.** The cardinal number that is the product of ten and ten; five score num. **2.** A numeral, 100, C, etc., representing this number. **3.** A large but unspecified number, amount, or quantity: *There will be hundreds of people there.* **4.** *The hundreds* **a.** The numbers 100 to 109: *The* temperature was in the hundreds. **b.** The numbers 100 to 199: *His score went into the hundreds.* **c.** The numbers 100 to 999: *The price was in the hundreds.* **5.** The 100 years of a specified century: *in the sixteen hundreds.* **6.** Something representing, represented by, or consisting of 100 units. **7.** The position containing a digit representing that number followed by two zeros: in *4376*, *3* is in the hundred's place. **8.** An ancient division of a county in England, Ireland, and parts of the U.S. *deter.* **1.** Amounting to or approximately a hundred: *a hundred reasons for that; The hundred I chose.* **10.** Amounting to 100 times a particular scientific quantity; a hundred volts. Related prefix **hecto-**.

human *adj*: **1.** Of, characterizing, or relating to man and mankind: *human nature.* **2.** Consisting of people: *the human race; a human chain.* **3.** Having the attributes of man as opposed to animals, divine beings, or machines: *human failings.* **4a.** Kind or considerate. **b.** Natural *n.* **1.** A human being; person. Related prefix *anthropo-.* --**human** *adj.*, --**humanness** *n.*

hunted *adj.* Harassed and worn: *He has a hunted look.*

hundredth *adj.* **1.** Being the ordinal number of 100 in numbering or counting order, position, time, etc.: *the hundredth in line.* *n.* **1.** One of 100 approximately equal parts of something: *a hundredth part.* **2.** One of 100 equal divisions of a particular scientific quantity centimeter. Related prefix **centi-**. **3.** The fraction equal to one divided by 100 (1/100).

hunger *n.* **1.** A feeling of pain, emptiness, or weakness induced by lack of food. **2.** An appetite, desire, need, or craving: *hunger for a knowledge.* *v.* **1.** To have or cause to have a need or craving for food. **2.** To have a great appetite or desire.

hurry *v.* **1.** To hasten; rush. **2.** To speed up the completion, progress, etc., of. *n.* **1.** Haste. **2.** Urgency or eagerness. **3.** In a hurry **a.** Easily: *You won't beat him in a hurry.* **b.** Willingly: *We won't go there again in a hurry.*

husband *n.* **1.** A woman's partner in marriage. **2a.** A manager of an estate. **b.** A frugal person. *v.* **3.** To manage or use thriftily. **4a.** To find a husband for. **b.** To marry. **5.** To till. --**husbander** *n.*

hypocrite *n.* A person who pretends to be what he is not. --**hypocritically** *adj.*

I

n. **1.** The ninth letter and third vowel of the modern English alphabet. **2.** Any of several speech sounds represented by this letter, in English as in *bite* or *hit*. **3.** Something shaped like an I. **4.** *Dot the i's and cross the t's* To pay meticulous attention to detail. **i** *symbol* for the imaginary number $\sqrt{-1}$.

ice *n.* **1.** Water in the solid state, formed by freezing liquid water. *adj.* **1.** Glacial. **2.** A portion of ice cream. **3.** A diamond or diamonds. **4.** The field of play in ice hockey. **5.** A concentrated and highly potent form of methamphetamine with dangerous side effects. **6.** *Break the ice* **a.** To relieve shyness, etc., esp. between strangers. **b.** To be the first of a group to do something. **7.** *Cut no ice* To fail to make an impression. **8.** *On ice* In abeyance; pending. **9** *On thin ice* Unsafe or unsafely; vulnerable or vulnerably. *v.* **1.** To form or cause to form ice; freeze. **2.** To mix with ice or chill. **3.** To cover with icing. **4.** To kill.

idea *n.* **1.** Any content of the mind, esp. the conscious mind. **2.** The thought of something: *The very idea appals me.* **3.** A mental representation of something: *She's got a good idea of the layout of the factory.* **4.** The characterization of something in general terms; concept: *The idea of a square circle is self-contradictory.* **5.** An individual's conception of something: *His idea of honesty is not the same as yours and mine.* **6.** The belief that something is the case: *He has the idea that what he's doing* *is right.* **7.** A scheme, intention, plan, etc.: *Here's my idea for the sales campaign.* **8.** A vague notion or indication; inkling: *He had no idea of what life would be like in Africa.* **9.** Significance or purpose: *The idea of the game is to discover the murderer.* **10a.** A private mental object, regarded as the immediate object of thought or perception **b.** A Platonic Idea or Form. **11.** A thematic phrase or figure; motif. **12.** A mental image. **13.** Get ideas; to become ambitious, restless, etc. **14.** Not one's idea of; not what one regards as.

if *conj.* **1.** In case that, or on condition. **2.** Used to introduce an indirect question. In this sense, if approaches the meaning of whether. **3.** Even though: *an attractive if awkward girl.* **4a.** Used to introduce expressions of desire, with only: *If I had only known.* **b.** Used to introduce exclamations of surprise, dismay, etc. **5.** As if, as it would be if; as though: *He treats me as if I were junior to him.* *n.* **1.** An uncertainty or doubt: *The big if is whether our plan will work at all.* **2.** A condition or stipulation: *I won't have any ifs or buts.*

ignorant *adj.* **1.** Lacking in knowledge or education; unenlightened. **2.** Lacking in awareness or knowledge: *ignorant of the law.* **3.** Resulting from or showing lack of knowledge or awareness: *an ignorant remark.* --**ignorantly** *adv.*

illiterate *adj* **1.** Unable to read and write. **2.** Violating accepted standards in reading and writing: *an illiterate scrawl.* **3.** Uneducated, ignorant, or uncultured scientifically. *n.* **1.** An illiterate person. --**illiteracy** or **illiterateness** *n.*

immediately *adv.* **1.** Without delay or intervention; at once; instantly: *It happened immediately.* **2.** Very closely or directly: *This immediately concerns you.* **3.** Near or close by: *He's somewhere immediately in this area.* *conj.* **1.** At the same time as; as soon as.

immediate *adj.* **1.** Taking place or accomplished without delay: *an immediate reaction.* **2.** Closest or most direct in effect or relationship: *the immediate cause of his downfall.* **3.** Having no intervening medium; direct in effect: *an immediate influence.* **4.** Contiguous in space, time, or relationship: *our immediate neighbor.* **5.** Present; current: *The immediate problem is food.* **6.** Of or relating to an object or concept that is directly known or intuited. **7.** Deriving its conclusion from a single premise, esp. by conversion or obversion of a categorial statement.

importance *n.* **1.** The state of being important; significance. **2.** Social status; standing; esteem. **3a.** Meaning or signification. **b.** An important matter. **c.** Importunity.

impossible *adj.* **1.** Incapable of being done, undertaken, or experienced. **2.** Incapable of occurring or happening. **3.** Absurd or inconceivable; unreasonable: *It's impossible to think of him as a bishop.* **4.** Intolerable; outrageous: *Those children are impossible.* --**impossibleness** *n.*, **impossibly** *adv.*

imprison *v.* To confine in or as if in prison. --**imprisoner** *n.*, --**imprisonment** *n.*

in *prep.* **1.** Inside; within. **2.** At a place where there is. **3.** Indicating a state, situation, or condition. **4.** Before or when time has elapsed. **5.** Using as a means of communication. **6.** Concerned or involved with, esp. as an occupation: *in journalism.* **7.** While or by performing the action of; as a consequence of or by means of: *In crossing the street he was run over.* **8.** Used to indicate goal or purpose: *in honour of the president.* **9.** About to give birth to; pregnant with: *in foal; in calf.*

inch *n.* **1.** A unit of length equal to one twelfth of a foot or 0.0254 metre. **2a.** An amount of precipitation that would cover a surface with water one inch; deep: *Five inches of rain fell in January.* **b.** A unit of pressure equal to a mercury column one inch high in a barometer. **3.** A very small distance, degree, or amount. **4.** Every inch;

in every way; completely: *He was every inch an aristocrat.* **5. *Inch by inch*** Gradually; little by little. **6. *Within an inch of*** Very close to. *v.* **1.** To move or be moved very slowly or in very small steps: *The car inched forward.* **2.** To defeat by a very small margin.

include *v.* **1.** To have as contents or part of the contents; be made up of or contain. **2.** To add as part of something else; put in as part of a set, group, or category. **3.** To contain as a secondary or minor ingredient or element. --**includable** *adj.*, --**includible** *adj.*

increase *v.* **1.** To make or become greater in size, degree, frequency, etc.; grow or expand. *n.* **1.** The act of increasing; augmentation. **2.** The amount by which something increases. **3.** On the increase, increasing, esp. becoming more frequent.

India *n.*: **1.** A republic in S. Asia: history dates from the Indus Valley civilization; came under British supremacy in 1763 and passed to the British Crown in 1858; nationalist movement arose under Gandhi; Indian subcontinent divided into Pakistan and India in 1947; became a republic within the Commonwealth in 1950. It consists chiefly of the Himalayas, rising over 7,500 m. in the extreme north, the Ganges plain in the north, the Thar Desert in the northwest, the Chota Nagpur plateau in the northeast, and the Deccan Plateau in the south. Official and administrative languages: Hindi and English; each state has its own language. Religion: Hindu majority, Muslim minority. Currency: rupee. Capital: New Delhi. Pop.: 984, 004, 000. Area: 3, 268, 100 sq. km Hindi name: Bharat.

Indian *n.* **1.** A native, citizen, or inhabitant of the Republic of India. **2.** An American Indian. **3.** Any of the languages of the American Indians. *adj.* **1.** Of, relating to, or characteristic of India, its inhabitants, or any of their languages. **2.** Of, relating to, or characteristic of the American Indians or any of their languages.

Indian Ocean *n.* **1.** An ocean south of India that extends from the eastern coast of Africa to the East Indies and Australia that covers 29,430,000 square miles.

inhabit *v.* **1.** To live or dwell in; occupy. **2.** To abide or dwell. --**inhabitable** *adj.*, **inhabitability** *n.*

inside *n.* **1.** The interior; inner or enclosed part or surface. **2.** The side of a path away from the road or adjacent to a wall. **3.** The internal organs of the body, esp. the stomach and bowels. **4. *Inside of*** In a period of time less than; within. **5. *Inside out*** With the inside facing outwards. **6. *Know inside out*** To know thoroughly or perfectly. *prep.* **1.** In or to the interior of; within or to within: *on the inside of.* *adj.* **1.** On or of an interior: *on the inside; an inside door.* **2.** Arranged or provided by someone within an organization or building, esp. illicitly: *The raid was an inside job.; inside information.* *adv.* **1.** Within or to within a thing or place; indoors. **2.** By nature; fundamentally: *Inside, he's a good man.* **3.** In or into prison.

instead *adv.* **1.** As a replacement, substitute, or alternative. **2.** Instead of *in place of* or *as an alternative to.*

instruction *n.* **1.** A direction; order. **2.** The process or act of imparting knowledge; teaching; education. **3.** A part of a program consisting of a coded command to the computer to perform a specified function. --**instructional** *adj.*

instructions *n.* **1.** Directions, orders, or recommended rules for guidance, use, etc. **2.** The facts and details relating to a case given by a client to his solicitor or by a solicitor to a barrister with directions to conduct the case: *to take instructions.*

insufficient *adj.* **1.** Not sufficient. *adv.* **1.** Inadequate or deficient.

insurance *n.* **1a.** The act, system, or business of providing financial protection for property, life, health, etc., against specified contingencies, such as death, loss, or damage, and involving payment of regular premiums in return for a policy guaranteeing such protection. **b.** The state of having such protection. **c.** The policy providing such protection. Also called: *insurance policy.* **d.** The pecuniary amount of such protection. **e.** The premium payable in return for such protection. **2.** A means of protecting or safeguarding against risk or injury.

interest *n.* **1.** The sense of curiosity about or concern with something or someone; an interest in butterflies. **2.** The power of stimulating such a sense to have great interest. **3.** The quality of such stimulation. **4.** Something in which one is interested; a hobby or pursuit. **5.** Benefit; advantage: *in one's own interest.* **6a.** A right, share, or claim, esp. in a business or property. **b.** The business, property, etc., in which a person has such concern. **7a.** A charge for the use of credit or borrowed money. **b.** Such a charge expressed as a percentage per time unit of the sum borrowed or used. **8.** A section of a community, etc., whose members have common aims: *We must not offend the landed interest.* **9. Declare an interest** To make known one's connection, esp. a prejudicial connection, with an affair. *v.* **1.** To arouse or excite the curiosity or concern of. **2.** To cause to become involved in something; concern.

internal *adj.* **1.** Of, situated on, or suitable for the inside; inner. **2.** Coming or acting from within; interior. **3.** Involving the spiritual or mental life; subjective. **4.** Of or involving a nation's domestic as opposed to foreign affairs. **5.** Denoting assessment by examiners who are employed at the candidate's place of study. **6.** Situated within, affecting, or relating to the inside of the body. *n.* **1.** A medical examination of the vagina or uterus.

interpretation *n.* **1.** The act or process of interpreting or explaining; elucidation. **2.** The result of interpreting; an explanation. **3.** A particular view of an artistic work, esp. as expressed by stylistic individuality in its performance. **4.** Explanation, as of the environment, a historical site, etc., provided by the use of original objects, personal experience, visual display material, etc. **5.** An allocation of significance to the terms of a purely formal system, by specifying ranges for the variables, denotations for the individual constants, etc.; a function from the formal language to such elements of a possible world. --**interpretational** *adj.*

into *prep.* **1.** To the interior or inner parts of: *to look into a case.* **2.** To the middle or midst of so as to be surrounded by: *into the water; into the bushes.* **3.** Against; up against: *He drove into a wall.* **4.** Used to indicate the result of a transformation or change: *The caterpillar changed into a butterfly.* **5.** Used to indicate a dividend three into six is two. **6.** Interested or enthusiastically involved in: *I'm really into Freud these days.*

investigate *v.* To inquire into thoroughly; examine systematically, esp. in order to discover the truth. --**investigable**, --**investigative**, or --**investigatory** *adj.*

invisible *adj.* **1.** Not visible; not able to be perceived by the eye: *invisible rays.* **2.** Concealed from sight; hidden. **3.** Not easily seen or noticed: *invisible mending.* **4.** Kept hidden from public view; secret; clandestine. **5.** Of or relating to services rather than goods in relation to the invisible balance: *invisible earnings.* *n.* **1.** An invisible item of trade; service. --**invisibility** or **invisibleness** *n.* --**invisibly** *adv.*

is *v.* **1.** A form of the present tense of *be.* *n.* or *adj.* **1.** Complement or complementing phrase: In this case *be* expresses the relationship of either essential or incidental equivalence or identity or specifies an essential or incidental attribute. It is also used with an adverbial complement to indicate a relationship of location in space or time. **2.** Forms the progressive present tense: *The man is running.* **3.** Forms the passive voice of all transitive verbs and certain intransitive ones: *A good film is being shown on television tonight.; I am done.* **3.** Expresses intention, expectation, supposition, or obligation: *The president is to arrive at 9:30.; You are not to leave before I say so.* **4.** Forms the perfect or past perfect tense of certain intransitive verbs of motion, such as *go* or *come*: *The last train is gone.*

Islam *n.* The true nature of Allah (God) that He shares with the Original Man, which is the peace through total submission to Allah's will. Although Islam has been offered to man in the form of religion, it is actually the perfect mathematical nature of Allah that He intends for humanity to re-attain through practice and submission.

island *n.* **1.** A mass of land that is surrounded by water and is smaller than a continent. **2.** Traffic island. **3.** A part, structure, or group of cells distinct in constitution from its immediate surroundings. *adj.* **1.** Insular. *v.* **1.** To cause to become an island. **2.** To intersperse with islands. **3.** To place on an island; insulate; isolate.

isn't *v. contr.* of *is not.*

it *pron.* **1.** Refers to a nonhuman, animal, plant, or inanimate thing, or sometimes to a small baby: *It looks dangerous; give it a bone.* **2.** Refers to an unspecified or implied antecedent or to a previous or understood clause, phrase. **3.** Used to represent human life or experience either in totality or in respect of the present situation: *How's it going?* **4.** Used as a formal subject, referring to a following clause, phrase, or word: *It helps to know the truth; I consider it dangerous to go on.* **5.** Used in the nominative as the formal grammatical subject of impersonal verbs. When it functions absolutely in such sentences, not referring to any previous or following clause or phrase, the context is nearly always a description of the environment or of some physical sensation: *It is raining. It hurts.* **6.** The crucial or ultimate point: *The steering failed and I thought that was it.* *n.* **1.** The player whose turn it is to try to touch another. **8.** A desirable quality or ability: *He's really got it.*

IT *abbrev.* for information technology.

Italy *n.* A republic in S. Europe, occupying a peninsula in the Mediterranean between the Tyrrhenian and the Adriatic Seas, with the islands of Sardinia and Sicily to the west: first united under the Romans but became fragmented into numerous political units in the Middle Ages; united kingdom proclaimed in 1861; under the dictatorship of Mussolini; became a republic in 1946; a member of the European Union. It is generally mountainous, with the Alps in the north and the Apennines running the length of the peninsula. Official language: Italian. Religion: Roman Catholic majority. Currency: lira. Capital: Rome. Pop.: 57 500 000. Area: 301. 247 sq. km. Italian name: Italia.

its *pron.* Of, belonging to, or associated in some way with it: *its left rear wheel.*

J

n. The tenth letter of the alphabet. denoting the next after I (or H if I is omitted) in a set of items, categories, etc.

Jebus *n.* The original man, who was called Jebus; also, Salem and Ariel, who first built Jerusalem. Jebus is mentioned in the Bible scriptures of *Judges 19:10-11* and *1 Chronicles 11:4-5.*

Jerusalem *n.* **1.** The holy city of the Jews, sacred also to Christians and Muslims, that lies in the Judaean hills about 20 miles (32 km) from the Jordan River. Jerusalem is in Palestine (Asia Minor) and is a name given by the Jews, which means founded in peace, and it was first built by the original man, who was called Jebus; also, Salem and Ariel: became capital of the Hebrew kingdom after its capture by David around 1000 B.C.; destroyed by Nebuchadnezzar of Babylon in 586 B.C.; taken by the Romans in 63 B.C.; devastated in 70 A.D. and 135 A.D. during the Jewish rebellions against Rome; fell to the Arabs in 637 and to the Seljuk Turks in 1071; ruled by Crusaders from 1099 to 1187 and by the Egyptians and Turks until conquered by the British; centre of the British mandate of Palestine from 1920 to 1948, when the Arabs took the old city and the Jews held the new city; unified after the Six Day War under the Israelis; the holy city of Jews, Christians, and Muslims. Pop.: 591 400 2 a the New Jerusalem Heaven b any ideal city.

Jesus *n*. 1. One of our righteous brothers, who was a prophet who taught Freedom, Justice and Equality. His followers considered him to be the Christ or Messiah and the Son of God, and belief in his resurrection from the dead is a central tenet in some faith traditions; born in Bethlehem and brought up in Nazareth as a Jew. He is believed by Christians to be the Son of God and to have been miraculously conceived by the Virgin Mary, wife of Joseph. With 12 disciples, he undertook two missionary journeys through Galilee, performing miracles, teaching, and proclaiming the coming of the Kingdom of God. His revolutionary Sermon on the Mount, which preaches love, humility, and charity, the essence of his teaching, aroused the hostility of the Pharisees. After the Last Supper with his disciples, he was betrayed by Judas and crucified. He is believed by Christians to have risen from his tomb after three days, appeared to his disciples several times, and ascended to Heaven after 40 days Also called: Jesus Christ, Jesus of Nazareth. 2. Son of Sirach. 3rd century B.C., author of the Apocryphal book of Ecclesiasticus also Jesus wept interjection.

3. Used to express intense surprise, dismay, etc.

Jew *n*. 1. A member of the Semitic people who are notionally descended from the ancient Israelites, are spread throughout the world, and who trace their origins through the ancient Hebrew people of Israel to Abraham. 2. A person whose religion is Judaism. See also: Hebrew, Israeli, Israelite.

job (1) *n*. 1. An individual piece of work or task. 2. An occupation; post of employment. 3. An object worked on or a result produced from working. 4. A duty or responsibility. 5. A difficult task or problem. 6. A state of affairs. 7. A damaging piece of work. 8. A crime, esp. a robbery or burglary. 9. An article or specimen. 10. An instance of jobbery. 11. A unit of work for a computer consisting of a single complete task submitted by a user. 12. *Jobs for the boys* Appointments given to or created for allies or favourites. 13. *On the job* Actively engaged in one's employment. 14. *Just the job* Exactly what was required. *v.* **jobs, jobbing, jobbed 1.** To work by the piece or at casual jobs. **2.** To make a private profit out of. **3a.** To buy and sell as a middleman: *He jobs in government surplus.* **b.** To buy and sell stocks and shares as a stockjobber: *He jobs in blue chips.* **18.** To apportion among several contractors, workers, etc.

Job (2) *n*. **1a.** A Jewish patriarch, who maintained his faith in God in spite of the afflictions sent by God to test him. **b.** The book containing Job's pleas to God under these afflictions, attempted explanations of them by his friends, and God's reply to him. **2.** Any person who withstands great suffering without despairing.

joint *n*. 1. A junction of two or more parts or objects. 2. The part or space between two such junctions. 3. The junction between two or more bones, usually formed of connective tissue and cartilage. 4. The point of connection between movable parts in invertebrates, esp. insects and other arthropods. *adj.* **1.** *(Articular)* The part of a plant stem from which a branch or leaf grows. **2.** One of the parts into which a carcass of meat is cut by the butcher, esp. for roasting. **3.** A crack in a rock along which no displacement has occurred. **8a.** A disreputable establishment, such as a bar or nightclub. **b.** A dwelling or meeting place. **9.** A cannabis cigarette. **10.** ***Out of joint*** **a.** Dislocated. **b.** Out of order or disorganized. **11.** Shared by or belonging to two or more joint property. **12.** Created by combined effort. **13.** Sharing with others or with one another: *joint rulers.* **14.** Combined in ownership or obligation; regarded as a single entity in law. *v.* **1.** To provide with or fasten by a joint or joints. **2.** To plane the edge of into the correct shape for a joint. **3.** To cut or divide into joints or at a joint. --**jointly** *adv.*

judge *n.* **1.** A public official with authority to hear cases in a court of law and pronounce judgment upon them; also *magistrate, justice.* **2.** A person who is appointed to determine the result of contests or competitions. **3.** A person qualified to comment critically: *a good judge of antiques.* **4.** A leader of the peoples of Israel from Joshua's death to the accession of Saul. *v.* **1.** To hear and decide upon. **2.** To pass judgment on; sentence. **3.** To decide or deem after inquiry or deliberation. **4.** To determine the result of. **5.** To appraise critically. **6.** To believe to be the case; suspect. --**judicial** *adj.*

jungle *n.* **1.** An equatorial forest area with luxuriant vegetation, often almost impenetrable. **2.** Any dense or tangled thicket or growth. **3.** A place of intense competition or ruthless struggle for survival: *the concrete jungle.* --**jungly** *adj.*

Jupiter (1) *n.* The king and ruler of the Olympian gods Greek counterpart: Zeus.
Jupiter (2) *n.* One of the largest and brightest planets in our solar system. Jupiter is four hundred eighty-three million miles from the Sun. She takes eleven years and nine months to make a complete circle around the Sun.

Jupiterian *adj.* Of or related to the planet Jupiter.

just *adj.* **1.** Fair or impartial in action or judgment. **2.** Conforming to high moral standards; honest. **3.** Consistent with justice: *a just action.* **4.** Rightly applied or given; deserved: *a just reward.* **5.** Legally valid; lawful: *a just inheritance.* **6.** Well-founded; reasonable: *just criticism.* **7.** Correct, accurate, or true: *a just account.* *adv.* **1.** Used with forms of have to indicate an action performed in the very recent past: *I have just closed the door.* **2.** At this very instant: *He's just coming in to land.* **3.** No more than; merely; only: *just an ordinary car.* **4.** Exactly; precisely: *That's just what I mean.* **5.** By a small margin; barely: *He just got there in time.* **6.** It's just wonderful to see you. **7.** Indeed: *With a vengeance isn't it just.* **8.** ***Just about*** **a.** At the point of starting. **b.** Very nearly; almost: *I've just about had enough.* **9.** ***Just a moment, second, or minute*** An expression requesting the hearer to wait or pause for a brief period of time. **10.** ***Just now*** **a.** A very short time ago. **b.** At this moment. **c.** In a little while. **11.** ***Just on having reached exactly:*** *It's just on five o'clock.* **12.** ***Just so*** **a.** An expression of complete agreement or of unwillingness to dissent. **b.** Arranged with precision.

justice *n.* **1.** The quality or fact of being just. **2a.** The principle of fairness that like cases should be treated alike. **b.** A particular distribution of benefits and burdens fairly in accordance with a particular conception of what are to count as like cases. **c.** The principle that punishment should be proportionate to the offense. **3.** The administration of law according to prescribed and accepted principles. **4.** Conformity to the law; legal validity. **5.** A judge of the Supreme Court. **6.** Short for *justice of the peace.* **7.** Good reason: *He was disgusted by their behaviour, and with justice.* **8. *Do justice to* a.** To show to full advantage: *The picture did justice to her beauty.* **b.** To show full appreciation of by action: *He did justice to the meal.* **c.** To treat or judge fairly. **9. *Do oneself justice*** To make full use of one's abilities. **10. *Bring to justice to*** Capture, try, and usually punish.

K

n. The eleventh letter of the alphabet; denoting the next after J in a set of items, categories, etc.

keeping *v.* **kept 1.** To have or retain possession of. **2.** To have temporary possession or charge of: *Keep my watch for me during the game.* **3.** To store in a customary place: *I keep my books in the desk.* **4.** To remain or cause to remain in a specified state or condition: *Keep the dog quiet. Keep ready.* **5.** To continue or cause to continue: *Keep the beat; keep in step.* **6.** To have or take charge or care of: *Keep the shop for me till I return.* **7.** To look after or maintain for use, pleasure, etc.: *To keep chickens.; Keep two cars.* **8.** To provide for the upkeep or livelihood of. **9.** To support financially, esp. in return for sexual favours: *He keeps a mistress in the country.* **10.** To confine or detain or be confined or detained. **11.** To withhold or reserve or admit of withholding or reserving: *Your news will keep till later.* **12.** To refrain from divulging or violating: *To keep a secret.; Keep one's word.* **13.** To preserve or admit of preservation. **14.** To observe with due rites or ceremonies: *To keep Christmas.* **15.** To maintain by writing regular records in: *to keep a diary.* **16.** To stay in, on, or at: *Please keep your seats.; Keep to the path.* **17.** To associate with. **18.** To maintain in existence: *to keep court in the palace.* **19.** To have habitually in stock: *This shop keeps all kinds of wool.* *n.* **1.** Living or support: *He must work for his keep.* **2.** Charge or care. **3.** The main tower within the walls of a medieval castle or fortress. **4a.** Completely; permanently. **b.** For the winner or possessor to keep permanently.

keys *n.* A metal instrument, usually of a specifically contoured shape, that is made to fit a lock and, when rotated, operates the lock's mechanism. **2.** Any instrument that is rotated to operate a valve, clock winding mechanism, etc. **3.** Any of the visible parts of the lever mechanism of a musical keyboard instrument that when depressed set in motion the action that causes the instrument to sound. **4.** Any of the 24 major and minor diatonic scales considered as a corpus of notes upon which a piece of music draws for its tonal framework. **5.** The main tonal centre in an extended composition. **6.** Something that is crucial in providing an explanation or interpretation. **7.** A means of achieving a desired end. **8.** A means of access or control. **9.** A list of explanations of symbols, codes, etc. **10.** A text that explains or gives information about a work of literature, art, or music. **11.** The correct initial move in the solution of a set problem.

kill *v.* **1.** To cause the death of. **2.** To put an end to; destroy: *to kill someone's interest.* **3.** To make pass quickly, esp. while waiting for something. **4.** To deaden. **5.** To tire out; exhaust: *The effort killed him.* **6** To cause to suffer pain or discomfort: *My shoes are killing me.* **7.** To cancel, cut, or delete: *to kill three lines of text.* **8.** To quash, defeat, or veto: *The bill was killed in Congress.* **9.** To switch off; stop: *to kill a motor.* **10.** To overcome with attraction, laughter, surprise, etc.: *She was dressed to kill.; His gags kill me.* **11.** To consume entirely: *He killed three bottles of rum.* **12.** To hit so hard or so accurately that the opponent cannot return it. **13.** To bring under control; trap. **14. *Kill oneself*** To overexert oneself: *Don't kill yourself.* **15. *Kill two birds with one stone*** To achieve two results with one action. *n.* **1.** The act of causing death, esp. at the end of a hunt, bullfight, etc. **2.** The animal or animals killed during a hunt. **3.** The seasonal tally of stock slaughtered at a freezing works. **4.** The destruction of a battleship, tank, etc. **5.** *In at the kill* Present at the end or climax of some undertaking.

kind (1) *adj.* **1.** Having a friendly or generous nature or attitude. **2.** Helpful to others or to another a kind deed. **3.** Considerate or humane. **4.** Cordial; courteous. **5.** Pleasant; agreeable; mild: *a kind climate.* **6.** Beneficial or not harmful: *a detergent that is kind to the hand.* **7.** Loving.

kind (2) *n.* **1.** A class or group having characteristics in common; sort; type: *two of a kind; What kind of creature?* **2.** An instance or example of a class or group, esp. a rudimentary one: *heating of a kind.* **3.** Essential nature or character: *The difference is one of kind rather than degree.* **4.** Gender or sex. **5.** Nature; the natural order. **6.** *In kind* **a.** In goods or produce rather than in money. **b.** With something of the same sort: *to return an insult in kind.* **7.** *Kind of* Somewhat: *kind of tired.*

knowing *adj.* **1.** Suggesting secret information or knowledge. **2.** Wise, shrewd, or clever. **3.** Deliberate; intentional. *n.* **1.** There is no knowing: *One cannot tell knowingly.* **--knowingness** *n.*

knowledge *n.* **1.** The facts, feelings or experiences known by a person or group of people. **2.** The state of knowing. **3.** Awareness, consciousness, or familiarity gained by experience or learning. **4.** Erudition or informed learning. **5.** Specific information.

known *v. Past part.* of **know.** *adj.* **1.** Specified and identified: *a known criminal.* *n.* **1.** A fact or entity. *v.* **1.** To be or feel certain of the truth or accuracy of. **2.** To be acquainted or familiar with: *She's known him five years.* **3.** To have a familiarity or grasp of, as through study or experience: *He knows French.* **4.** To understand, be aware of, or perceive: *He knows the answer now.* **5.** To be sure or aware of. **6.** To experience, esp. deeply to know poverty. **7.** To be intelligent, informed, or sensible enough: *She knew not to go home yet.* **8.** To be able to distinguish or discriminate.

Koran (see Qur'an)

L

n. **1.** The 12th letter and ninth consonant of the modern English alphabet. **2.** A speech sound represented by this letter, usually a lateral, as in label. **3a.** Something shaped like an L: *an L-shaped room.* **l** *symbol* for 1 litre. **2.** Lepton number. **L** *symbol* for **1.** The Roman numeral for 50.

labor *n.* **1.** Productive work, esp. physical toil done for wages. **2a.** The people, class, or workers involved in this, esp. in contrast to management, capital, etc. **b.** A labour dispute labour relations. **3.** Difficult or arduous work or effort. **4.** A particular job or task, esp. of a difficult nature. **5.** The process or effort of childbirth or the time during which this takes place. **6.** *Labour of love* Something done for pleasure rather than gain. *v.* **1.** To perform labor; work. **2.** To strive or work hard. **3.** To be burdened or be at a disadvantage: *to labor under a misapprehension.* **4.** To make one's way with difficulty. **5.** To deal with or treat too persistently to labour a point. **6.** To be in labour.

laborer *n.* A person engaged in physical work, esp. of an unskilled kind.

lack *n.* **1.** An insufficiency, shortage, or absence of something required or desired. **2.** Something that is required but is absent or in short supply. *v.* **1.** To be deficient or have need: *to lack purpose.*

lake *n.* **1.** An expanse of water entirely surrounded by land and unconnected to the sea except by rivers or streams. **2.** Anything resembling this. **3.** A surplus of a liquid commodity: *a wine lake.*

Lake Michigan *n.* A large North American Great Lake that is bounded, from west to east, by the U.S. states of Wisconsin, Illinois, Indiana, and Michigan. It is three hundred nine and one-third miles long, sixty-nine and one-half miles wide, and she has a depth of eight hundred sixty-eight and one-fourth feet.

land *n.* **1.** The solid part of the surface of the earth as distinct from seas, lakes, etc. **2.** Ground, esp. with reference to its use, quality, etc. **3.** Rural or agricultural areas as contrasted with urban ones. **4.** Farming as an occupation or way of life. **5a.** Any tract of ground capable of being owned as property, together with any buildings on it, extending above and below the surface. **b.** Any hereditament, tenement, or other interest; realty. **6a.** A country, region, or area. **b.** The people of a country, etc. **7.** A realm, sphere, or domain. **8.** The factor of production consisting of all natural resources. **9.** The unindented part of a grooved surface, esp. one of the ridges inside a rifle bore. **10.** *How the land lies* The prevailing conditions or state of affairs. *v.* **1.** To transfer or go from a ship or boat to the shore land the cargo. **2.** To come to or touch shore. **3.** To come down or bring down to earth after a flight or jump. **4.** To come or bring to some point, condition, or state. **5.** To retrieve from the water. **6.** To win or obtain: *to land a job.* **7.** To deliver.

language *n.* **1.** A system for the expression of thoughts, feelings, etc., by the use of spoken sounds or conventional symbols. **2.** The faculty for the use of such systems, which is a distinguishing characteristic of man as compared with other animals. **3.** The language of a particular nation or people: *the Arabic language.* **4.** Any other systematic or nonsystematic means of communicating, such as gesture or animal sounds: *the language of love.* **5.** The specialized vocabulary used by a particular group medical language. **6.** A particular manner or style of verbal expression: *Your language is inspiring.*

lapel *n.* The continuation of the turned or folded back collar on a suit coat, jacket, etc.

large *adj.* **1.** Having a relatively great size, quantity, extent, etc.; big. **2.** Of wide or broad scope, capacity, or range; comprehensive: *a large effect.* **3.** Having or showing great breadth of understanding: *a large heart.* **4.** Blowing from a favourable direction. **5.** Overblown; pretentious. **6.** Generous. **7.** Gross; rude.

last *adj.* **1.** Being, happening, or coming at the end or after all others: *The last horse in the race.* **2.** Being or occurring just before the present; most recent: *last Thursday.* **3.** *Last but not least* Coming last in order but nevertheless important. **4.** *Last but* One next to last. **5.** Only remaining. **6.** Most extreme; utmost. **7.** Least suitable, appropriate, or likely: *He was the last person I would have chosen.* **8a.** Final or ultimate: *last rites.* **b.** The Last Judgment. **9.** Inferior, unpleasant, or contemptible. *adv.* **1.** After all others; at or in the end: *He came last.* **2a.** Most recently: *He was last seen in the mountains.* **b.** Last-mentioned. **3.** As the last or latest item. *n.* **1.** *The last* **a.** A person or thing that is last. **b.** The final moment; end. **2.** One's last moments before death. **3.** The last thing a person can do. **4.** The final appearance, mention, or occurrence: *We've seen the last of him.* **5.** *At last* In the end; finally. **6.** *At long last* Finally, after difficulty, delay, or irritation. *v.* **1.** To remain in being; continue: His hatred lasted for several years. **2.** To be sufficient for the needs of: *It will last us until Friday.* **3.** To remain fresh, uninjured, or unaltered: *He lasted for three hours underground.*

late *adj.* **1.** Occurring or arriving after the correct or expected time: *The train was late.* **2.** Occurring, scheduled for, or being at a relatively advanced time: *A late marriage.* **3.** Towards or near the end: *the late evening.* **4.** At an advanced time in the evening or at night: *It was late.* **5.** Occurring or being just previous to the present time: *His late remarks on industry.* **6.** Having died, esp. recently: *my late grandfather.* **7.** Just preceding the present or existing person or thing; former: *The late manager of this firm.* **8. Of late:** Recently. *adv.* **1.** Lately. **2.** After the correct or expected time: *He arrived late.* **3.** At a relatively advanced age: *She married late.* **4.** Recently; lately: *As late as yesterday he was selling books.* **5. Late hours** Rising and going to bed later than is usual. **6. Late in the day a.** At a late or advanced stage. **b.** Too late.

later *adv.* **1.** The comparative of late. *adv.* **1.** Afterwards; subsequently. **3. See you later** An expression of farewell. **4. Sooner or later** Eventually; inevitably.

law *n.* **1.** A rule or set of rules, enforceable by the courts, regulating the government of a state, the relationship between the organs of government and the subjects of the state, and the relationship or conduct of subjects towards each other. **2a.** A rule or body of rules made by the legislature. **b.** A rule or body of rules made by a municipal or other authority. **3.** The condition and control enforced by such rule. **4.** A rule of conduct: *a law of etiquette.* **5.** One of a set of rules governing a particular field of activity: *the laws of creation.* **6. The law a.** The legal or judicial system. **b.** The profession or practice of law. **c.** The police or a policeman. **7.** A binding force or statement: *His word is law.* **8.** A generalization based on a recurring fact or event. Also called: *law of nature.* **9.** The science or knowledge of law; jurisprudence. **10.** The principles originating and formerly applied only in courts of common law. **11.** A general principle, formula, or rule describing a phenomenon in mathematics, science, philosophy, etc.: *the laws of thermodynamics.* **12a.** Short for *Law of Moses.* **b.** The English term for Torah. **13** A law unto itself a person or thing that is outside established laws. **14. Go to law** To resort to legal proceedings on some matter.

15. Lay down the law To speak in an authoritative or dogmatic manner. **16. Reading the Law** That part of the morning service on Sabbaths, festivals, and Mondays and Thursdays during which a passage is read from the Torah scrolls. **17. Take the law into one's own hands** To ignore or bypass the law when redressing a grievance.

lay *v. past tense* of **lie 1.** To put in a low or horizontal position; cause to lie: *to lay a cover on a bed.* **2.** To place, put, or be in a particular state or position: *to lay out place settings.* **3.** To be in a horizontal position; lie: *He often lays in bed all the morning.* **4.** To establish as a basis: *to lay a foundation for discussion.* **5.** To place or dispose in the proper position: *to lay a carpet.* **6.** To arrange for eating a meal. **7.** To prepare for lighting by arranging fuel in the grate. **8.** To produce. **9.** To present or put forward: *He laid his case before the magistrate.* **10.** To impute or attribute: *All the blame was laid on him.* **11.** To arrange, devise, or prepare to lay a trap. **12.** To place, set, or locate: *The scene is laid in London.* **13.** To apply on or as if on a surface: *to lay a coat of paint.* **14.** To impose as a penalty or burden: *to lay a fine.* **15.** To make with: *I lay you five to one on Prince.* **16.** To cause to settle: *to lay the dust.* **17.** To allay; suppress: *to lay a rumor.* **18.** To bring down forcefully: *to lay a whip on someone's back.* **19.** To press down or make smooth: *to lay the nap of cloth.* **20.** To cut halfway through and bend them diagonally to form a hedge. **21.** To arrange and twist together in order to form. **22.** To apply settings of elevation and training to prior to firing. **23.** To put onto a scent. **24.** Another word for *inlay.* **25.** To plan, scheme, or devise. **26.** To move or go, esp. into a specified position or direction: *to lay close to the wind.* *n.* **1.** The manner or position in which something lies or is placed. **2.** A portion of the catch or the profits from a whaling or fishing expedition. **3.** The amount or direction of hoist in the strands of a rope. *adj.* **1.** Of, involving, or belonging to people who are not clergy. **2.** Nonprofessional or nonspecialist; amateur. *n.* **1.** A ballad or short narrative poem, esp. one intended to be sung. **2.** A song or melody.

layer *n.* **1.** A thickness of some homogeneous substance, such as a stratum or a coating on a surface. **2.** One of four levels of vegetation defined in ecological studies: *the ground or moss layer, the field or herb layer, the shrub layer, and the tree layer.* **3.** A laying hen. **4a.** Shoot or branch rooted during layering. **b.** A plant produced as a result of layering. *v.* **1.** To form or make a layer of. **2.** To take root or cause to take root by.

lead *n.* **1.** A heavy toxic bluish-white metallic element that is highly malleable: occurs principally as galena and used in alloys, accumulators, cable sheaths, paints, and as a radiation shield. Symbol: Pb atomic no. 82; atomic wt.: 207.2; valency: 2 or 4; relative density: 11.35; melting pt.: 327.502C; boiling pt.: 1750C. *v.* **1.** To fill or treat with lead. **2.** To surround, cover, or secure with lead or leads. **3.** To space by use of leads.

learn *v.* **1.** To gain knowledge of or acquire skill in. **2.** To commit to memory. **3.** To gain by experience, example, etc. **4.** To become informed; know. **5.** To teach. *adj.* **1.** Having great knowledge or erudition. **2.** Involving or characterized by scholarship. **3.** A title applied in referring to a member of the legal profession, esp. to a barrister: *my learned friend.*

leader *n.* **1.** A person who rules, guides, or inspires others; head. **2a.** The principal first violinist of an orchestra, who plays solo parts, and acts as the conductor's deputy and spokesman for the orchestra. **b.** A conductor or director of an orchestra or chorus. **3a.** The first man on a climbing rope. **b.** The leading horse or dog in a team. **4.** An article offered at a sufficiently low price to attract customers. **5.** A statistic or index that gives an advance indication of the state of the economy. **6.** The leading editorial in a newspaper. **7.** A strip of blank film or tape used to facilitate threading a projector, developing machine, etc., and to aid identification. **8.** Rows of dots or hyphens used to guide the reader's eye across a page, as in a table of contents. **9.** Any of the long slender shoots that grow from the stem or branch of a tree: usually removed during pruning. **10.** A member of the Government having primary authority in initiating legislative business. **11.** The senior barrister, usually a Queen's Counsel, in charge of the conduct of a case. Compare: *junior*. --**lead** *adj.*

leave *v.* **leaves, leaving, left 1.** To go or depart. **2.** To cause to remain behind, often by mistake, in a place: *He often leaves his keys in his coat.* **3.** To cause to be or remain in a specified state: *Paying the bill left him penniless.* **4.** To renounce or abandon: *to leave a political movement.* **5.** To refrain from consuming or doing something: *the things we have left undone.* **6.** To result in; cause: *Childhood problems often leave emotional scars.* **7.** To allow to be or remain subject to another person or thing: *Leave the past to look after itself.* **8.** To entrust or commit: *Leave the shopping to her.* **9.** To submit in place of one's personal appearance: *Will you leave your name and address?* **10.** To pass in a specified direction: *Flying out of the country, we left the cliffs on our left.* **11.** To be survived by: *He leaves a wife and two children.* **12.** To bequeath or devise: *He left his investments to his children.* **13.** To have as a remainder. *n.* **1.** Permission to do something: *He was granted leave to speak.* **2. By or with your leave** With your permission. **3.** Permission to be absent, as from a place of work or duty: *leave of absence.* **4.** The duration of such absence: *ten days' leave.* **5.** A farewell or departure. **6. On leave** Officially excused from work or duty. **7. Take leave** To say farewell. **8. Take leave of one's senses** To go mad or become irrational.

led *v. past tense of* **lead**. **1.** To show the way to by going with or ahead: *Lead the party into the garden.* **2.** To guide or be guided by holding, pulling, etc.: *He led the horse by its reins.* **3.** To cause to act, feel, think, or behave in a certain way; induce; influence: *He led me to believe that he would go.* **4.** To phrase a question to that tends to suggest the desired answer. **5.** To serve as; the means of reaching a place. **6.** To go ahead so as to indicate. **7.** To guide, control, or direct: *to lead an army.* **8.** To direct the course of or conduct along or as if along a channel. **9.** To initiate the action of; have the principal part in: *to lead a discussion.* **10.** To go at the head of or have the top position in: *He leads his class in geography.* **11.** To have as the first or principal item.

left *adj.* **1.** Of or designating the side of something or someone that faces west when the front is turned towards the north. **2.** Worn on a left hand, foot, etc. **3.** Of or relating to the political or intellectual left. **4.** Radical or progressive, esp. as compared to less radical or progressive groups, persons, etc. *adv.* **1.** On or in the direction of the left. *n.* **1.** A left side, direction, position, area, or part. **2.** The supporters or advocates of varying degrees of social, political, or economic change, reform, or revolution designed to promote the greater freedom, power, welfare, or comfort of the common people. **3. To the left** Radical in the methods, principles, etc., employed in striving to achieve such change. *v. past tense* and *past part.* of **leave**

less *n.* Comparative of *little.*

lesson *n.* **1a.** Unit, or single period of instruction in a subject; class: *an hour-long music lesson.* **b.** The content of such a unit. **2.** Material assigned for individual study. **3.** Something from which useful knowledge or principles can be learned; example. **4.** The principles, knowledge, etc., gained. **5.** A reprimand or punishment intended to correct. **6.** A portion of Scripture appointed to be read at divine service.

let *v.* **1.** To permit; allow: *She lets him roam around.* **2a.** Used as an auxiliary to express a request, proposal, or command, or to convey a warning or threat: *Don't let me catch you here again!* **b.** Used as an auxiliary to express an assumption or hypothesis: *let variable "a" equal variable "b".* **c.** Used as an auxiliary to express resigned acceptance of the inevitable: *Let the worst happen.* **3a.** To allow the occupation of in return for rent. **b.** To assign. **4.** To allow or cause the movement of in a specified direction: *to let air out of a tire.* **5.** To utter: *to let a cry.* *n.* **1.** The act of letting property or accommodation: *The majority of new lets are covered by the rent regulations.* **let (2)** *n.* **1.** An impediment or obstruction. **2a.** Minor infringement or obstruction of the ball, requiring a point to be replayed. **b.** The point so replayed. *v.* **lets, letting, letted** or **let 1.** To hinder; impede. **-let** *suffix* forming nouns **1.** Small or lesser: *booklet.* **2.** An article of attire or ornament worn on a specified part of the body: *anklet.*

letter *n.* **1.** Any of a set of conventional symbols used in writing or printing a language, each symbol being associated with a group of phonetic values in the language; character of the alphabet. **2.** A written or printed communication addressed to a person, company, etc., usually sent by post in an envelope. **3.** The strict legalistic or pedantic interpretation of the meaning of an agreement, document, etc.; exact wording as distinct from actual intention. **4a.** Style of typeface: *a fancy letter.* **5. To the letter a.** Following the literal interpretation or wording exactly. **b.** Attending to every detail. *v.* **1.** To write or mark letters on, esp. by hand. **2.** To set down or print using letters.

letters *n.* **1.** Literary knowledge, ability, or learning: *a man of letters.* **2.** Literary culture in general. **3.** An official title, degree, etc., indicated by an abbreviation letters after one's name.

level *adj.* **1.** On a horizontal plane. **2.** Having a surface of completely equal height. **3.** Being of the same height as something else. **4.** Even with the top of the cup, spoon, etc. **5.** Equal to or even with. **6.** Not having or showing inconsistency or irregularities. **7.** Even-tempered; steady. *v.* **1.** To make horizontal, level, or even. **2.** To make equal, as in position or status. **3.** To raze to the ground. **4.** To knock down by or as if by a blow. **5.** To direct emphatically at someone. **6.** To be straightforward and frank. **7.** To manoeuvre an aircraft into a horizontal flight path after; a dive, climb, or glide. **8.** To aim horizontally. **9.** To determine the elevation of a section of, sighting through a levelling instrument to a staff at successive pairs or points. *n.* **1.** A horizontal datum line or plane. **2.** A device, such as a spirit level, for determining whether a surface is horizontal. **3.** A surveying instrument consisting basically of a telescope with a spirit level attached, used for measuring relative heights of land. **4.** A reading of the difference in elevation of two points taken with such an instrument. **5.** Position or status in a scale of values. **6.** Amount or degree of progress; stage. **7.** A specified vertical position; altitude. **8.** A horizontal line or plane with respect to which measurement of elevation is based: *sea level.* **9.** A flat even surface or area of land. **10.** A horizontal passage or drift in a mine. **11.** Any of the successive layers of material that have been deposited with the passage of time to build up and raise the height of the land surface. **12.** The ratio of the magnitude of a physical quantity to an arbitrary magnitude: *sound-pressure level.*

liable *adj.* **1.** Legally obliged or responsible; answerable. **2.** Susceptible or exposed; subject. **3.** Probable, likely, or capable: *It's liable to happen soon.*

library *n.* **1.** A room or set of rooms where books and other literary materials are kept. **2.** A collection of literary materials, films, CDs, children's toys, etc., kept for borrowing or reference. **3.** The building or institution that houses such a collection: *a public library.* **4.** A set of books published as a series, often in a similar format. **5.** A collection of standard programs and subroutines for immediate use, usually stored on disk or some other storage device. **6.** A collection of specific items for reference or checking against: *a library of genetic material.*

lie *v.* **1.** To speak untruthfully with intent to mislead or deceive. **2.** To convey a false impression or practise deception: *The camera does not lie.* *n.* **1.** An untrue or deceptive statement deliberately used to mislead. **2.** Something that is deliberately intended to deceive. **3. Give the lie to a.** To disprove. **b.** To accuse of lying.

lieu *n.* Stead; place; in lieu of; in place of.

lieu. *abbr.* for lieutenant.

lieutenant *n.* **1.** A military officer deputy or substitute acting for a superior holding commissioned rank immediately junior to a captain. The Lieutenant's Duty is to teach the private soldiers; also, train them. **2.** A naval officer holding commissioned rank immediately junior to a lieutenant commander. **3.** An officer in a police or fire department ranking immediately junior to a captain. **4.** A person who holds an office in subordination to or in place of a superior lieutenancy.

life *n.* **1.** The state or quality that distinguishes living beings or organisms from dead ones and from inorganic matter, characterized chiefly by metabolism, growth, and the ability to reproduce and respond to stimuli. Related adjective: *animate*, *vital*. **2.** The period between birth and death. **3.** A living person or being: *to save a life.* **4.** The time between birth and the present time. **5.** The remainder or extent of one's life: *A life sentence; life work.* **6.** Short for *life imprisonment.* **7.** The amount of time that something is active or functioning: *the life of a battery.* **8.** A present condition, state, or mode of existence: *My life is very dull here.* **9a.** A biography. **b.** A life story. **10.** A characteristic state or mode of existence: *town life.* **11.** The sum or course of human events and activities. **12.** Liveliness or high spirits: *full of life.* **13.** A source of strength, animation, or vitality: *He was the life of the show.* **14.** All living things, taken as a whole. **15.** Sparkle, as of wines. **16.** Strong or high flavour, as of fresh food. **17.** Drawn or taken from a living model: *life drawing.* **18.** Another name for *lifetime.* **19.** One of a number of opportunities of participation. **20.** *As large as life* Real and living. **21.** *Larger than life* In an exaggerated form. **22.** *Come to life* **a.** To become animate or conscious. **b.** To be realistically portrayed or represented.

light *n.* **1.** The medium of illumination that makes sight possible. **2.** Electromagnetic radiation that is capable of causing a visual sensation and has wavelengths from about 380 to about 780 nanometres. Also called: *visible radiation.* **3.** Electromagnetic radiation that has a wavelength outside this range, esp. ultraviolet radiation: *ultraviolet light.* **4.** The sensation experienced when electromagnetic radiation within the visible spectrum falls on the retina of the eye. Related prefix **photo-**. **5.** Anything that illuminates, such as a lamp or candle. **6.** Traffic light. **7.** A particular quality or type of light: *a good light for reading.* **8a.** Illumination from the sun during the day: *daylight.* **b.** The time this appears; daybreak; dawn. **9.** Anything that allows the entrance of light, such as a window or compartment of a window. **10.** The condition of being visible or known. **11.** An aspect or view: *He saw it in a different light.* **12.** Mental understanding or spiritual insight. **13.** A person considered to be an authority or leader. **14.** Brightness of countenance, esp. a sparkle in the eyes. **15a.** The act of igniting or kindling something, such as a cigarette. **b.** Something that ignites or kindles, esp. in a specified manner, such as a spark or flame. **c.** Something used for igniting or kindling, such as a match. **16a.** The effect of illumination on objects or scenes, as created in a picture. **b.** An area of brightness in a picture, as opposed to shade. **17.** A poetic or archaic word for *eyesight.* **18.** The answer to a clue in a crossword. **19.** *In light of* In view of; taking into account. *v.* **1.** To ignite or cause to ignite. **2.** To illuminate or cause to illuminate. **3.** To make or become cheerful or animated. **4.** To guide or lead by light: *light up.* *adj.* **1.** Not heavy; weighing relatively little. **2.** Having relatively low density: *Magnesium is a light metal.* **3.** Lacking sufficient weight; not agreeing with standard or official weights. **4.** Not great in degree, intensity, or number: *light rain; a light eater.* **5.** Without burdens, difficulties, or problems; easily borne or done: *a light heart; light work.* **6.** Graceful, agile, or deft: *light fingers.* **7.** Not bulky or clumsy. **8.** Not serious or profound; entertaining: *light verse.* **9.** Without importance or consequence; insignificant: *no light matter.* **10.** Frivolous or capricious. **11.** Loose in morals. **12.** Dizzy or unclear: *a light head.* **13.** Spongy or well leavened. **14.** Easily digested: *a light meal.* **15.** Relatively low in alcoholic content: *a light wine.* **16.** Having a crumbly texture. **17a.** Designed to carry light loads. **b.** not loaded.

like *adj.* **1.** Similar; resembling. *prep.* **1.** Similar to; similarly to; in the manner of acting: *He's just like his father.* **2.** Used correlatively to express similarity in certain proverbs: *like mother, like daughter.* **3.** Such as: *There are lots of ways you might amuse yourself like taking a long walk, for instance.* *adv.* **1.** A dialect word for *likely.* **2.** As it were: often used as a parenthetic filler: *There was this policeman just staring at us, like.* *conj.* **1.** As though; as if: *You look like you've just seen a ghost.* **2.** In the same way as; in the same way that: *She* *doesn't dance like you do.* **3.** The equal or counterpart of a person or thing, esp. one respected or prized. **4.** *The like* Similar things: *dogs, foxes, and the like.* **5.** The likes of people or things similar to: *We don't want the likes of you around here.* *v.* **1.** To find enjoyable or agreeable or find it enjoyable or agreeable: *He likes boxing.* **2.** To be fond of. **3.** To prefer or wish: *We would like you to go.* **4.** To feel towards; consider; regard: *How did she like it?* **5.** To feel disposed or inclined; choose; wish. **6.** To please; agree with: *It likes me not to go.* **7.** A favourable feeling, desire, preference, etc. -like *suffix.*

limited *adj.* **1.** Having a limit; restricted; confined. **2.** Without fullness or scope; narrow. **3.** Restricted or checked, by or as if by a constitution, laws, or an assembly: *limited government.* **4.** Stopping only at certain stations and having only a set number of cars for passengers. **5.** Owned by shareholders whose liability for the enterprise's debts is restricted. --**limitedly** *adv.*

lion (1) *n.* **1.** A large gregarious predatory feline mammal, Panthera leo, of open country in parts of Africa and India, having a tawny yellow coat and, in the male, a shaggy mane. **2.** A conventionalized lion, the principal beast used as an emblem in heraldry. It has become the national emblem of Great Britain. **3.** A courageous, strong, or bellicose person. **4.** A celebrity or idol who attracts much publicity and a large following. **5.** Beard the lion in his den to approach a feared or influential person, esp. in order to ask a favour. **6.** *The lion's share* The largest portion. **lion (2)** *n.* The constellation Leo, the fifth sign of the zodiac.

list (1) *n.* **1.** An item-by-item record of names or things, usually written or printed one under the other. **2.** A linearly ordered data. **list (2)** *n.* **1.** A border or edging strip, esp. of cloth. **2.** A less common word for selvage. **3.** A strip of bark, sapwood, etc., trimmed from a board or plank. **4.** Another word for fillet. **5.** A strip, band, ridge or furrow. **6.** A ridge in ploughed land formed by throwing two furrows together. *v.* **1.** To border with or as if with a list or lists. **2.** To plough so as to form lists. **3.** To cut a list from.

little *n.* **1.** A small quantity, extent, or duration of: *Save a little for me.* **2.** Not much: *Little damage was done.* **3.** Make little of. **4.** *Not little* **a.** Very. **b.** A lot. **5.** *Quite a little* A considerable amount. **6.** *Think little of* To have a low opinion of. **7.** Of small or less than average size. **8.** Young: *a little boy.* **9.** Endearingly familiar; dear: *my husband's little ways.* **10.** Contemptible, mean, or disagreeable: *your filthy little mind.* **11.** Resembling another country or town in miniature: *Little Venice.* **12.** *Little game* A person's secret intention or business: *So that's his little game!* **13.** *No little* Considerable. *adv.* **1.** In a small amount; to a small extent or degree; not a lot: *to laugh a little.* **2.** Not at all, or hardly: *He little realized his fate.* **3.** Not much or often: *We go there very little now.* **4.** *Little by little*: By small degrees.

live *v.* **1.** To show the characteristics of life; be alive. **2.** To remain alive or in existence. **3.** To exist in a specified way: *to live humbly.* **4.** To reside or dwell. **5.** To continue or last. **6.** To order one's life. **7.** To support one's style of life; subsist: *to live by writing.* **8.** To endure the effects. **9.** To experience and survive: *He lived through the war.* **10.** To pass or spend. **11.** To enjoy life fully: *He knows how to live.* **12.** To put into practice in one's daily life; express: *He lives religion every day.* *adj.* **1.** Showing the characteristics of life. **2.** Of, relating to, or abounding in life: *the live weight of an animal.* **3.** Of current interest; controversial: *a live issue.* **4.** Actual: *a real live cowboy.* **5.** Full of life and energy. **6.** Glowing or burning. **7.** Not extinct. **8.** Loaded or capable of exploding: *a live bomb.* **9.** Transmitted or present at the time of performance, rather than being a recording: *a live show.* **10a.** Recorded in concert. **b.** Recorded in one studio take, without overdubs or splicing. **11.** Connected to a source of electric power: *a live circuit.* **12.** Brilliant or splendid. **13.** Acoustically reverberant: *a live studio.* **14.** In play. **15.** Not quarried or mined; native. **16.** Being in a state of motion or transmitting power; positively connected to a driving member. **17a.** Not yet having been set into type. **b.** Still in use. *adv.* **1.** During, at, or in the form of a live performance: *the show went out live.*

lived *adj.* Having or having had a life as specified: *short-lived.*

lives *n. pl.* of **life**

livestock *n.* **1.** Cattle, horses, poultry, and similar animals kept for domestic use but not as pets, esp. on a farm or ranch.

living *adj.* **1a.** Possessing life; not dead. **b.** The living. **2.** Having the characteristics of life. **3.** Currently in use or valid: *living language.* **4.** Seeming to be real: *a living image.* **5.** Existing in the present age; extant.

lock *n.* **1.** A device fitted to a gate, door, drawer, lid, etc., to keep it firmly closed and often to prevent access by unauthorized persons. **2.** A similar device attached to a machine, vehicle, etc., to prevent use by unauthorized persons: *a steering lock.* **3.** A section of a canal or river that may be closed off by gates to control the water level and the raising and lowering of vessels that pass through it. **4.** The jamming, fastening, or locking together of parts. **5.** The extent to which a vehicle's front wheels will turn to the right or left: *This car has a good lock.* **6.** A mechanism that detonates the charge of a gun. **7. Lock, stock, and barrel** Completely; entirely. **8.** Any wrestling hold in which a wrestler seizes a part of his opponent's body and twists it or otherwise exerts pressure upon it. **9.** Either of two players who make up the second line of the scrum and apply weight to the forwards in the front. **10.** A gas bubble in a hydraulic system or a liquid bubble in a pneumatic system that stops or interferes with the fluid flow in a pipe, capillary, etc.: *an air lock.* *v.* **1.** To fasten or to become fastened with a lock, bolt, etc., so as to prevent entry or exit. **2.** To secure by locking all doors, windows, etc. **3.** To fix or become fixed together securely or inextricably. **4.** To become or cause to become rigid or immovable: *the front wheels of the car locked.* **5.** To clasp or entangle in a struggle or embrace.

long *adj.* **1.** Having relatively great extent in space on; a horizontal plane. **2.** Having relatively great duration in time. **3.** Of a specified number of units in extent or duration: *three hours long; a two-foot-long line.* **4.** Having or consisting of a relatively large number of items or parts: *a long list.* **5.** Having greater than the average or expected range: *a long memory.* **6.** Being the longer or longest of alternatives: *the long way to the bank.* **7.** Having more than the average or usual quantity, extent, or duration: *a long match.* **8.** Seeming to occupy a greater time than is really so: *She spent a long afternoon waiting in the departure lounge.* **9.** Intense or thorough. **10.** Containing a large quantity of nonalcoholic beverage. **11.** Reaching to the wearer's ankles. **12.** Plentifully supplied or endowed: *long on good ideas.* **13a.** Of relatively considerable duration. **b.** Classified as long, as distinguished from the quality of other vowels. **c.** Denoting the qualities of the five English vowels in such words as *mate, mete, mite, moat, moot,* and *mute.* **14.** From end to end; lengthwise. **15.** Unlikely to win, happen, succeed, etc.: *a long chance.* **16a.** Denoting a vowel of relatively great duration or followed by more than one consonant. **b.** Denoting a syllable containing such a vowel. **c.** Carrying the emphasis or ictus. **17.** Having or characterized by large holdings of securities or commodities in anticipation of rising prices: *a long position.* **18.** Near the boundary: *long leg.* **19.** Tall and slender. **20. Long in the tooth** Old or aging. *adv.* **1.** For a certain time or period: *How long will it last?* **2.** For or during an extensive period of time: *long into the next year.* **3.** At a distant time; quite a bit of time; long before: *I met you long ago.* **4.** Into a position with more security or commodity holdings than are required by sale contracts and therefore dependent on rising prices: *for profit to go long.* **5.** *As long as* **a.** For or during just the length of time that. **b.** Inasmuch as; since. **c.** Provided that.

look *v.* **1.** To direct the eyes; to look at the sea. **2.** To direct one's attention: *Let's look at the circumstances.* **3.** To turn one's interests or expectations: *To look to the future.* **4.** To give the impression of being by appearance to the eye or mind; seem: *That looks interesting.* **5.** To face in a particular direction: *The house looks north.* **6.** To expect, hope, or plan: *I look to hear from you soon.; He's looking to get rich.* **7a.** To search or seek: *I looked for you everywhere.* **b.** To cherish the expectation; hope: *I look for success.* **8a.** To be mindful: *to look to the promise one has made.* **b.** To have recourse: *Look to your swords, men!* **9.** To be a pointer or sign: *These early inventions looked towards the development of industry.* **10.** To carry out an investigation: *to look into a mystery.* **11.** To direct a look at; in a specified way: *She looked her rival up and down.* **12.** To accord in appearance with.

lose *v.* **1.** To part with or come to be without, as through theft, accident, negligence, etc. **2.** To fail to keep or maintain: *to lose one's balance.* **3.** To suffer the loss or deprivation of: *to lose a parent.* **4.** To cease to have or possess. **5.** To fail to get or make use of: *to lose a chance.* **6.** To fail to gain or win: *to lose the match.* **7.** To fail to see, hear, perceive, or understand: *I lost the gist of his speech.* **8.** To waste: *to lose money gambling.* **9.** To wander from so as to be unable to find: *to lose one's way.* **10.** To cause the loss of: *His delay lost him the battle.* **11.** To allow to go astray or out of sight: *We lost him in the crowd.* **12.** To absorb or engross: *He was lost in contemplation.* **13.** To cause the death or destruction of: *Two men were lost in the attack.* **14.** To outdistance or elude: *He soon lost his pursuers.* **15.** To decrease or depreciate in value or effectiveness: *Poetry always loses in translation.* **16.** To run slow: *The clock loses ten minutes every day.* **17.** To fail to sustain the life of. **18.** To fail to give birth to, esp. as the result of a miscarriage. **19.** To lose control of.

losing *adj.* **1.** Unprofitable; failing: *The business was a losing concern.*

lost *adj.* **1.** Unable to be found or recovered. **2.** Unable to find one's way or ascertain one's whereabouts. **3.** Confused, bewildered, or helpless: *He is lost in discussions of theory.* **4.** Not utilized, noticed, or taken advantage of. **5.** No longer possessed or existing because of defeat, misfortune, or the passage of time: *a lost art.* **6.** Destroyed physically: *the lost platoon.* **7.** No longer available or open. **8.** Insensible or impervious. **9.** Engrossed: *He was lost in his book.* **10.** Morally fallen. **11.** Damned: *a lost soul.* **12. Get lost** Go away and stay away.

love *n.* **1.** To have a great attachment to and affection for. **2.** To have passionate desire, longing, and feelings for. **3.** To like or desire very much. **4.** To make love to. **5.** To be in love. **6.** An intense emotion of affection, warmth, fondness, and regard towards a person or thing. **7.** A deep feeling of sexual attraction and desire. **8.** Wholehearted liking for or pleasure in something. **9a.** God's benevolent attitude towards man. **b.** Man's attitude of reverent devotion towards God. **10.** A beloved person: used esp. as an endearment. Also: *my love.* **11.** A term of address, esp. but not necessarily for a person regarded as likable. **12.** A score of zero. **13.** ***Fall in love*** To become in.

lucky *adj.* Having or bringing good fortune. **2.** Happening by chance, esp. as desired.

Luke *n.* **1.** Saint. a fellow worker of Paul and a physician. **2.** The third Gospel, traditionally ascribed to Luke.

luxury *n.* **1.** Indulgence in and enjoyment of rich, comfortable, and sumptuous living. **2.** Something that is considered an indulgence rather than a necessity. **3.** Something pleasant and satisfying: *the luxury of independence.* **4.** Relating to, indicating, or supplying luxury: *a luxury liner.*

M

n. **1.** The 13th letter and tenth consonant of the modern English alphabet. **2.** A speech sound represented by this letter, usually a bilabial nasal, as in mat m symbol for 1 metre(s). **2.** Mile(s). **3.** Milli-. **4.** Minute(s). **M** *symbol* for Tthe Roman numeral for 1000.

made *v. past tense* and *past part.* of **make.** *adj.* **1.** Artificially produced. **2.** Produced or shaped as specified handmade. **3.** ***Get or have it made*** To be assured of success. **4.** ***Made of money*** Very rich.

make *v.* **makes, making, made 1.** To bring into being by shaping, changing, or combining materials, ideas, etc.; form or fashion; create: *to make a chair from bits of wood.* **2.** To draw up, establish, or form: *to make a decision make one's will.* **3.** To cause to exist, bring about, or produce: *Don't make a noise.* **4.** To cause, compel, or induce: *Please make him go away.* **5.** To appoint or assign, as to a rank or position: *They made him chairman.* **6.** To constitute: *One swallow doesn't make a summer.* **7.** To come or cause to come into a specified state or condition: *to make someone happy.* **8.** To be or become through development: *He will make a good teacher.* **9.** To cause or ensure the success of: *Your news has made my day.* **10.** To amount to: *Twelve inches make a foot.* **11.** To be part of or a member of: *Did she make one of the party?* **12.** To serve as or be suitable for: *That piece of cloth will make a coat.* **13.** To prepare or put into a fit condition for use: *to make a bed.* **14.** To be the essential element in or part of: *Charm makes a good salesman.* **15.** To carry out, effect, or do: *to make a gesture.* **16.** To act with the intention or with a show of doing something: *They made to go out.* **17.** To use for a specified purpose: *I will make this town my base.* **18.** To deliver: *to make a speech.* **19.** To judge, reckon, or give one's own opinion or information: *As to what time do you make it?* **20.** To cause to seem or represent as being that: *The color of the walls make the room look dark.* **21.** To earn, acquire, or win for oneself: *to make friends from all walks of life.* **22.** To engage in: *Make peace not war.* **23.** To traverse or cover by travelling: *We can make a hundred miles by nightfall.* **24.** To arrive in time for: *He didn't make the first act of the play.* **25.** To score. **26.** To close a circuit permitting a flow of current. Compare **break. 27.** To increase in depth: *The water in the hold was making a foot a minute.* **28.** To dry and mature. **29.** To gain a place or position on or in: *to make the headlines.* **30.** To achieve the rank of. **31.** ***Make a day, night, etc., of it*** To cause an activity to last a day, night, etc. **32.** ***Make eyes at*** To flirt with or ogle. **33.** ***Make heavy weather*** a. To roll and pitch in heavy seas. b. To carry out with great difficulty or unnecessarily great effort. **34.** ***Make it*** To be successful in doing something. **35.** ***Make like*** To imitate. **36.** ***Make love*** a. To have sexual intercourse. b. To engage in courtship. **37.** ***Make or break*** To bring success or ruin. **38.** Brand, type, or style: *What make of car is that?* **39.** The manner or way in which something is made. **40.** Disposition or character; make-up. **41.** The act or process of making. **42.** The amount or number made. **43.** The contract to be played. **44.** A player's turn to shuffle.

magnetic *adj.* **1.** Of, producing, or operated by means of magnetism. **2.** Of or concerned with a magnet. **3.** Of or concerned with the magnetism of the earth: *the magnetic equator.* **4.** Capable of being magnetized. **5.** Exerting a powerful attraction: *a magnetic personality.* -- **magnetically** *adv.*

maintain *v.* **1.** To continue or retain; keep in existence. **2.** To keep in proper or good condition: *to maintain a building.* **3.** To support a style of living: *The money maintained us for a month.* **4.** To state or assert: *He maintained the statement was correct.* **5.** To defend against contradiction; uphold: *She maintained her innocence.* **6.** To defend against physical attack. -- **maintainable** *adj.*, --**maintainer** *n.*

maker *n.* **1.** A person who makes; fabricator; constructor. **2.** A person who executes a legal document, esp. one who signs a promissory note. **3.** A title given to God.

making *n.* **1.** The act of a person or thing that makes or the process of being made. **2.** *Be the making of* To cause the success of. **3.** *In the making* In the process of becoming or being made: *a god in the making.* **4.** Something made or the quantity of something made at one time. **5.** *Make-up* Composition.

man (1) *n.* **1.** An adult male human being, as distinguished from a woman. **2.** Male; masculine: *a man child.* **3.** A human being regardless of sex or age, considered as a representative of mankind; a person. **4.** Human beings collectively; mankind: *the development of man.* **5.** *Modern man* **a.** A member of any of the living races of Homo sapiens, characterized by erect bipedal posture, a highly developed brain, and powers of articulate speech, abstract reasoning, and imagination. **b.** Any extinct member of the species Homo sapiens, such as Cro-Magnon man. **6.** A member of any of the extinct species of the genus Homo, such as Java man, Heidelberg man, and Solo man. **7.** An adult male human being with qualities associated with the male, such as courage or virility: *Be a man.* **8.** Manly qualities or virtues: *The man in him was outraged.* **9.** A subordinate, servant, or employee contrasted with an employer or manager. **10.** A member of the armed forces who does not hold commissioned, warrant, or noncommissioned rank. **11.** A member of a group, team, etc. **12.** A husband, boyfriend, etc.: *man and wife.* **13.** An expression used parenthetically to indicate an informal relationship between speaker and hearer. **14.** A movable piece in various games, such as draughts. **15.** Any person: used as a term of address. **16.** A vassal of a feudal lord. **17.** *As one man* With unanimous action or response. **18.** *Be one's own man* To be independent or free. **19.** The person needed: *He's the man for the job.* **20.** *Man and boy* From childhood. **21.** *Sort out or separate the men from the boys.* To separate the experienced from the inexperienced. **22.** *To a man* **a.** Unanimously. **b.** Without exception. *interject.* **1.** An exclamation or expletive, often indicating surprise or pleasure. *v.* mans, manning, manned **1.** To provide with sufficient men for operation, defence, etc.: *to man a ship.* **2.** To take one's place at or near in readiness for action. **3.** To induce to endure the presence of and handling by man, esp. strangers. **man (2)** *n.* **1.** A White man or White men collectively, esp. when in authority, in the police, or held in contempt. **2.** A drug peddler. **man (3)** *n.* **1.** Isle of. an island in the British Isles, in the Irish Sea between Cumbria and Northern Ireland: a Crown possession with its own parliament, the Court of Tynwald; a dependency of Norway until 1266, when it came under Scottish rule; its own language, Manx, is now almost extinct. Capital: Douglas. Pop.: 72,600 Area: 588 sq. km.

manufacture *v.* --**manufacturing 1.** To process or make from a raw material, esp.

as a large-scale operation using machinery. **2.** To invent or concoct: *to manufacture an excuse.* **3.** The production of goods, esp. by industrial processes. **4.** A manufactured product. **5.** The creation or production of anything. --**manufacturable** *adj.*

many *deter.* **1.** A large number of: *Many are seated already.* **2.** Each of a considerable number of: *many a man.* **3.** A great number of: *As many apples as you like.* **4. *The many*** The majority of mankind, esp. the common people: *The many are kept in ignorance while the few prosper.*

marry *v.* **1.** To take in marriage. **2.** To join or give in marriage. **3.** To acquire by marriage: *marry money.* **4.** To unite closely or intimately. **5.** To fit together or align; join. **6a.** To match up of unlaid ropes before splicing. **b.** To seize together at intervals along their lengths. ***interject.*** **1.** An exclamation of surprise, anger, etc.

Mars *n.* **1.** The Roman god of war, the father of Romulus and Remus Greek counterpart: *Ares.* **2.** An inhabited Planet that is one hundred forty-one million, five-hundred thousand miles from the Sun, and travels one thousand thirty-seven and one third miles per hour. Her diameter is four thousand two hundred miles. Also called: the *Red Planet.* **3.** The alchemical name for iron.

master *n.* **1.** The man in authority, such as the head of a household, the employer of servants, or the owner of slaves or animals. *adj.* **1.** Magistral. **2.** A person with exceptional skill at a certain thing: *a master of the violin.* **3.** A great artist, esp. an anonymous but influential artist. **4a.** A person who has complete control of a situation. **b.** An abstract thing regarded as having power or influence: *They regarded fate as the master of their lives.* **5.** A workman or craftsman fully qualified to practise his trade and to train others in it. **6.** An original copy, stencil, tape, etc., from which duplicates are made. **7.** A player of a game, esp. chess or bridge, who has won a specified number of tournament games. **8.** The principal of some colleges. **9.** A highly regarded teacher or leader whose religion or philosophy is accepted by followers. **10.** A graduate holding a master's degree. **11.** The chief executive officer aboard a merchant ship. **12.** A person presiding over a function, organization, or institution. **13.** A male teacher. **14.** An officer of the Supreme Court of Judicature subordinate to a judge. **15.** The superior person or side in a contest. **16.** A machine or device that operates to control a similar one. **17.** The heir apparent of a Scottish viscount or baron modifier. **18.** Overall or controlling: *master plan.* **19.** Designating a device or mechanism that controls others: *master switch.* **20.** Main; principal: *master bedroom.* **21.** To become thoroughly proficient in: *to master the art of driving.* **22.** To overcome; defeat: **to master your emotions. 23.** To rule or control as master. --**masterdom** *n.*, --**masterhood** *n.*, --**masterless** *adj.*, --**mastership** *n.*

Master *n.* **1.** A title of address placed before the first name or surname of a boy. **2.** A respectful term of address, esp. as used by disciples when addressing or referring to a religious teacher. **3.** An archaic equivalent of Mr.

MASTER FARD MUHAMMAD *n.* **1.** Allah appeared in The Person of Master W. Fard Muhammad July, 1930; the long-awaited "Messiah" of the Christians and the "Mahdi" of the Muslims. He specially taught Elijah Muhammad as His Messenger for The Lost-Found Nation Of Islam. He is The Saviour and Originator of The Supreme Wisdom Lessons. Known by many titles including Mr. W. D. Fard.

mathematical *adj.* **1.** Of, used in, or relating to mathematics. **2.** Characterized by or using the precision of mathematics; exact. **3.** Using, determined by, or in accordance with the principles of mathematics. --**mathematically** *adv.*

mathematician *n.* An expert or specialist in mathematics.

mathematics *n.* **1.** A group of related sciences, including algebra, geometry, and calculus, concerned with the study of number, quantity, shape, and space and their interrelationships by using a specialized notation. **2.** Mathematical operations and processes involved in the solution of a problem or study of some scientific field. **3.** Branches of mathematics.

may (1) *aux. v.* **1.** To indicate that permission is requested by or granted to someone: *He may go to the park tomorrow if he behaves himself.* **2.** To indicate possibility: *The rope may break.; He may well be a spy.* **3.** To indicate ability or capacity, esp. in questions: *May I help you?* **4.** To express a strong wish: *Long may she reign.* **5.** To indicate result or purpose: used only in clauses introduced by that or so: *That he writes so that the average reader may understand.* **6.** Might. **7.** To express courtesy in a question: *Whose child may this little girl be?* **8. Be that as it may** In spite of that. **sentence connector 1.** Conceding the possible truth of a previous statement and introducing an adversative clause: *Be that as it may, I still think he should come.* **2. Come what may** Whatever happens. **3. That's as may be** That may be so. **4.** An archaic word for *maiden.*

May (2) *n.* **1.** The fifth month of the year, consisting of 31 days.

me (1) *pron.* **1.** Refers to the speaker or writer: *That shocks me.; He gave me the glass.* **2.** A dialect word for myself when used as an indirect object: *I want to get me a car.* **3.** The personality of the speaker or writer or something that expresses it: *The real me comes out when I'm happy.*

meal (1) *n.* **1.** Any of the regular occasions, such as breakfast, lunch, dinner, etc., when food is served and eaten. **2.** The food served and eaten. **3. Make a meal of** To perform with unnecessarily great effort. **meal (2)** *n.*
1. The edible part of a grain or pulse ground to a coarse powder, used chiefly as animal food.

mean (1) *v.* **means, meaning, meant 1.** To intend to convey or express. **2.** Intend: *She didn't mean to hurt it.* **3.** To say or do: *In all seriousness the boss means what he says about strikes.* **4.** To destine or design: *She was meant for greater things.* **5.** To denote or connote; signify; represent: *Examples help show exactly what a word means.* **6.** To produce; cause: *The weather will mean long traffic delays.* **7.** To foretell; portend: *Those dark clouds mean rain.* **8.** To have: *The importance of money means nothing to him.* **9.** To have the intention of behaving or acting. **10. Mean business** To be in earnest. **mean (2)** *n.* **1.** The middle point, state, or course between limits or extremes. **2.** Moderation. **3a.** The second and third terms of a proportion, as b and c in $a/b = c/d$. **b.** Another name for average. See also *geometric mean.* **4.** A statistic obtained by multiplying each possible value of a variable by its probability and then taking the sum or integral over the range of the variable. **5.** Intermediate or medium in size, quantity, etc. **6.** Occurring halfway between extremes or limits; average.

meaning *n.* **1.** The sense or significance of a word, sentence, symbol, etc.; import; semantic or lexical content. **2.** The purpose underlying or intended by speech, action, etc. **3.** The inner, symbolic, or true interpretation, value, or message: *the meaning of a dream.* **4.** Valid content; efficacy: *a law with little or no meaning.* **5a.** The sense of an expression; its connotation. **b.** The reference of an expression; its denotation. In recent philosophical writings meaning can be used in both the above senses. *adj.* **1.** Expressive of some sense, intention, criticism, etc.: *a meaning look.*

measure *n.* **1.** The extent, quantity, amount, or degree of something, as determined by measurement or calculation.

2. A device for measuring distance, volume, etc., such as a graduated scale or container. **3.** A system of measurement: *Give the size in metric measure.* **4.** A standard used in a system of measurements: *The international prototype kilogram is the measure of mass in SI units.* **5.** A specific or standard amount of something: *a measure of grain; short measure; full measure.* **6.** A basis or standard for comparison: *His work was the measure of all subsequent attempts.* **7.** Reasonable or permissible limit or bounds: *We must keep it within measure.* **8.** Degree or extent: *They gave him a measure of freedom.* **9.** A particular action intended to achieve an effect: *They took measures to prevent his leaving.* **10.** A legislative bill, act, or resolution: *to bring in a measure.* **11.** Poetic rhythm or cadence; metre. **12.** A metrical foot. **13.** A melody or tune. **14.** The act of measuring; measurement. **15.** A dance. **17.** The width of a page or column of type. **18.** *For good measure* As an extra precaution or beyond requirements. **19.** *Get the measure of or get someone's measure* To assess the nature, character, quality, etc., of someone or something. **20.** *Made to measure* Made to fit an individual purchaser. **21.** To determine the size, amount, etc., of by measurement. **22.** To make a measurement or measurements. **23.** To estimate or determine: *I measured his strength to be greater than mine.* **24.** To function as a measurement of: *The ohm measures electrical resistance.* **25.** To bring into competition or conflict: *He measured his strength against that of his opponent.* **26.** To be as specified in extent, amount, etc.: *The room measures six feet.* **27.** To travel or move over as if measuring. **28.** To adjust or choose: *He measured his approach to suit the character of his client.* **29.** To allow or yield to measurement.

Mecca also (Mekka and Makkah) *n.* **1.** The birthplace of Prophet Muhammad and the holiest city of Islam; the best part of the planet earth located in Arabia; improperly used in reference to a place that is deemed for its importance and attracts many visitors.

mechanical *adj.* **1.** Made, performed, or operated by or as if by a machine or machinery: *a mechanical process.* **2.** Concerned with machines or machinery. **3.** Relating to or controlled or operated by physical forces. **4.** Of or concerned with mechanics. **5.** Automatic; lacking thought, feeling, etc. **6.** Accounting for phenomena by physically determining forces. **7.** Made from pulp that has been mechanically ground and contains impurities. **8.** Camera-ready copy. --**mechanic** *n.,* --**mechanicalism** *n.,* --**mechanically** *adv.*

medical *adj.* **1.** Of or relating to the science of medicine or to the treatment of patients by drugs, etc., as opposed to surgery. **2.** A less common word for *medicinal.* **3.** A medical examination. --**medically** *adv.*

medicine *n.* **1.** Any drug or remedy for use in treating, preventing, or alleviating the symptoms of disease. **2.** The science of preventing, diagnosing, alleviating, or curing disease. **3.** Any nonsurgical branch of medical science. **4.** The practice or profession of medicine: *He's in medicine.* *adj.* **1.** Something regarded by primitive people as having magical or remedial properties. **2.** *Take one's medicine* To accept a deserved punishment. **3.** *A taste of one's own medicine* An unpleasant experience in retaliation for and by similar methods to an unkind or aggressive act.

meet *v.* **meets, meeting, met 1.** To come together, either by design or by accident; encounter: *I met him unexpectedly.* **2.** To come into or be in conjunction or contact with: *The roads meet in the town.* **3.** To come to or be at the place of arrival of: *to meet a train.* **4.** To make the aquaintance of or be introduced to: *Have you two met?* **5.** To gather in the company of: *The board of directors meets on Tuesday.* **6.** To come into the presence of as opponents: *Joe meets Fred in the boxing match.* **7.** To cope with effectively; satisfy: *to meet someone's demands.* **8.** To be apparent to. **9.** To return or counter: *to meet a blow with another.* **10.** To agree with: *We met him on the price he suggested.* **11.** To experience; suffer: *He met his death in a road accident.* **12.** To occur together: *Courage and kindliness met in him.* **13.** To find in a specified condition: *I met the door open.* **14.** The assembly of hounds, huntsmen, etc., prior to a hunt. **15.** A meeting, esp. a sports meeting. **16.** The place where the paths of two railway trains meet.

member *n.* **1.** A person who belongs to a club, political party, etc. **2.** Any individual plant or animal in a taxonomic group a member of the species. **3.** Any part of an animal body, such as a limb. **4.** Any part of a plant, such as a petal, root, etc. **5.** Any individual object belonging to a set or logical class. **6.** A distinct part of a whole, such as a proposition in a syllogism. **7.** A component part of a building or construction. --**memberless** *adj.*

memorize *v.* To commit to memory; learn so as to remember.

men *n. pl.* of **man.**

mental *adj.* **1.** Of or involving the mind or an intellectual process. **2.** Occurring only in the mind mental calculations. **3.** Affected by mental illness: *a mental patient.* **4.** Concerned with care for persons with mental illness: *a mental hospital.* **5.** Insane.

mention *v.* **1.** To refer to or speak about briefly or incidentally. **2.** To acknowledge or honour. **3.** *Not to mention* To say nothing of. **4.** A recognition or acknowledgment. **5.** A slight reference or allusion: *The author makes no mention of that.* **6.** The act of mentioning. **7.** The occurrence in such a context that it is itself referred to rather than performing its own linguistic function.

Mercurial *adj.* **1.** Of, like, containing, or relating to mercury. **2.** Volatile; lively: *a mercurial temperament.* **3** Of, like, or relating to the god or the planet Mercury. **4.** Any salt of mercury for use as a medicine. --**mercurially** *adv.*, --**mercurialness** *n.*, --**mercuriality** n.

Mercury (1) *n.* **1.** A heavy silvery-white toxic liquid metallic element occurring principally in cinnabar: used in thermometers, barometers, mercury-vapour lamps, and dental amalgams. Symbol: Hg; atomic no.: 80; atomic wt.: 200.59; valency: 1 or 2; relative density: 13.546; melting pt.: 38.842C; boiling pt.: 357C Also called: quicksilver, hydrargyrum. **2.** Any plant of the euphorbiaceous genus Mercurialis. **3.** A messenger or courier, the messenger of the gods Greek counterpart: Hermes. **Mercury (2)** *n.* An inhabited Planet that is thirty-six million miles from the Sun. Her diameter is three thousands miles. She travels around the sun at the same rate—one thousand thirty-seven miles per hour. --**Mercurian** *adj.*

messenger *n.* **1.** A person who takes messages from one person or group to another or others. **2.** A person who runs errands or is employed to run errands. **3.** A carrier of official dispatches; courier. **4a.** A light line used to haul in a heavy rope. **b.** An endless belt of chain, rope, or cable, used on a powered winch to take off power.

method *n.* **1.** A way of proceeding or doing something, esp. a systematic or regular one. **2.** Orderliness of thought, action, etc. **3.** The techniques or arrangement of work for a particular field or subject. **4.** Any of several traditional sets of changes. **method (2)** *n.* **1.** A technique of acting based on the theories of Stanislavsky, in which the actor bases his role on the inner motivation of the character he plays.

Michigan *n.* **1.** A state of the north central U.S., occupying two peninsulas between Lakes Superior, Huron, Michigan, and Erie: generally low-lying. Capital: Lansing. Abbrevs: Mich or MI. **2.** *Lake* A lake in the north central U.S. between

Wisconsin and Michigan: the third largest of the five Great Lakes and the only one wholly in the U.S.; linked with Lake Huron by the Straits of Mackinac. The State of Michigan is fifty-seven thousand, nine hundred eighty square miles and has a population of four million, eight hundred forty-two thousand, two hundred eighty people. The name Michigan is based on the Chippewa Indian word "mishigami" meaning great water, which refers to the Great Lake. --**Michigander** *n.*, --**Michiganite** *n.*

mighty *adj.* **mightier, mightiest 1.** Having or indicating might; powerful or strong. **2.** Very large; vast. **3.** Very great in extent, importance, etc.: *He was mighty tired.*

mile *n.* **1.** A unit of length used in the U.K., the U.S., and certain other countries, equal to 1760 yards. 1 mile is equivalent to 1.609 34 kilometres. **2.** A great distance; great deal: *He missed by a mile; He likes his new job miles better.*

milage *n.* **1.** A distance expressed in miles. **2.** The total number of miles that a motor vehicle has travelled. **3.** Allowance for travelling expenses, esp.: *a fixed rate per mile.* **4.** The number of miles a motor vehicle will travel on one gallon of fuel. **5.** Use, benefit, or service provided by something: *This scheme has a lot of mileage left.* **6.** Grounds, substance, or weight: *There is some mileage in the objectors' arguments.*

military *adj.* **1.** Of or relating to the armed forces; warlike matters, etc. **2.** Of, characteristic of, or about soldiers. *n. pl.* -**taries 1.** The armed services.

million *n.* **1.** The cardinal number that is the product of 1000 multiplied by 1,000. See also number. **2.** A numeral, 1,000,000, representing this number. **3.** An extremely large but unspecified number, quantity, or amount: *I have millions of things to do.* **deter. 1a.** Amounting to a million: *a million light years away.* **b.** *I can see a million under the microscope.* **5.** Gone; sunk: *a million done for.* --**mega** *related prefix.*

mind *n.* **1.** The human faculty to which are ascribed thought, feeling, etc.; often regarded as an immaterial part of a person. **2.** Intelligence or the intellect, esp. as opposed to feelings or wishes. **3.** Recollection or remembrance; memory: *It comes to mind.* **4.** The faculty of original or creative thought; imagination: *It's all in the mind.* **5.** A person considered as an intellectual being: *The great minds of the past.* **6.** Opinion or sentiment: *We are of the same mind; to change one's mind; to have a mind of one's own; to speak one's mind.* **7.** Condition, state, or manner of feeling or thought: *peace of mind.* **8.** An inclination, desire, or purpose: *I have a mind to go.* **9.** Attention or thoughts: *Keep your mind on your work.* **10.** A sound mental state; sanity. **11.** Intelligence, as opposed to material things: *The mind of the universe.* **12.** One of two basic modes of existence, the other being matter. **13.** ***Blow someone's mind*** **a.** To cause someone to have a psychedelic experience. **b.** To astound or surprise someone. **14.** ***Give a piece of one's mind*** To criticize or censure frankly or vehemently. **15.** In or of two minds undecided; wavering: *He was in two minds about marriage.* **16.** ***Make up one's mind*** To decide: *He made up his mind to go.* **17.** ***On one's mind*** In one's thoughts. **18.** ***Put in mind of*** To remind of. **19.** To take offense at: *Do you mind if I smoke?* **20.** To pay attention to heed; notice: *to mind one's own business.* **21.** To make certain; ensure: *Mind you tell her.* **22.** To take care of; have charge of: *to mind the shop.* **23.** To be cautious or careful about: *Mind your step.* **24.** To obey; heed: *Mind your father!* **25.** To be concerned; be troubled: *Never mind about other's negativity.* **26.** To be intending or inclined: *Clearly he was not minded to finish the story.* **27.** To remember: *Do ye mind his name?* **28.** To remind: *That minds me of another story.* **29.** ***Mind you*** An expression qualifying a previous statement: *Dogs are nice. Mind you, I don't like all dogs.*

minister *n.* **1.** A member of the clergy. **2.** A person appointed to head a government department. **3.** Any diplomatic agent accredited to a foreign government or head of state. **4.** A person who attends to the needs of others, esp. in religious matters. **5.** A person who acts as the agent or servant of a person or thing. **6.** To attend to the needs; take care. **7.** To provide; supply.

minor *adj.* **1.** Lesser or secondary in amount, extent, importance, or degree: *minor burns.* **2.** Of or relating to the minority. **3.** Below the age of legal majority. **4a.** A having a semitone between the second and third and fifth and sixth degrees. **b.** Based on the minor scale. **c.** Denoting a specified key based on the minor scale. **d.** Reduced by a semitone from the major having a minor third above the root. **e.** Of or relating to a chord built upon a minor triad and containing a minor seventh: *a minor ninth.* Also *minor key*, *minor mode*. **5.** Having less generality or scope than another term or proposition. **6.** Of or relating to an additional secondary subject taken by a student. **7.** The younger or junior. **8.** Of, relating to, or denoting a set of changes: *Rung on six bells grandsire minor.* **9.** A person or thing that is lesser or secondary. **10.** A person below the age of legal majority. **11.** A subsidiary subject in which a college or university student needs fewer credits than in his or her major. **12.** A minor key, chord, mode, or scale. **13.** A minor term or premise. **14a.** A determinant associated with a particular element of a given determinant and formed by removing the row and column containing that element. **b.** The number equal to this reduced determinant.

minute *n.* **1.** A period of time equal to 60 seconds; one sixtieth of an hour. **2.** A unit of angular measure equal to one sixtieth of a degree. **3.** Any very short period of time; moment. **4.** A short note or memorandum. **5.** The distance that can be travelled in a minute: *It's only two minutes away.* **6. Up to the minute** Very latest or newest. **7.** To record in minutes: *to minute a meeting.* **8.** To time in terms of minutes.

minutes *n.* **1.** An official record of the proceedings of a meeting, conference, convention, etc.

miserable *adj.* **1.** Unhappy or depressed; wretched. **2.** Causing misery, discomfort, etc.: *a miserable life.* **3.** Contemptible: *a miserable villain.* **4.** Sordid or squalid: *miserable living conditions.* **5.** Mean; stingy. --**miserableness** *n.*, --**miserably** *adv.*

mist *n.* **1.** A thin fog resulting from condensation in the air near the earth's surface. **2.** Such an atmospheric condition with a horizontal visibility of 12 kilometres. **3.** A fine spray of any liquid, such as that produced by an aerosol container. **4.** A colloidal suspension of a liquid in a gas. **5.** Condensed water vapour on a surface that blurs the surface. **6.** Something that causes haziness or lack of clarity, such as a film of tears. **7.** To cover or be covered with or as if with mist.

mistake *n.* **1.** An error or blunder in action, opinion, or judgment. **2.** A misconception or misunderstanding. *v.* **-takes, -taking, -took, -taken 1.** To misunderstand; misinterpret: *She mistook his meaning.* **2.** To take, interpret, or confuse: *She mistook his direct manner for honesty.* **3.** To choose badly or incorrectly: *He mistook his path.* **4.** To make a mistake in action, opinion, judgment, etc.

mix *v.* **1.** To become or have the capacity to become combined, joined, etc.: *Some chemicals do not mix.* **2.** To form by combining two or more constituents: *to mix cement.* **3.** To add as an additional part or element: *to mix flour into a batter.* **4.** To do at the same time; combine: *to mix study and pleasure.* **5.** To consume in close succession. **6.** To come or cause to come into association socially: *Pauline has never mixed well.* **7.** To go together; complement.

8. To crossbreed, esp. more or less at random. **9.** To combine. **10a.** To balance and adjust on a multitrack tape machine. **b.** To balance and adjust. **11.** To merge so that the effect is imperceptible. **12.** *Mix it* **a.** To cause mischief or trouble, often for a person named: *She tried to mix it for John.* **b.** To fight. **13.** The act or an instance of mixing. **14.** The result of mixing; mixture. **15.** A mixture of ingredients, esp. one commercially prepared for making a cake, bread, etc. **16.** The sound obtained by mixing. **17.** The proportions of cement, sand, and aggregate in mortar, plaster, or concrete. **18.** A state of confusion, bewilderment. --mixable *adj.*, --mixability *n.*

mixed *adj.* **1.** Formed or blended together by mixing. **2.** Composed of different elements, races, sexes, etc.: *a mixed school.* **3.** Consisting of conflicting elements, thoughts, attitudes, etc.: *mixed feelings; mixed motives.* **4a.** Having the nature of both a real and a personal action, such as a demand for the return of wrongfully withheld property as well as for damages to compensate for the loss. **b.** Having aspects or issues determinable by different persons or bodies: *a mixed question of law and fact.* **5.** Containing cymose and racemose branches. **6.** Containing both motor and sensory nerve fibres. **7a.** Consisting of the sum of an integer and a fraction or decimal fraction. **b.** Consisting of the sum of a polynomial and a rational fraction. --mixedly *adv.*, --mixedness *n.*

modern *adj.* **1.** Of, involving, or befitting the present or a recent time; contemporary. **2.** Of, relating to, or characteristic of contemporary styles or schools of art, literature, music, etc., esp. those of an experimental kind. **3.** Belonging or relating to the period in history from the end of the Middle Ages to the present. **4.** A contemporary person. **5.** A type style that originated around the beginning of the 19th century, characterized chiefly by marked contrast between thick and thin strokes. --modernly *adv.*, modernness

money *n. pl.* **-s** or **-ies 1.** A medium of exchange that functions as legal tender. **2.** The official currency, in the form of banknotes, coins, etc., issued by a government or other authority. **3.** A particular denomination or form of currency silver money. **4.** Property or assets with reference to their realizable value. **5.** A pecuniary sum or income. **6.** An unspecified amount of paper currency or coins money to lend. **7.** *For one's money* In one's opinion. **8.** *In the money* Well-off; rich. **9.** *Money for old rope* Profit obtained by little or no effort. **10.** *Money to burn* More money than one needs. **11.** *One's money's worth* Full value for the money one has paid for something. **12.** *Put money into* To invest money in. **13.** *Put money on* To place a bet on.

month *n.* **1.** One of the twelve divisions of the calendar year. **2.** A period of time extending from one date to a corresponding date in the next calendar month. **3.** A period of four weeks or of 30 days. **4.** The period of time taken by the moon to return to the same longitude after one complete revolution around the earth; 27.321 58 days. **5.** The period of time taken by the moon to make one complete revolution around the earth, measured between two successive conjunctions with a particular star; 27.321 66 days. **6.** The period of time taken by the moon to make one complete revolution around the earth, measured between two successive new moons; 29.530 59 days. Also called: *lunation.* **7.** *A month of Sundays* A long unspecified period. *adj.* **1.** Mensal month; four weeks, thirty days.

moon (1) *n.* **1.** The companion satellite of the Earth that was once part of the Earth. It was deported into its present form some 66 trillion years ago, thus loosing its water, vegetation, and life. The moon represents Equality. **2.** The face of the moon as it is seen during its revolution around the earth, esp. at one of its phases new moon full moon. **3.** Any natural satellite of a planet. **4.** Moonlight; moonshine. **5.** Something resembling a moon. **6.** A month, esp. a lunar one. **7.** *Once in a blue moon* Very seldom. **8.** *Over the moon* Extremely happy; ecstatic. **9.** *Reach for the moon* To desire or attempt something unattainable or difficult to obtain. **10.** To be idle in a listless way, as if in love, or to idle away. **11.** To expose one's buttocks to passers-by. -- **moonless** *adj.* **moon (2)** *n.* **1.** A system of embossed alphabetical signs for blind readers, the fourteen basic characters of which can, by rotation, mimic most of the letters of the Roman alphabet, thereby making learning easier for those who learned to read before going blind. **2.** Satellite. **3.** *Once in a blue moon* Almost never, rarely, very seldom.

more *adj.* **1.** The comparative of much or many: *He has more than she has.* **2.** Additional; further: *I can't take any more than expected.* **3.** *More of* To a greater extent or degree: *We see more of Sue these days.* **4.** Used to form the comparative of some adjectives and adverbs: *a more believable story; go more quickly.* **5.** The comparative of much: *People listen to the radio more now.* **6.** Additionally; again: *I'll look at it once more.* **7.** *More or less* **a.** As an estimate; approximately. **b.** To an unspecified extent or degree: *The party was ruined, more or less.* **8.** *More so* To a greater extent or degree. **9.** *Neither more nor less than* Simply. **10.** *Think more of* To have a higher opinion of.

Moses/Mossa/Musa *n.* **1.** A half-original man and a prophet who came two thousand years after the Caucasians were driven into Europe. He taught them how to live a respectful life, how to build a home for themselves and some of the Tricknollegy that Yacub taught him, which was devilishment - telling lies, stealing any how to master the original man. The biblical Moses led the Children of Israel out of bondage, established the law of God among the Children of Israel, and lifted up the serpent in the wilderness—seemingly the same serpents that God sent to bite and chide His Chosen People. The name of Mossa is likely derived from Egyptian *mes* meaning *son*, and may also possibly mean *deliver* in Hebrew.

most *adj.* **1a.** A great majority of; nearly all. **2.** *The most* **a.** The superlative of many and much: *You have the most apples.* **b.** The most he can afford is two pounds. **3.** *At most* At the maximum: *That girl is four at the most.* **4.** *For the most part* Generally. **5.** *Make the most of* To use to the best advantage: *She makes the most of her accent.* **6.** *The most* Used to form the superlative of some adjectives and adverbs: *the most beautiful nation of all.* **7.** The superlative of much: *a most absurd story.* **11.** Almost: *Most every person was present at the meeting.* **-most** *adj.* *suffix* forming the superlative degree of some adjectives and adverbs: *uppermost.*

mother *n.* **1a.** A female who has given birth to offspring. **b.** A mother bird. **2.** A person's own mother. **3.** A female substituting in the function of a mother. **4.** A term of address for an old woman. **5.** Motherly qualities, such as maternal affection. **6.** A female or thing that creates, nurtures, protects, etc., something: *mother earth.* **7.** A title given to certain members of female religious orders: *mother superior.* **8.** God as the eternal Principle. **9.** Native or innate mother wit. **10.** *The mother of all* The greatest example of its kind: *the mother of all parties.* **11.** To give birth to or produce. **12.** To nurture, protect, etc. **--maternal** *adj.*, **--mothering** *n.* **1.** A stringy slime containing various bacteria that forms on the surface of liquids undergoing acetous fermentation. It can be added to wine, cider, etc. to promote vinegar formation.

mount *v.* **1.** To go up; climb. **2.** To get up on. **3.** To increase; accumulate: *Excitement mounted.* **4.** To fix onto a backing, setting, or support: *to mount a photograph.* **5.** To provide with a horse for riding, or to place on a horse. **6.** To prepare for production. **7.** To plan and organize. **8.** To prepare or launch: *The Allies mounted an offensive.* **9.** To prepare for exhibition as a specimen. **10.** To place or carry in such a position that they can be fired. **11.** A backing, setting, or support onto which something is fixed. **12.** The act or manner of mounting. **13.** A horse for riding. **14.** A slide used in microscopy. **15a.** A small transparent pocket in an album for a postage stamp. **b.** Hinge. -- **mountable** *adj.*, --**mounter** *n.* **mount (2)** *n.* **1.** A mountain or hill: used in literature and in proper names: *Mount Everest.* **2.** Any of the seven cushions of flesh on the palm of the hand.

mountain *n.* **1.** A natural upward projection of the earth's surface, higher and steeper than a hill and often having a rocky summit. **2.** A huge heap or mass a mountain of papers. **3.** Anything of great quantity or size. **4.** A surplus of a commodity, esp. in the European Union: *the butter mountain.* **5.** *A mountain to climb* A serious or considerable difficulty or obstruction to overcome. **6.** *Make a mountain out of a molehill* Infer great significance to something trivial.

move *v.* **moves, moving, moved 1.** To go or take from one place to another; change in location or position. **2.** To change. **3.** To be or cause to be in motion; stir. **4.** To work or operate. **5.** To cause; prompt. **6.** To begin to act: *Move soon or we'll lose the order.* **7.** To associate oneself with a specified social circle: *To move in exalted spheres.* **8.** To make progress. **9.** To arouse affection, pity, or compassion in; touch. **10.** To change the position of or to change position. **11.** To be disposed of by being bought. **12.** To suggest formally, as in debating or parliamentary procedure. **13.** To go away or to another place; leave. **14.** To cause to evacuate or to be evacuated. **15.** To be exciting or active: *The party started moving at twelve.* **16.** *Move heaven and earth* To take every step possible. **17.** The act of moving; movement. **18.** One of a sequence of actions, usually part of a plan. **19.** The act of moving one's residence, place of business, etc. **20a.** A player's turn to move his piece or take other permitted action. **b.** A permitted manoeuvre of a piece. **21a.** To get started. **b.** To hurry up. **22.** *Make a move* To take even the slightest action: *Don't make a move without checking with me first.* **23.** *Make one's move* To commit oneself to a position or course of action. **24.** *On the move* **a.** Travelling from place to place. **b.** Advancing; succeeding. **c.** Very active; busy.

moving *adj.* **1.** Arousing or touching the emotions. **2.** Changing or capable of changing position. **3.** Causing motion. -- **movingly** *adv.*

Mr. *n.*: **1.** A title used before a man's name or names or before some office that he holds: *Mr. Jones; Mr. President.* **2.** A title used in addressing a warrant officer, officer cadet, or junior naval officer. **3.** A title placed before the surname of a surgeon.

much *adj.* **1.** A great quantity or degree of: *There isn't much honey left; Much has been learned from this.* **2.** *A bit much* Rather excessive. **3.** *As much* Exactly that: *I suspected as much when I heard.* **4.** *Not much of* Not to any appreciable degree or extent: *He's not much of an actor really.* **5.** *Not up to much* Of a low standard: *This product is not up to much.* **6.** *Think much of* To have a high opinion of: *I don't think much of his behavior.* **7.** Considerably: *They're much better now.* **8.** Practically; nearly. **9.** Often; a great deal: *It doesn't happen much in this country.* **10.** *Much as* Even though: *Although much as I'd like to, I can't come.*

Muhammad (also Mohammed) *n.* **1.** The name of the Holy Prophet of Islam to whom the Holy Qur'an was revealed in Arabia. The name Muhammad means one worthy of praise; one who praises much. He established the principles of Islam over all Arabia. Other names: Mahomet, Mahmoud.

Muhammad, Elijah *n.* **1.** The man raised by Master Fard Muhammad to be His divine Messenger, Warner, and Deliverer of The Truth that will ultimately raise the Black and Original people of America and the world back to their divine potential. Master Fard Muhammad gave Elijah Muhammad the Supreme Wisdom Lessons for The Lost-Found Nation Of Islam in North America and made Elijah to take His place among the people until his appointed time. The name Elijah literally means my God is The God. Born near Sandersville Georgia around October 7, 1897. Also known as The Most Honorable Elijah Muhammad

multiply *v.* -plies, -plying, -plied **1.** To increase or cause to increase in number, quantity, or degree. **2.** To combine by multiplication. **3.** To increase in number by reproduction. --**multipliable** *adj.* --**multiplicable** *adj.*

multiple *adj.* **1.** Having or involving more than one part, individual, etc. **2.** Having a number of conductors in parallel. **3.** The product of a given number or polynomial and any other one: *6 is a multiple of 2.* **4.** An electrical circuit accessible at a number of points to any one of which a connection can be made.

murder *n.* **1.** The unlawful premeditated killing of one human being by another. Compare manslaughter, homicide. **2.** Something dangerous, difficult, or unpleasant. *Driving around London is murder.* *v.* **3. Cry blue murder** To make an outcry. **4.** *Get away with murder* To escape censure; do as one pleases. **5.** To kill unlawfully with premeditation or during the commission of a crime. **6.** To kill brutally. **7.** To destroy; ruin: *He murdered her chances of happiness.* **8.** To defeat completely; beat decisively: *The home team murdered their opponents.*

Muslim *n.* **1.** One who entirely submits his or her will to do Allah's will, thereby entering into peace; the title given to the Believers in Islam in North America after the departure of the Saviour, W. D. Fard Muhammad. *adj.* **1.** Of or relating to or supporting Islam. Inappropriately called Muhammadan, Muhammedan, Mohammedan Muslimism or Moslemism.

must *v.* **1.** To express obligation or compulsion: *You must pay your dues.* In this sense, must does not form a negative. If used with a negative infinitive it indicates obligatory prohibition. **2.** To indicate necessity: *I must go to the bank tomorrow.* **3.** To indicate the probable correctness of a statement: *He must be there by now.* **4.** To indicate inevitability: *All good things must come to an end.* **5.** To express resolution **a.** On the part of the speaker when used with I or we: *I must finish this.* **b.** On the part of another or others as imputed to them by the speaker, when used with *you, he, she, they,* etc.: *Let him do what he must.* **6.** To express conviction or certainty on the part of the speaker: *He must have reached the town by now.* **7.** Used with an implied of motion to express compelling haste: *I must go away.* **8.** An essential or necessary thing: *Strong shoes are a must for hill walking.*

my *adj.* **1.** Of, belonging to, or associated with the speaker or writer: *Do you mind my questions?* **2.** Used in various forms of address: *my dear brother.* **3.** Used in various exclamations: *My goodness!* *interject.* **1.** An exclamation of surprise, awe, etc.: *My, how you've grown!*

myself *pron.* **1.** The reflexive form of *I* or *me: I myself know of no answer.* **2.** My usual self: *I'm not myself today.* **3.** Used instead of *I* or *me* in compound phrases: *John and myself are voting together.*

mystery *n.* **1.** An unexplained or inexplicable event, phenomenon, etc. **2.** A person or thing that arouses curiosity or suspense because of an unknown, obscure, or enigmatic quality. **3.** The state or quality of being obscure, inexplicable, or enigmatic. **4.** A story, film, etc., which arouses suspense and curiosity because of facts concealed. **5.** Any truth that is divinely revealed but otherwise unknowable. **6.** Sacramental rite, such as the Eucharist, or the consecrated elements of the Eucharist. **7.** Any of various rites of certain ancient Mediterranean religions.

N

n. The fourteenth letter of the alphabet. Denoting the next after *M* in a set of items, categories, etc.

naked *adj.* **1.** Having the body completely unclothed; undressed; bare. **2.** Having no covering; bare; exposed: *a naked flame.* **3.** With no qualification or concealment; stark; plain: *the naked facts.* **4.** Unaided by any optical instrument, such as a telescope or microscope. **5.** With no defense, protection, or shield. **6.** Stripped or destitute: *naked of weapons.* **7.** Not enclosed in a pericarp. **8.** Lacking a perianth. **9.** Lacking leaves and other appendages. **10.** Lacking hair, feathers, scales, etc. **11a.** Unsupported by authority or financial or other consideration: *a naked contract.* **b.** Lacking some essential condition to render valid; incomplete.

name *n.* **1.** A word or term by which a person or thing is commonly and distinctively known. *adj.* **nominal 1.** Mere outward appearance or form as opposed to fact: *He was a ruler in name only.* **2.** A word, title, or phrase descriptive of character, usually abusive or derogatory to call. **4.** Reputation, esp., if unspecified, good reputation: *He's made quite a name for himself.* **5.** A famous person or thing: *a name in the advertising world.* **6.** In or under the name of; using as a name. **7.** *In the name of* **a.** For the sake of. **b.** By the sanction or authority of. **8.** *Know by name* To have heard of without having met. **9.** *Name of the game* **a.** Anything that is essential, significant, or important. **b.** Expected or normal conditions, circumstances, etc.: *In gambling, losing money's the name of the game.* **10.** *To one's name* Belonging to one: *I haven't a penny to my name.* *v.* **1.** To give a name to; call by a name. **2.** To refer to by name; cite: *He named the titles of each lecture.* **3.** To determine, fix, or specify: *They have named a date for the meeting.* **4.** To appoint; to or cite for a particular title, honour, or duty; nominate: *He was named Journalist of the Year.* **5.** *Name names* To cite people, esp. in order to blame or accuse them. **6.** *Name the day* To choose the day. **7.** *You name it* Whatever you need, mention, etc.

nation *n.* **1.** An aggregation of people or peoples of one or more cultures, races, etc., organized into a single state. **2.** A community of persons not constituting a state but bound by common descent, language, history, etc. *the French-Canadian nation.* **3a.** A federation of tribes, esp. American Indians. **b.** The territory occupied by such a federation. [C13: via Old French from Latin natio birth, tribe, from nasci to be born].

near *prep.* **1.** At or to a place or time not far away from; close to. **2.** At or to a place or time not far away; close by. **3.** Near to not far from. **4.** Short for nearly: *I was near killed.* *adj.* and *prep.* **1.** At or in a place not far away. **2.** Only just successful or only just failing: *a near escape.* **7.** Miserly, mean. **8.** Closely connected or intimate: *a near relation.* **9.** To come or draw close. **10.** *Nearside* **a.** The left side of a horse, team of animals, vehicle, etc. **b.** The near foreleg.

neat *adj.* **1.** Clean, tidy, and orderly. **2.** Liking or insisting on order and cleanliness; fastidious. **3.** Smoothly or competently done; efficient: *a neat job.* **4.** Pat or slick: *His excuse was suspiciously neat.* **5.** Without added water, lemonade, etc.; undiluted. **6.** *Neat profits* A less common word for net. **7.** Good; pleasing.

needle *n.* **1.** A pointed slender piece of metal, usually steel, with a hole or eye in it through which thread is passed for sewing. **2.** A somewhat larger rod with a point at one or each end, used in knitting. **3.** A similar instrument with a hook at one end for crocheting. **4a.** Another name for stylus. **b.** A small thin pointed device, esp. one made of stainless steel, used to transmit the vibrations from a gramophone record to the pick-up. **5a.** The long hollow pointed part of a hypodermic syringe, which is inserted into the body. **b.** An informal name for hypodermic syringe. **6.** A pointed steel instrument, often curved, for suturing, puncturing, or ligating. **7.** A long narrow stiff leaf in which water loss is greatly reduced pine needles. **8.** Any slender sharp spine, such as the spine of a sea urchin. **9.** Any slender pointer for indicating the reading on the scale of a measuring instrument. **10.** Short for magnetic needle. **11.** A crystal resembling a needle in shape. **12.** A sharp pointed metal instrument used in engraving and etching. **13.** Anything long and pointed, such as an obelisk: *a needle of light.* **14.** A short horizontal beam passed through a wall and supported on vertical posts to take the load of the upper part of the wall. **15. a.** Anger or intense rivalry, esp. in a sporting encounter: *a needle match.* *v.* **1.** *Have or get the needle* To feel dislike, distaste, nervousness, or annoyance: *She got the needle after he had refused her invitation.* **2.** To goad or provoke, as by constant criticism. **3.** To sew, embroider, or prick with a needle. **4.** To increase the alcoholic strength of. **5.** To form needle-shaped crystals.

Neptune *n.* **1.** A planet that is two billion, seven hundred ninety-three million miles from the Sun and travels around the Sun in one hundred sixty-five years. It has a diameter of thirty-three thousand miles. **2.** The Roman god of the sea Greek counterpart: Poseidon.

never *adv.* **1.** At no time; not ever. **2.** Certainly not; by no means; in no case. *interject.* **1.** Surely not! *Well I never!*

new *adj.* **1.** Recently made or brought into being: *a new dress; our new baby.* **2.** Of a kind never before existing; novel: *a new concept in marketing.* **3.** Having existed before but only recently discovered: *a new comet.* **4.** Markedly different from what was before: *the new liberalism.* **5.** Fresh and unused; not second-hand: *a new car.* **6.** Having just or recently become: *a new bride.* **7.** Recently introduced; inexperienced or unaccustomed: *new to this neighbourhood.* **8.** More or most recent of two or more things with the same name: *the New Testament.* **9.** Fresh; additional: *I'll send some new troops.* **10** Unknown; novel: *This is new to me.* **11.** Beginning or occurring again: *a new year.* **12.** Harvested early: *new carrots.* **13.** Changed, esp. for the better: *She returned a new woman from her holiday.* **14.** Up-to-date; fashionable. **15.** Being the most recent, usually living, form of a language: *New High German.* **16.** *Turn over a new leaf* To reform; make a fresh start. *adv.* **1.** Recently, freshly: *new-laid eggs.* **2.** Anew; again.

next *adj.* **1.** Immediately following: *The next patient to be examined.* **2.** Immediately adjoining: *the next room.* **3.** Closest to in degree: *the tallest boy next to James.* **4.** *The next but one* The one after the next. *adv.* **1.** At a time or on an occasion immediately to follow: *The patient to be examined next.* **6.** *Next to* **a.** Adjacent to; at or on one side of: *the house next to ours.* **b.** Following in degree: *Next to your mother, who do you love most?* **c.** Almost: *next to impossible.*

night *n.* **1.** The period of darkness each 24 hours between sunset and sunrise, as distinct from day. **2.** Of, occurring, working, etc., at night: *a night nurse.* **3.** The occurrence of this period considered as a unit: *Four nights later they left.* **4.** The period between sunset and retiring to bed; evening. **5.** The time between bedtime and morning. **6.** The weather conditions of the night: *a clear night.* **7.** The activity or experience of a person during a night. **8.** Any evening designated for a special observance or function. **9.** Nightfall or dusk. **10.** A state or period of gloom, ignorance, etc. **11.** *Make a night of it* To go out and celebrate for most of the night. **12.** *Night and day* Continually: *That baby cries night and day.*

Nile (Also Nile River) *n.* **1.** A river in Africa, rising in south central Burundi in its remotest headstream, the Luvironza: flows into Lake Victoria and leaves the lake as the Victoria Nile, flowing to Lake Albert, which is drained by the Albert Nile, becoming the White Nile on the border between Uganda and the Sudan; joined by its chief tributary, the Blue Nile at Khartoum, and flows north to its delta on the Mediterranean; the longest river in the world. Length: 6741 km.

nine *n.* **1.** The cardinal number that is the sum of one and eight. **2.** A numeral, 9, IX, etc., representing this number. **3.** Something representing, represented by, or consisting of nine units, such as a playing card with nine symbols on it. **4.** Nine hours after noon or midnight the play starts at nine. Also: *nine o'clock.* **5.** *Dressed to the nines* Elaborately dressed. **6.** *911* the telephone number of the emergency services. **7.** *Nine to five* Normal office hours: *He works a nine-to-five job.* *deter.* **1.** Amounting to nine: *Nine of the ten are ready.* **nona-** *related prefix*

nineteen *n.* **1.** The cardinal number that is the sum of ten and nine and is a prime number. **2.** A numeral, 19, XIX, etc., representing this number. **3.** Something represented by, representing, or consisting of 19 units. **4.** *Talk nineteen to the dozen* To talk incessantly. *deter.* **1.** Amounting to nineteen: *nineteen pictures; only nineteen voted.*

ninety *n.* **1.** The cardinal number that is the product of ten and nine. **2.** A numeral, 90, XC, etc., representing this number. **3.** Something represented by, representing, or consisting of 90 units. *deter.* **1.** Amounting to ninety: *ninety times out of a hundred.*

no *interject.*: **1.** *(Sentence substitute)* Used to express denial, disagreement, refusal, disapproval, disbelief, or acknowledgment of negative statements. **2.** Used with question intonation to query a previous negative statement, as in disbelief: *Alfred isn't here yet. No?* *pl.* **noes** or **nos 1.** An answer or vote of no. **2.** A person who votes in the negative. **3.** *The noes have it* There is a majority of votes in the negative. **4.** *Not take no for an answer* To continue in a course of action despite refusals. Compare *yes* or *aye.*

no (2) *adj.* **1.** Not any, not a, or not one. *There's no milk left.* **2.** Not by a long way; not at all: *She's no youngster.* **3.** Not; no less than: *No more quickly than before.* **4.** *No go* The stylized classic drama of Japan, developed in the 15th century or earlier, using music, dancing, chanting, elaborate costumes, and themes from religious stories or myths. **5.** The chemical symbol for nobelium. **6.** *Lake* A lake in the S central Sudan, where the Bahr el Jebel is joined by the Bahr el Ghazal. Area: about 103 sq. km.

none *adj.* **1.** Not any of a particular class: *None of my letters has arrived.* **2.** No-one; nobody: *There was none to tell the tale.* **3.** No part; not any: *None of it looks edible.* **4.** None other; no other person: *None other than the Queen herself.* **5.** *None the* In no degree: *She was none the worse for her ordeal.* **6.** *None too* Not very: *He was none too pleased.*

nor *conj. coordinating prep.* **1.** And not: *neither measles nor mumps.* **2.** Not either: *They weren't talented nor were they particularly funny.* **3.** Than: *better nor me.* **4.** Neither: *nor wind nor rain.*

north (1) *n.* **1.** One of the four cardinal points of the compass, at 0 or 360, that is 90 from east and west and 180 from south. **2.** The direction along a meridian towards the North Pole. **3.** The direction in which a compass needle points; magnetic north. **4.** *The North* Any area lying in or towards the north. *adj.* **1.** Arctic, boreal. **2.** The player or position at the table corresponding to north on the compass. **3.** Situated in, moving towards, or facing the north. **4.** From the north. *adv.* **1.** In, to, or towards the north. **2.** From the north. Symbol: *N*.

North (2) *n.* **1.** The northern area of England, generally regarded as reaching approximately the southern boundaries of Yorkshire, Derbyshire, and Cheshire. **2.** The area approximately north of Maryland and the Ohio River, esp. those states north of the Mason-Dixon Line that were known as the Free States during the Civil War. **3.** The northern part of North America, esp. the area consisting of Alaska, the Yukon, and the Northwest Territories; the North Country. **4.** The countries of the world that are economically and technically advanced. **5.** The north wind. *adj.* **1.** Of or denoting the northern part of a specified country, area, etc.: *North Africa.*

not *adj.* **1a.** Used to negate the sentence, phrase, or word that it modifies: *I will not stand for it.* **b.** They cannot go. *conj.* **1.** *Not that* Which is not to say or suppose that. **2.** *Not but what I expect to lose the game - not that I mind.* **sentence substitute** **1.** Used to indicate denial, negation, or refusal certainly not.

note *n.* **1.** A brief summary or record in writing, esp. a jotting for future reference. **2.** A brief letter, usually of an informal nature. **3.** A formal written communication, esp. from one government to another. **4.** A short written statement giving any kind of information. **5.** A critical comment, explanatory statement, or reference in the text of a book, often preceded by a number. **6.** Short for **banknote**. **7.** A characteristic element or atmosphere: *a reminder note.* **8.** A distinctive vocal sound, as of a species of bird or animal: *the note of the nightingale.* **9.** Any of a series of graphic signs representing a musical sound whose pitch is indicated by position on the stave and whose duration is indicated by the sign's shape. **10.** A musical sound of definite fundamental frequency or pitch. Also called: *tone.* **11.** A key on a piano, organ, etc. **12.** A sound, as from a musical instrument, used as a signal or warning: *The note to retreat was sounded.* **13.** Short for *promissory note.* **14.** A tune or melody. **15.** *Of note* **a.** Distinguished or famous: *an athlete of note.* **b.** Worth noticing or paying attention to; important: *nothing of note.* **16.** *Strike the right note* To behave appropriately. **17.** *Take note* To observe carefully; pay close attention. **18.** To notice; perceive: *He noted that there was a man in the shadows.* **19.** To pay close attention to; observe: *They noted every movement.* **20.** To make a written note or memorandum of: *She noted the date in her diary.* **21.** To make particular mention of; remark upon: *I note that you do not wear shoes.* **22.** To write down in notes. **23.** To take to a notary public to re-present the bill and if it is still unaccepted or unpaid: *to note the circumstances in a register.* **24.** A less common word for *annotate.*

nothing *pron.* **1.** No thing; not anything, as of an implied or specified class of things: *I can give you nothing.* **2.** No part or share: *to have nothing to do with this crime.* **3.** A matter of no importance or significance: *It doesn't matter.; It's nothing.* **4.** Indicating the absence of anything perceptible; nothingness. **5.** Indicating the absence of meaning, value, worth, etc.: *to amount to nothing.* **6.** Zero quantity; nought. **7.** *Be nothing to* **a.** Not to concern or be significant to. **b.** To be not nearly as good as. **8. *Have or be nothing*** To do with to have no connection with. **9. *Have nothing on*** **a.** To have no engagements to keep. **b.** To be undressed or naked. **c.** To compare unfavourably with. **10. *In nothing flat*** In almost no time; very quickly or soon. **11. *Nothing but*** Not something other than; only. **12. *Nothing doing*** An expression of dismissal, disapproval, lack of compliance with a request, etc. **13. *Nothing if not*** At the very least; certainly. **14. *Nothing less than,* or *nothing short of*** Downright; truly. **15. *Nothing for it*** No choice; no other course. **16. *There's nothing like*** A general expression of praise: *There's nothing like a good cup of tea.* **17. *There's nothing to it*** It is very simple, easy, etc. **18. *Think nothing of*** **a.** To regard as routine, easy, or natural. **b.** To have no compunction or hesitation about. **c.** To have a very low opinion of. **19. *To say nothing of*** As well as; even disregarding: *He was warmly dressed in a shirt and heavy jumper, to say nothing of his thick overcoat.* **20. *Stop at nothing*** To be prepared to do anything; be unscrupulous or ruthless. *adv.* **1.** In no way; not at all: *He looked nothing like his brother.* **2.** A person or thing of no importance or significance. **3. *Sweet nothings*** Words of endearment or affection.

now *adj.* **1.** At or for the present time or moment. **2.** At this exact moment; immediately. **3.** In these times; nowadays. **4.** Given the present circumstances: *Now we'll have to stay to the end.* **5.** Very recently: *He left just now.* **6.** Very soon: *He is leaving just now.* **7. *Now and again, now and then*** Occasionally; on and off. **8. *For now*** For the time being. **9. *Now now!*** An exclamation used to rebuke or pacify someone. **10. *Now then*** **a.** Used to preface an important remark, the next step in an argument, etc. **b.** An expression of mild reproof: *Now then, don't tease!* *conj.* **1.** Seeing that; since it has become the case that: *Now you're in charge, things will be better.* **sentence connector 1a.** Used as a transitional particle or hesitation word: *Now, I can't really say.* **b.** Used for emphasis: *Now listen to this.* **c.** Used at the end of a command, esp. in dismissal: *Run along, now.* **2.** The present moment or time: *Now is the time to go.* *adj.* **1.** Of the moment; fashionable: *The now look is street fashion.*

nowadays *adv.* In these times.

number *n.* **1.** A concept of quantity that is or can be derived from a single unit, the sum of a collection of units, or zero. Every number occupies a unique position in a sequence, enabling it to be used in counting. It can be assigned to one or more sets that can be arranged in a hierarchical classification: every number is a complex number; a complex number is either an imaginary number or a real number, and the latter can be a rational number or an irrational number; a rational number is either an integer or a fraction, while an irrational number can be a transcendental number or an algebraic number. See also **cardinal number, ordinal number. 2.** The symbol used to represent a number; numeral. **3.** A numeral or string of numerals used to identify a person or thing, esp. in numerical order: *a telephone number.* **4.** The person or thing so identified or designated: *She was number seven in the race.* **5.** The sum or quantity of equal or similar units or things: *a large number of people.* **6.** One of a series, as of a magazine or periodical; issue. **7a.** A self-contained piece of pop or jazz music. **b.** A self-contained part of an opera or other musical score, esp. one for the stage. **8.** A group or band of people, esp. an exclusive group: *He was not one of our number.* **9.** A grammatical category for the variation in form of nouns, pronouns, and any words agreeing with them, depending on how many persons or things are referred to, esp. as singular or plural in number and in some languages dual or trial. **10. *Any number of***

Several or many. **11. *By numbers*** Performed step by step, each move being made on the call of a number. **12. *Do a number on*** To manipulate or trick. **13. *Get or have someone's number*** To discover someone's true character or intentions. **14. *In numbers*** In large numbers; numerously. **15. *One's number is up*** One is finished; one is ruined or about to die. **16. *Without or beyond number*** Of too great a quantity to be counted; innumerable. **17.** To assign a number to. **18.** To add up to; total. **19.** To list one by one; enumerate. **20.** To put or be put into a group, category, etc.: *They were numbered among the worst hit.* **21.** To limit the number of: *His days were numbered.*

Numbers *n.* The fourth book of the Old Testament, recording the numbers of the Israelites who followed Moses out of Egypt.

nurse *n.* **1.** A person, usually a woman, who tends the sick, injured, or infirm. **2.** Short for nursemaid. **3.** A woman employed to breast-feed another woman's child; wet nurse. **4.** A worker in a colony of social insects that takes care of the larvae. **5.** To tend. **6.** To feed at the breast; suckle. **7.** To try to cure. **8.** To clasp carefully or fondly: *She nursed the crying child in her arms.* **9.** To look after as one's employment. **10.** To attend to carefully; foster, cherish: *Having a very small majority he nursed the constituency diligently.* **11.** To harbour; preserve: *to nurse a grudge.* **12.** To keep together for a series of cannons.

O

n. **1.** The 15th letter and fourth vowel of the modern English alphabet. **2.** Any of several speech sounds represented by this letter, in English as in *code, pot, cow, move,* or *form.* **3.** Another name for nought. ***symbol*** for **1.** Oxygen. **2.** A human blood type of the ABO group. ***interject.*** **1.** A variant spelling of *oh.* **2.** An exclamation introducing an invocation, entreaty, wish, etc.: *O God!*

obey *v.* **1.** To carry out; comply with. **2.** To behave or act in accordance with.

ocean *n.* **1.** A very large stretch of sea, esp. one of the five oceans of the world, the Atlantic, Pacific, Indian, Arctic, and Antarctic. **2.** The body of salt water covering approximately 70 per cent of the earth's surface. **3.** A huge quantity or expanse: *an ocean of replies.* **4.** The sea.

of *prep.* **1.** Expressing the relationship between a part and a whole: *the sleeve of his coat.* **2.** Expressing the relationship between a scale or measure and a value: *an increase of 5 percent.* **3.** Indicating an association between two entities, typically one of belonging: *the son of a friend.* **4.** Expressing the relationship between a direction and a point of reference: *north of Chicago.* **5.** Expressing the relationship between a general category and the thing being specified which belongs to such a category: *the Holy City of Mecca.* **6.** Indicating the relationship between a verb and an indirect object with a verb; expressing a mental state: *They must be persuaded of the severity of the problem.* **7.** Indicating the material or substance constituting something: *The house was built of bricks.* **8.** Expressing time in relation to the following hour: *It would be just a quarter of three in New York.* **9.** Before the hour: *of a quarter of nine.*

off *prep.* **1.** Used to indicate actions in which contact is absent or rendered absent, as between an object and a surface: *to lift a cup off the table.* **2.** Used to indicate the removal of something that is or has been appended to or in association with something else: *to take the tax off potatoes.* **3.** Out of alignment with: *We are off course.* **4.** Situated near to or leading away from: *just off High Street.* **5.** Not inclined towards: *I'm off work.* ***adv.*** **1.** So as to be deactivated or disengaged: *Turn off the radio.* **2a.** So as to get rid of: *Burn off the gas.* **b.** So as to be removed from, esp. as a reduction: *He took ten per cent off.* **3.** Spent away from work or other duties: *Take the afternoon off.* **4a.** On a trip, journey, or race: *I saw her off at the station.* **b.** So as to be completely absent, used up, or exhausted: *This spray kills off all vermin.* **5.** Out from the shore or land: *The ship stood off.* **6a.** Out of contact; at a distance: *The ship was 10 miles off.* **b.** Out of the present location: *The girl ran off.* **7.** Away in the future: *August is less than a week off.* **8.** So as to be no longer taking place: *The match has been rained off.* **9.** Removed from contact with something, as clothing from the body. **10.** (Theater) *Offstage* Noises off. **11.** Indicating the number of items required or produced; please supply 100 off. **12.** *Off and on* or *on and off* Occasionally; intermittently: *He comes here off and on.* **13.** Off with a command, often peremptory, or an exhortation to remove or cut: *off with that coat.* **adj. 1.** Not on; no longer operative: *the off position on the dial.* **2.** Not or no longer taking place; cancelled or postponed: *The meeting is off.* **3.** In a specified condition regarding money, provisions, etc.: *The successful entrepreneur is well off.* **4.** Unsatisfactory or disappointing: *His performance was rather off.* **5.** In a condition as specified: *I'd be better off without this job.* **6.** No longer on the menu; not being served at the moment. **7.** Having gone bad, sour, etc.: *This milk is off.* **8a.** The part of the field on that side of the pitch to which the batsman presents his bat when taking strike: for a right-hander, off is on the right-hand side. **b.** A fielding position in this part of the field mid-off. **c.** The off stump.

offer *v.* **1.** To present or proffer for acceptance or rejection. **2.** To present as part of a requirement: *She offered English as a second subject.* **3.** To provide or make accessible: *This stream offers the best fishing.* **4.** To present itself: *If an opportunity should offer.* **5.** To show or express willingness or the intention. **6.** To put forward for consideration. **7.** To present for sale. **8.** To propose as payment; bid or tender. **9.** To present as or during an act of worship. **10.** To show readiness for: *to offer service.* **11.** To make a proposal of marriage. **12.** To bring near to or in contact with another, and often to proceed to fit the pieces together. *n.* **1.** Something, such as a proposal or bid, that is offered. **2.** The act of offering or the condition of being offered. **3.** A proposal made by one person that will create a binding contract if accepted unconditionally by the person to whom it is made. **4.** A proposal of marriage **5.** Short for offer price. **6.** *On offer* For sale at a reduced price.

office *n.* **1.** A room or set of rooms in which business, professional duties, clerical work, etc., are carried out. **2.** The building or buildings in which the work of an organization, such as a business or government department, is carried out. **3.** A commercial or professional business: *The architect's office approved the plans.* **4.** The group of persons working in an office: *It was a divided office until he came.* **5.** A department of the national government. **6a.** A governmental agency, esp. of the Federal government. **b.** A subdivision of such an agency or of a department: *Office of Science and Technology.* **7a.** A position of trust, responsibility, or duty, esp. in a government or organization: *the office of president.* **b.** (Combination) An officeholder. **8.** Duty or function: *the office of an administrator.* **9.** A minor task or service: *domestic offices.* **10.** An action performed for another, usually a beneficial action: *through his good offices.* **11.** (Theater) A place where tickets, information, etc., can be obtained: *a ticket office.* **12a.** A ceremony or service, prescribed by ecclesiastical authorities, esp. one for the dead. **b.** The order or form of these. **c.** The official daily service. **d.** Short for divine office. **13.** The parts of a house or estate where work is done, goods are stored, etc. **14.** A lavatory. **15.** *In office* In power. **16.** *The office* A hint or signal.

official *adj.* **1.** Of or relating to an office, its administration, or its duration. **2.** Sanctioned by, recognized by, or derived from authority: *an official statement.* **3.** Appointed by authority, esp. for some special duty. **4.** Having a formal ceremonial character: *an official dinner.* **5.** A person who holds a position in an organization, government department, etc., esp. a subordinate position. --**officially** *adv.*

oil *n.* **1.** Any of a number of viscous liquids with a smooth sticky feel. They are usually flammable, insoluble in water, soluble in organic solvents, and are obtained from plants and animals, from mineral deposits, and by synthesis. They are used as lubricants, fuels, perfumes, foodstuffs, and raw materials for chemicals. **2.** Another name for petroleum. **3.** Any of a number of substances usually derived from petroleum and used for lubrication. **4.** A petroleum product used as a fuel in domestic heating, industrial furnaces, marine engines, etc. **5.** Paraffin, esp. when used as a domestic fuel. **6.** Any substance of a consistency resembling that of oil: *oil of vitriol.* **7.** The solvent, usually linseed oil, with which pigments are mixed to make artists' paints. **8.** Oil colour or paint **9. Strike oil a.** To discover petroleum while drilling for it. **b.** To become very rich or successful. *v.* **1.** To lubricate, smear, polish, etc., with oil or an oily substance. **2.** To bribe. **3.** *Oil the wheels* To make things run smoothly.

old *adj.* **1.** Having lived or existed for a relatively long time: *an old man.* **2a.** Of or relating to advanced years or a long life: *old age.* **b.** (Collective noun) *The old.* **c.** *Old and young* People of all ages. **3.** Decrepit or senile. **4.** Worn with age or use: *old clothes.* **5.** Having lived or existed for a specified period: *a child who is six years old.* **6.** Earlier or earliest of two or more things with the same name: *the Old Testament.* **7.** Designating the form of a language in which the earliest known records are written: *Old English.* **8.** Familiar through long acquaintance or repetition: *an old friend; an old tune.* **9.** Practiced; hardened: *old in cunning.* **10.** Cherished; dear: used as a term of affection or familiarity: *good old George.* **11.** Used as a familiar form of address to a person: *old fellow.* **12.** Skilled through long experience. **13.** Out-of-date; unfashionable. **14.** Remote or distant in origin or time of origin an old culture. **15.** Former; previous: *My old house was small.* **16.** Established for a relatively long time: *an old member.* **17.** Sensible, wise, or mature: *old beyond one's years.* **18.** In the final stage of the cycle of erosion, characterized by flat extensive flood plains and minimum relief. **19.** Harvested late. **20.** *Good old days* An earlier period of time regarded as better than the present. **21. Little old** Indicating affection, esp. humorous affection: *my little old wife.* **22. The old one** A jocular name for Satan. **23.** An earlier or past time: *in days of old.*

on *prep.* **1.** In contact or connection with; the surface of; at the upper surface of: *an book on the table.* **2.** Attached to a puppet on a string. **3.** Carried with: *I have no money on me.* **4.** In the immediate vicinity of; close to or along the side of: *a house on the sea; this verges on the ridiculous!* **5.** Within the time limits of a day or date: *He arrived on Thursday.* **6.** Being performed upon or relayed through the medium of: *What's on the television?* **7.** At the occasion of: *on his retirement.* **8.** Used to indicate support, subsistence, contingency, etc.: *He lives on bean soup.* **9a.** Regularly taking: *She's on medication.* **b.** Addicted to: *He's on heroin.* **10.** By means of. **11.** In the process or course of: *on a journey.* **12.** Concerned with or relating to: *a program on archaeology.* **13.** Used to indicate the basis, grounds, or cause, as of a statement or action: *I have it on good authority.* **14.** Against; used to indicate opposition: *They marched on the city at dawn.* **15.** Used to indicate a meeting or encounter: *He crept up on her.* **16.** Indicating the manner or way in which an action is carried out: *on the sly.* **17.** To the loss or disadvantage of: *The old car gave out on us.* ***adj.*** **1.** In the position or state required for the commencement or sustained continuation, as of a mechanical operation: *The radio's been on all night.* **2a.** Attached to, surrounding, or placed in contact with something: *The chef had her apron on.* **b.** Taking place: *What's on the agenda?* **3.** In a manner indicating continuity, persistence, concentration, etc.: *The event went on all afternoon.* **4.** In a direction towards something, esp. forwards; so as to make progress: *We march on!* **5. *On and off*** or ***off and on*** Intermittently; from time to time. **6. *On and on*** Without ceasing; continually. ***adj.*** **1.** Functioning; operating: The radio is on. **2.** Performing, as on stage: *I'm on in five minutes.* **3.** Definitely taking place: *The match is on for Friday.* **4.** Charged to: *Dinner is on me.* **5.** Tolerable, practicable, acceptable, etc.: *Your plan just isn't on.* **5.** Willing to do something. **6.** The ancient Egyptian and biblical name for Heliopolis. **-on *suffix*** **1.** Indicating a chemical substance. **2.** Indicating an elementary particle or quantum: *electron; photon.* **3.** Indicating an inert gas: *neon; radon.* **4.** A molecular unit: *codon; operon.*

once *adj.* **1.** One time; on one occasion or in one case. **2.** At some past time; formerly: *We could speak Arabic once.* **3.** By one step or degree: *a cousin once removed.* **4.** Ever; at all: *if you once forget it.* **5.** Multiplied by one. **6. *Once and away*** **a.** Conclusively. **b.** Occasionally. **7. *Once and for all*** Conclusively; for the last time. **8. *Once in a while*** Occasionally; now and then. **9. *Once or twice*** or ***once and again*** A few times. **10. *Once upon a time*** Used to begin fairy tales and children's stories. ***conj.*** **1.** As soon as; if ever or whenever: *Once you begin, you'll enjoy it.* **2.** One occasion or case: *You may do it, this once.* **3. *All at once*** **a.** Suddenly or without warning. **b.** Simultaneously. **14. *At once*** **a.** Immediately. **b.** Simultaneously. **15. *For once*** This time, if at no other time.

one *n.* **1.** Single; lone; not two or more. **2.** Distinct from all others; only; unique: *one girl in a million.* **3.** Specified as distinct from another or others of its kind: *Raise one hand and then the other.* **4.** A certain, indefinite, or unspecified; some: *One day, you'll understand.* **5.** An emphatic word: *It was one good of a fight.* **6.** A certain: One laborer was named. **7. *In one*** Combined; united. **7. *All one*** **a.** All the same. **b.** Of no consequence: *It's all one to me.* **9. *At one*** In a state of agreement or harmony. **10. *Be made one*** To become married. **11. *Many a one*** Many people. **12.** Neither one thing nor the other; indefinite, undecided, or mixed. **13. *Never a one*** None. **14. *One and all*** Everyone, without exception. **15. *One by one*** One at a time; individually. **16. *One or two*** A few. **17. *One way and another*** On balance. **18. *One with another*** On average. ***pron.*** **1.** An indefinite person regarded as typical of every person: *One can't say any more than that.* **2.** Any indefinite person: used as the subject of a sentence to form an alternative grammatical construction to that of the passive voice: *One can catch fine trout in this stream.* **3.** An unspecified person: *One came to him.* ***n.*** **1.** The smallest whole number and the first cardinal number; unity. **2.** A numeral representing this number. **3.** The numeral 1 used as the lower figure in a time signature to indicate that the beat is measured in semibreves. **4.** Something representing, represented by, or consisting of one unit. **5.** One hour after noon or midnight. Also called: *one o'clock.* **6.** A blow or setback. **7. *The one*** The ultimate being. **8. *The Holy One*** God.

only *adj.* **1. *The only*** Being single or very few in number: *The only man left secured the premises.* **2. *Only child*** Having no siblings. **3.** Unique by virtue of being superior to anything else; peerless. **4. *One and only*** **a.** Incomparable; unique. **b.** The object of all one's love: *You are my one and* *only. adv.* **1.** Without anyone or anything else being included; alone: *You have one choice only.* **2.** Merely or just: *It's only a reflection.* **3.** No more or no greater than: *We met only an hour ago.* **4.** Used in conditional clauses introduced by *if* to emphasize the impossibility of the condition ever being fulfilled: *If I had only known, this would never have happened.* **5.** Not earlier than; not until: *I only found out yesterday.* **6.** *If only* An expression used to introduce a wish, esp. one felt to be unrealizable. **7.** *Only if* Never except when. **8.** *Only too* **a.** *(Intensifier) He was only too pleased to help.* **b.** Most regrettably: *only too true.* **sentence connector 1.** But; however: used to introduce an exception or condition: *Play outside, only don't go into the street.*

or *conj.* **1.** Used to join alternatives: *apples or oranges.* **2.** Used to join rephrasings of the same thing: *twelve, or a dozen.* **3.** Used to join two alternatives when the first is preceded by either or whether: *Whether it rains or not we'll be there; Either yes or no.* **4.** *One or two* A few.

order *n.* **1.** A state in which all components or elements are arranged logically, comprehensibly, or naturally. **2.** An arrangement or disposition of things in succession; sequence: *alphabetical order.* **3.** An established or customary method or state, esp. of society. **4.** A peaceful or harmonious condition of society: *Order reigned in the streets.* **5.** A class, rank, or hierarchy: *the lower orders.* **6.** Any of the taxonomic groups into which a class is divided and which contains one or more families: *Carnivora, Primates, and Rodentia are three orders of the class Mammalia.* **7.** An instruction that must be obeyed; command. **8.** A decision or direction of a court or judge entered on the court record but not included in the final judgment. **9a.** A commission or instruction to produce or supply something in return for payment. **b.** The commodity produced or supplied. **10.** A procedure followed by an assembly, meeting, etc. **11.** A body of people united in a particular aim or purpose. **12.** A group of persons who bind themselves by vows in order to devote themselves to the pursuit of religious aims. Also called: *religious order.* **13.** A society of knights constituted as a fraternity, such as the Knights Templars. **14a.** A group of people holding a specific honor for service or merit, conferred on them by a sovereign or state. **b.** The insignia of such a group. **15a.** Any of the five major classical styles of architecture classified by the style of columns and entablatures used. **b.** Any style of architecture. **16a.** The sacrament by which bishops, priests, etc., have their offices conferred upon them. **b.** Any of the degrees into which the ministry is divided. **c.** The office of an ordained Christian minister. **17.** A form of Christian Church service prescribed to be used on specific occasions. **18.** One of the six sections of the Mishna or the corresponding tractates of the Talmud. **19a.** The number of times a function must be differentiated to obtain a given derivative. **b.** The order of the highest derivative in a differential equation. **c.** The number of rows or columns in a determinant or square matrix. **d.** The number of members of a finite group. **20.** Short for *order of magnitude.* **21.** The dress, equipment, or formation directed for a particular purpose or undertaking: *drill order.* **22.** *A tall order* Something difficult, demanding, or exacting. **23.** *In order* **a.** In sequence. **b.** Properly arranged. **c.** Appropriate or fitting. **24.** *In order to* So that it is possible to: *to fast and pray in order to purify.* *conj.* **1.** *In order that* With the purpose that; so that. **2.** Keep order to maintain or enforce order. **3.** Of or in the order of having an approximately specified size or quantity. **4.** *On order* Having been ordered or commissioned but not having been delivered. **5.** *Out of order* **a.** Not in sequence. **b.** Not working. **c.** Not following the rules or customary procedure **6. *To order*** **a.** According to a buyer's specifications. **b.** On request or demand. **7.** To give a command to. **8.** To request to be supplied or made, esp. in return for payment: *He ordered books and DVD's.* **9.** To instruct or command to move, go, etc.: *The captain ordered the soldiers to move.* **10.** To authorize; prescribe: *The doctor ordered a strict diet.* **11.** To arrange, regulate, or dispose in their proper places. **12.** To will; ordain. ***interject.*** **1.** An exclamation of protest against an infringement of established procedure. **2.** An exclamation demanding that orderly behaviour be restored. See also *orders*.

orders *n.* **1.** Short for holy orders. **2.** In orders ordained. **3. *Take orders*** To become ordained. **4.** Short for *major orders* or *minor orders*.

origin *n.* **1.** A primary source; derivation. **2.** The beginning of something; first stage or part. **3.** Ancestry or parentage; birth; extraction. **4a.** The end of a muscle, opposite its point of insertion. **b.** The beginning of a nerve or blood vessel or the site where it first starts to branch out. **5a.** The point of intersection of coordinate axes or planes. **b.** The point whose coordinates are all zero. **6.** The country from which a commodity or product originates shipment from.

original *adj.* **1.** Of or relating to an origin or beginning. **2.** Fresh and unusual; novel. **3.** Able to think of or carry out new ideas or concepts. **4.** Being that from which a copy, translation, etc., is made. **5.** The first and genuine form of something, from which others are derived. **6.** A person or thing used as a model in art or literature. **7.** A person whose way of thinking is unusual or creative. **8.** An unconventional or strange person. **9.** The first form or occurrence of something.

originate *v.* **1.** To come or bring into being. **2.** To begin its journey at a specified point. --**origination** *n.*

Osman *n.* Turkish, Persian, and Egyptian version of the male Arabic name Uthman, which means *baby bustard* in Arabic. A bustard is a bird similar to a crane. Uthman was the name of the third caliph of the Muslims, Muhammad's son-in-law.

Osman Sharief see Sharief, Osman

other *adj.* and *pron.* **1a.** The remaining: *I'll read the other sections of the paper later.* **b.** One walks while the other rides. **2.** Different: *He found some other house; no other man but you.* **3.** Additional; further: *There are no other possibilities.* **4.** Alternate; two: *It buzzes every other minute.* **5. *Other than*** **a.** Apart from; besides: *a route other than the usual.* **b.** Different from. **6. *Other from*** *(archaic form) He couldn't be other than what he is.* **7. *No other*** Nothing else: *I can do no other.* **8. *Or other*** Used to add vagueness to the preceding pronoun, phrase, or adverb: *He's somewhere or other.* **9. *Other things being equal*** Conditions being the same or unchanged. **9. *The other day, night, etc.*** A few days, nights, etc., ago. **10. *The other thing*** An unexpressed alternative. **11.** Another: *Show me one other.* **12.** Additional or further ones: *We found two and are looking for others.* **13.** *pl.* Other people or things; the others; the remaining ones (of a group): *Take these and leave the others.* **14.** Different ones: *They'd rather have others, not these.* *adj.* **1.** Otherwise; differently: *They couldn't behave other than they do.*

otherwise *sentence connector* **1.** Or else; if not, then: *Go home - otherwise your mother will worry.* *adv.* **1.** Differently: *I wouldn't have thought otherwise.* **2.** In other respects: *an otherwise difficult situation.* *adj.* **1.** Of an unexpected nature; different: *The facts are otherwise.* *pron.* **1.** Something different in outcome: *success or otherwise.*

ounce *n.* **1.** A unit of weight equal to one sixteenth of a pound; 1 ounce is equal to 437.5 grains or 28.349 grams. Abbrev.: *oz.*

2. A unit of weight equal to one twelfth of a Troy or Apothecaries' pound; 1 ounce is equal to 480 grains or 31.103 grams. **3.** Short for fluid ounce. **4.** A small portion or amount.

our *adj.* **1.** Of, belonging to, or associated in some way with us: *Our best students made nationals.* **2.** Belonging to or associated with all people or people in general: *Our nearest planet is Venus.* **3.** A formal word for *my* used by editors or other writers, and monarchs. **4.** Used instead of *your*: *Are our feet hurting?* **5.** Belonging to the family of the speaker: *It's our mother's birthday tomorrow.*

out *adj.* **1.** At or to a point beyond the limits of some location; outside: *Get out at once.* **2.** Out of consciousness: *She passed out at the sight of blood.* **3.** Used to indicate a burst of activity as indicated by the verb: *The fever broke out.* **4.** Used to indicate obliteration of an object: *The graffiti was painted out.* **5.** Used to indicate an approximate drawing or description: *Sketch out the scene.* **6.** Away from one's custody or ownership, esp. on hire: *to let out a cottage.* **7.** On sale or on view to the public: *The film is being brought out next August.* **8.** In or into polite society. **9.** Withdrawn to consider a verdict in private. **10.** Used to indicate exhaustion or extinction: *Put the light out.* **11.** Used to indicate a goal or object achieved at the end of the action specified by the verb: *He worked it out.* **12.** Existing: *the best movie out.* **13.** An expression in signalling, radio, etc., to indicate the end of a transmission. **14.** *Out of* **a.** At or to a point outside: *out of his reach.* **b.** Away from; not in: *stepping out of line; out of focus.* **c.** Because of, motivated by: *Doing it out of love.* **d.** From: *made out of wood.* **e.** Not or no longer having any of: *We're out of sugar.* *adj.* **1.** Not or not any longer worth considering: *That plan is out because of the weather.* **2.** Not allowed: *Talking on duty is out.* **3.** Not in vogue; unfashionable: *That sort of hat is out these days.* **4.** No longer burning or providing illumination: *The fire is out.* **5.** Not working: *The radio's out.* **6.** Unconscious: *He was out for two minutes.* **7.** *Out to it* asleep or unconscious. **8.** Not in; not at home: *Call back later, they're out now.* **9.** Desirous of or intent on: *I'm out to make progress.* **10.** On strike: *The machine shop is out.* **11.** Denoting the state in which a player is caused to discontinue active participation, esp. in some specified role. **12.** Used up; exhausted: *Our supplies are completely out.* **13.** Worn into holes: *This sweater is out at the elbows.* **14.** Inaccurate, deficient, or discrepant: *out by ten dollars.* **15.** Not in office or authority: *His party will be out at the election.* **16.** Completed or concluded, as of time: *before the year is out.* **17.** In flower: *The roses are out now.* **18.** In arms, esp., in rebellion: *One of his ancestors was out in the Forty-Five.* **19.** Being out: *the out position on the dial.* **20.** Not concealing one's homosexuality. *prep.* **1.** Out of; out through: *He ran out the door.* **2.** Outside; beyond: *He comes from out our domain.* *interject.* **1a.** An exclamation, usually peremptory, of dismissal, reproach, etc. **b.** An expression used to signal that the speaker is signing off. **2.** *Out with it* A command to make something known immediately, without missing any details. **3.** A method of escape from a place, difficult situation, punishment, etc. **4.** An instance of the putting out of a batter; putout. **5a.** The omission of words from a printed text; lacuna. **b.** The words so omitted. **6.** To put or throw out. **7.** To be made known or effective: *Despite efforts to the contrary, the truth will out.* **7.** To expose as being a homosexual. **8.** To expose something secret, embarrassing, or unknown about: *He was eventually outed as a talented goal scorer.*

over *prep.* **1.** Directly above; on the top of; via the top or upper surface of: *over one's head.* **2.** On or to the other side of: *over the river.* **3.** During; through, or throughout. **4.** In or throughout all parts of: *to travel over*

England. **5.** Throughout the whole extent of: *over the field.* **6.** Above; in preference to: *I like that over everything else.* **7.** By the agency of: *We heard it over the radio.* **8.** More than: *over a century ago.* **9.** On the subject of; about: *an argument over nothing.* **10.** While occupied in: *discussing business over golf.* **11.** Having recovered from the effects of: *She's not over her last relationship.* **12. Over and above** Added to; in addition to: *He earns a large amount over and above his salary.* **13.** In a state, condition, situation, or position that is or has been placed or put over something: *to climb over.* **14.** So as to cause to fall: *knocking over a policeman.* **15.** At or to a point across intervening space, water, etc. *Come over and see us over in America.* **16.** Throughout a whole area: *the world over.* **17.** From beginning to end, usually cursorily: *to read a document over.* **18.** Throughout a period of time: *Stay over for this week.* **19.** It is now your turn to speak, act, etc. **20.** More than is expected or usual: *not over well.* **21. Over again** Once more. **22. Over against a.** Opposite to. **b.** Contrasting with. **23. Over and over** Repeatedly. **24. Over the odds a.** In addition, esp. when not expected. **b.** Unfair or excessive. *adj.* **1.** Finished; no longer in progress: *Is the concert over yet? adj. or adv.* **1.** Remaining; surplus: *left over.*

own *adj.* and *pron.* **1.** Used with a possessive to emphasize that someone or something belongs or relates to the person mentioned: *I'll use my own.* **2.** On behalf of oneself or in relation to oneself: *He is his own worst enemy.* **3. Come into one's own** To become fulfilled. **4. Get one's own back** To have revenge. **5. Hold one's own** To maintain one's situation or position, esp. in spite of opposition or difficulty. **6. On one's own a.** Without help. **b.** By oneself; alone. *v.* **1.** To have as one's possession. **2.** To confess or admit; acknowledge. **3.** To concede: *I own we can do better.*

owner *n.* A person who owns; legal possessor.

P

n. The sixteenth letter of the alphabet; denoting the next after *O* in a set of items, categories, etc.

pacific *adj.* **1.** Tending or conducive to peace; conciliatory. **2.** Not aggressive; opposed to the use of force. **3.** Free from conflict; peaceful,

Pacific *n.* **1.** Of or relating to the Pacific Ocean or its islands.

Pacific Ocean *n.* The largest body of water on earth located between the southern ocean, Australia, Asia, and the western hemisphere. It covers 68,634,000 square miles.

pain *n.* **1.** The sensation of acute physical hurt or discomfort caused by injury, illness, etc. **2.** Emotional suffering or mental distress. **3.** On pain of subject to the penalty of. **4.** A person or thing that is a nuisance. **5.** To cause distress, hurt, grief, anxiety, etc. **6.** To annoy; irritate.

Palestine *n.* **1.** The area between the Jordan River and the Mediterranean Sea in which most of the biblical narrative is located. Also called: *the Holy Land, Canaan.* **2.** The province of the Roman Empire in this region. **3.** The former British mandatory territory created by the League of Nations in 1922, and including all of the present territories of Israel and Jordan between whom it was partitioned by the United Nations in 1948.

Panama *n.* **1.** A republic in Central America, occupying the Isthmus of Panama: gained independence from Spain in 1821 and joined Greater Colombia; became independent in 1903, with the immediate area around the canal forming the Canal Zone under U.S. jurisdiction; in 1979 Panama assumed sovereignty over the Canal Zone. Official language: Spanish; English is also widely spoken.

Religion: Roman Catholic majority. Currency: balboa. Capital: Panama City. Pop.: 2,767,000, Area: 75,650 sq. km. **2. Isthmus of.** an isthmus linking North and South America, between the Pacific and the Caribbean. Length: 676 km. Width: 50 km. Former name: Darien. **3.** *(Gulf of)* A wide inlet of the Pacific in Panama. -- Panamanian *adj.*

Panama Canal *n.* A man-made canal in Panama, which joins the Pacific and Atlantic oceans. It was completed in 1914 at a cost of $375,000,000. The Panama Canal is fifty and one-half miles long, three hundred feet wide, and has a depth of forty-five feet.

paper *n.* **1.** A substance made from cellulose fibres derived from rags, wood, etc., often with other additives, and formed into flat thin sheets suitable for writing on, decorating walls, wrapping, etc. *adj.* **1.** Papyraceous. **2.** A single piece of such material, esp. if written or printed on. **3.** Documents for establishing the identity of the bearer; credentials. **4.** Official documents relating to the ownership, cargo, etc., of a ship. Also called: *ship's papers.* **5.** Collected diaries, letters, etc. **6.** See *newspaper* or *wallpaper.* **7.** See *white paper, green paper, command paper.* **8.** A lecture or short published treatise on a specific subject. **9.** A short essay, as by a student. **10a.** A set of written examination questions. **b.** The student's answers. **11.** Commercial paper. **12.** A free ticket. **13.** *On paper* In theory, as opposed to fact: *It was a good idea on paper, but failed in practice.* **14.** Made of paper: *Paper cups do not last long.* **15.** Thin like paper: *paper walls.* **16.** Existing only as recorded on paper but not yet in practice: *Paper profits.* **17.** Taking place in writing: *Paper battles.* **18.** To cover with wallpaper. **19.** To cover or furnish with paper. **20.** To fill by giving away free tickets.

paragraph *n.* **1.** One of a series of subsections each usually devoted to one idea and each usually marked by the beginning of a new line, indentation, increased interlinear space, etc. **2.** The character, used as a reference mark or to indicate the beginning of a new paragraph. **3.** A short article in a newspaper. **4.** To form into paragraphs. **5.** To express or report in a paragraph. --**paragraphical** *adj.,* --**paragraphically** *adv.*

pardon *v.* **1.** To excuse or forgive for: *to pardon someone; to pardon a fault.* **2.** Forgiveness; allowance. **3a.** Release from punishment for an offense. **b.** The warrant granting such release. **4.** A Roman Catholic indulgence. *sentence substitute* **1.** *Pardon me, I beg your pardon.* **a.** Sorry; excuse me. **b.** What did you say? --**pardonable** *adj.,* --**pardonably** *adv.,* --**pardonless** *adj.*

part *n.* **1.** A piece or portion of a whole. **2.** An integral constituent of something: *Dancing is part of what we teach.* **3.** An amount less than the whole; bit: *They only recovered part of the money.* **4.** One of several equal or nearly equal divisions: *Mix two parts flour to one part water.* **5a.** An actor's role in a play. **b.** The speech and actions which make up such a role. **c.** A written copy of these. **6.** A person's proper role or duty: *Everyone must do his part.* **7.** Region; area: *You're well known in these parts.* **8.** Any portion of a larger structure. **9.** A component that can be replaced in a machine, engine, etc. spare parts. **10.** The U.S., Canadian, and Austral. word for *parting.* **11a.** One of a number of separate melodic lines making up the texture of music. **b.** One of such melodic lines, which is assigned to one or more instrumentalists or singers: *the viola part; the soprano solo part.* **c.** Such a line performed from a separately written or printed copy. See *part song.* **12.** *For the most part* Generally. **13.** *For one's part* As far as one is concerned. **14.** *In part* To some degree; partly. **15.** *Of many parts* Having many different abilities. **16.** *On the part of* On behalf of. **17.** *Part and parcel* An essential ingredient.

18. *Play a part* **a.** To pretend to be what one is not. **b.** To have something to do; be instrumental to: *play a part in the king's downfall.* **19.** *Take in good part* To respond to with good humour. **20.** *Take part in* To participate in. **21.** *Take someone's part* To support someone in an argument. **22.** To divide or separate from one another; take or come apart: *to part the curtains; the seams parted when I washed the dress.* **23.** To go away or cause to go away from one another; stop or cause to stop seeing each other: *The couple parted amicably.* **24.** To leave; say goodbye. **25.** To relinquish, esp. reluctantly: *I couldn't part with my teddy bear.* **26.** To cause to relinquish, esp. reluctantly: *He's not easily parted from his cash.* **27.** To split; separate: *The path parts here.* **28.** To arrange in such a way that a line of scalp is left showing. **29.** A euphemism for die. **30.** To depart. **31.** *Part company* **a.** To end a friendship or association, esp. as a result of a quarrel; separate: *They were in partnership, but parted company last year.* **b.** To leave; go away from; be separated from. **adv. 1.** To some extent; partly.

past *adj.* **1.** Completed, finished, and no longer in existence. **2.** Denoting or belonging to all or a segment of the time that has elapsed at the present moment: *the past history of the world.* **3.** Denoting a specific unit of time that immediately precedes the present one: *the past month.* **4.** Denoting a person who has held and relinquished an office or position; former: *a past president.* **5.** Denoting any of various tenses of verbs that are used in describing actions, events, or states that have been begun or completed at the time of utterance. **6.** *The past* The period of time or a segment of it that has elapsed: *forget the past.* **7.** The history, experience, or background of a nation, person, etc.: *a soldier with a distinguished past.* **8.** An earlier period of someone's life, esp. one that contains events kept secret or regarded as disreputable. **9.** *(Grammar)* **a.** A past tense **b.** A verb in a past tense. **adv. 1.** At a specified or unspecified time before the present; ago: *three years past.* **2.** On or onwards: *I greeted him but he just walked past.* **prep. 1.** Beyond in time: *It's past midnight.* **2.** Beyond in place or position: *The library is past the church.* **3.** Moving beyond; in a direction that passes: *He walked past me.* **4.** Beyond or above the reach, limit, or scope of: *His foolishness is past comprehension.* **5.** Beyond or above in number or amount: *to count past ten.* **6.** *Past it* Unable to perform the tasks one could do when one was younger. **7.** *Not put it past someone* To consider someone capable of.

Patmos (also called Pelan) *n.* **1.** A Greek island in the Aegean, in the NW Dodecanese: John The Revelator's place of exile, where he wrote the Apocalypse. Pop.: 2650. Area: 34 sq. km. **2.** The name of the Place where the Devil was manufactured; an island that is situated in the Agean Sea. It is mentioned in the *Book of Revelations,* Chapter 1:9th verse.

pay (1) *v.* **pays, paying, paid 1.** To discharge by giving or doing something: *He paid his creditors.* **2.** To give to in return for goods or services: *They pay their workers well.* **3.** To give or afford a profit or benefit: *It pays one to be honest.* **4.** To give or bestow. **5.** To make. **6.** To give compensation or make amends. **7.** To yield a return of: *the shares pay 15 per cent.* **8.** To give or do in return; pay back: *He paid for the insult with a blow.* **9.** To allow to make leeway. **10.** To acknowledge or accept as true, just, etc. **11.** *Pay one's way* **a.** To contribute one's share of expenses. **b.** To remain solvent without outside help. *n.* **1.** Money given in return for work or services; a salary or wage. **2.** Paid employment. **3.** Requiring the insertion of money or discs before or during use: *a pay phone.* **4.** Rich enough in minerals to be profitably mined or worked.

peace *n.* **1.** The state existing during the absence of war. **2.** Denoting a person or thing symbolizing support for international peace: *peace women.* **3.** A treaty marking the end of a war. **4.** A state of harmony between people or groups; freedom from strife. **5.** Law and order within a state; absence of violence or other disturbance: *a breach of the peace.* **6.** Absence of mental anxiety. **7.** A state of stillness, silence, or serenity. **8.** ***At peace*** **a.** In a state of harmony or friendship. **b.** In a state of serenity. **c.** Dead. **9.** ***Hold or keep one's peace*** To keep silent. **10.** ***Keep the peace*** To maintain or refrain from disturbing law and order. **11.** ***Make one's peace with*** To become reconciled with. **12.** ***Make peace*** To bring hostilities to an end. **13.** To be or become silent or still.

Pelan see *Patmos*

penalty *n.* **1.** A legal or official punishment, such as a term of imprisonment. **2.** Some other form of punishment, such as a fine or forfeit for not fulfilling a contract. **3.** Loss, suffering, or other unfortunate result of one's own action, error, etc. **4.** A handicap awarded against a player or team for illegal play, such as a free shot at goal by the opposing team, loss of points, etc.

people *n.* **1.** Persons collectively or in general. **2.** A group of persons considered together: *blind people.* **3.** The persons living in a country and sharing the same nationality: *the French people.* **4.** One's family: *He took her home to meet his people.* **5.** Persons loyal to someone powerful: *The king's people accompanied him in exile.* **6. *The people*** **a.** The mass of persons without special distinction, privileges, etc. **b.** The body of persons in a country, esp. those entitled to vote. **7.** To provide with or as if with people or inhabitants.

percentage *n.* **1.** Proportion or rate per hundred parts. **2.** The interest, tax, commission, or allowance on a hundred items. **3.** Any proportion in relation to the whole. **4.** Profit or advantage.

perfect *adj.* **1.** Having all essential elements. **2.** Unblemished; faultless: *a perfect gemstone.* **3.** Correct or precise: *perfect timing.* **4.** Utter or absolute: *a perfect stranger.* **5.** Excellent in all respects: *a perfect day.* **6.** Exactly divisible into equal integral or polynomial roots: *36 is a perfect square.* **7.** *(Botany)* **a.** *(Of flowers)* Having functional stamens and pistils. **b.** *(Of plants)* Having all parts present. **8.** Denoting a tense of verbs used in describing an action that has been completed by the subject. In English this is a compound tense, formed with *have* or *has* plus the past participle. **9a.** Of or relating to the intervals of the unison, fourth, fifth, and octave. **b.** Ending on the tonic chord, giving a feeling of conclusion. **10.** Positive certain, or assured. **11.** *(Grammar)* **a.** The perfect tense. **b.** A verb in this tense. **12.** To make perfect; improve to one's satisfaction: *He is in Paris to perfect his French.* **13.** To make fully accomplished. **14.** To print the reverse side of.

perform *v.* **1.** To carry out or do. **2.** To fulfil or comply with to perform someone's request. **3.** To present or enact before or otherwise entertain an audience: *The group performed Hamlet.*

permit *v.* **1.** To grant permission to do something: *You are permitted to ask questions.* **2.** To consent to or tolerate. **3.** To allow the possibility: *His work permits him to relax nowadays.* **4.** An official certificate or document granting authorization; license. **5.** Permission, esp. written permission.

person *n.* **1.** An individual human being. **2.** The body of a human being, sometimes including his or her clothing: *weapons hidden on his person.* **3.** A grammatical category into which pronouns and forms of verbs are subdivided depending on whether they refer to the speaker, the person addressed, or some other individual, thing, etc. **4.** A human being or a corporation recognized in law as having certain rights and obligations. **5a.** Being characterized by consciousness, rationality, and a moral sense, and traditionally thought of as consisting of both a body and a mind or soul. **6.** A character or role; guise. **7.** ***In person*** **a.** Actually present: *The author will be there in person.* **b.** Without the help or intervention of others.

physical *adj.* **1.** Of or relating to the body, as distinguished from the mind or spirit. **2.** Of, relating to, or resembling material things or nature the physical universe. **3.** Involving or requiring bodily contact: *Rugby is a physical sport.* **4.** Of or concerned with matter and energy. **5.** Of or relating to physics. **6.** Perceptible to the senses; apparent: *a physical manifestation.* **7.** Short for *physical examination.*

piece *n.* **1.** An amount or portion forming a separate mass or structure; bit: *a piece of wood.* **2.** A small part, item, or amount forming part of a whole, esp. when broken off or separated: *a piece of bread.* **3.** A length by which a commodity is sold, esp. cloth, wallpaper, etc. **4.** An instance or occurrence: *a piece of luck.* **5.** An example or specimen of a style or type, such as an article of furniture: *a beautiful piece of Dresden china.* **6.** An opinion or point of view: *to state one's piece.* **7.** A literary, musical, or artistic composition. **8.** A coin having a value as specified: *fifty-pence piece.* **9.** Small object, often individually shaped and designed, used in playing certain games, esp. board games: *chess pieces.* **10.** A firearm or cannon. **11.** Any chessman other than a pawn. **12.** A short time or distance: *down the road a piece.* **14a.** A slice of bread or a sandwich. **b.** A packed lunch taken to work, school, etc. **15.** *(Textiles)* Fragments of fleece wool. **16.** ***Give someone a piece of one's mind*** To criticize or censure someone frankly or vehemently. **17.** ***Go to pieces*** **a.** To lose control of oneself; have a breakdown. **b.** To disintegrate. **18.** ***Nasty piece of work*** A cruel or mean person. **19.** ***Of a piece*** Of the same kind; alike. **20.** ***Piece of cake*** Something easily obtained or achieved. **21.** To fit or assemble: *piece by piece.* **22.** To patch or make up by adding pieces. **23.** To join during spinning.

pill *n.* **1.** A small spherical or ovoid mass of a medicinal substance, intended to be swallowed whole. **2.** ***The pill*** An oral contraceptive. **3.** Something unpleasant that must be endured. **4.** A ball or disc. **5.** An unpleasant or boring person. **6.** To give pills to. **7.** To make pills of. **8.** To form into small balls. **9.** To blackball.

place *n.* **1.** A particular point or part of space or of a surface, esp. that occupied by a person or thing. **2.** A geographical point, such as a town, city, etc. **3.** A position or rank in a sequence or order. **4.** An open square lined with houses of a similar type in a city or town. **5.** Space or room. **6.** A house or living quarters. **7.** A country house with grounds. **8.** Any building or area set aside for a specific purpose. **9.** A passage in a book, play, film, etc.: *to lose one's place.* **10.** Proper or appropriate position or time. **11.** Right or original position: *Put it back in its place.* **12.** Suitable, appropriate, or customary surroundings. **13.** Right, prerogative, or duty: *It is your place to give a speech.* **14.** Appointment, position, or job: *a place at college.* **15.** Position, condition, or state: *if I were in your place.* **16a.** A space or seat, as at a dining table. **b.** Place mat. **17.** The relative position of a digit in a number. See also *decimal place.* **18.** Any of the best times in a race. **19a.** The first, second, or third position at the finish. **b.** The first or usually the second position at the finish. **20.** One of the three unities. **21.** An important position, rank, or role. **22.** ***All over the place*** In disorder or disarray. **23.** ***Give place*** To make room or be superseded. **24.** ***Go places*** **a.** To travel. **b.** To become successful. **25.** ***In place of*** **a.** Instead of; in lieu of: *go in place of my sister.* **b.** In exchange for: *He gave her it in place of her ring.* **26.** ***Know one's place*** To be aware of one's inferior position. **27. Pride of place** The highest or foremost position. **28.** *Put someone in his place* To humble someone who is arrogant, conceited, forward, etc. **29.** *Take one's place* To take up one's usual or specified position. **30.** *Take the place of* To be a substitute for. **31.** *Take place* To happen or occur. *v.* **1.** To put or set in a particular or appropriate place. **2.** To find or indicate the place of. **3.** To identify or classify by linking with an appropriate context: *to place a face.* **4.** To regard or view as being: *to place prosperity above sincerity.* **5.** To make. **6.** To find a home or job for. **7.** To appoint to an office or position. **8.** To put under the care. **9.** To direct or aim carefully. **10.** To cause to arrive in first, second, third, or sometimes fourth place. **11.** To finish among the first three in a contest, esp. in second position. **12.** To invest. **13.** To sing with accuracy of pitch. **14.** To insert in a newspaper, journal, etc.

plain *adj.* **1.** Flat or smooth; level. **2.** Not complicated; clear: *the plain truth.* **3.** Not difficult; simple or easy: *a plain task.* **4.** Honest or straightforward. **5.** Lowly, esp. in social rank or education. **6.** Without adornment or show: *a plain coat.* **7.** Without pattern or of simple untwilled weave. **8.** Not attractive. **9.** Not mixed; simple. **10.** Of or done in plain. *n.* **1.** A level or almost level tract of country, esp. an extensive treeless region. **2.** A simple stitch in knitting made by putting the right needle into a loop on the left needle, passing the wool round the right needle, and pulling it through the loop, thus forming a new loop.

planet *n.* **1.** Something grown or made from the beginning. **2.** A celestial body moving in an elliptical orbit around a star.

platoon *n.* **1.** Same as the planet Pluto. **2.** A subunit of a company usually comprising three sections of ten to twelve men: commanded by a lieutenant. **3.** A group or unit of people, esp. one sharing a common activity, characteristic, etc.

Pluto (1) *n.* The god of the underworld; Hades. **Pluto (2) (also Platoon)** *n.* A planet in the solar system that is four billion, six hundred million miles from the Sun, and travels at the same rate around the Sun as the rest of the Planets. It takes her three hundred forty-five years to make one complete circle around the Sun. Her diameter is sixty-seven thousand miles. Sometimes referred to as Pluto in modern astronomy. However, that Pluto is believed to be a small planet and the farthest known planet from the sun with the most elliptical orbit of all the planets; "Pluto was said to be discovered in 1930.

PLUTO *n.* The code name of pipelines laid under the English Channel to supply fuel to the Allied forces landing in Normandy in 1944.

pocket *n.* **1.** A small bag or pouch in a garment for carrying small articles, money, etc. **2.** Any bag or pouch or anything resembling this. **3a.** A cavity or hollow in the earth, etc., such as one containing gold or other ore. **b.** The ore in such a place. **4.** A small enclosed or isolated area a pocket of resistance. **5.** Any of the six holes with pouches or nets let into the corners and sides of a billiard table. **6.** A position in a race in which a competitor is hemmed in. **7.** A player in one of two side positions at the ends of the ground: *back pocket; forward pocket.* **8.** A bag or sack of vegetables or fruit. **9.** *In one's pocket* Under one's control. **10.** *In or out of pocket* Having made a profit or loss, as after a transaction. **11.** *Line one's pockets* To make money, esp. by dishonesty when in a position of trust. **12.** Suitable for fitting in a pocket; small: *a pocket edition.* *v.* **-ets, -eting, -eted 1.** To put into one's pocket. **2.** To take surreptitiously or unlawfully; steal. **3.** To enclose or confine in or as if in a pocket. **4.** To receive without retaliating. **5.** To conceal or keep back: *He pocketed his pride and accepted help.* **6.** To drive into a pocket. **7.** To retain without acting on it in order to prevent it from becoming law. See also *pocket veto.* **8.** To hem in, as in racing.

poison *n.* **1.** Any substance that can impair function, cause structural damage, or otherwise injure the body. *adj.* **1.** Toxic. **2.** Something that destroys, corrupts, etc. **3.** A substance that retards a chemical reaction or destroys or inhibits the activity of a catalyst. **4.** A substance that absorbs neutrons in a nuclear reactor and thus slows down the reaction. It may be added deliberately or formed during fission. *v.* **1.** To give poison to esp. with intent to kill. **2.** To add poison to. **3.** To taint or infect with or as if with poison. **4.** To turn against: *He poisoned her mind against me.* **5.** To retard or stop by the action of a poison. **6.** To inhibit or destroy by the action of a poison.

poor *adj.* **1.** Lacking financial or other means of subsistence; needy. **2.** Characterized by or indicating poverty: *The country had a poor economy.* **3.** Deficient in amount; scanty or inadequate: *a poor salary.* **4.** Badly supplied: *a region poor in wild flowers.* **5.** Lacking in quality; inferior. **6.** Giving no pleasure; disappointing or disagreeable: *a poor play.* **7.** Deserving of pity; unlucky.

population *n.* **1.** All the persons inhabiting a country, city, or other specified place. **2.** The number of such inhabitants. **3.** All the people of a particular race or class in a specific area: *the Chinese population of San Francisco.* **4.** The act or process of providing a place with inhabitants; colonization. **5.** A group of individuals of the same species inhabiting a given area. **6.** Either of two main groups of stars classified according to age and location. *Population I* consists of hot white stars, many occurring in galactic clusters and forming the arms of spiral galaxies. Stars of *Population II* are older, the brightest being red giants, and are found in the centre of spiral and elliptical galaxies in globular clusters. **7.** The entire finite or infinite aggregate of individuals or items from which samples are drawn.

position *n.* **1.** The place, situation, or location of a person or thing: *He took up a position to the rear.* **2.** The appropriate or customary location: *The telescope is in position for use.* **3.** The arrangement or disposition of the body or a part of the body. **4.** The manner in which a person or thing is placed; arrangement. **5.** An area or point occupied for tactical reasons. **6.** Mental attitude; point of view; stand: *What's your position on this issue?* **7.** Social status or standing, esp. high social standing. **8.** A post of employment; job. **9** The act of positing a fact or viewpoint. **10.** Something posited, such as an idea, proposition, etc. **11.** The part of a field or playing area where a player is placed or where he generally operates. **12a.** The vertical spacing or layout of the written notes in a chord. Chords arranged with the three upper voices close together are in close position. Chords whose notes are evenly or widely distributed are in open position. **b.** One of the points on the fingerboard of a stringed instrument, determining where a string is to be stopped. **13a.** The situation in which a short vowel may be regarded as long, that is, when it occurs before two or more consonants. **b.** Make position to cause a short vowel to become metrically long when placed after it. **14.** The market commitment of a dealer in securities, currencies, or commodities: *a long position; a short position.* **15.** In a position; able: *I'm not in a position to reveal these figures.* **16.** To put in the proper or appropriate place; locate. **17.** To place in a particular part of the field or playing area. **18.** To locate or ascertain the position of. **--positional** *adj.*

possess *adj.* **1.** To have as one's property; own. **2.** To have as a quality, faculty, characteristic, etc.: *to possess good eyesight.* **3.** To have knowledge or mastery of: *to possess a little French.* **4.** To gain control over or dominate: *Whatever possessed you to act so foolishly?* **5.** To cause to be the owner or possessor: *I am possessed of the necessary information.* **6.** To cause to be influenced or dominated: *The news possessed him with anger.* **7.** To keep control over or maintain in a certain state or condition: *Possess yourself in patience until I tell you the news.* **8.** To gain or seize.

post (1) *n.* **1.** A length of wood, metal, etc., fixed upright in the ground to serve as a support, marker, point of attachment, etc. **2a.** Either of two upright poles marking the beginning and end of a racecourse. **b.** The finish of a horse race. **3.** Any of the main upright supports of a piece of furniture, such as a four-poster bed. **4.** To fasten or put up in a public place. **5.** To announce by means of or as if by means of a poster. **6.** To publish on a list. **post (2)** *n.* **1.** A position to which a person is appointed or elected; appointment; job. **2.** A position or station to which a person, such as a sentry, is assigned for duty. **3.** A permanent military establishment. **4.** Either of two military bugle calls ordering or giving notice of the time to retire for the night. *v.* **1.** To assign to or station at a particular place or position. **2.** To transfer to a different unit or ship on taking up a new appointment, etc. **post (3)** *n.* **1.** Letters, packages, etc., that are transported and delivered by the Post Office; mail. **2.** A single collection or delivery of mail. **3.** An official system of mail delivery. **4.** An item of electronic mail made publicly available. **5.** Any of a series of stations furnishing relays of men and horses to deliver mail over a fixed route. **6.** A rider who carried mail between such stations. **7.** Another word for pillar box. **8.** Short for post office. **9.** A size of writing or printing paper, 15 by 19 inches or 16 by 21 inches 10 any of various book sizes, esp. 5 by 8 inches and 8 by 10 inches. **10.** *By return of post* By the next mail in the opposite direction. **11.** To send by post. U.S. and Canadian word: mail. **12.** To make publicly available. **13a.** To enter in a ledger. **b.** To compile or enter all paper items in. **14.** To inform of the latest news. **15.** To rise from and reseat oneself in a saddle in time with the motions of a trotting horse; perform a rising trot. **16.** To travel with relays of post horses. **17.** To travel or dispatch with speed; hasten. **adv. 1.** With speed; rapidly. **2.** By means of post horses.

pound (1) *v.* **1.** To strike heavily and often. **2.** To beat to a pulp; pulverize. **3.** To instil by constant drilling: *to pound Latin into him.* **4.** To produce, as by typing heavily. **5.** To walk repeatedly: *He pounded the pavement looking for a job.* **6.** To throb heavily. **7.** A heavy blow; thump. **8.** The act of pounding. **pound (2)** *n.* **1.** An avoirdupois unit of weight that is divided into 16 ounces and is equal to 0.453 592 kilograms. Abbrev.: *lb.* **2.** A troy unit of weight divided into 12 ounces equal to 0.373 242 kilograms. Abbrev.: *lb tr.* or *lb. t.* **3.** An apothecaries' unit of weight, used in the U.S., that is divided into 5760 grains and is equal to one pound troy. **4.** A unit of force equal to the mass of 1 pound avoirdupois where the acceleration of free fall is 32.174 feet per second per second Abbrev.: *lbf.* **5a.** The standard monetary unit of the United Kingdom and its dependencies, divided into 100 pence Official name: pound sterling. **b.** A pound coin. **6.** The standard monetary unit of the following countries **a.** Cyprus: divided into 100 cents. **b.** Egypt: divided into 100 piastres. **c.** Ireland: divided into 100 pence. **d.** Lebanon: divided into 100 piastres. **e.** Syria: divided into 100 piastres. **7.** Another name for *lira.* **8.** A former Scottish monetary unit originally worth an English pound but later declining in value to 1 shilling 8 pence Also called: pound Scots. **9.** A monetary unit of the Sudan, replaced by the dinar in 1992 and being phased out gradually. **pound (3)** *n.* **1.** An enclosure, esp. one maintained by a public authority, for keeping officially removed vehicles or distrained goods or animals, esp. stray dogs. **2.** A place where people are confined. **3a.** A trap for animals. **b.** A trap or keepnet for fish. **4.** To confine in or as if in a pound; impound, imprison, or restrain.

power *n.* **1.** Ability or capacity to do something. **2.** A specific ability, capacity, or faculty. **3.** Political, financial, social, etc., force or influence. **4.** Control or dominion or a position of control, dominion, or authority. **5.** A state or other political entity with political, industrial, or military strength. **6.** A person who exercises control, influence, or authority: *He's a power in the state.* **7.** Prerogative, privilege, or liberty. **8a.** Legal authority to act, esp. in a specified capacity, for another. **b.** The document conferring such authority. **9a.** A military force. **b.** Military potential. **10a.** The value of a number or quantity raised to some exponent. **b.** Another name for exponent. **11.** The probability of rejecting the null hypothesis in a test when it is false. The power of a test of a given null depends on the particular alternative hypothesis against which it is tested. **12.** A measure of the rate of doing work expressed as the work done per unit time. It is measured in watts, horsepower, etc. Symbol: *P.* **13.** The rate at which electrical energy is fed into or taken from a device or system. It is expressed, in a direct-current circuit, as the product of current and voltage and, in an alternating-current circuit, as the product of the effective values of the current and voltage and the cosine of the phase angle between them. It is measured in watts. **14.** The ability to perform work. **15.** Mechanical energy as opposed to manual labor. **16.** A particular form of energy: *nuclear power.* **17a.** A measure of the ability of a lens or optical system to magnify an object, equal to the reciprocal of the focal length. It is measured in dioptres. **b.** Another word for magnification. **18.** A large amount or quantity: *a power of good.* **19.** *In one's power* Able or allowed. **20.** In power under the control or sway of. **21.** *The powers that be* The established authority or administration. **22.** To give or provide power to. **23.** To fit with a motor or engine. **24.** To travel with great speed or force.

powerful *adj.* **1.** Having great power, force, potency, or effect. **2.** Extremely effective or efficient in action: *a powerful drug; a powerful lens.* **3.** Large or great: *a powerful amount of trouble.* **adv.** -- **powerfully 1.** Extremely; very: *He ran powerfully fast.*

practice *n.* **1.** A usual or customary action or proceeding: *It was his practice to rise at six.* **2.** Repetition or exercise of an activity in order to achieve mastery and fluency. **3.** The condition of having mastery of a skill or activity through repetition. **4.** The exercise of a profession: *He set up practice as a lawyer.* **5.** The act of doing something: *He put his plans into practice.* **6.** The established method of conducting proceedings in a court of law. **7.** The U.S. spelling of practise. *v.* **1.** To do or cause to do repeatedly in order to gain skill. **2.** To do habitually or frequently. **3.** To observe or pursue to practise Christianity. **4.** To work at: *He practices medicine.* **5.** To take advantage.

praise *v.* **1.** The act of expressing commendation, admiration, etc. **2.** The extolling of a deity or the rendering of homage and gratitude to a deity. **3.** The condition of being commended, admired, etc. **4.** The reason for praise. **5.** *Sing someone's praises* To commend someone highly. **6.** To express commendation, admiration, etc. for. **7.** To proclaim or describe the glorious attributes of with homage and thanksgiving.

pray *v.* **1.** To utter prayers: *We prayed to God for the sick child.* **2.** To make an earnest entreaty; beg or implore: *She prayed for refuge.* **3.** To accomplish or bring by praying. *interject.* **1.** I beg you; please: *Pray, leave us alone.*

predict *v.* To state or make a declaration about in advance, esp. on a reasoned basis; foretell.

prepare *v.* **1.** To make ready or suitable in advance for a particular purpose or for some use, event, etc.: *to prepare a meal; to prepare to go.* **2.** To put together using parts or ingredients; compose or construct. **3.** To equip or outfit, as for an expedition. **4.** *(Music)* To soften the impact of (a dissonant note) by the use of preparation.

prescribe *v.* **1.** To lay down as a rule or directive. **2.** To claim or acquire by prescription. **3.** To make or become invalid or unenforceable by lapse of time. **4.** To recommend or order the use of.

prescription *n.* **1a.** Written instructions from a physician, dentist, etc., to a pharmacist stating the form, dosage strength, etc., of a drug to be issued to a specific patient. **b.** The drug or remedy prescribed. **2.** *(Modifier)* Available legally only with a doctor's prescription. **3.** Written instructions from an optician specifying the lenses needed to correct defects of vision. **4.** The act of prescribing. **5.** Something that is prescribed. **6.** A long established custom or a claim based on one. **7a.** The uninterrupted possession of property over a stated period of time, after which a right or title is acquired. **b.** The barring of adverse claims to property, etc., after a specified period of time has elapsed, allowing the possessor to acquire title. **c.** The right or title acquired in either of these ways.

present *adj.* **1.** In existence at the moment in time at which an utterance is spoken or written. **2.** Being in a specified place, thing, etc. **3.** Now in consideration or under discussion: *the present topic; the present author.* **4.** Denoting a tense of verbs used when the action or event described is occurring at the time of utterance or when the speaker does not wish to make any explicit temporal reference. **5.** Readily available; instant: *Present help is at hand.* **6.** Mentally alert; attentive. *n.* **1.** *The present* The time being; now. **2a.** The present tense **b.** A verb in this tense. **3.** *At present* At the moment; now. **4.** *For the present* For the time being; temporarily. *v.* **1.** To introduce to another, esp. to someone of higher rank. **2.** To introduce to the public: *to present a play.* **3.** To introduce and compare. **4.** To show; exhibit: *He presented a brave face to the world.* **5.** To put forward; submit: *She presented a proposal for a new book.* **6.** To bring or suggest to the mind: *to present an issue.* **7.** To give or award to: *present a prize.* **8.** To endow with or as if with a gift or award: *to present a university with a foundation scholarship.* **9.** To offer formally: *to present one's compliments.* **10.** To offer or hand over for action or settlement: *to present a bill.* **11.** To represent or depict in a particular manner: *The actor presented Hamlet as a very young man.* **12.** To salute someone with. **13.** *(Military)* To aim or point. **14.** To nominate to a bishop for institution to a benefice in his diocese. **15.** To lay before a court, magistrate, etc., for consideration or trial. **16.** To bring a formal charge or accusation against; indict. **17.** To take notice of from personal knowledge or observation, before any bill of indictment has been drawn up. **18.** To seek treatment for a particular symptom or problem: *She presented with postnatal depression.* **19.** To produce a favorable, etc. impression: *She presents well in public.* **20.** *Present oneself* To appear, esp. at a specific time and place. *n.* **1.** Anything that is presented; a gift. **2.** *Make someone a present of something* To give someone something.

preserve *v.* **1.** To keep safe from danger or harm; protect. **2.** To protect from decay or dissolution; maintain: *to preserve old buildings.* **3.** To maintain possession of; keep up: *to preserve a facade of indifference.* **4.** To prevent from decomposition or chemical change. **5.** To prepare, as by freezing, drying, or salting, so that it will resist decomposition. **6.** To make preserves of. **7.** To rear and protect in restricted places for hunting or fishing. **8.** To maintain protection and favourable conditions for game in preserves. **9.** Something that preserves or is preserved. **10.** A special area or domain: *Archaeology is the preserve of specialists.* **11.** Fruit, etc., prepared by cooking with sugar. **12.** Areas where game is reared for private hunting or fishing. --**preservable** *adj.* --**preservability** *n.*, --**preservably** *adv.*

pressure *n.* **1.** The state of pressing or being pressed. **2.** The exertion of force by one body on the surface of another. **3.** A moral force that compels to bring pressure to bear. **4.** An urgent claim or demand or series of urgent claims or demands: *to work under pressure.* **5.** A burdensome condition that is hard to bear: *the pressure of grief.* **6.** The force applied to a unit area of a surface, usually measured in pascals, millibars, torr, or atmospheres. Symbol: p or P. **7.** Short for *atmospheric pressure* or *blood pressure.* *v.* **1.** To constrain or compel, as by the application of moral force.

price *n.* **1.** The sum in money or goods for which anything is or may be bought or sold. **2.** The cost at which anything is obtained. **3.** The cost of bribing a person. **4.** A sum of money offered or given as a reward for a capture or killing. **5.** Value or worth, esp. high worth. **6.** Another word for odds. **7.** *At any price* Whatever the price or cost. **8.** *At a price* At a high price. **9.** *Beyond price* Invaluable or priceless. **10.** The price of what deserves, esp. a fitting punishment: *It's just the price of him.* **11.** *What price something?* What are the chances of happening now? *v.* **1.** To fix or establish the price of. **2.** To ascertain or discover the price of. **3.** *Price out of the market* To charge so highly for as to prevent the sale hire, etc., of.

prison *n.* **1.** A public building used to house convicted criminals and accused persons remanded in custody and awaiting trial. **2.** Any place of confinement or seeming confinement.

private *adj.* **1.** Not widely or publicly known: *They had private reasons for the decision.* **2.** Confidential; secret: *a private conversation.* **3.** Not for general or public use: *a private bathroom.* **4.** Individual; special: *my own private recipe.* **5.** Having no public office, rank, etc.: *a private man.* **6.** Denoting a soldier of the lowest military rank: *a private soldier.* **7.** Of, relating to, or provided by a private individual or organization, rather than by the state or a public body: *the private sector; private housing.* **8.** Retired; sequestered; not overlooked. **9.** Reserved; uncommunicative. **10.** *In private* In secret; confidentially. **11.** A soldier of the lowest rank, sometimes separated into qualification grades, in many armies and marine corps: *private first class.*

prize *n.* **1.** A reward or honor for victory or for having won a contest, competition, etc. **2.** Something given to the winner of any game of chance, lottery, etc. **3.** Something striven for. **4.** Any valuable property captured in time of war, esp. a vessel.

problem *n.* **1.** Any thing, matter, person, etc., that is difficult to deal with, solve, or overcome. **2.** A puzzle, question, etc., set for solution. **3.** A statement requiring a solution usually by means of one or more operations or geometric constructions. **4.** Designating a literary work that deals with difficult moral questions.

process *n.* **1.** A series of actions that produce a change or development: *the process of digestion.* **2.** A method of doing or producing something. **3.** A forward movement. **4.** The course of time. **5a.** A summons, writ, etc., commanding a person to appear in court. **b.** The whole proceedings in an action at law. **6.** A natural outgrowth or projection of a part, organ, or organism. **7.** A distinct subtask of a computer system which can be regarded as proceeding in parallel with other subtasks of the system. **8.** Relating to the general preparation of a printing forme or plate by the use, at some stage, of photography. **9.** Denoting a film, film scene, shot, etc., made by techniques that produce unusual optical effects. **10.** To subject to a routine procedure; handle. **11.** To treat or prepare by a special method, esp. to treat in order to preserve it: *to process cheese.* **12a.** To institute legal proceedings against. **b.** To serve a process on. **13a.** To develop, rinse, fix, wash, and dry. **b.** To produce final prints or slides from. **14.** To perform mathematical and logical operations on according to programmed instructions in order to obtain the required information. **15.** To prepare using a food processor.

produce *n.* **1.** To bring into existence; yield. **2.** To bring forth by mental or physical effort; make: *She produced a delicious dinner for us.* **3.** To give birth to. **4.** To manufacture: *This firm produces cartons.* **5.** To give rise to: *Her joke produced laughter.* **6.** To present to view: *to produce evidence.* **7.** To bring before the public: *He produced two plays and a film last year.* **8.** To conceive and create the overall sound of and supervise its arrangement, recording, and mixing. **9.** To extend. **10.** Anything that is produced; product. **11.** Agricultural products regarded collectively: *farm produce.*

profession *n.* **1.** An occupation requiring special training in the liberal arts or sciences, esp. one of the three learned professions: law, theology, or medicine. **2.** The body of people in such an occupation. **3.** The act of professing; avowal; declaration. **4a.** A declaration of faith in a religion, esp. as made on entering the Church of that religion or an order belonging to it. Also called: *profession of faith.* **b.** The faith or the religion that is the subject of such a declaration.

profit *n.* **1.** Excess of revenues over outlays and expenses in a business enterprise over a given period of time, usually a year. **2.** The monetary gain derived from a transaction. **3a.** Income derived from property or an investment, as contrasted with capital gains. **b.** The ratio of this income to the investment or principal. **4a.** The income or reward accruing to a successful entrepreneur and held to be the motivating factor of all economic activity in a capitalist economy. **b.** The profit motive. **5.** A gain, benefit, or advantage. **6.** To gain or cause to gain profit.

progress *n.* **1.** Movement forwards, esp. towards a place or objective. **2.** Satisfactory development, growth, or advance: *She is making progress in math.* **3.** Advance towards completion, maturity, or perfection: *the steady onward march of progress.* **4.** Of or relating to progress: *a progress report.* **5.** Increasing complexity, adaptation, etc., during the development of an individual or evolution of a group. **6.** A stately royal journey. **7.** *In progress* Taking place; under way. **8.** To move forwards or onwards, as towards a place or objective. **9.** To move towards or bring nearer to completion, maturity, or perfection.

promise *v.* **1.** To give an assurance of; undertake in the future: *I promise that I will come.* **2.** To undertake to give: *He promised me a car for my birthday.* **3.** To cause one to expect that in the future one is likely: *She promises to be a fine soprano.* **4.** To engage to be married; betroth: *I'm promised to Bill.* **5.** To assure of the authenticity or inevitability of something: *There'll be trouble, I promise you.* **6.** An undertaking or assurance given by one person to another agreeing or guaranteeing to do or give something, or not to do or give something, in the future. **7.** Indication of forthcoming excellence or goodness: *a writer showing considerable promise.* **8.** The thing of which an assurance is given.

pronunciation *n.* **1.** The act, instance, or manner of procing sounds. **2.** The supposedly correct manner of pronouncing sounds in a given language. **3.** A phonetic transcription of a word.

proper *adj.* **1.** Appropriate or suited for some purpose: *in its proper place.* **2.** Correct in behavior or conduct. **3.** Excessively correct in conduct; vigorously moral. **4.** Up to a required or regular standard. **5.** Referred to or named specifically so as to exclude anything not directly connected with it: *His claim is connected with the deed proper.* **6.** Belonging to or characteristic of a person or thing. **7.** Considered correct for the natural color of the object or emblem depicted: *three martlets proper.* **9.** Distinguished from a weaker relation by excluding the case where the relata are identical. For example, every set is a subset of itself, but a proper subset must exclude at least one member of the containing set. **10.** Pleasant or good.

prophecy *n.* **1a.** A message of divine truth revealing God's will. **b.** The act of uttering such a message. **2.** A prediction or guess. **3.** The function, activity, or charismatic endowment of a prophet or prophets.

prophet *n.* **1.** A person who supposedly speaks by divine inspiration, esp. one through whom a divinity expresses his will. **2.** A person who predicts the future. **3.** A spokesman for a movement, doctrine, etc. **4a.** A seer in spiritual matters. **b.** The vanishing of material sense to give way to the conscious facts of spiritual truth.

Prophet *n.* The principal designation and title of Mohammed as the Messenger of Islam.

Prophets *n. pl.* The books constituting the second main part of the Hebrew Bible, which in Jewish tradition is subdivided into the Former Prophets, Joshua, Judges, I-II Samuel, and I-II Kings, and the Latter Prophets, comprising those books which in Christian tradition are alone called the Prophets and which are divided into Major Prophets and Minor Prophets.

proportion *n.* **1.** The relationship between different things or parts with respect to comparative size, number, or degree; relative magnitude or extent; ratio. **2.** The correct or desirable relationship between parts of a whole; balance or symmetry. **3.** A part considered with respect to the whole. **4.** Dimensions or size a building of vast proportions. **5.** A share, part, or quota. **6.** A relationship that maintains a constant ratio between two variable quantities: *x increases in direct proportion to y.* **7.** A relationship between four numbers or quantities in which the ratio of the first pair equals the ratio of the second pair. **8.** To adjust in relative amount, size, etc. **9.** To cause to be harmonious in relationship of parts.

prove *v.* **proves, proving, proved, proven 1.** To establish or demonstrate the truth or validity of; verify, esp. by using an established sequence of procedures or statements. **2.** To establish the quality of, esp. by experiment or scientific analysis. **3.** To establish the validity and genuineness of. **4.** To show able or courageous. **5.** To be found or shown: *This has proved useful; He proved to be invaluable.* **6.** To take a trial impression of. **7.** To rise in a warm place before baking. **8.** To undergo.

public *adj.* **1.** Of, relating to, or concerning the people as a whole. **2.** Open or accessible to all: *public gardens.* **3.** Performed or made openly or in the view of all: *public proclamation.* **4** Well-known or familiar to people in general: *a public figure.* **5.** Maintained at the expense of, serving, or for the use of a community: *a public library.* **6.** Open, acknowledged, or notorious: *a public scandal.* **7. Go public a.** To issue shares for subscription by the public. **b.** To reveal publicly hitherto confidential information.

pulse *n.* **1a.** The rhythmic contraction and expansion of an artery at each beat of the heart, often discernible to the touch at points such as the wrists. **b.** A single pulsation of the heart or arteries. **2a.** Transient sharp change in voltage, current, or some other quantity normally constant in a system. **b.** One of a series of such transient disturbances, usually recurring at regular intervals and having a characteristic geometric shape. **c.** A pulse generator. Less common name: *impulse.* **3a.** A recurrent rhythmic series of beats, waves, vibrations, etc. **b.** Any single beat, wave, etc., in such a series. **4.** Bustle, vitality, or excitement: *the pulse of a city.* **5.** The feelings or thoughts of a group or society as they can be measured: *the pulse of the voters.* **6. Keep one's finger on the pulse** To be well-informed about current events. **7.** To beat, throb, or vibrate.

punish *v.* **1.** To force to undergo a penalty or sanction, such as imprisonment, fines, death, etc., for some crime or misdemeanour. **2.** To inflict punishment for. **3.** To use or treat harshly or roughly, esp. as by overexertion: *to punish a horse.*

punishment *n.* **1.** A penalty or sanction given for any crime or offense. **2.** The act of punishing or state of being punished. **3.** Rough treatment. **4.** Any aversive stimulus administered to an organism as part of training. **purpose** *n.* **1.** The reason for which anything is done, created, or exists. **2.** A fixed design, outcome, or idea that is the object of an action or other effort. **3.** Fixed intention in doing something; determination: *a man of purpose.* **4.** Practical advantage or use: *to work to good purpose.* **5.** That which is relevant or under consideration. **6.** Purport. **7. On purpose** Intentionally. **8.** To intend or determine to do. **pursuit** *n.* **1.** The act of pursuing, chasing, or striving after. **2.** An occupation, hobby, or pastime. **3.** A race in which the riders set off at intervals along the track and attempt to overtake each other.

put *v.* **puts, putting, put 1.** To cause to be: *to put a book on the table; to put one's things in order.* **2.** To cause to experience the endurance or suffering: *to put to death.* **3.** To set or commit, esp. by force: *He put him to work.* **4.** To render, transform, or translate to put into English. **5.** To set in a musical form. **6.** To estimate: *He put the distance at fifty miles.* **7.** To utilize: *He put his knowledge to good use.* **8.** To couple a female animal for the purpose of breeding: *The farmer put his heifer to the bull.* **9.** To state; express: *to put it bluntly.* **10.** To set or make: *He put an end to the proceedings.* **11.** To present for consideration in anticipation of an answer or vote; propose: *He put the question to the committee.* **12.** To invest in; give to: *He put five thousand pounds into the project.* **13.** To impart: *to put zest into a party.* **14.** To throw or cast. **15. Not know where to put oneself** To feel awkward or embarrassed. **16. Put paid to** To destroy irrevocably and utterly: *The manager's disfavour put paid to their hopes for promotion.* **17. Stay put** To refuse to leave; keep one's position. **18.** A throw or cast, esp. in putting the shot. **19.** An option to sell a stated amount of securities at a specified price during a specified limited period.

Q

n. The seventeenth letter of the alphabet; denoting the next after P in a set of items, categories, etc.

qualification *n.* **1.** An ability, quality, or attribute, esp. one that fits a person to perform a particular job or task: *He has no qualifications to be a teacher.* **2.** A condition that modifies or limits; restriction. **3.** The act of qualifying or state of being qualified.

qualified *adj.* **1.** Having the abilities, qualities, attributes, etc., necessary to perform a particular job or task. **2.** Limited, modified, or restricted; not absolute.

qualify *v.* **1.** To provide or be provided with the abilities or attributes necessary for a task, office, duty, etc.: *His experience qualifies him for the job.* **2.** To make less strong, harsh, or violent; moderate or restrict. **3.** To modify or change the strength or flavour of. **4.** Modify. **5.** To attribute a quality to; characterize. **6.** To progress to the final stages of a competition, as by winning preliminary contests. **--qualificatory** *adj.*

quarrel (1) *n.* **1.** An angry disagreement; argument. **2.** A cause of disagreement or dispute; grievance. *v.* **-rels, -relling, -relled** or U.S. **-rels, -reling, -reled 1.** To engage in a disagreement or dispute; argue. **2.** To find fault; complain. **quarrel (2)** *n.* **1.** An arrow having a four-edged head, fired from a crossbow. **2.** A small square or diamond-shaped pane of glass, usually one of many in a fixed or casement window and framed with lead.

question *n.* **1.** A form of words addressed to a person in order to elicit information or evoke a response: *interrogative sentence.* **2.** A point at issue: *It's only a question of time.* **3.** A difficulty or uncertainty; doubtful point: *a question of money; There's no question about it.* **4a.** An act of asking. **b.** An investigation into some problem or difficulty. **5.** A motion presented for debate by a deliberative body. **6.** *Put the question to* Require members of a deliberative assembly to vote on a motion presented. **7.** A matter submitted to a court or other tribunal for judicial or quasi-judicial decision. **8.** *Question of fact* That part of the issue before a court that is decided by the jury. **9.** *Question of law* That part of the issue before a court that is decided by the judge. **10.** *Beg the question* **a.** To avoid giving a direct answer by posing another question. **b.** To assume the truth of that which is intended to be proved. **11.** *Beyond question* Beyond dispute or doubt. **12.** *Call in or into question* **a.** To make the subject of disagreement. **b.** To cast doubt upon the validity, truth, etc., of. **13.** *In question* Under discussion: *This is the man in question.* **14.** *Out of the question* Beyond consideration; unthinkable or impossible: *The marriage is out of the question.* **15.** *Pop the question* To propose marriage. **16.** To put a question or questions to; interrogate. **17.** To make the subject of dispute or disagreement. **18.** To express uncertainty about the validity, truth, etc., of; doubt.

quick *adj.* **1.** Performed or occurring during a comparatively short time: *a quick move.* **2.** Lasting a comparatively short time; brief: *a quick flight.* **3.** Accomplishing something in a time that is shorter than normal: *a quick worker.* **4.** Characterized by rapidity of movement; swift or fast: *a quick walker.* **5.** Immediate or prompt: *a quick reply.* **6.** Eager or ready to perform: *quick to criticize.* **7.** Responsive to stimulation; perceptive or alert; lively: *a quick eye.* **8.** Eager or enthusiastic for learning: *a quick intelligence.* **9.** Easily excited or aroused: *a quick temper.* **10.** Skilfully swift or nimble in one's movements or actions; deft: *quick fingers.* **11.** Alive; living. **12.** Lively or eager: *a quick dog.* **13.** Burning briskly. **14.** Composed of living plants: *a quick hedge.* **15.** Lacking firmness through being wet. **16.** *Quick with child* Pregnant, esp. being in an advanced state of pregnancy, when the movements of the fetus can be felt. **17.** Any area of living flesh that is highly sensitive to pain or touch, esp. that under a toenail or fingernail or around a healing wound. **18.** The vital or most important part. **19.** Short for *quickset.* **20.** *Cut to the quick* To hurt feelings deeply; offend gravely. *adv.* **1.** In a rapid or speedy manner; swiftly. **2.** Soon: *I hope he comes quick. interject.* **1.** A command requiring the hearer to perform an action immediately or in as short a time as possible.

quintillion *n.* **1.** The number represented as one followed by 30 zeros U.S. and Canadian word: *nonillion.* **2.** The number represented as one followed by 18 zeros Brit. word: *trillion.*

Qur'an (also Koran) *n.* The sacred scriptures of Islam revealed by Allah (God) to the prophet Muhammad through the Angel Jabril (Gabriel). It was revealed over a period of 23 years during his life at Mecca and Medina. The word Qur'an can be translated to mean, "the recitation" or "the reading". It consists of 114 chapters of varying lengths, known as Surahs that touch upon all aspects of human existence up to the Judgment of the world.

R

n. **1.** The 18th letter and 14th consonant of the modern English alphabet. **2.** A speech sound represented by this letter, in English usually an alveolar semivowel, as in *red*.

rain *n.* **1a.** Precipitation from clouds in the form of drops of water, formed by the condensation of water vapour in the atmosphere. **b.** A fall of rain; shower. *adj.* **1.** A large quantity of anything falling rapidly or in quick succession: *a rain of abuse.* **3. Rain or shine a.** Regardless of the weather. **b.** Regardless of circumstances. **4.** *Right as rain* Perfectly all right; perfectly fit. **5.** To be the case that rain is falling. **6.** To fall or cause to fall like rain: *The lid flew off and popcorn rained on everyone.* **7.** To bestow in large measure: *to rain abuse on someone.* **8. Rain cats and dogs** To rain heavily; pour. **9.** *Rained off* Cancelled or postponed on account of rain. also U.S. and Canadian term: *rained out.*

rains *n. pl.* The season of heavy rainfall, esp. in the tropics.

ran *v. past tense* of **run**

rate *n.* **1.** A quantity or amount considered in relation to or measured against another quantity or amount: *a rate of 70 miles an hour.* **2.** A price or charge with reference to a standard or scale rate of interest rate of discount. **3.** A charge made per unit for a commodity, service, etc. **4.** The relative speed of progress or change of something variable; pace: *He works at a great rate.; The rate of production has doubled.* **6.** Relative quality; class or grade. **7.** A measure of the frequency of occurrence of a given event, such as births and deaths, usually expressed as the number of times the event occurs for every thousand of the total population considered. **8.** A wage calculated against a unit of time. **9.** The amount of gain or loss of a timepiece. **10.** *At any rate* In any case; at all events; anyway. **11.** To assign or receive a position on a scale of relative values; rank: *He is rated fifth in the world.* **12.** To estimate the value of; evaluate: *We rate your services highly.* **13.** To be worthy of; deserve: *This hotel does not rate four stars.* **14.** To consider; regard: *I rate him among my friends.* **15.** To assess the value of for the purpose of local taxation. **16.** To think highly of: *The clients do not rate the new system.*

rates *n. pl.* A tax formerly levied on property by a local authority.

ratio *n.* **1.** A measure of the relative size of two classes expressible as a proportion: *The ratio of boys to girls is 2 to 1.* **2.** A quotient of two numbers or quantities.

ravel *v.* **-els, -elling, -elled** or U.S. **-els, -eling, -eled 1.** To tangle or to become entangled. **2.** To tease or draw out or to fray out in loose ends; unravel. **3.** To disentangle or resolve: *to ravel out a complicated story.* **4.** To break up in patches or to begin to break up; fret; scab. **5.** To make or become confused or complicated. *n.* **1.** A tangle or complication.

read *v.* **reads, reading 1.** To comprehend the meaning of by looking at and interpreting the written or printed characters. **2.** To be occupied in such an activity: *He was reading all day.* **3.** To look at, interpret, and speak aloud: *He read to us from the Bible.* **4.** To interpret the significance or meaning of through scrutiny and recognition: *He read the map.* **5.** To interpret or understand the meaning of other than by visual means: *to read Braille.* **6.** To have sufficient knowledge of; to understand the written or printed word: *Do you read German?* **7.** To discover or make out the true nature or mood of: *to read someone's mind.* **8.** To interpret or understand in a specified way, or to convey a particular meaning or impression: *I read this speech as satire.* **9.** To adopt as a reading in a particular passage for. **10.** To have or contain a certain form or wording: *The sentence reads as follows.* **11.** To undertake a course of study in: *to read history.* **12.** To gain knowledge by reading: *He read about the war.* **13.** To register, indicate, or show: *The meter reads 100.* **14.** To bring or put into a specified condition by reading: *to read a child to sleep.* **15.** To hear and understand, esp. when using a two-way radio: *We are reading you loud and clear.* **16.** To obtain from a storage device, such as magnetic tape. **17.** To understand by interpretation of the notes on the staff and to be able to reproduce the musical sounds represented by these notes. **18.** *Read a lesson or lecture* To censure or reprimand, esp. in a long-winded manner. **19.** *Read between the lines* To perceive or deduce a meaning that is hidden or implied rather than being openly stated. **20.** *You wouldn't read about it* An expression of dismay, disgust, or disbelief. **21.** Matter suitable for reading: *This new book is a very good read.* **22.** The act of reading. **read (2)** The past tense and past participle of *read (1).* *adj.* **1.** Having knowledge gained from books. **3.** *Take as read* To take for granted as a fact; understand or presume.

reading *n.* **1.** The act of a person who reads. **2a.** Ability to read: *the reading public; a child of reading age.* **3.** Any matter that can be read; written or printed text. **4.** A public recital or rendering of a literary work. **5.** The form of a particular word or passage in a given text, esp. where more than one version exists. **6.** Tn interpretation, as of a piece of music, a situation, or something said or written. **7.** Knowledge gained from books: *a person of little reading.* **8.** A measurement indicated by a gauge, dial, scientific instrument, etc. **9a.** The formal recital of the body or title of a bill in a legislative assembly in order to begin one of the stages of its passage. **b.** One of the three stages in the passage of a bill through a legislative assembly. **10.** The formal recital of something written, esp. a will.

real (1) *adj.* **1.** Existing or occurring in the physical world; not imaginary, fictitious, or theoretical; actual. **2.** True; actual; not false: *the real reason.* **3.** Deserving the name; rightly so called: *a real friend; a real woman.* **4.** Not artificial or simulated; genuine: *real sympathy; real fur.* **5.** Traditionally made and having a distinct flavor: *real cheese.* **6.** Existent or relating to actual existence. **7.** Considered in terms of purchasing power rather than nominal currency value. **8.** Denoting or relating to immovable property such as land and tenements real property. **9.** Involving or containing real numbers alone; having no imaginary part. **11a.** Preserving the intervals as they appear in the subject. **b.** Denoting a fugue as having such an answer. **12.** *The real thing* The genuine article, not an inferior or mistaken substitute. **14** Short for *real number.* **15.** *The real* That which exists in fact; reality. **16.** *For real* Not as a test or trial; in earnest.

rear *n.* **1.** The back or hind part. **2.** The area or position that lies at the back: *a garden at the rear of the house.* **3.** The section of a military force or procession farthest from the front. **4.** An informal word for buttocks. **5.** *Bring up the rear* To be at the back in a procession, race, etc. **6.** *In the rear* At the back. **7.** Of or in the rear: *the rear legs; the rear side.* *v.* **1.** To care for and educate until maturity; bring up; raise. **2.** To breed or grow. **3.** To place or lift upright. **4.** To erect; put up. **5.** To lift the front legs in the air and stand nearly upright. **6.** To rise high; tower. **7.** To start with anger, resentment, etc.

reason *n.* **1.** The faculty of rational argument, deduction, judgment, etc. **2.** Sound mind; sanity. **3.** A cause or motive, as for a belief, action, etc. **4.** An argument in favour of or a justification for something. **5.** The intellect regarded as a source of knowledge, as contrasted with experience. **6.** Grounds for a belief; a premise of an argument supporting that belief. **7.** *By reason of* Because of. **8.** *In or within reason* Within moderate or justifiable bounds. **9.** *It stands to reason* It is logical or obvious: *It stands to reason that he will lose.* **10.** *Listen to reason* To be persuaded peaceably. **11.** *Reasons of State* Political justifications for an immoral act. **12.** From facts or premises. **13.** To urge or seek to persuade by reasoning. **14.** To work out or resolve by reasoning.

rebel *v.* **-bels, -belling, -belled 1.** To resist or rise up against a government or other authority, esp. by force of arms. **2.** To dissent from an accepted moral code or convention of behaviour, dress, etc. **3.** To show repugnance. *n.* **1.** A person who rebels. **2.** A person who dissents from some accepted moral code or convention of behavior, dress, etc.

receive *v.* **1.** To take into one's hand or possession. **2.** To have bestowed. **3.** To accept delivery or transmission of. **4.** To be informed of. **5.** To hear and consent to or acknowledge. **6.** To take or hold. **7.** To support or sustain; bear. **8.** To apprehend or perceive. **9.** To experience, undergo, or meet with. **10.** To be at home to. **11.** To greet or welcome, esp. in formal style. **12.** To admit to a place, society, condition, etc.: *He was received into the priesthood.* **13.** To accept or acknowledge as true or valid. **14.** To convert into sounds, pictures, etc., by means of a receiver. **15.** To play at the other end from the server; be required to return. **16.** To partake of. **17.** To buy and sell stolen goods.

recite *v.* **1.** To repeat aloud from memory before an audience, teacher, etc. **2.** To give a detailed account of. **3.** To enumerate.

reclaim *v.* **1** to claim back **2** to convert (desert, marsh, waste ground, etc.) into land suitable for growing crops **3** to recover (useful substances) from waste products **4** to convert (someone) from sin, folly, vice, etc. **5** *(Falconry)* to render (a hawk or falcon) tame

record *n.* **1.** An account in permanent form, esp. in writing, preserving knowledge or information about facts or events. **2.** A written account of some transaction that serves as legal evidence of the transaction. **3.** A written official report of the proceedings of a court of justice or legislative body, including the judgments given or enactments made. **4.** Anything serving as evidence or as a memorial: *The First World War is a record of human folly.* **5.** Information or data on a specific subject collected methodically over a long period: *weather records.* **6.** The best or most outstanding amount, rate, height, etc., ever attained, as in some field of sport: *an Olympic record.* **7.** The sum of one's recognized achievements, career, or performance: *The officer has an excellent record.* **8.** A list of crimes of which an accused person has previously been convicted, which are known to the police but may only be disclosed to a court in certain circumstances. **9.** *Have a record* To be a known criminal; have a previous conviction or convictions. **10.** A thin disc of a plastic material upon which sound has been recorded. Each side has a spiral groove, which undulates in accordance with the frequency and amplitude of the sound. Records were formerly made from a shellac-based compound but are now usually made from vinyl plastics. Also called: gramophone record, disc. **11.** The markings made by a recording instrument such as a seismograph. **12.** A group of data or piece of information preserved as a unit in machine-readable form. **13a.** Data structure designed to allow the handling of groups of related pieces of information as though the group was a single entity. **14.** *For the record* For the sake of strict factual accuracy. **15.** *Go on record* To state one's views publicly. **16.** *On record* **a.** Stated in a public document. **b.** Publicly known. *v.* **1. Set or put the record straight** To correct an error or misunderstanding. **2.** To set down in some permanent form so as to preserve the true facts of: *to record the minutes of a meeting.* **3.** To contain or serve to relate. **4.** To indicate, show, or register: *His face recorded his disappointment.* **5.** To remain as or afford evidence of these ruins: *Record the life of the Romans in Britain.* **6.** To make a recording of for reproduction, esp. on a record player or tape recorder, or for later broadcasting. **7.** To register or indicate on a scale: *The barometer recorded a low pressure.*

reduce *v.* **1.** To make or become smaller in size, number, extent, degree, intensity, etc. **2.** To bring into a certain state, condition, etc.: *to reduce a forest to ashes; to reduce someone to despair.* **3.** To make or become slimmer; lose or cause to lose excess weight. **4.** To impoverish. **5.** To bring into a state of submission to one's authority; subjugate: *The whole country was reduced after three months.* **6.** To bring down the price of: *The shirt was reduced in the sale.* **7.** To lower the rank or status of; demote: *He was reduced from corporal to private.* **8.** To set out systematically as an aid to understanding; simplify: *His theories have been reduced in a popular treatise.* **9.** To modify or simplify the form of, esp. by substitution of one term by another. **10.** To make more concentrated by boiling away some of the water in it. **11.** To thin out by adding oil, turpentine, etc.; dilute. **12a.** To undergo or cause to undergo a chemical reaction with hydrogen or formation of a hydride. **b.** To lose or cause to lose oxygen atoms. **c.** To undergo or cause to undergo an increase in the number of electrons. **13.** To lessen the density of by converting some of the blackened silver in the emulsion to soluble silver compounds by an oxidation process using a photographic reducer. **14.** To manipulate or reposition back to its normal site. **15.** To undergo or cause to undergo meiosis.

reference *v.* **1.** The act or an instance of referring. **2.** Something referred, esp. proceedings submitted to a referee in law. **3.** A direction of the attention to a passage elsewhere or to another book, document, etc. **4.** A book or passage referred to. **5.** A mention or allusion: *This book contains several references to the Civil War.* **6a.** The relation between a word, phrase, or symbol and the object or idea to which it refers. **b.** The object referred to by an expression. **7a.** A source of information or facts. **8.** A written testimonial regarding one's character or capabilities. **9.** A person referred to for such a testimonial. **10.** Relation or delimitation, esp. to or by membership of a specific class or group; respect or regard: *all people, without reference to sex or age.* **11. Terms of reference** The specific limits of responsibility that determine the activities of an investigating body, etc. **12. Point of reference** A fact forming the basis of an evaluation or assessment; criterion. **13.** To furnish or compile a list of references for. **14.** To make a reference to; refer to: *He referenced Chomsky.* *prep.* **1.** With reference to: *reference your letter of the 9th.*

refinement *n.* **1.** The act of refining or the state of being refined. **2.** A fine or delicate point, distinction, or expression; a subtlety. **3.** Fineness or precision of thought, expression, manners, etc.; polish or cultivation. **4.** A device, change, adaptation, etc., designed to improve performance or increase efficiency.

reform *v.* **1.** To improve by alteration or correction of abuses. **2.** To give up or cause to give up a reprehensible habit or immoral way of life. **3.** To change the molecular structure of to make it suitable for use as petrol by heat, pressure, and the action of catalysts. **4.** An improvement or change for the better, esp. as a result of correction of legal or political abuses or malpractices. **5.** A principle, campaign, or measure aimed at achieving such change. **6.** Improvement of morals or behavior, esp. by giving up some vice.

regardless *adj.* **1.** Taking no regard or heed; heedless. *adv.* **1.** In spite of everything; disregarding drawbacks: *to carry on regardless.*

regards *n. pl.* Best wishes, devoirs, good wishes, greetings, respects, salutations.

register *n.* **1.** An official or formal list recording names, events, or transactions. **2.** The book in which such a list is written. **3.** An entry in such a list. **4.** A recording device that accumulates data, totals sums of money, etc.: *a cash register.* **5.** A movable plate that controls the flow of air into a furnace, chimney, room, etc. **6.** One of a set of word-sized locations in the central processing unit in which items of data are placed temporarily before they are operated on by program instructions. **7a.** The timbre characteristic of a certain manner of voice production, chest voice. **b.** Any of the stops on an organ as classified in respect of its tonal quality: *the flute register.* **8a.** The correct alignment of the separate plates in color printing. **b.** The exact correspondence of lines of type, columns, etc., on the two sides of a printed sheet of paper. **9.** A form of a language associated with a particular social situation or subject matter, such as obscene slang, legal language, or journalese. **10.** The act or an instance of registering. **11.** To enter or cause someone to enter on a register; formally record. **12.** To show or be shown on a scale or other measuring instrument: *The current didn't register on the meter.* **13.** To show or be shown in a person's face, bearing, etc.: *His face registered surprise.* **14.** To have an effect; make an impression: *The news of her uncle's death just did not register.* **15.** To send by registered post. **16.** To adjust to ensure that the printed matter is in register. **17.** To align. **18.** To bring to bear on its target by adjustment according to the accuracy of observed single rounds.

regular *adj.* **1.** Normal, customary, or usual. **2.** According to a uniform principle, arrangement, or order trees planted at regular intervals. **3.** Occurring at fixed or prearranged intervals: *to make a regular call on a customer.* **4.** Following a set rule or normal practice; methodical or orderly. **5.** Symmetrical in appearance or form; even: *regular features.* **6.** Organized, elected, conducted, etc., in a proper or officially prescribed manner. **7.** Officially qualified or recognized: *He's not a regular doctor.* **8.** Likable, dependable, or nice. **9.** Denoting or relating to the personnel or units of the permanent military services: *a regular soldie;r the regular army.* **10.** Having any of their parts, esp. petals, alike in size, shape, arrangement, etc.; symmetrical. **11.** Following the usual pattern of formation in a language. **12a.** Equilateral and equiangular. **b.** Having identical regular polygons as faces that make identical angles with each other. **c.** Having regular polygons as bases. **d.** Having a regular polygon as a base and the altitude passing through the centre of the base. **e.** Another name for analytic. **14.** Another word for actinomorphic. **15.** Subject to the rule of an established religious order or community: *canons regular.* **16.** Of, selected by, or loyal to the leadership or platform of a political party: *a regular candidate.* **17.** Another word for cubic. *n.* **1.** A professional long-term serviceman in a military unit. **2.** A person who does something regularly, such as attending a theatre or patronizing a shop. **3.** A member of a religious order or congregation, as contrasted with a secular. **4.** A party member loyal to the leadership, organization, platform, etc., of his party.

regulation *n.* **1.** The act or process of regulating. **2.** A rule, principle, or condition that governs procedure or behavior. **3.** A governmental or ministerial order having the force of law. **4.** The ability of an animal embryo to develop normally after its structure has been altered or damaged in some way. **5.** As required by official rules or procedure: *regulation uniform.* **6.** Normal; usual; conforming to accepted standards: *a regulation haircut.* **7.** The change in voltage occurring when a load is connected across a power supply, caused by internal resistance or internal impedance.

relief *n.* **1.** A feeling of cheerfulness or optimism that follows the removal of anxiety, pain, or distress. **2.** Deliverance from or alleviation of anxiety, pain, distress, etc. **3.** Help or assistance, as to the poor, needy, or distressed. **4.** Something that affords a diversion from monotony. **5.** A person who replaces or relieves another at some task or duty. **6.** A bus, shuttle plane, etc., that carries additional passengers when a scheduled service is full. **7.** A road carrying traffic round an urban area; bypass. **8a.** The act of freeing a beleaguered town, fortress, etc. **9. Relievo, rilievo a.** The projection of forms or figures from a flat ground, so that they are partly or wholly free of it. **b.** A piece of work of this kind. **10.** A printing process, such as engraving, letterpress, etc., that employs raised surfaces from which ink is transferred to the paper. **11.** Any vivid effect resulting from contrast: *comic relief.* **12.** Variation in altitude in an area; difference between highest and lowest level: *a region of low relief.* **13.** The removal of the surface material of a bearing area to allow the access of lubricating fluid. **14.** Redress of a grievance or hardship: *to seek relief through the courts.* **15.** A succession of payments made by an heir to a fief to his lord: *The size of the relief was determined by the lord within bounds set by custom.* **16. On relief** In receipt of government aid because of personal need.

religion *n.* **1.** Belief in, worship of, or obedience to a supernatural power or powers considered to be divine or to have control of human destiny. **2.** Any formal or institutionalized expression of such belief: *the Christian religion.* **3.** The attitude and feeling of one who believes in a transcendent controlling power or powers. **4.** The way of life determined by the vows of poverty, chastity, and obedience entered upon by monks, friars, and nuns: *to enter religion.* **5.** Something of overwhelming importance to a person: *Football is his religion.* **6.** The practice of sacred ritual observances.

remove *v.* **1.** To take away and place elsewhere. **2.** To displace from office; dismiss. **3.** To do away with; abolish. **4.** To cause to disappear; get rid of. **5.** To assassinate; kill. **6.** To change the location of one's home or place of business: *The publishers have removed to Mayfair.* **7.** The act of removing, esp. a removal of one's residence or place of work. **8.** The degree of difference separating one person, thing, or condition from another: *only one remove from madness.* **9.** A class or form, esp. one for children of about 14 years, designed to introduce them to the greater responsibilities of a more senior position in the school. **10.** A dish to be changed while the rest of the course remains on the table.

removed *adj.* **1.** Separated by distance or abstract distinction. **2.** Separated by a degree of descent or kinship: *The child of a person's first cousin is his first cousin once removed.*

renew *v.* **1.** To take up again. **2.** To begin again; recommence: *to renew an attempt.* **3.** To restate or reaffirm. **4.** To make valid or effective for a further period. **5.** To extend the period of loan of. **6.** To regain or recover. **7.** To restore to a new or fresh condition. **8.** To replace.

repel *v.* **-pels, -pelling, -pelled 1.** To force or drive back. **2.** To produce a feeling of aversion or distaste in; be disgusting. **3.** To push aside; dismiss: *He repelled the suggestion as wrong and impossible.* **4.** To be effective in keeping away, controlling, or resisting: *an aerosol spray that repels flies.* **5.** To have no affinity for; fail to mix with or absorb: *water and oil repel each other.* **6.** To disdain to accept; turn away from or spurn: *She repelled his advances.* **7.** To exert an opposing force on: *An electric charge repels another charge of the same sign.*

report *v.* **1.** An account prepared for the benefit of others, esp. one that provides information obtained through investigation and published in a newspaper or broadcast. **2.** A statement made widely known; rumor: *According to report, he is not dead.* **3.** An account of the deliberations of a committee, body, etc.: *a report of parliamentary proceedings.* **4.** A statement on the progress, academic achievement, etc., of each child in a school, written by teachers and sent to the parents or guardian annually or each term. **5.** A written account of a case decided at law, giving the main points of the argument on each side, the court's findings, and the decision reached. **6.** Comment on a person's character or actions; reputation: *He is of good report here.* **7.** A sharp loud noise, esp. one made by a gun. **8.** To give an account; describe. **9.** To give an account of the results of an investigation: *to report on housing conditions.* **10.** To make a formal report on. **11.** To complain about, esp. to a superior: *I'll report you to the teacher.* **12.** To reveal information about esp. concerning his whereabouts. **13.** To present oneself or be present at an appointed place or for a specific purpose: *report to the manager's office.* **14.** To say or show that one is: *to report fit.* **15.** To be responsible to and under the authority of: *The plant manager reports to the production controller.* **16.** To act as a reporter for a newspaper or for radio or television. **17.** To take down in writing details of as a record or for publication.

require *v.* **1.** To have need of; depend upon; want. **2.** To impose as a necessity; make necessary: *This work requires precision.* **3.** To make formal request; insist upon or demand, esp. as an obligation. **4.** To call upon or oblige authoritatively; order or command: *to require someone to account for his actions.*

respectful *adj.* **1.** Full of, showing, or giving respect. --**respectfully** *adv.*

respective *adj.* **1.** Belonging or relating separately to each of several people or things; several: *We took our respective ways home.* **2.** An archaic word for *respectful.*

responsible *adj.* **1.** Having control or authority. **2.** Being accountable for one's actions and decisions: *to be responsible to one's commanding officer.* **3.** Involving decision and accountability. **4.** Being the agent or cause to be responsible for a mistake. **5.** Able to take rational decisions without supervision; accountable for one's own actions: *a responsible adult.* **6.** Able to meet financial obligations; of sound credit.

rest (1) *n.* **1a.** Relaxation from exertion or labour. **b.** A rest period. **2.** Repose; sleep. **3.** Any relief or refreshment, as from worry or something troublesome. **4.** Calm; tranquility. **5.** Death regarded as repose: *eternal rest.* **6.** Cessation from motion. **7.** *At rest* **a.** Not moving; still. **b.** Calm; tranquil. **c.** Dead. **d.** Asleep. **8.** A pause or interval. **9.** A mark in a musical score indicating a pause of specific duration. **10.** A pause in or at the end of a line; caesura. **11.** A shelter or lodging: *a seaman's rest.* **12.** A thing or place on which to put something for support or to steady it; prop. **13.** Any of various special poles used as supports for the cue in shots that cannot be made using the hand as a support. **14.** *Come to rest* To slow down and stop. **15.** *Lay to rest* To bury. **16.** *Set at rest* To reassure or settle. **17.** To take or give rest, as by sleeping, lying down, etc. **18.** To place or position for rest or relaxation. **19.** To place or position for support or steadying: *to rest one's elbows on the table.* **20.** To be at ease; be calm. **21.** To cease or cause to cease from motion or exertion; halt. **22.** To lie dead and buried. **23.** To remain without further attention or action: *Let the matter rest.* **24.** To direct; to be directed: *Her eyes rested on the sleeping child.* **25.** To depend or cause to depend; base; rely: *The whole argument rests on one crucial fact.* **26.** To place or be placed, as blame, censure, etc. **27.** To be a responsibility: *It rests with us to apportion blame.* **28.** To finish the introduction of evidence in. **29.** *Rest on one's oars* **a.** To stop rowing for a time. **b.** To stop doing anything for a time. **rest (2)** *n.* **1.** Something left or remaining; remainder. **2.** The others: *the rest of the world* **3.** To continue to be; remain: *rest assured.*

restrictive *adj.* **1.** Restricting or tending to restrict. **2.** Denoting a relative clause or phrase that restricts the number of possible referents of its antecedent.

return *v.* **1.** To come back to a former place or state. **2.** To give, take, or carry back; replace or restore. **3.** To repay or recompense, esp. with something of equivalent value: *return the compliment.* **4.** To earn or yield as an income from an investment or venture. **5.** To come back or revert in thought or speech: *I'll return to that later.* **6.** To recur or reappear: *The symptoms have returned.* **7.** To answer or reply. **8.** To vote into office; elect. **9.** To deliver or render. **10.** To send back or reflect: *The canyon returned my shout.* **11.** To submit about to someone in authority. **12.** To lead back. **13.** To hit, throw, or play back. **14.** To turn away from its original direction. **15.** *Return thanks* To say grace before a meal. *n.* **1.** The act or an instance of coming back. **2.** Something that is given or sent back, esp. unsatisfactory: merchandise returned to the maker or supplier or a theatre ticket sent back by a purchaser for resale. **3.** The act or an instance of putting, sending, or carrying back; replacement or restoration. **4.** The yield, revenue, or profit accruing from an investment, transaction, or venture. **5.** The act or an instance of reciprocation or repayment. **6.** A recurrence or reappearance. **7.** An official report, esp. of the financial condition of a company. **8a.** A form on which a statement concerning one's taxable income is made. **b.** The statement itself. **9.** A statement of the votes counted at an election or poll. **10.** An answer or reply. **11.** Short for *return ticket.* **12.** A second helping of food served at a table. **13a.** A part of a building that forms an angle with the façade. **b.** Any part of an architectural feature that forms an angle with the main part. **14.** A report by a bailiff or other officer on the outcome of a formal document such as a writ, summons, etc., issued by a court. **15.** A lead of a card in the suit that one's partner has previously led. **16.** The act of playing or throwing a ball back. **17.** *By return* By the next post back to the sender. **18.** *Many happy returns* A conventional greeting to someone on his or her birthday. **19.** *The point of no return* The point at which a person's commitment is irrevocable. *adj.* **1.** Of, relating to, or characterized by a return: *a return visit a return performance* **2.** Denoting a second, reciprocated occasion: *a return occasion.*

reveal *v.* **1.** To disclose; divulge. **2.** To expose to view or show. **3.** To disclose either directly or through the medium of prophets, etc. **4.** The vertical side of an opening in a wall, esp. the side of a window or door between the frame and the front of the wall. **--revealable** *adj.*

revelation *n.* **1.** The act or process of disclosing something previously secret or obscure, esp. something true. **2.** A fact disclosed or revealed, esp. in a dramatic or surprising way. **3a.** God's disclosure of his own nature and his purpose for mankind, esp. through the words of human intermediaries. **b.** Something in which such a divine disclosure is contained, such as the Bible revelational.

Revelation *n.* The last book of the New Testament, containing visionary descriptions of heaven, of conflicts between good and evil, and of the end of the world. Also called: *the Apocalypse, the Revelation of Saint John the Divine.*

review *v.* **1.** To look at or examine again: *to review a situation.* **2.** To look back upon; remember: *He reviewed his achievements with pride.* **3.** To inspect, esp. formally or officially: *The general reviewed his troops.* **4.** To read through or go over in order to correct. **5.** To re-examine judicially. **6.** To write a critical assessment of, esp. as a profession. **7.** The act or an instance of reviewing. **8.** A general survey or report: *a review of the political situation.* **9.** A critical assessment of a book, film, play, concert, etc., esp. one printed in a newspaper or periodical. **10.** A publication containing such articles. **11.** A second consideration; re-examination. **12.** A retrospective survey. **13.** A formal or official inspection. **14.** A U.S. and Canadian word for *revision.* **15.** Judicial re-examination of a case, esp. by a superior court. **review (2)** *n.* **1.** A form of light entertainment consisting of a series of topical sketches, songs, dancing, comic turns, etc.

revive *v.* **1.** To bring or be brought back to life, consciousness, or strength; resuscitate or be resuscitated. **2.** To give or assume new vitality; flourish again or cause to flourish again. **3.** To make or become operative or active again: *The youth movement was revived.* **4.** To bring or come into use or currency again: *to revive a language.* **5.** To take up again: *He revived his old hobby.* **6.** To bring or come back to mind. **7.** To mount a new production of (an old play).

reward *n.* **1.** Something given or received in return for a deed or service rendered. **2.** A sum of money offered, esp. for help in finding a criminal or for the return of lost or stolen property. **3.** Profit or return. **4.** Something received in return for good or evil; deserts. **5.** Any pleasant event that follows a response and therefore increases the likelihood of the response recurring in the future. **6.** To give to, esp. in gratitude for a service rendered; recompense.

rheumatism *n.* **1.** Any painful disorder of joints, muscles, or connective tissue.

rice *n.* **1.** An erect grass, Oryza sativa, that grows in East Asia on wet ground and has drooping flower spikes and yellow oblong edible grains that become white when polished. **2.** The grain of this plant. **3.** To sieve to a coarse mashed consistency, esp. with a ricer.

rich *adj.* **1.** A well supplied with wealth, property, etc.; owning much. **2.** Having an abundance of natural resources, minerals, etc.: *a land rich in metals.* **3.** Producing abundantly; fertile: *rich soil.* **4.** Well supplied; abundant: *a country rich with cultural interest.* **5.** Of great worth or quality; valuable: *a rich collection of antiques.* **6.** Luxuriant or prolific: *a rich growth of weeds.* **7.** Expensively elegant, elaborate, or fine; costly: *a rich display.* **8.** Having a large proportion of flavoursome or fatty ingredients, such as spices, butter, or cream. **9.** Having a full-bodied flavor. *a rich sauce.* **10.** Pungent or fragrant. **11.** Intense or vivid; deep: *a rich red.* **12.** Full, mellow, or resonant. **13.** Containing a relatively high proportion of fuel. **14.** Very amusing, laughable, or ridiculous: *a rich joke; a rich situation.*

right *adj.* **1.** In accordance with accepted standards of moral or legal behavior, justice, etc.: *right conduct.* **2.** In accordance with fact, reason, or truth; correct or true: *the right answer.* **3.** Appropriate, suitable, fitting, or proper: *the right man for the job.* **4.** Most favourable or convenient; preferred: *the right time to act.* **5.** In a satisfactory condition; orderly: *Things are right again now.* **6.** Indicating or designating the correct time: *The clock is right.* **7.** Correct in opinion or judgment. **8.** Sound in mind or body; healthy or sane. **9.** Of, designating, or located near the side of something or someone that faces east when the front is turned towards the north. **10.** Worn on a right hand, foot, etc. **11.** Of, designating, supporting, belonging to, or relating to the political or intellectual right. **12.** Conservative or reactionary: *the right wing of the party.* **13 a.** Formed by or containing a line or plane perpendicular to another line or plane. **b.** Having the axis perpendicular to the base: *a right circular cone.* **c.** Straight: *a right line.* **14.** Relating to or designating the side of cloth worn or facing outwards. **15.** *In one's right mind* **16.** Sane. **17.** ***The right side of*** **a.** In favour with: *You'd better stay on the right side of him.* **b.** Younger than: *She's still on the right side of fifty.* *adv.* **1.** In accordance with correctness or truth; accurately: *to guess right.* **2.** In the appropriate manner; properly: *Do it right next time!* **3.** In a straight line; directly: *right to the top.* **4.** In the direction of the east from the point of view of a person or thing facing north. **5.** Absolutely or completely; utterly: *He went right through the floor.* **6.** All the way: *The bus goes right to the city centre.* **7.** Without delay; immediately or promptly: *I'll be right over.* **8.** Exactly or precisely: *right here.* **9.** In a manner consistent with a legal or moral code; justly or righteously: *Do right by me.* **10.** In accordance with propriety; fittingly or suitably: *It serves you right.* **11.** To good or favorable advantage; well: *It all came out right in the end.* **12.** Most or very. **13. *Right, left, and centre*** On all sides; from every direction. **14. *Right off the bat*** As the first in a series; to begin with. **15.** Any claim, title, etc., that is morally just or legally granted as allowable or due to a person: *I know my rights.* **16.** Anything that accords with the principles of legal or moral justice. **17.** The fact or state of being in accordance with reason, truth, or accepted standards. **18.** An obligation or duty: *You had a right to lock the door.* **19.** The right side, direction, position, area, or part. *the right of the army; look to the right.* **20.** The supporters or advocates of social, political, or economic conservatism or reaction, based generally on a belief that things are better left unchanged. **21a.** A punch with the right hand. **b.** The right hand. **22a.** The privilege of a company's shareholders to subscribe for new issues of the company's shares on advantageous terms. **b.** The negotiable certificate signifying this privilege. **23. *By right*** Properly; justly: *By rights you should be in bed.* **24. *In one's own right*** Having a claim or title oneself rather than through marriage or other connection: *a peeress in her own right.* **25. *Too right*** An exclamation of agreement. **26.** To rights consistent with justice, correctness, or orderly arrangement: *He put the matter to rights.* **27.** To restore to or attain a normal, esp. an upright, position: *The raft righted in a few seconds.* **28.** To make accord with truth or facts; correct. **29.** To restore to an orderly state or condition; put right. **30.** To make reparation for; compensate for or redress. *sentence substitute* **1a.** Indicating that a statement has been understood. **b.** Asking whether a statement has been understood. **c.** Indicating a subdividing point within a discourse. *interject.* **1.** An expression of agreement or compliance.

righteous *adj.* **1a.** Characterized by, proceeding from, or in accordance with accepted standards of morality, justice, or uprightness; virtuous: *a righteous man.* **b.** The righteous. **2.** Morally justifiable or right, esp. from one's own point of view: *righteous indignation.* --**righteously** *adv.*, --**righteousness** *n.*

ripe adj. **1.** fully developed in mind or body, mature enough to eaten or used, mellow, ready, ripened, seasoned **2.** auspicious, ideal, opportune, right, suitable, timely **3.** ready or eager to undertake or undergo a certain action, prepared for.

river *n.* **1.** A large natural stream of fresh water flowing along a definite course, usually into the sea, being fed by tributary streams. **2.** Any abundant stream or flow: *a river of blood.* **3. Sell down the river** To deceive or betray.

rivers *n.* **1.** A large natural stream of fresh water flowing along a definite course, usually into the sea, being fed by tributary streams.

rob *v.* **robs, robbing, robbed 1.** To take something from illegally, as by force or threat of violence. **2.** To plunder. **3.** To deprive unjustly; to be robbed of an opportunity.

root (1) *n.* **1a.** The organ of a higher plant that anchors the rest of the plant in the ground, absorbs water and mineral salts from the soil, and does not bear leaves or buds. **b.** Any of the branches of such an organ. **2.** Any plant part, such as a rhizome or tuber, that is similar to a root in structure, function, or appearance. **3a.** The essential, fundamental, or primary part or nature of something your analysis strikes at the root of the problem. **b.** The root cause of the problem. **4.** The embedded portion of a tooth, nail, hair, etc. **5.** Origin or derivation, esp. as a source of growth, vitality, or existence. **6.** A person's sense of belonging in a community, place, etc., esp. the one in which he was born or brought up. **7.** An ancestor or antecedent. **8.** A descendant. **9.** The form of a word that remains after removal of all affixes; a morpheme with lexical meaning that is not further subdivisible into other morphemes with lexical meaning. **10.** A number or quantity that when multiplied by itself a certain number of times equals a given number or quantity: *3 is a cube root of 27.* **11.** A number that when substituted for the variable satisfies a given equation: *2 is a root of x3-2x-4=0.* **12.** The note forming the foundation of a chord. **13. *Root and branch*** Entirely; completely; utterly. **root (2)** *v.* **1.** To burrow in or dig up the earth in search of food, using the snout. **2.** To search vigorously but unsystematically. **3.** To give support to, as by cheering.

rope *n.* **1.** A fairly thick cord made of twisted and intertwined hemp or other fibres or of wire or other strong material. **2.** A row of objects fastened or united to form a line: *a rope of pearls; a rope of onions.* **3.** A quantity of material twisted or wound in the form of a cord. **4.** Anything in the form of a filament or strand, esp. something viscous or glutinous a rope of slime. **5. *The rope*** **a.** A rope, noose, or halter used for hanging. **b.** Death by hanging, strangling, etc. **6. *Give enough rope to hang himself*** To allow to accomplish his own downfall by his own foolish acts. **7. *Know the ropes*** **a.** To have a thorough understanding of a particular sphere of activity. **b.** To be experienced in the ways of the world. **8. *On the ropes*** **a.** Driven against the ropes enclosing the ring by an opponent's attack. **b.** In a defenseless or hopeless position. *v.* **1.** To bind or fasten with or as if with a rope. **2.** To enclose or divide by means of a rope. **3.** To become extended in a long filament or thread. **4.** Together with a rope.

rotate *v.* **1.** To turn or cause to turn around an axis, line, or point; revolve or spin. **2.** To follow or cause to follow a set order or sequence. **3.** To replace one group of personnel with another.

rotation *n.* **1.** The act of rotating; rotary motion. **2.** A regular cycle of events in a set order or sequence. **3.** A planned sequence of cropping according to which the crops grown in successive seasons on the same land are varied so as to make a balanced demand on its resources of fertility. **4a.** A circular motion of a configuration about a given point or line, without a change in shape. **b.** A transformation in which the coordinate axes are rotated by a fixed angle about the origin. **c.** Another name for curl. **5a.** The spinning motion of a body, such as a planet, about an internal axis. **b.** One complete turn in such motion. --**rotational** *adj.*

round *adj.* **1.** Having a flat circular shape, as a disc or hoop. **2.** Having the shape of a sphere or ball. **3.** Curved; not angular. **4.** Involving or using circular motion. **5.** Complete; entire: *a round dozen.* **6a.** Forming or expressed by an integer or whole number, with no fraction. **b.** Expressed to the nearest ten, hundred, or thousand in round figures. **7.** Considerable; ample. **8.** Fully depicted or developed, as a character in a book. **9.** Full and plump: *round cheeks.* **10.** Full and sonorous. **11.** Brisk; lively. **12.** Candid; straightforward; unmodified: *a round assertion.* **13.** Pronounced with rounded lips. *n.* **1.** Round shape or object. **2. In the round a.** In full detail. **b.** With the audience all round the stage. **3.** A session, as of a negotiation: *a round of talks.* **4.** A series, cycle, or sequence: *a giddy round of parties.* **5. The daily round** The usual activities of one's day. **6.** A stage of a competition: *He was eliminated in the first round.* **7.** A series of calls, esp. in a set order: *a doctor's rounds.* **8.** A playing of all the holes on a golf course. **9.** A single turn of play by each player, as in a card game. **10.** One of a number of periods constituting a boxing, wrestling, or other match, each usually lasting three minutes. **11.** A specified number of arrows shot from a specified distance. **12.** A single discharge by a number of guns or a single gun. **13.** A bullet, blank cartridge, or other charge of ammunition. **14.** A number of drinks bought at one time for a group of people. **15.** A single slice of bread or toast or two slices making a single serving of sandwiches. **16.** A general outburst of applause, cheering, etc. **17.** Movement in a circle or around an axis. **18.** A part song in which the voices follow each other at equal intervals at the same pitch. **19.** A sequence of bells rung in order of treble to tenor. **20.** A dance in which the dancers move in a circle. **21.** A cut of beef from the thigh between the rump and the shank. **22. Go or make the rounds a.** To go from place to place, as in making deliveries or social calls. **b.** To be passed around, so as to be generally known. *prep.* **1.** Surrounding, encircling, or enclosing: *a band round her head.* **2.** On all or most sides of: *to look round one.* **3.** On or outside the circumference or perimeter of the stands: *round the racecourse.* **4.** Situated at various points in: *a lot of shelves round the house.* **5.** From place to place in: *driving round Ireland.* **6.** Somewhere in or near: *to stay round the house.* **7.** Making a circuit or partial circuit about: *the ring road round the town.* **8.** Reached by making a partial circuit about something: *The shop round the corner.* **9.** Revolving round a centre or axis: t*he earth's motion round its axis.* **10.** So as to have a basis in: *The story is built round a good plot.* *adv.* **1.** On all or most sides: *The garden is fenced all round.* **2.** On or outside the circumference or perimeter: *the racing track is two miles round.* **3.** In all directions from a point of reference: *He owns the land for ten miles round.* **4.** To all members of a group: *Pass the food round.* **5.** In rotation or revolution: *the wheels turn round.* **6.** By a circuitous route: *The road to the farm goes round by the pond.* **7.** To a specific place: *She came round to see me.* **8. All year round** Throughout the year; in every month. *v.* **1.** To make or become round. **2.** To encircle; surround. **3.** To move or cause to move with circular motion: *to round a bend.* **4a.** To pronounce with rounded lips. **b.** To purse.

rule *n.* **1.** An authoritative regulation or direction concerning method or procedure, as for a court of law, legislative body, game, or other human institution or activity: *judges' rules; Play according to the rules.* **2.** The exercise of governmental authority or control: *the rule of Caesar.* **3.** The period of time in which a monarch or government has power: *His rule lasted 100 days.* **4.** A customary form or procedure; regular course of action: *He made a morning swim his rule.* **5.** The common order of things; normal condition: *Violence was the rule rather than the exception.* **6.** A prescribed method or procedure for solving a mathematical problem, or one constituting part of a computer program, usually expressed in an appropriate formalism. **7.** A formal expression of a grammatical regularity in a linguistic description of a language. **8.** Any of various devices with a straight edge for guiding or measuring; ruler: *a carpenter's rule.* **9a.** A printed or drawn character in the form of a long thin line. **b.** *En rule; em rule* dash. **c.** A strip of brass or other metal used to print such a line. **10.** A systematic body of prescriptions defining the way of life to be followed by members of a religious order. **11.** An order by a court or judge. **12.** As a rule normally or ordinarily. *v.* **1.** To exercise governing or controlling authority over: *He ruled for 20 years.* **2.** To decide authoritatively; decree: *The chairman ruled against the proposal.* **3.** To mark with straight parallel lines or make one straight line, as with a ruler: *to rule a margin.* **4.** To restrain or control: *to rule one's temper.* **5.** To be customary or prevalent: *Chaos rules in this school.* **6.** To be pre-eminent or superior: *Football rules in the field of sport.* **7.** To have a strong affinity with certain human attributes, activities, etc., associated with: *Mars rules Aries.* **8. Rule the roost** To be pre-eminent; be in charge. --**rulable** *adj.*

ruler *n.* **1.** A person who rules or commands. **2.** A strip of wood, metal, or other material, having straight edges graduated usually in millimetres or inches, used for measuring and drawing straight lines.

rules *n. pl.* of **rule.**

run *v.* **1a.** To move on foot at a rapid pace so that both feet are off the ground together for part of each stride. **b.** To move at a rapid gait; gallop or canter. **2.** To pass over in running: *to run a mile; run a race.* **3.** To run in or finish a race as specified, esp. in a particular position: *John is running third.* **4.** To perform or accomplish by or as if by running: *to run an errand.* **5.** To flee; run away: *They took to their heels and ran.* **6.** To bring into a specified state or condition by running: *to run oneself to a standstill.* **7.** To track down or hunt: *to run a fox to earth.* **8.** To move about freely and without restraint: *The children are running in the garden.* **9.** To go or have recourse, as for aid, assistance, etc.: *He's always running to his mother when he's in trouble.* **10.** To set loose on so as to graze freely. **11.** To make a short trip or brief informal visit: *I'll run over to your house this afternoon.* **12.** To move quickly and easily on wheels by rolling, or in any of certain other ways: *a ball running along the ground; a sledge running over snow.* **13.** To move or cause to move with a specified result or in a specified manner: *to run a ship aground; to run into a tree.* **14.** To move or pass or cause to move or pass quickly: *to run a vacuum cleaner over the carpet; to run one's eyes over a page.* **15.** To force, thrust, or drive: *She ran a needle into her finger.* **16.** To drive or maintain and operate. **17.** To give a lift to in a vehicle; transport: *He ran her to the railway station.* **18.** To ply or cause to ply between places on a route: *The bus runs from Piccadilly to Golders Green.* **19.** To operate or be operated; function or cause to function: *The engine is running smoothly.* **20.** To be in charge of; manage: *to run a company.* **21.** To extend or continue or cause to extend or continue in a particular direction, for a particular duration or distance, etc.: *The road runs north; The play ran for two years; The months ran into years.* **22a.** To have legal force or effect: *The lease runs for two more years.* **b.** To accompany; be an integral part of or adjunct to: *an easement runs with the land.* **23.** To be subjected to, be affected by, or incur: *to run a risk; run a temperature.* **24.** To be characterized; tend or incline: *Her taste runs to extravagant.* **25.** To recur persistently or be inherent. **26.** To cause or allow to flow or to flow, esp. in a manner specified: *Water ran from the broken pipe.* **27.** To melt and flow: *The wax grew hot* *and began to run.* **28a.** To melt or fuse. **b.** To mould or cast: *to run lead into ingots.* **29.** To rise high, surge, or be at a specified height: *A high sea was running that night.* **30.** To be diffused: *The colours in my dress ran when I washed it.* **31.** To unravel or come undone or to have stitches unravel or come undone: *If you pull that thread the whole seam will run.* **32.** To sew with continuous stitches. **33.** To trail, spread, or climb: *Ivy running over a cottage wall.* **34.** To spread or circulate quickly: *A rumour ran through the town.* **35.** To be stated or reported: *his story runs as follows.* **36.** To publish or print or be published or printed in a newspaper, magazine, etc.: *They ran his story in the next issue.* **37.** To be a candidate or present as a candidate for political or other office: *He is running for president.* **38.** To get past or through; evade: *to run a blockade.* **39.** To deal in, esp. by importing illegally: *He runs guns for the rebels.* **40.** To sail or to be sailed with the wind coming from astern. **41a.** To migrate upstream from the sea, esp. in order to spawn. **b.** To swim rapidly in any area of water, esp. during migration. **42.** To score by hitting the ball and running between the wickets. **43.** To make in sequence. **44.** To hit so that it rolls along the ground. **45.** To cash successively. **46. *Run a bath*** To turn on the taps to fill a bath with water for bathing oneself. **47. *Run close to*** Compete closely with; present a serious challenge to: *He got the job, but a younger man ran him close.* **48. *Run for it*** To attempt to escape from arrest, etc., by running. **49. *Be run off one's feet*** To be extremely busy. ***n.*** **1.** An act, instance, or period of running. **2.** A gait, pace, or motion faster than a walk: *She went off at a run.* **3.** A distance covered by running or a period of running: *a run of ten miles.* **4.** An act, instance, or period of travelling in a vehicle, esp. for pleasure: *to go for a run in the car.* **5.** Free and unrestricted access: We had the run of the house and garden for the whole summer. **6a.** A period of time during which a machine, computer, etc., operates. **b.** The amount of work performed in such a period. **7.** A continuous or sustained period: *a run of good luck.* **8.** A continuous sequence of performances: *The play had a good run.* **9.** A sequence of winning cards in one suit, usually more than five: *a run of spades.* **10.** Tendency or trend: *the run of the market.* **11.** Type, class, or category: *The usual run of graduates.* **12.** A continuous and urgent demand: *a run on butter; a run on the dollar.* **13.** A series of unravelled stitches, esp. in stockings or tights; ladder. **14.** The characteristic pattern or direction of something: *the run of the grain on a piece of wood.* **15a.** A continuous vein or seam of ore, coal, etc. **b.** The direction in which it lies. **16a.** A period during which water or other liquid flows. **b.** The amount of such a flow. **17.** A pipe, channel, etc., through which water or other liquid flows. **18.** A small stream. **19.** A steeply inclined pathway or course, esp. a snow-covered one used for skiing and bobsleigh racing. **20.** An enclosure for domestic fowls or other animals, in which they have free movement: *a chicken run.* **21.** A tract of land for grazing livestock. **22.** A track or area frequented by animals: *a deer run; a rabbit run.* **23.** A group of animals of the same species moving together. **24.** The migration of fish upstream in order to spawn. **25a.** The tack of a sailing vessel in which the wind comes from astern. **b.** Part of the hull of a vessel near the stern where it curves upwards and inwards. **26a.** Mission in a warplane. **b.** Short for *bombing run.* **27.** The movement of an aircraft along the ground during takeoff or landing. **28.** A rapid scalelike passage of notes. **29.** A score of one, normally achieved by both batsmen running from one end of the wicket to the other after one of them has hit the ball. **30.** An instance of a batter touching all four bases safely, thereby scoring. **31.** The distance that a ball rolls after hitting the ground. **32. *A run for money*** **a.** A strong challenge or close competition. **b.** Pleasure derived from an activity. **33.** *In the long run* As the eventual outcome of a sequence of events, actions, etc.; ultimately. **34.** *In the short run* As the immediate outcome of a series of events, etc. **35.** *On the run* **a.** Escaping from arrest; fugitive. **b.** In rapid flight; retreating: *The enemy is on the run.* **c.** Hurrying from place to place: *She's always on the run.* **36.** *The runs* Diarrhoea.

rust *n.* **1.** A reddish-brown oxide coating formed on iron or steel by the action of oxygen and moisture. **2.** Also called: *rust fungus* **a.** Any basidiomycetous fungus of the order Uredinales, parasitic on cereal plants, conifers, etc. **b.** Any of various plant diseases characterized by reddish-brown discoloration of the leaves and stem, esp. that caused by the rust fungi. **3.** A strong brown colour, sometimes with a reddish or yellowish tinge. **4.** Any corrosive or debilitating influence, esp. lack of use. *v.* **1.** To become or cause to become coated with a layer of rust. **2.** To deteriorate or cause to deteriorate through some debilitating influence or lack of use: *He allowed his talent to rust over the years.*

rusty *adj.* **rustier, rustiest 1.** Covered with, affected by, or consisting of rust: *a rusty machine.* **2.** Of the color rust. **3.** Discoloured by age: *a rusty coat.* **4.** Tending to croak. **5.** Old-fashioned in appearance; seemingly antiquated: *a rusty old gentleman.* **6.** Out of practice; impaired in skill or knowledge by inaction or neglect. **7.** Affected by the rust fungus. -- **rustily** *adv.*

S

n. The nineteenth letter of the alphabet; denoting the next after R in a set of items, categories, etc.

said *adj.* **1.** Named or mentioned previously; aforesaid. *n.* **1.** A variant of *sayyid sayyid* or *sayid*. A Muslim claiming descent from Mohammed's grandson Husain. **2.** A Muslim honorary title. *v. past tense* and *past part.* of **say**.

Salem *n.* **1.** The name of the original man who first built and founded Jerusalem. He was also called Jebus and Ariel. Salem comes from the same etymological root as Salaam, which means *peace*. **2.** A city in South India, in Tamil Nadu: textile industries. **3.** A city in the NW USA, the state capital of Oregon. **4.** An Old Testament name for Jerusalem.

same *adj.* **1.** Being the very one: *She is wearing the same hat she wore yesterday.* **2a.** Being the one previously referred to; aforesaid: **b.** A note received about same. **3.** Identical in kind, quantity, etc.: *two girls of the same age.* **4.** Unchanged in character or nature: His attitude is the same as ever. **5.** *All the same* **a.** Nevertheless; yet. **b.** Immaterial.

sat *v. past tense* and *past part.* of **sit**

Satan *n.* The Devil; chief man of evil and adversary of God whose evil is not limited to himself, but affects the world; master of Hell; the affects, works, and influence of Satan: sometimes identified with Lucifer.

Saturn (1) *n.* **1.** The Roman god of agriculture and vegetation Greek counterpart: Cronus. **Saturn (2)** *n.* A planet eight hundred eighty-six million miles from the Sun. It takes her twenty-nine and one half years to make one complete circle around the Sun. Saturn also travels at one thousand thirty-seven and one-third miles per hour.

Saturners *n.* Inhabitants or persons affiliated with the planet Saturn.

Saturnian *adj.* **1.** Having a gloomy temperament; taciturn. **2a.** Of or relating to lead. **b.** Having or symptomatic of lead poisoning, from Latin *Saturnus*.

savage *adj.* **1.** Uncivilized; uncultivated; beast-like. **2.** Ferocious in temper; vicious: *a savage dog.* **3.** Uncivilized; crude: *savage behaviour.* **4.** Nonliterate or primitive: *a savage tribe.* **5.** Rugged and uncultivated.

6. Far from human habitation. ***n.*** 1. A member of a nonliterate society, esp. a person that has lost the knowledge of himself and who is living a beast life. 2. A crude or uncivilized person. 3. A fierce or vicious person or animal. ***v.*** 1. To criticize violently. 2. To attack ferociously and wound: *The dog savaged the child.*

save *v.* 1. To rescue, preserve, or guard from danger or harm. 2. To avoid the spending, waste, or loss of. 3. To deliver from sin; redeem. 4. To set aside or reserve for future use. 5. To treat with care so as to avoid or lessen wear or degeneration: *Use a good light to save your eyes.* 6. To prevent the necessity for; obviate the trouble of: *Good work now will save future revision.* 7. To prevent by stopping. 8. To admit of preservation; keep. 9. The act of saving a goal. 10. An instruction to write information from the memory onto a tape or disk. ***prep.*** 1. With the exception of. Also: *saving.* ***conj.*** 1. But; except.

saviour *n.* A person who rescues another person or a thing from danger or harm.

say *v.* **saying, said** 1. To speak, pronounce, or utter. 2. To express in words; tell: *We asked his opinion but he refused to say.* 3. To state positively; declare; affirm. 4. To recite: *to say grace.* 5. To report or allege: *They say we shall have rain today.* 6. To take as an assumption; suppose: *Let us say that he is lying.* 7. To convey by means of artistic expression: *The artist in this painting is saying that we should look for hope.* 8. To make a case for: *There is much to be said for either course of action.* 9. To persuade or coax to do something: *If I hadn't been said by her I wouldn't be in this fix.* 10. ***Go without saying*** To be so obvious as to need no explanation. 11. ***I say!*** An exclamation of surprise. 12. ***Not to say*** Even; and indeed. 13. ***That is to say*** In other words; more explicitly. 14. ***To say nothing of*** As well as; even disregarding: *He was warmly dressed in a shirt and heavy jumper, to say nothing of a thick overcoat.* 15. ***To say the least*** Without the slightest exaggeration; at the very least. ***adv.*** 1. Approximately: *There were, say, 20 people present.* 2. For example: *Choose a number, say, four.* ***n.*** 1. The right or chance to speak: *Let him have his say.* 2. Authority, esp. to influence a decision: *He has a lot of say in the company's policy.* 3. A statement of opinion: *You've had your say, now let me have mine.* ***interject.*** 1. An exclamation to attract attention or express surprise, etc. 2. A type of fine woollen fabric. **saying** *n.* 1. A maxim, adage, or proverb. *v.* **say said**

school (1) *n.* 1. An institution or building at which children and young people usually under 19 receive education. 2. Any educational institution or building. 3. A faculty, institution, or department specializing in a particular subject: *a law school.* 4. The staff and pupils of a school. 5. The period of instruction in a school or one session of this: *He stayed after school to do extra work.* 6. Meetings held occasionally for members of a profession, etc. 7. A place or sphere of activity that instructs. 8. A body of people or pupils adhering to a certain set of principles, doctrines, or methods. 9. A group of artists, writers, etc., linked by the same style, teachers, or aims: *the Venetian school of painting.* 10. A style of life: *a gentleman of the old school.* 11. A group assembled for a common purpose. 12. To train or educate in or as in a school. 13. To discipline or control. 14. An archaic word for *reprimand.* **school (2)** *n.* 1. A group of porpoises or similar aquatic animals that swim together. *v.* 1. To form such a group school.

science *n.* 1. The systematic study of the nature and behavior of the material and physical universe, based on observation, experiment, and measurement, and the formulation of laws to describe these facts in general terms. 2. The knowledge so obtained or the practice of obtaining it. 3. Any particular branch of this knowledge:

the pure and applied sciences. **4.** Any body of knowledge organized in a systematic manner. **5.** Skill or technique. **6.** Knowledge.

scientist *n.* **1.** A person who studies or practices any of the sciences or who uses scientific methods. **2.** A person who is studying or has expert knowledge of one or more of the natural or physical sciences.

sea *n.* **1.** The mass of salt water on the earth's surface as differentiated from the land. **2a.** One of the smaller areas of ocean: *the Irish Sea.* **b.** A large inland area of water: *the Caspian Sea.* **3.** Turbulence or swell, esp. of considerable size: *heavy seas.* **4.** Any of many huge dry plains on the surface of the moon. **5.** Anything resembling the sea in size or apparent limitlessness. **6.** The life or career of a sailor. **7.** *At sea* **a.** On the ocean **b.** In a state of confusion. **8.** *Go to sea* To become a sailor. **9.** *Put to sea* To embark on a sea voyage.

search *v.* **1.** To look through thoroughly in order to find someone or something. **2.** To examine for concealed objects by running one's hands over the clothing. **3.** To look at or examine closely: *To search one's conscience.* **4.** To discover by investigation. **5a.** To explore during a surgical procedure. **b.** To probe. **6.** To fire all over. **7.** To review; to locate specific information. **8.** To penetrate. **9.** *Search me* I don't know. *n.* **1.** The act or an instance of searching. **2.** The examination of a vessel by the right of search. **3.** A review of a file; to locate specific information. **4.** *Right of search* The right possessed by the warships of a belligerent state in time of war to board and search merchant vessels to ascertain whether ship or cargo is liable to seizure.

searching *adj.* Deenly penetrating: *a searching look.* **--searchingly** *adv.*

second (1) *adj.* **1a.** Coming directly after the first in numbering or counting order, position, time, etc.; being the ordinal number of two: often written 2nd. **b.** The second in line. **2.** Rated, graded, or ranked between the first and third levels. **3.** Alternate every second Thursday. **4.** Additional; extra: *a second opportunity.* **5.** Resembling a person or event from an earlier period of history; unoriginal. **6.** Of lower quality; inferior: *belonging to the second class.* **7.** Denoting the lowest but one forward ratio of a gearbox in a motor vehicle. **8a.** Relating to or denoting a musical part, voice, or instrument lower in pitch than another part, voice, or instrument: *the second tenors* **b.** Of or relating to a part, instrument, or instrumentalist regarded as subordinate to another: *the second flute.* **9.** At second hand by hearsay. *n.* **1.** An honors degree of the second class, usually further divided into an upper and lower designation. Full term: *second-class honours degree.* **2.** The lowest but one forward ratio of a gearbox in a motor vehicle: *He changed into second on the bend.* **3.** An attendant who looks after a competitor. **4.** A speech seconding a motion or the person making it. **5a.** The interval between one note and another lying next above or below it in the diatonic scale. **b.** One of two notes constituting such an interval in relation to the other. **6.** Goods of inferior quality. **7.** A second helping of food. **8.** The second course of a meal. *v.* **1.** To give aid or backing to. **2.** To act as second to. **3.** To make a speech or otherwise express formal support for. *adv.* **1.** In the second place. **second (2)** *n.* **1.** 1/60 of a minute of time. **2.** 1/60 of a minute of angle. **3.** A very short period of time; moment. **second (3)** *v.* **1.** To transfer temporarily to another branch, etc. **2.** To transfer to another post, often retiring him to a staff or nonregimental position.

secret *adj.* **1.** Kept hidden or separate from the knowledge of others. **2.** Known only to initiates: *a secret password.* **3.** Hidden from general view or use: *a secret garden.* **4.** Able or tending to keep things private or to oneself. **5.** Operating without the knowledge of outsiders: *a secret society.* **6.**

Outside the normal range of knowledge. *n.* **1.** Something kept or to be kept hidden. **2.** Something unrevealed; mystery. **3.** An underlying explanation, reason, etc., that is not apparent: *the secret of success.* **4.** A method, plan, etc., known only to initiates. **5.** A variable prayer, part of the Mass, said by the celebrant after the offertory and before the preface. **6.** *In the secret* Among the people who know a secret. --**secretly** *adv.*

secretary *n.* **1.** A person who handles correspondence, keeps records, and does general clerical work for an individual, organization, etc. **2.** The official manager of the day-to-day business of a society or board. **3.** A senior civil servant who assists a government minister. **4.** The head of a government administrative department. **5.** A secretary of state. **6.** The head of a public service department. **7.** The assistant to an ambassador or diplomatic minister of certain countries.

secretarial *adj.* secretaryship

secure *adj.* **1.** Free from danger, damage, etc. **2.** Free from fear, care, etc. **3.** In safe custody. **4.** Not likely to fail, become loose, etc. **5.** Able to be relied on; certain: *a secure investment.* **6.** Stowed away or made inoperative. **7.** Careless or overconfident. *v.* **1.** To obtain or get possession of. **2.** To make or become free from danger, fear, etc. **3.** To make fast or firm; fasten. **4.** To make or become certain; guarantee: *This plan will secure your happiness.* **5.** To assure of payment, as by giving security. **6.** To make safe from attack. **7.** To make safe or ready by battening down hatches, stowing gear, etc. **8.** To stow or make inoperative: *to secure the radio.*

see *v.* **sees, seeing, saw, seen 1.** To perceive with the eyes. **2.** To perceive mentally; understand: *I explained the problem but he could not see it.* **3.** To perceive with any or all of the senses: *I hate to see you so unhappy.* **4.** To be aware of in advance; foresee: *I can see what will happen if you don't help.* **5.** To ascertain or find out; learn: *See who is at the door.* **6.** To make sure or take care: *See that he gets to bed early.* **7.** To consider, deliberate, or decide: *See if you can come next week.* **8.** To have experience of; undergo: *He had seen much unhappiness in his life.* **9.** To allow to be in a specified condition: *I cannot stand by and see a child in pain.* **10.** To be characterized by: *This period of history has seen much unrest.* **11.** To meet or pay a visit to: *to see one's solicitor.* **12.** To receive, esp. as a guest or visitor: *The Prime Minister will see the deputation now.* **13.** To frequent the company of: *She is seeing a doctor for her ailment.* **14.** To accompany or escort: *I saw her to the door.* **15.** To refer to or look up for further information: *See the appendix.* **16.** To match or match the bet of by staking an equal sum. **17.** *As far as I can see* To the best of my judgment or understanding. **18.** *See fit* To consider proper, desirable, etc.: *I don't see fit to allow her to come here.* **19.** *See right* To ensure fair treatment of: *If he has cheated you, I'll see you right.* **20.** *See you, see you later, or be seeing you* An expression of farewell. **21.** *You see* A parenthetical filler phrase used to make a pause in speaking or add slight emphasis.

seeing *n.* **1.** The sense or faculty of sight; vision. **2.** The condition of the atmosphere with respect to observation of stars, planets, etc. *conj.* **1.** In light of the fact; inasmuch as.

seek *v.* **seeks, seeking, sought 1.** To try to find by searching; look for: *to seek a solution.* **2.** To try to obtain or acquire: *to seek happiness.* **3.** To attempt; try: *I'm only seeking to help.* **4.** To enquire about or request: *to seek help.* **5.** To go or resort to: *to seek the garden for peace.* **6.** An archaic word for *explore.*

seen *v. past part.* of **see**

self *n.* **1.** The distinct individuality or identity of a person or thing. **2.** A person's usual or typical bodily make-up or personal characteristics: *She looked her old self* *again.* **3. Good self** A polite way of referring to or addressing a person, used following *your*, *his*, *her*, or *their*. **4.** One's own welfare or interests: *He only thinks of self.* **5.** An individual's consciousness of his own identity or being. **6.** That which is essential to an individual, esp. the mind or soul in Cartesian metaphysics; the ego. **7.** A bird, animal. etc., that is a single colour throughout, esp. a self-coloured pigeon. ***pron.*** **1.** Myself, yourself, etc.: *seats for self and wife.* ***adj.*** **1.** Of the same color or material: *a dress with a self belt.*

sell *v.* **sells, selling, sold 1.** To dispose of or transfer or be disposed of or transferred to a purchaser in exchange for money or other consideration; put or be on sale. **2.** To deal in: *He sells used cars for a living.* **3.** To give up or surrender for a price or reward: *to sell one's honor.* **4.** To promote or facilitate the sale of: *Publicity sells many products.* **5.** To induce or gain acceptance of: *to sell an idea.* **6.** To be in demand on the market: *These dresses sell well in the spring.* **7.** To deceive or cheat. **8.** To persuade; to accept or approve: *to sell a buyer on a purchase.* **9. Sell down the river** To betray. **10. Sell oneself a.** To convince someone else of one's potential or worth. **b.** To give up one's moral or spiritual standards, etc. **11. Sell short a.** To disparage or belittle. **b.** To sell securities or goods without owning them in anticipation of buying them before delivery at a lower price. ***n.*** **1.** The act or an instance of selling. Compare *hard sell*, *soft sell*. **2a.** Trick, hoax, or deception. **b.** A great disappointment: *The service in the hotel was a sell.*

send (1) *v.* **sends, sending, sent, sended** or **sends, sending 1.** To cause or order to be taken, directed, or transmitted to another place: *to send a letter; She sent the salesman away.* **2.** To dispatch a request or command: *He sent for his son.* **3.** To direct or cause to go to a place or point: *His blow sent the champion to the floor.* **4.** To bring to a state or condition: *This noise will send me mad.* **5.** To cause to issue; emit: *Her cooking sent forth a lovely smell from the kitchen.* **6.** To cause to happen or come: *Misery sent by fate.* **7.** To transmit by radio, esp. in the form of pulses. **8.** To move to excitement or rapture: *This music really sends me.* **9. Send about his or her business** To dismiss or get rid of. **10. Send packing** To dismiss or get rid of peremptorily.

sent *v. past tense* and *past participle* of **send (1)** and **(2)**

separate *v.* **1.** To act as a barrier between: *A range of mountains separates the two countries.* **2.** To put or force or be put or forced apart. **3.** To part or be parted from a mass or group. **4.** To discriminate between: *to separate the men from the boys.* **5.** To divide or be divided into component parts; sort or be sorted. **6.** To sever or be severed. **7.** To cease living together by mutual agreement or after obtaining a decree of judicial separation. ***adj.*** **1.** Existing or considered independently: *a separate problem.* **2.** Disunited or apart. **3.** Set apart from the main body or mass. **4.** Distinct, individual, or particular. **5.** Solitary or withdrawn. **6.** Designating or relating to a Church or similar institution that has ceased to have associations with an original parent organization. **--separately** *adv.*

settle (1) *v.* **1.** To put in order; arrange in a desired state or condition: *He settled his affairs before he died.* **2.** To arrange or be arranged in a fixed or comfortable position: *He settled himself by the fire.* **3.** To come to rest or a halt: *A bird settled on the hedge.* **4.** To take up or cause to take up residence: *The family settled in the country.* **5.** To establish or become established in a way of life, job, residence, etc. **6.** To migrate to and form a community; colonize. **7.** To make or become quiet, calm, or stable. **8.** To be cast or spread; come down: *Fog settled over a wide area.* **9.** To make clear or to become clear; clarify. **10.** To cause to sink to the bottom, as in a liquid, or to sink thus. **11.** To subside or cause to subside and become firm or compact: *The dust settled.* **12.** To pay off or account for. **13.** To decide, conclude, or dispose of: *to settle an argument.* **14.** To agree or fix: *to settle upon a plan.* **15.** To secure to a person, as by making a deed of settlement, will, etc.: *He settled his property on his wife.* **16.** To determine by agreement of the parties without resort to court action. **settle (2)** *n.* A seat, for two or more people, usually made of wood with a high back and arms, and sometimes having a storage space in the boxlike seat.

settlement *n.* **1.** The act or state of settling or being settled. **2.** The establishment of a new region; colonization. **3.** A place newly settled; colony. **4.** A collection of dwellings forming a community, esp. on a frontier. **5.** A community formed by members of a group, esp. of a religious sect. **6.** A public building used to provide educational and general welfare facilities for persons living in deprived areas. **7.** A subsidence of all or part of a structure. **8.** The payment of an outstanding account, invoice, charge, etc. **9.** An adjustment or agreement reached in matters of finance, business, etc. **10a.** A conveyance, usually to trustees, of property to be enjoyed by several persons in succession. **b.** The deed or other instrument conveying such property. **c.** The determination of a dispute, etc., by mutual agreement without resorting to legal proceedings.

seven *n.* **1.** The cardinal number that is the sum of six and one and is a prime number.

seventeen *n.* **1.** The cardinal number that is the sum of ten and seven and is a prime number.

seventy *n.* **1.** The cardinal number that is the product of ten and seven.

severe *adj.* **1.** Rigorous or harsh in the treatment of others; strict: *a severe parent.* **2.** Serious in appearance or manner; stern. **3.** Critical or dangerous: *a severe illness.* **4.** Causing misery or discomfort by its harshness: *severe weather.* **5.** Strictly restrained in appearance; austere: *a severe way of dressing.* **6.** Hard to endure, perform, or accomplish: *a severe test.* **7.** Rigidly precise or exact. --**severely** *adv.*

severity *n.* See **severe.**

sew *v.* **sews, sewing, sewed; sewn** or **sewed 1.** To join or decorate by means of a thread repeatedly passed through with a needle or similar implement. **2.** To attach, fasten, or close by sewing. **3.** To make by sewing.

sextillion *n.* **1.** A unit followed by 21 ciphers; any numerical unit represented as a number followed by 21 zeros. **2.** The number represented as one followed by 21 zeros.

Shah *n.* Shah is a Persian and Middle Eastern term for a king (leader) that has been adopted in many other languages.

Shah, D. W. *n.* The name of the man who wants to know what will be the weight of the cracked Atom mentioned in *Problem Number 8* of *The Problem Book* and how much the state of Michigan weighs in *Problem Number 12.*

shall *v.* **should 1.** To make the future tense: *We shall see you tomorrow.* **2a.** To indicate determination on the part of the speaker, as in issuing a threat: *You shall pay for this!* **b.** To indicate compulsion, now esp. in official documents: *The Tenant shall return the keys to the Landlord.* **c.** To indicate certainty or inevitability: *Our day shall come.* **3.** To indicate nonspecific futurity.

share *n.* **1.** A part or portion of something owned, allotted to, or contributed by a person or group. **2.** Any of the equal parts, usually of low par value, into which the capital stock of a company is divided: ownership of shares carries the right to receive a proportion of the company's profits. **3.** *Go shares* To share with another or others. *v.* **1.** To divide or apportion, esp.

170

equally. **2.** To receive or contribute a portion of. **3.** To join with another or others in the use of: *Can I share your umbrella?*

Sharieff Also *Shareef, Sharif* *n.* A name meaning honorable, noble, and distinguished. It is used as an honorific title for descendants of the Prophet Muhammad through his daughter Fāṭima.

Sharieff, Osman *n.* One of the Twelve Leaders of Islam from all over the Planet that conferred in the Root of Civilization concerning the Lost-Found Nation of Islam's return to their original Land who stated to the other eleven members of the conference, "The Lost-Found Nation of Islam will not return to their original Land unless they, first, have a thorough Knowledge of their own."

she *pron.* Refers to a female person or animal: *She is a doctor.* **2.** Refers to things personified as feminine, such as cars, ships, and nations. **3.** An informal word for it.

sheep *n.* **1.** Any of various bovid mammals of the genus Ovis and related genera, esp. O. aries, having transversely ribbed horns and a narrow face. There are many breeds of domestic sheep, raised for their wool and for meat. **2.** A meek or timid person, esp. one without initiative. **3.** *Separate the sheep from the goats* To pick out the members of any group who are superior in some respects. --**sheeplike** *adj.*

shield *n.* **1.** Any protection used to intercept blows, missiles, etc., such as a tough piece of armour carried on the arm. **2.** Any similar protective device. **3.** A pointed stylized shield used for displaying armorial bearings. **4.** Anything that resembles a shield in shape, such as a prize in a sports competition. **5.** The protective outer covering of an animal, such as the shell of a turtle. **6.** A structure of concrete, lead, etc., placed around a nuclear reactor or other source of radiation in order to prevent the escape of radiation. **7.** A broad stable plateau of ancient Precambrian rocks forming the rigid nucleus of a particular continent. **8.** A hollow steel cylinder that protects men driving a circular tunnel through loose, soft, or water-bearing ground. **9.** To protect, hide, or conceal from danger or harm.

should *v.* *past tense* of **shall** Used as an auxiliary verb to indicate that an action is considered by the speaker to be obligatory or to form the subjunctive mood.

show *v.* **shows, showing, showed; shown** or **showed 1.** To make, be, or become visible or noticeable to show one's dislike. **2.** To present to view; exhibit: *He showed me a picture.* **3.** To indicate or explain; prove: *to show that the earth moves round the sun.* **4.** To exhibit or present in a specific character: *to show oneself to be trustworthy.* **5.** To instruct by demonstration: *Show me how to swim.* **6.** To indicate or register: *A barometer shows changes in the weather.* **7.** To grant or bestow: *to show favour to someone.* **8.** To appear: *to show to advantage.* **9.** To exhibit, display, or offer for sale: *Three artists were showing at the gallery.* **10.** To allege, as in a legal document: *to show cause.* **11.** To present or to be presented, as at a theatre or cinema. **12.** To guide or escort: *Please show me to my room.* **13.** Show in or out: *to conduct a person into or out of a room or building by opening the door for him.* **14.** To win a place in a horse race, etc. **15.** To give a performance of riding and handling; to display its best points. **16.** To put in an appearance; arrive. *n.* **1.** A display or exhibition. **2.** A public spectacle. **3.** An ostentatious or pretentious display. **4.** A theatrical or other entertainment. **5.** A trace or indication. **6.** A discharge of blood at the onset of labor. **7.** A chance; opportunity. **8.** A sporting event consisting of contests in which riders perform different exercises to show their skill and their horses' ability and breeding. **9.** A slight indication of the presence of gold. **10.** A display of farm animals, with associated competitions. **11.** For show in order to attract attention. **12.**

Run the show to take charge of or manage an affair, business, etc. **13. *Steal the show*** To draw the most attention or admiration, esp. unexpectedly. **14. *Stop the show* a.** To receive so much applause as to interrupt the performance. **b.** To be received with great enthusiasm.

shown *v. past part.* of **show**

side *n.* **1.** A line or surface that borders anything. **2a.** Any line segment forming part of the perimeter of a plane geometric figure. **b.** Another name for face. **3.** Either of two parts into which an object, surface, area, etc., can be divided, esp. by a line, median, space, etc. **4.** Either of the two surfaces of a flat object: *the right and wrong side of the cloth.* **5.** A surface or part of an object that extends vertically: *the side of a cliff.* **6.** Either half of a human or animal body, esp. the area around the waist, as divided by the median plane: *I have a pain in my side.* **7.** The area immediately next to a person or thing: *He stood at her side.* **8.** A district, point, or direction within an area identified by reference to a central point: *the south side of the city.* **9.** The area at the edge of a room, road, etc., as distinguished from the middle. **10.** Aspect or part: *Look on the bright side.* **11.** One of two or more contesting factions, teams, etc. **12.** A page in an essay, book, etc. **13.** A position, opinion, etc., held in opposition to another in a dispute. **14.** Line of descent: *He gets his brains from his mother's side.* **15.** A television channel. **16.** Spin imparted to a ball by striking it off-centre with the cue. **17.** Insolence, arrogance, or pretentiousness: *to put on side.* **18. *On one side*** Set apart from the rest, as provision for emergencies, etc., or to avoid muddling. **19. *On the side* a.** Apart from or in addition to the main object. **b.** As a sideline. **c.** As a side dish. **20. *Side by side* a.** Close together. **b.** Beside or near to. **21. *Take sides*** To support one group, opinion, etc., as against another. **22.** On the weak, heavy, etc., side tending to be too weak, heavy, etc. ***adj.*** **1.** Being on one side; lateral. **2.** From or viewed as if from one side. **3.** Directed towards one side. **4.** Not main; subordinate or incidental: *side door; side road.* ***v.*** **1.** To support or associate oneself with a faction, interest, etc. **2.** To provide with siding or sides. **3.** To tidy up or clear.

since *prep.* **1.** During or throughout the period of time after: *Since May it has only rained once.* ***conj.*** **1.** Continuously from or starting from the time when: *Since we last met, important things have happened.* **3.** Seeing that.

sincere *adj.* **1.** Not hypocritical or deceitful; open; genuine: *a sincere person; sincere regret.* **2.** Pure; unadulterated; unmixed. **3.** Sound; whole. --**sincerely** *adv.*

sir *n.* **1.** A formal or polite term of address for a man. **2.** A gentleman of high social status.

sister *n.* **1.** A female person having the same parents as another person. **2.** Half-sister, stepsister. **3.** A female person who belongs to the same group, trade union, etc., as another or others. **4.** A form of address to a woman or girl, used esp. by Blacks in the U.S. **5.** A senior nurse. **6.** A nun or a title given to a nun. **7.** A woman fellow member of a Church or religious body. **8.** Belonging to the same class, fleet, etc., as another or others: *a sister ship.* **9.** Denoting any of the cells or cell components formed by division of a parent cell or cell component: *sister nuclei.*

sixty *n. pl.* **1.** The cardinal number that is the product of ten and six. **2.** A numeral, 60, LX, etc., representing sixty. **3.** Something represented by, representing, or consisting of 60 units. ***deter.*** **1.** Amounting to sixty.

sit *v.* **sits, sitting, sat 1.** To adopt or rest in a posture in which the body is supported on the buttocks and thighs and the torso is more or less upright. **2.** To cause to adopt such a posture. **3.** To adopt or rest in a posture with the hindquarters lowered to the ground. **4.** To perch or roost. **5.** To cover eggs to hatch them; brood. **6.** To be situated or located. **7.** To blow from the direction specified. **8.** To adopt and maintain a posture for one's portrait to be painted, etc. **9.** To occupy or be entitled to a seat in some official capacity, as a judge, elected representative, etc. **10.** To be convened or in session. **11.** To remain inactive or unused: *His car sat in the garage for a year.* **12.** To rest or lie as specified. **13.** To fit or hang as specified. **14.** To weigh, rest, or lie as specified: *Greatness sits easily on him.* **15.** To take: He's sitting his bar finals. **16.** To be a candidate: *He's sitting for a B.A.* **17.** To look after a specified person or thing for someone else. **18.** To have seating capacity for. **19.** *Sitting pretty* Well placed or established financially, socially, etc. **20.** *Sit tight* **a.** To wait patiently; bide one's time. **b.** To maintain one's position, stand, or opinion firmly.

situate *v.* To allot a site to; place; locate.

six *v.* The cardinal number that is the sum of five and one.

sixteen *n.* The cardinal number that is the sum of ten and six.

sixtieth *adj.* **1a.** Being the ordinal number of sixty in numbering or counting order, position, time, etc.: often written 60th. **b.** The sixtieth in a row. *n.* **1a.** One of 60 approximately equal parts of something. **b.** A sixtieth part. **3.** The fraction equal to one divided by 60.

sixty *n. pl* **-ties 1.** The cardinal number that is the product of ten and six. **2.** A numeral, 60, LX, etc., representing sixty. **3.** Something represented by, representing, or consisting of 60 units. *det.* **1.** Amounting to sixty. **skunk** *n.* **1.** Any of various American musteline mammals of the subfamily Mephitinae, esp. Mephitis mephitis, typically having a black and white coat and bushy tail: they eject an unpleasant-smelling fluid from the anal gland when attacked. **2.** A despicable person. **3.** To defeat overwhelmingly in a game.

slave *n.* **1.** A person legally owned by another and having no freedom of action or right to property. **2.** A person who is forced to work for another against his will. **3.** A person under the domination of another person or some habit or influence: *a slave to television.* **4.** A person who works in harsh conditions for low pay. **5.** A device that is controlled by or that duplicates the action of another similar device. *v.* **1.** To work like a slave. **2.** An archaic word for *enslave*.

small *adj.* **1.** Comparatively little; limited in size, number, importance, etc. **2.** Of little importance or on a minor scale: *a small business.* **3.** Lacking in moral or mental breadth or depth: *a small mind.* **4.** Modest or humble small beginnings. **5.** Of low or inferior status, esp. socially. **6.** Young; not mature. **7.** Unimportant, trivial: *a small matter.* **8.** Not outstanding: *a small actor.* **9.** Of, relating to, or designating the ordinary modern minuscule letter used in printing and cursive writing. Also *lower case.* **10.** Lacking great strength or force: *a small effort.* **11.** In fine particles: *small gravel.* *adv.* **1.** Into small pieces: *Cut it small.* **2.** In a small or soft manner. **3.** *Feel small* To be humiliated or inferior. *n.* **1.** An object, person, or group considered to be small: *The small or the large?* **2.** A small slender part, esp. of the back.

snake *n.* **1.** Any reptile of the suborder Ophidia, typically having a scaly cylindrical limbless body, fused eyelids, and a jaw modified for swallowing large prey: includes venomous forms such as cobras and rattlesnakes, large nonvenomous constrictors, and small harmless types such as the grass snake. **2.** A deceitful or treacherous person. **3.** Anything resembling a snake in appearance or action. **4.** A former system of managing a group of currencies by allowing the exchange rate of each of them only to fluctuate within narrow limits. **5.** A tool in the form of a long flexible wire for unblocking drains. *v.* **1.** To glide or move like a snake. **2.** To haul by fastening a rope around one end of it. **3.** To pull jerkily. **4.** To move in or follow.

snow *n.* **1.** Precipitation from clouds in the form of flakes of ice crystals formed in the upper atmosphere. **2.** A layer of snowflakes on the ground. **3.** A fall of such precipitation. **4.** Anything resembling snow in whiteness, softness, etc. **5.** The random pattern of white spots on a television or radar screen, produced by noise in the receiver and occurring when the signal is weak or absent. **6.** Cocaine. *v.* **1.** To be the case that snow is falling. **2.** To cover or confine with a heavy fall of snow. **3.** To fall or cause to fall as or like snow. **4.** To deceive or overwhelm with elaborate often insincere talk. **5.** *Be snowed under* To be overwhelmed, esp. with paperwork.

so *adv.* **1.** To such an extent: *The river is so dirty that it smells.* **2.** To the same extent as: *She is not so old as you.* **3.** In the state or manner expressed or implied: *They're happy and will remain so.* **4.** Also; likewise: *I can speak Spanish and so can you.* **5.** Indeed: used to contradict a negative statement. You didn't tell the truth. I did so! **6.** Provided that. **7.** *And so on or forth* And continuing similarly. **8.** Just so. **9.** *Or so* Approximately: *Fifty or so people came to see me.* **10.** *Quite so* I agree; exactly. **11.** *So be it* Used to express agreement or resignation. **12.** *So much* **a.** A certain degree or amount. **b.** A lot: *It's just so much nonsense.* **13.** *So much for* **a.** No more can or need be said about. **b.** Used to express contempt for something that has failed: *So much for your bright idea.* *conj.* **1.** In order to: *Die so that you might live.* **2.** With the consequence: *They were organized so the performance went smoothly.* **3.** *So as* In order to: *slim so as to lose weight.* **sentence connector** **1.** In consequence; hence: *She wasn't needed, so she left.* **2.** Used to introduce a sentence expressing resignation, amazement, or sarcasm: *So you're publishing a book!* **3.** Thereupon; and then: *And so we ended up in France.* **4.** Used to introduce a sentence or clause to add emphasis: *So what! What importance does that have?* *pron.* **1.** Used to substitute for a clause or sentence, which may be understood: *You'll stop because I said so.* *adj.* **2.** Factual; true: *It can't be so.* *interject.* An exclamation of agreement, surprise, etc.

social *adj.* **1.** Living or preferring to live in a community rather than alone. **2.** Denoting or relating to human society or any of its subdivisions. **3.** Of, relating to, or characteristic of the experience, behaviour, and interaction of persons forming groups. **4.** Relating to or having the purpose of promoting companionship, communal activities, etc.: *a social club.* **5.** Relating to or engaged in social services: *a social worker.* **6.** Relating to or considered appropriate to a certain class of society, esp. one thought superior. **7.** Living together in organized colonies: *social bees.* **8.** Growing in clumps, usually over a wide area. *n.* **1.** An informal gathering, esp. of an organized group, to promote companionship, communal activity, etc. -- **socially** *adv.*

socialist *n.* **1.** One who advocates a society of men or groups of men for one common cause. **2.** A supporter or advocate of socialism or any party promoting socialism. *adj.* **1.** Of, characteristic of, implementing, or relating to socialism. **2.** Of, characteristic of, or relating to socialists or a socialist party.

society *n. pl.* **-ties. 1.** The totality of social relationships among organized groups of human beings or animals. **2.** A system of human organizations generating distinctive cultural patterns and institutions and usually providing protection, security, continuity, and a national identity for its members. **3.** Such a system with reference to its mode of social and economic organization or its dominant class: *middle-*

class society. **4.** Those with whom one has companionship. **5.** An organized group of people associated for some specific purpose or on account of some common interest: *a learned society.* **6.** The privileged class of people in a community, esp. as considered superior or fashionable. **7.** The social life and intercourse of such people: *to enter society as a debutante.* **8.** Companionship; the fact or state of being together with someone else. **9.** A small community of plants within a larger association.

sold *v. past tense* and *past part.* of **sell**. *adj.* **1.** *Sold on* Uncritically attached to or enthusiastic about.

soldier *n.* **1a.** A person who serves or has served in an army. **b.** A noncommissioned member of an army as opposed to a commissioned officer. **2.** A person who works diligently for a cause. **3.** An individual in a colony of social insects, esp. ants, that has powerful jaws adapted for defending the colony, crushing large food particles, etc. *v.* **1.** To serve as a soldier. **2.** To malinger or shirk.

solid *adj.* **1.** Of, concerned with, or being a substance in a physical state in which it resists changes in size and shape. Compare *liquid, gas.* **2.** Consisting of matter all through. **3.** Of the same substance all through: *solid rock.* **4.** Sound; proved or provable: *solid facts.* **5.** Reliable or sensible; upstanding: *a solid citizen.* **6.** Firm, strong, compact, or substantial: *a solid table; solid ground.* **7.** Substantial. **8.** Without interruption or respite; continuous: *Solid bombardment.* **9.** Financially sound or solvent: *a solid institution.* **10.** Strongly linked or consolidated: *a solid relationship.* **11.** Having or relating to three dimensions: *solid geometry.* **12.** Written or printed as a single word without a hyphen. **13.** With no space or leads between lines of type. **14.** *Solid for* Unanimously in favour of. **15.** Adequate; sensible. **16.** Of or having a single uniform color or tone. **17.** Excessive; unreasonably expensive. *n.* **1a.** Closed surface in three-dimensional space. **b.** Such a surface together with the volume enclosed by it. **2.** A solid substance, such as wood, iron, or diamond.

solve *v.* **1.** To find the explanation for or solution to. **2a.** To work out the answer to. **b.** To obtain the roots of.

some *deter.* **1.** Certain unknown or unspecified: *Some can read faster than others.* **2.** An unknown or unspecified quantity or amount of: *There's some rice on the table.* **3a.** A considerable number or amount of: *He lived some years afterwards.* **b.** A little: *Show him some respect.* **4.** An impressive or remarkable: *That was some game!* **5.** A certain amount. **6.** About; approximately: *He owes me some thirty pounds.* *adv.* **1.** To a certain degree or extent. *I guess I like him some.*

someone *pron.* Some person; somebody.

something *pron.* **1.** An unspecified or unknown thing; some thing: *He knows something.* **2.** *Something or other* One unspecified thing or an alternative thing. **3.** An unspecified or unknown amount; bit: *something less than a hundred.* **4.** An impressive or important person, thing, or event: *Isn't that something? adv.* **1.** To some degree; a little; somewhat: *to look something like me.*

son *n.* **1.** A male offspring; a boy or man in relation to his parents. **2.** A male descendant. **3.** A familiar term of address for a boy or man. **4.** A male from a certain country, place, etc., or one closely connected with a certain environment.

soon *adv.* **1.** In or after a short time; in a little while; before long: *The doctor will soon be here.* **2.** As soon as; at the very moment that: *She burst into tears as soon as she saw him.* **3.** *As soon as* Used to indicate that the second alternative mentioned is not preferable to the first.

sound (1) *n.* **1a.** Periodic disturbance in the pressure or density of a fluid or in the elastic strain of a solid, produced by a vibrating object. It has a velocity in air at sea level at 0C of 332 metres per second and travels as longitudinal waves. **b.** A sound wave. **2.** Of or relating to radio as distinguished from television sound broadcasting: sound radio. **3.** The sensation produced by such a periodic disturbance in the organs of hearing. **4.** Anything that can be heard. **5.** A particular instance, quality, or type of sound: *the sound of running water.* **6.** Volume or quality of sound: *a radio with poor sound.* **7.** The area or distance over which something can be heard: *to be born within the sound of Big Ben.* **8.** The impression or implication of something: *I don't like the sound of that.* **9.** The auditory effect produced by a specific articulation or set of related articulations. **10.** Music, esp. rock, jazz, or pop. *v.* **1.** To cause to make a sound or to emit a sound. **2.** To announce or be announced by a sound: *to sound the alarm.* **3.** To be heard. **4.** To resonate with a certain quality or intensity: *to sound loud.* **5.** To give the impression of being as specified when read, heard, etc.: *to sound reasonable.* **6.** To pronounce distinctly or audibly: *to sound one's consonants.* **7.** To have the essential quality or nature: *an action sounding in damages.* **adj. 1.** Free from damage, injury, decay, etc. **2.** Firm; solid; substantial: *a sound basis.* **3.** Financially safe or stable: *a sound investment.* **4.** Showing good judgment or reasoning; sensible; wise: *sound advice.* **5.** Valid, logical, or justifiable: *a sound argument.* **6.** Holding approved beliefs; ethically correct; upright; honest. **7.** Deep; peaceful; unbroken. **8.** Thorough; complete: *a sound examination.* **9.** Free from defect; legally valid. **10.** Constituting a valid and justifiable application of correct principles; orthodox sound theology. **11a.** Valid **b.** According with whatever principles ensure the high probability of the truth of the conclusion given the truth of the premises. **c.** Another word for consistent. *adv.* **1.** Soundly; deeply: now archaic except when applied to *sleep soundly.* **sound (2)** *v.* **1.** To measure the depth of by lowering a plumb line, by sonar, etc. **2.** To seek to discover, as by questioning. **3.** To dive downwards swiftly and deeply. **4a.** To probe or explore by means of a sound. **b.** To examine by means of percussion and auscultation. *n.* **1.** An instrument for insertion into a bodily cavity or passage to dilate strictures dislodge foreign material, etc. Also *sound out.* **sound (3)** *n.* **1.** A relatively narrow channel between two larger areas of sea or between an island and the mainland. **2.** An inlet or deep bay of the sea. **3.** The air bladder of a fish. **sound (4)** *n.* The a strait between SW Sweden and Sjalland, linking the Kattegat with the Baltic.

south *n.* **1.** One of the four cardinal points of the compass, at 180 from north and 90 clockwise from east and anticlockwise from west. **2.** The direction along a meridian towards the South Pole. **3.** *The South* Any area lying in or towards the south. **4.** The player or position at the table corresponding to south on the compass. *adj.* **1.** Situated in, moving towards, or facing the south. **2.** From the south. *adv.* **1.** In, to, or towards the south. **2.** From the south. Symbol: *S.*

southeast *n.* **1.** The point of the compass or the direction midway between south and east, 135 clockwise from north. Also *southeastern.* *adj.* **1.** Of or denoting the southeastern part of a specified country, area, etc. **2.** Situated in, proceeding towards, or facing the southeast. **3.** From the southeast. *adv.* **1.** In, to, towards, or from the southeast. Symbol: *SE.*

spare *v.* **1.** To refrain from killing, punishing, harming, or injuring. **2.** To release or relieve, as from pain, suffering, etc. **3.** To refrain from using: *Spare the rod, spoil the child.* **4.** To be able to afford or give: *I can't spare the time.* **5.** To allow to survive: *I'll see you again next year if we are spared.* **6.** To act or live frugally. **7.** To show mercy. **8.** *Not spare oneself* To exert oneself to the full. **9.** *To spare more than is required* Two minutes to spare. *adj.* **1.** In excess of what is needed; additional: *Are there any seats spare?* **2.** Able to be used when needed: *a spare part.* **3.** Thin and lean. **4.** Scanty or meager. **5.** Upset, angry, or distracted. *n.* **1.** A duplicate kept as a replacement in case of damage or loss. **2.** A spare tire. **3a.** The act of knocking down all the pins with the two bowls of a single frame. **b.** The score thus made.

speak *v.* **1.** To make; utter. **2.** To communicate or express in or as if in words: *I speak the truth.* **3.** To deliver a speech, discourse, etc. **4.** To know how to talk in: *He does not speak German.* **5.** To make a characteristic sound: *the clock spoke.* **6.** To give tongue; bark. **7.** To hail and converse or communicate with at sea. **8.** To produce a sound. **9.** To be a representative or advocate: *He speaks for all the members.* **10.** *On speaking terms* On good terms; friendly. **11.** *So to speak* In a manner of speaking; as it were. **12.** *Speak one's mind* To express one's opinions frankly and plainly. **13.** *To speak of* Of a significant or worthwhile nature: *We have had no support to speak of.* *n.* **1.** The language or jargon of a specific group, organization, or field.

speaking *adj.* **1.** Eloquent, impressive, or striking. **2a.** Able to speak. **b.** Able to speak a particular language: *French-speaking.* *v.* **1.** To make; utter. **2.** To communicate or express in or as if in words: *I speak the truth.* **3.** To deliver a speech, discourse, etc. **4.** To know how to talk in: *He does not speak German.* **5.** To make a characteristic sound: *The clock spoke.* **6.** To give tongue; bark. **7.** To hail and converse or communicate with at sea. **8.** To produce a sound. **9.** To be a representative or advocate: *He speaks for all the members.* **10.** *On speaking terms* On good terms; friendly. **11.** *So to speak* In a manner of speaking; as it were. **12.** *Speak one's mind* To express one's opinions frankly and plainly. **13.** *To speak of* Of a significant or worthwhile nature: *We have had no support to speak of.*

speed *n.* **1.** The act or quality of acting or moving fast; rapidity. **2.** The rate at which something moves, is done, or acts. **3a.** A scalar measure of the rate of movement of a body expressed either as the distance travelled divided by the time taken or the rate of change of position with respect to time at a particular point. It is measured in metres per second, miles per hour, etc. **b.** Another word for *velocity.* **4.** A rate of rotation, usually expressed in revolutions per unit time. **5a.** A gear ratio in a motor vehicle, bicycle, etc. **b.** A three-speed gear. **6.** A numerical expression of the sensitivity to light of a particular type of film, paper, or plate. *v.* **1.** To move or go or cause to move or go quickly. **2.** To drive at a high speed, esp. above legal limits. **3.** To help further the success or completion of. **4.** To take or be under the influence of amphetamines. **5.** To operate or run at a high speed. **6a.** To prosper or succeed. **b.** To wish success to.

spell (1) *n.* **1.** A verbal formula considered as having magical force. **2.** Any influence that can control the mind or character; fascination. **3.** A state induced by or as if by the pronouncing of a spell; trance: *to break the spell.* **4.** *Under a spell* Held in or as if in a spell. *v.* **1.** To place under a spell.

spell (2) *n.* **1.** An indeterminate, usually short, period of time: *a spell of cold weather.* **2.** A period or tour of duty after which one person or group relieves another. **3.** A period or interval of rest. *v.* **1.** To take over from for an interval of time; relieve temporarily.

spelling *n.* **1.** The act or process of writing words by using the letters conventionally accepted for their formation; orthography. **2.** The art or study of orthography. **3.** The actual way in which a word is spelt. **4.** The ability of a person to spell. *v.* **1.** To write or name in correct order the letters that comprise the conventionally accepted form of. **2.** To go to make up the conventionally established form of. **3.** To indicate or signify such actions: *spell disaster for our cause.*

spent *v.* ***past tense*** and ***past part.*** of **spend.** *adj.* **1.** Used up or exhausted; consumed. **2.** Exhausted by spawning.

sphere *n.* **1a.** A three-dimensional closed surface such that every point on the surface is equidistant from a given point, the centre. **b.** The solid figure bounded by this surface or the space enclosed by it. Equation: where *r* is the radius and are the coordinates of the centre; surface area: 4pr2; volume: 4pr3/3 **2** any object having approximately this shape; globe. **3.** The night sky considered as a vaulted roof; firmament. **4.** Any heavenly object such as a planet, natural satellite, or star. **5.** One of a series of revolving hollow globes, arranged concentrically, on whose transparent surfaces the sun, the moon, the planets, and fixed stars were thought to be set, revolving around the earth. **6.** Particular field of activity; environment: *That's out of my sphere.* **7.** A social class or stratum of society. *v.* **1.** To surround or encircle. **2.** To place aloft or in the heavens.

spook *n.* **1.** A ghost or a person suggestive of this. **2.** A spy. *v.* **1.** To frighten: *to spook horses.* **2.** To haunt.

spread *v.* **1.** To extend or unfold or be extended or unfolded to the fullest width: *She spread the map on the table.* **2.** To extend or cause to extend over a larger expanse of space or time: *The milk spread all over the floor.* **3.** To apply or be applied in a coating: *Butter does not spread very well when cold.* **4.** To distribute or be distributed over an area or region. **5.** To display or be displayed in its fullest extent: *the landscape spread before us.* **6.** To prepare for a meal. **7.** To lay out on a table.

8. To send or be sent out in all directions; disseminate or be disseminated: *the disease spread quickly.* **9.** To force or be forced apart. **10.** To increase the breadth of, esp. to flatten the head of a rivet by pressing, hammering, or forging. **11a.** To lay out in a relatively thin layer to dry. **b.** To scatter over a relatively wide area. **12.** To narrow and lengthen the aperture of as for the articulation of a front vowel, such as in English. *n.* **1.** The act or process of spreading; diffusion, dispersal, expansion, etc.: *the spread of the Christian religion.* **2.** The wingspan of an aircraft. **3.** An extent of space or time; stretch: *a spread of 50 years.* **3.** The limit of something fully extended: *the spread of a bird's wings.* **4.** A covering for a table or bed. **5.** A large meal or feast, esp. when it is laid out on a table. **6.** A food which can be spread on bread, etc.: *salmon spread.* **7.** Two facing pages in a book or other publication. **8.** A widening of the hips and waist. **9a.** The difference between the bid and offer prices quoted by a market maker. **b.** The excess of the price at which stock is offered for public sale over the price paid for the same stock by an underwriter. **c.** A double option. **10.** The apparent size of a gemstone when viewed from above expressed in carats a diamond with a spread of four carats. *adj.* **1.** Extended or stretched out, esp. to the fullest extent. **2.** Shallow and flat. **3.** A forming a long narrow aperture.

square *n.* **1.** A plane geometric figure having four equal sides and four right angles. **2.** Any object, part, or arrangement having this or a similar shape: *a square of carpet.* **3.** An open area in a town, sometimes including the surrounding buildings, which may form a square. **4.** The product of two equal factors; the second power: *9 is the square of 3.* **5.** An instrument having two strips of wood, metal, etc., set in the shape of a T or L, used for constructing or testing right angles. **6.** The closely-cut area in the middle of a ground on which wickets are prepared. **7.** A body of soldiers drawn up in the form of a square. **8.** The position of the blade of an oar perpendicular to the surface of the water just before and during a stroke. **9.** A person who is old-fashioned in views, customs, appearance, etc. **10.** An aspect of about 90 between two planets, etc. **11.** A standard, pattern, or rule. **12. Back to square one** Indicating a return to the starting-point of an investigation, experiment, etc., because of failure, lack of progress, etc. **13. On the square a.** At right angles. **b.** On equal terms. **c.** Honestly and openly. **d.** A phrase identifying someone as a Freemason: *He is on the square.* **14. Out of square a.** Not at right angles or not having a right angle. **b.** Not in order or agreement. *adj.* **1.** Being a square in shape. **2.** Having or forming one or more right angles or being at right angles to something. **3.** Square or rectangular in section a square bar. **4a.** Denoting a measure of area of any shape: *a circle of four square feet.* **b.** Denoting a square having a specified length on each side: *a board four feet square contains 16 square feet.* **5.** Fair and honest. **6.** Straight, even, or level: *a square surface.* **7.** At right angles to the wicket: *square leg.* **8.** In a straight line across the pitch: *a square pass.* **9.** Set at right angles to the keel. **10.** Old-fashioned in views, customs, appearance, etc. **11.** Stocky or sturdy: *square shoulders.* **12.** Having no remaining debts or accounts to be settled. **13.** Sound, steady, or regular. **14.** Unequivocal or straightforward: *a square contradiction.* **15.** Neat and tidy. **16.** Having the same number of rows and columns. **17.** *All square on equal terms* Even in score. **18. Square peg** A person or thing that is a misfit, such as an employee in a job for which he is unsuited. *v.* **1.** To make into a square or similar shape. **2.** To raise to the second power. **3.** To test or adjust for deviation with respect to a right angle, plane surface, etc. **4.** To divide into squares. **5.** To position so as to be rectangular, straight, or level: *square the shoulders.* **6.** To settle. **7.** To level in a game, etc. **8.** To agree or cause to agree: *Your ideas don't square with mine.* **9.** To turn perpendicular to the surface of the water just before commencing a stroke. **10.** To turn perpendicular to the direction of the canoe at the commencement of a stroke. **11.** To arrange, esp. by a corrupt method or come to an arrangement with, as by bribery. **12. Square the circle** To attempt the impossible.

stammer *v.* **1.** To speak or say in a hesitant way, esp. as a result of a speech disorder or through fear, stress, etc. *n.* A speech disorder characterized by involuntary repetitions and hesitations.

stand *v.* **stands, standing, stood 1.** To be or cause to be in an erect or upright position. **2.** To rise to, assume, or maintain an upright position; to have a specified height when standing: *to stand six feet.* **3.** To be situated or located: *The house stands in the square.* **4.** To be or exist in a specified state or condition: *to stand in awe of someone.* **5.** To adopt or remain in a resolute position or attitude. **6.** To be in a specified position: *I stand to lose money in this venture.* **7.** To remain in force or continue in effect: *Whatever the difficulties, my orders stand.* **8.** To come to a stop or halt, esp. temporarily. **9.** To collect and remain without flowing. **10.** To indicate the specified position of the parties involved: *The score stands at 20 to 1.* **11.** To tolerate or bear: *I won't stand for your nonsense any longer.* **12.** To resist; survive: *to stand the test of time.* **13.** To submit to: *to stand trial.* **14.** To be or become a candidate: *Will he stand for Parliament?* **15.** To navigate in a specified direction: *We were standing for Madeira when the storm broke.* **16.** To point at game. **17.** To halt, esp. to give action, repel attack, or disrupt an enemy advance when retreating. **18.** To be available as a stud. **19.** To keep or to be kept, for possible use in future printings. **20.** To bear the cost of; pay for: *to stand* *someone a drink.* **21. Stand a chance** To have a hope or likelihood of winning, succeeding, etc. **22. Stand fast** To maintain one's position firmly. **23. Stand one's ground** To maintain a stance or position in the face of opposition. **24. Stand still a.** To remain motionless. **b.** To tolerate: *I won't stand still for your threats.* **25. Stand to** To be useful to: *Your knowledge of English will stand to you.* ***n.*** **1.** The act or an instance of standing. **2.** An opinion, esp. a resolutely held one: *He took a stand on capital punishment.* **3.** A halt or standstill. **4.** A place where a person or thing stands. **5a.** A position on the floor of a shearing shed allocated to one shearer. **b.** The shearing equipment belonging to such a position. **6.** A structure, usually of wood, on which people can sit or stand. **7.** A frame or rack on which such articles as coats and hats may be hung. **8.** A small table or piece of furniture where articles may be placed or stored: *a music stand.* **9.** A supporting framework, esp. for a tool or instrument. **10.** A stall, booth, or counter from which goods may be sold. **11.** An exhibition area in a trade fair. **12.** A halt to give action, etc., esp. one taken during a retreat and having some duration or some success. **13.** An extended period at the wicket by two batsmen. **14.** A growth of plants in a particular area, esp. trees in a forest or a crop in a field. **15.** A stop made by a touring theatrical company, pop group, etc., to give a performance. **16.** A plot or site earmarked for the erection of a building. **17.** The act of pointing at game. **18.** A complete set, esp. of arms or armour for one man. **19.** The flags of a regiment.

standard *n.* **1.** An accepted or approved example of something against which others are judged or measured. **2.** A principle of propriety, honesty, and integrity: *She has no standards.* **3.** A level of excellence or quality: *a low standard of living.* **4.** Any distinctive flag, device, etc., as of a nation, sovereign, or special cause. **5a.** Any of a variety of naval or military flags. **b.** The colors of a cavalry regiment. **6.** A flag or emblem formerly used to show the central or rallying point of an army in battle. **7.** A large tapering flag ending in two points, originally borne by a sovereign or high-ranking noble. **8.** The commodity or commodities in which is stated the value of a basic monetary unit: *the gold standard.* **9.** An authorized model of a unit of measure or weight. **10.** A unit of board measure equal to 1980 board feet. **11.** The prescribed proportion by weight of precious metal and base metal that each coin must contain. **12.** An upright pole or beam, esp. one used as a support. **13.** A piece of furniture consisting of an upright pole or beam on a base or support. **14.** A plant, esp. a fruit tree, that is trained so that it has an upright stem free of branches. **15.** A song or piece of music that has remained popular for many years. **16.** The largest petal of a papilionaceous flower, such as a sweetpea. **17.** A class or level of attainment in an elementary school. ***adj.*** **1.** Of the usual, regularized, medium, or accepted kind: *a standard size.* **2.** Of recognized authority, competence, or excellence. **3.** Denoting or characterized by idiom, vocabulary, etc., that is regarded as correct and acceptable by educated native speakers. **4.** Of a size that is smaller than large and larger than medium.

star *n.* **1.** Any of a vast number of celestial objects that are visible in the clear night sky as points of light. **2.** A hot gaseous mass, such as the sun, that radiates energy, esp. as light and infrared radiation, usually derived from thermonuclear reactions in the interior, and in some cases as ultraviolet, radio waves, and X-rays. The surface temperature can range from about 2,100 to 40,000 C.

start *v.* **1.** To begin or cause to begin; come or cause to come into being, operation, etc.: *They started to work.* **2.** To make or cause to make a beginning of: *They started on the project.* **3.** To set or be set in motion: *He* *started up the machine.* **4.** To make a sudden involuntary movement of one's body, from or as if from fright; jump. **5.** To spring or jump suddenly from a position or place. **6.** To establish or be established; set up: *to start a business.* **7.** To support in the first part of a venture, career, etc. **8.** To work or cause to work loose. **9.** To enter or be entered in a race. **10.** To flow violently from a source: *Wine started from a hole in the cask.* **11.** To rouse from a hiding place, lair, etc. **12.** To bulge; pop. **13.** An archaic word for *startle.* **14.** To commence quarrelling or causing a disturbance. **15.** To start with in the first place. *n.* **1.** The first or first part of a series of actions or operations, a journey, etc. **2.** The place or time of starting, as of a race or performance. **3.** A signal to proceed, as in a race. **4.** A lead or advantage, either in time or distance and usually of specified extent, in a competitive activity: *He had an hour's start on me.* **5.** A slight involuntary movement of the body, as through fright, surprise, etc.: *She gave a start as I entered.* **6.** An opportunity to enter a career, undertake a project, etc. **7.** A surprising incident. **8.** A part that has come loose or been disengaged. **9.** *By fits and starts* Spasmodically; without concerted effort. **10.** *For a start* In the first place.

state *n.* **1.** The condition of a person, thing, etc., with regard to main attributes. **2.** The structure, form, or constitution of something: *a solid state.* **3.** Any mode of existence. **4.** Position in life or society; estate. **5.** Ceremonious style, as befitting wealth or dignity to live in state. **6.** A sovereign political power or community. **7.** The territory occupied by such a community. **8.** The sphere of power in such a community: *affairs of state.* **9.** One of a number of areas or communities having their own governments and forming a federation under a sovereign government, as in the U.S. **10.** The body politic of a particular sovereign power, esp. as contrasted with a rival authority such as the Church. **11.** A class or order; estate. **12.** A nervous, upset, or excited condition. **13.** *Lie in state* To be placed on public view before burial. **14.** *State of affairs* A situation; present circumstances or condition. **15.** *State of play* The current situation. **16.** Controlled or financed by a state: *state university.* **17.** Of, relating to, or concerning the State: *State trial.* **18.** Involving ceremony or concerned with a ceremonious occasion: *state visit.* *v.* **1.** To articulate in words; utter. **2.** To declare formally or publicly: *to state one's innocence.* **3.** To resolve.

States *n.* An informal name for the United States of America.

stay *v.* **1.** To continue or remain in a certain place, position, etc.: *to stay outside.* **2.** To continue to be; remain: *to stay awake.* **3.** To reside temporarily, esp. as a guest: *to stay at a hotel.* **4.** To remain for a specified period: *to stay the weekend.* **5.** To reside permanently or habitually; live. **6.** To stop or cause to stop. **7.** To wait, pause, or tarry. **8.** To delay or hinder. **9a.** To discontinue or suspend. **b.** To hold in abeyance or restrain from enforcing. **10.** To endure: *stay the right course.* **11.** To keep pace. **12.** To raise one's stakes enough: *to stay in a round.* **13.** To hold back or restrain: *to stay one's anger.* **14.** To satisfy or appease temporarily. **15.** To quell or suppress. **16.** To stand firm. *n.* **1.** The act of staying or sojourning in a place or the period during which one stays. **2.** The act of stopping or restraining or state of being stopped, etc. **3.** The suspension of a judicial proceeding, etc.: *stay of execution.*

steal *v.* **steals, stealing, stole, stolen 1.** To take from someone, etc. without permission or unlawfully, esp. in a secret manner. **2.** To obtain surreptitiously. **3.** To appropriate without acknowledgment, as in plagiarism. **4.** To move or convey stealthily: *They stole along the corridor.* **5.** To pass unnoticed: *The hours stole by.* **6.** To win or gain by strategy or luck, as in various sports: *to* *steal a few yards.* **7. *Steal a march on*** To obtain an advantage over, esp. by a secret or underhand measure. **8. *Steal someone's thunder*** To detract from the attention due to another by forestalling him. **9. *Steal the show*** To be looked upon as the most interesting, popular, etc., esp. unexpectedly. *n.* **1.** The act of stealing. **2.** Something stolen or acquired easily or at little cost.

step *n.* **1.** The act of motion brought about by raising the foot and setting it down again in coordination with the transference of the weight of the body. **2.** The distance or space covered by such a motion. **3.** The sound made by such a movement. **4.** The impression made by such movement of the foot; footprint. **5.** The manner of walking or moving the feet; gait: *He received his prize with a proud step.* **6.** A sequence of foot movements that make up a particular dance or part of a dance: *I have mastered the steps of the waltz.* **7.** Any of several paces or rhythmic movements in marching, dancing, etc. **8.** A course followed by a person in walking or as walking: *They followed in their leader's steps.* **9.** One of a sequence of separate consecutive stages in the progression towards some goal: *another step towards socialism.* **10.** A rank or grade in a series or scale: *He was always a step behind.* **11.** An object or device that offers support for the foot when ascending or descending. **12.** A flight of stairs, esp. out of doors. **13.** Another name for stepladder. **14.** A very short easily walked distance: *It is only a step to my place.* **15.** A melodic interval of a second. See *whole tone*, *half-step*. **16.** An offset or change in the level of a surface similar to the step of a stair. **17.** A strong block or frame bolted onto the keel of a vessel and fitted to receive the base of a mast. **18.** A ledge cut in mining or quarrying excavations. **19. *Break step*** To cease to march in step. **20. *Keep step*** To remain walking, marching, dancing, etc., in unison or in a specified rhythm. **21. *In step*** **a.** Marching, dancing, etc., in conformity with a specified pace or moving in unison with others. **b.** In agreement or harmony. **22. *Out of step*** **a.** Not moving in conformity with a specified pace or in accordance with others. **b.** Not in agreement; out of harmony. **23. *Step by step*** With care and deliberation; gradually. **24. *Take steps*** To undertake measures with a view to the attainment of some end. **25. *Watch one's step*** **a.** To conduct oneself with caution and good behaviour. **b.** To walk or move carefully. *v.* **steps, stepping, stepped 1.** To move by raising the foot and then setting it down in a different position, transferring the weight of the body to this foot and repeating the process with the other foot. **2.** To move or go on foot, esp. for a short distance: *Step this way.* **3.** To move, often in an attractive graceful manner, as in dancing: *He can really step around.* **4.** To place or press the foot; tread: *to step on the accelerator.* **5.** To enter apparently with ease: *She stepped into a life of luxury.* **6.** To walk or take: *to step ten paces.* **7.** To perform the steps of: *They step the tango well.* **8.** To set or place. **9.** To measure by stepping. **10.** To arrange in or supply with a series of steps so as to avoid coincidence or symmetry. **11.** To raise and fit it into its step. *n.* **1.** A set of aerobic exercises designed to improve the cardiovascular system, which consists of stepping on and off a special box of adjustable height.

stick *n.* **1.** A small thin branch of a tree. **2a.** Any long thin piece of wood. **b.** Such a piece of wood having a characteristic shape for a special purpose: *a walking stick.* **c.** A baton, wand, staff, or rod. **3.** An object or piece shaped like a stick: *a stick of celery.* **4. *Control stick*** The lever used to change gear in a motor vehicle. **5.** A mast or yard. **7. *Composing stick*** **a.** A group of bombs arranged to fall at intervals across a target. **b.** A number of paratroops jumping in sequence. **9a.** Verbal abuse, criticism: *I got some stick for that blunder.* **b.** Physical power, force. **10.** A piece of furniture:

These few sticks are all I have. **11.** A rural area considered remote or backward. **12.** The wooded interior part of the country. **13.** A declaration made by the umpire if a player's stick is above the shoulders. **14.** Goalposts. **15.** A means of coercion. **16.** A dull boring person. **17.** *In a cleft stick* In a difficult position. **18.** *Wrong end of the stick* A complete misunderstanding of a situation, explanation, etc. *v.* **sticks, sticking, sticked 1.** To support with sticks; stake.

stick (2) *v.* **sticks, sticking, stuck 1.** To pierce or stab with or as if with something pointed. **2.** To thrust or push or to be pushed into or through another object. **3.** To fasten in position by pushing or forcing a point into something: *to stick a peg in a hole.* **4.** To fasten in position by or as if by pins, nails, etc.: *to stick a picture on the wall.* **5.** To transfix or impale on a pointed object. **6.** To cover with objects piercing or set in the surface. **7.** To put forward or be put forward; protrude or cause to protrude: *to stick one's head out of the window.* **8.** To place or put in a specified position: *Stick your coat on this chair.* **9.** To fasten or be fastened by or as if by an adhesive substance: *Stick the pages together.* **10.** To cause to become sticky. **11.** To come or cause to come to a standstill: *We were stuck for hours in a traffic jam.* **12.** To remain for a long time: *The memory sticks in my mind.* **13.** To tolerate; abide: *I can't stick that man.* **14.** To be reluctant. **15.** To cause to be at a loss; baffle, puzzle, or confuse: *I was totally stuck for an answer.* **16.** To force or impose something unpleasant on: *They stuck me with the bill for lunch.* **17.** To kill by piercing or stabbing. **18.** *Stick in one's throat* To be difficult, or against one's conscience, for one to accept, utter, or believe. **19.** *Stick to the ribs* To be hearty and satisfying. *n.* **1.** The state or condition of adhering. **2.** A substance causing adhesion. **3.** Something that causes delay or stoppage.

sting *v.* **stings, stinging, stung 1.** To inflict a wound on by the injection of poison. **2.** To feel or cause to feel a sharp mental or physical pain. **3.** To goad or incite. **4.** To cheat, esp. by overcharging. *n.* **1.** A skin wound caused by the poison injected by certain insects or plants. **2.** Pain caused by or as if by the sting of a plant or animal. **3.** A mental pain or pang a sting of conscience. **4.** A sharp pointed organ, such as the ovipositor of a wasp, by which poison can be injected into the prey. **5.** The ability to sting: *a sharp sting in his criticism.* **6.** Something as painful or swift of action as a sting: *the sting of death.* **7.** A sharp stimulus or incitement. **8.** *Stinging hair* A swindle or fraud. **14.** A trap set up by the police to entice a person to commit a crime and thereby produce evidence. **15.** *Sting in the tail* An unexpected and unpleasant ending.

stock *n.* **1.** The total goods or raw material kept on the premises of a shop or business. **2.** A supply of something stored for future use: *He keeps a good stock of staple goods.* **3a.** The capital raised by a company through the issue and subscription of shares entitling their holders to dividends, partial ownership, and usually voting rights. **b.** The proportion of such capital held by an individual shareholder. **c.** The shares of a specified company or industry. **d.** The part of an account or tally given to a creditor. **e.** The debt represented by this. **4.** Standing or status. **5.** Farm animals, such as cattle and sheep, bred and kept for their meat, skins, etc. **6.** The trunk or main stem of a tree or other plant. **7a.** A rooted plant into which a scion is inserted during grafting. **b.** A plant or stem from which cuttings are taken. **8.** The original type from which a particular race, family, group, etc., is derived. **9.** A race, breed, or variety of animals or plants. **10.** A small pen in which a single animal can be confined. **11.** A line of descent. **12.** Any of the major subdivisions of the human species; race or ethnic group. **13.** The part of a rifle, sub-machine-gun, etc., into which the barrel and firing mechanism is set: held by the firer against the shoulder. **14.** The handle of something, such as a whip or fishing rod. **15.** The main body of a tool, such as the block of a plane. **16.** The part of a plough to which the irons and handles were attached. **17.** The main upright part of a supporting structure. **18.** A liquid or broth in which meat, fish, bones, or vegetables have been simmered for a long time. **19.** Film material before exposure and processing. **20a.** A portion of metal cut from a bar upon which a specific process, such as forging, is to be carried out. **b.** The material that is smelted in a blast furnace. **21.** Any of several cruciferous plants of the genus Matthiola, such as M. incana and M. bicornis of the Mediterranean region: cultivated for their brightly coloured flowers. Also called: *gillyflower*. **22. Virginian stock** A similar and related North American plant, Malcomia maritime. **23.** A long usually white neckcloth wrapped around the neck, worn in the 18th century and as part of modern riding dress. **24.** A pile of cards left after the deal in certain games, from which players draw. **25.** The repertoire of plays available to a repertory company. **26.** A crosspiece at the top of the shank under the ring. **27.** The centre of a wheel. **28.** An exposed mass of igneous rock that is the uppermost part of an underlying batholith. **29.** A log or block of wood. **30. Laughing stock. 31.** An archaic word for *stocking*. **32. In stock a.** Stored on the premises or available for sale or use. **b.** Supplied with goods of a specified kind. **33. Out of stock a.** Not immediately available for sale or use. **b.** Not having goods of a specified kind immediately available. **34. Take stock a.** To make an inventory. **b.** To make a general appraisal, esp. of prospects, resources, etc. **35. Take stock in** To attach importance to. *adj.* **1.** Staple, standard: *stock sizes in clothes*. **2.** Being a cliche; hackneyed: *a stock phrase*. *v.* **1.** To keep for sale. **2.** To obtain a store of for future use or sale: *to stock up on wheat*. **3.** To supply with live animals, fish, etc.: *to stock a farm*. **4.** To put forth new shoots. **5.** To punish by putting in the stocks.

stone *n.*: **1.** The hard compact nonmetallic material of which rocks are made. **2.** A small lump of rock; pebble. **3.** Short for gemstone. **4.** A piece of rock designed or shaped for some particular purpose: *gravestone; millstone*. **5a.** Something that resembles a stone. **b.** Hailstone. **6.** The woody central part of such fruits as the peach and plum, that contains the seed; endocarp. **7.** Any similar hard part of a fruit, such as the stony seed of a date. **8.** The rounded heavy mass of granite or iron used in the game of curling. **9.** A nontechnical name for *calculus*. **10.** A table with a very flat iron or stone surface upon which hot-metal pages are composed into formes; imposition table. **11.** A piece or man. **12.** Any of various dull grey colours. **13.** Relating to or made of stone: *a stone house*. **14.** Made of stoneware: *a stone jar*. **15. Cast a stone** Cast aspersions. **16. Heart of stone** An obdurate or unemotional nature. **17. Leave no stone unturned** To do everything possible to achieve an end. *adv.* **1.** Completely: *stone-cold; stone-deaf*. *v.* **1.** To throw stones at, esp. to kill. **2.** To remove the stones from. **3.** To furnish or provide with stones. **4. Stone the crows** An expression of surprise, dismay, etc.

stop *v.* **stops, stopping, stopped 1.** To cease from doing or being; discontinue: *stop talking*. **2.** To cause to halt or to come to a halt: *to stop a car*. **3.** To prevent the continuance or completion of: *to stop a show*. **4.** To prevent or restrain: *to stop him from fighting*. **5.** To keep back: *To stop supplies to the navy*. **6.** To intercept or hinder in transit: *to stop a letter*. **7.** To block or plug, esp. so as to close: *to stop up a pipe*. **8.** To fill a hole or opening in: *to stop up a wall*. **9.** To staunch or stem to stop a wound. **10.** To instruct a bank not to honor. **11.** To deduct from pay. **12.** To provide with punctuation. **13.** To beat either by a knockout or a technical knockout. **14.** To receive. **15.** To stay or rest. **16.** To defeat, beat, or kill. **17a.** To alter the vibrating length of by pressing down on it at some point with the finger. **b.** To alter the vibrating length of an air column in a wind instrument by closing. **c.** To produce in this manner. **18.** To place a hand inside to alter the tone color and pitch or play on a French horn in such a manner. **19.** To have a protecting card or winner in. **20.** ***Stop at nothing*** To be prepared to do anything; be unscrupulous or ruthless. *n.* **1.** An arrest of movement or progress. **2.** The act of stopping or the state of being stopped. **3.** A place where something halts or pauses: *a bus stop.* **4.** A stay in or as if in the course of a journey. **5.** The act or an instance of blocking or obstructing. **6.** A plug or stopper. **7.** A block, screw, or other device or object that prevents, limits, or terminates the motion of a mechanism or moving part. **8.** A punctuation mark, esp. a full stop. **9.** A counterthrust made without a parry in the hope that one's blade will touch before one's opponent's blade. **10.** Short for *stop payment* or *stop order.* **11a.** The act of stopping the string, finger hole, etc., of an instrument. **b.** A set of organ pipes or harpsichord strings that may be allowed to sound as a group by muffling or silencing all other such sets. **c.** A knob, lever, or handle on an organ, etc., that is operated to allow sets of pipes to sound. **d.** An analogous device on a harpsichord or other instrument with variable registers, such as an electrophonic instrument. **12.** ***Pull out all the stops* a.** To play at full volume. **b.** To spare no effort. **13.** A stud on a football boot. **14.** The angle between the forehead and muzzle of a dog or cat, regarded as a point in breeding. **15.** A short length of line or small stuff used as a tie, esp. for a furled sail. **16.** Any of a class of consonants articulated by first making a complete closure at some point of the vocal tract and then releasing it abruptly with audible plosion. Stops include the labials, the alveolars or dentals, the velars. **17.** ***F-stop* a.** A setting of the aperture of a camera lens, calibrated to the corresponding f-number. **b.** Another name for diaphragm. **18.** A block or carving used to complete the end of a moulding. **19.** A protecting card or winner in a suit in which one's opponents are strong.

store *v.* **1.** To keep, set aside, or accumulate for future use. **2.** To place in a warehouse, depository, etc., for safekeeping. **3.** To supply, provide, or stock. **4.** To be put into storage. **5.** To enter or retain in a storage device. *n.* **1.** An establishment for the retail sale of goods and services. **2.** A large supply or stock kept for future use. **3.** Short for *department store*. **4.** A storage place such as a warehouse or depository. **5.** The state of being stored. **6.** A large amount or quantity. **7.** Another name for memory. **8.** A pig that has not yet been weaned and weighs less than 40 kg. Also called *store pig*. **9.** An animal bought lean to be fattened up for market. **10.** ***In store*** Forthcoming or imminent. **11.** ***Lay, put, or set store by*** To value or reckon as important.

story (1) *n.* **1.** A narration of a chain of events told or written in prose or verse. **2.** ***Short story*** Piece of fiction, briefer and usually less detailed than a novel. **3.** ***Story line*** The plot of a book, film, etc. **4.** An event that could be the subject of a narrative. **5.** A report or statement on a matter or event. **6.** The event or material for such a report. **7.** A lie, fib, or untruth. **8.** ***Cut a long story short*** To leave out details in a narration. **9.** ***The same old story*** The familiar or regular course of events. **10.** ***The story goes*** It is commonly said or believed. *v.* **-ries, -rying, -ried 1.** To decorate with scenes from history or legends. **story (2)** *n.* **1.** A floor or level of a building. **2.** A set of rooms on one level.

stray *v.* **1.** To wander away, as from the correct path or from a given area. **2.** To wander haphazardly. **3.** To digress from the point, lose concentration, etc. **4.** To deviate from certain moral standards. *n.* 1. A domestic animal, fowl, etc., that has wandered away from its place of keeping and is lost. 2. A lost or homeless person, esp. a child. 3. An isolated or random occurrence, specimen, etc., that is out of place or outside the usual pattern. *adj.* 1. Scattered, random, or haphazard: *A stray bullet grazed his thigh.*

stress *n.* 1. Special emphasis or significance attached to something. 2. Mental, emotional, or physical strain or tension. 3. Emphasis placed upon a syllable by pronouncing it more loudly than those that surround it. 4. Such emphasis as part of a regular rhythmic beat in music or poetry. 5. A syllable so emphasized. 6a. A force or a system of forces producing deformation or strain. b. The force acting per unit area. *v.* 1. To give emphasis or prominence to. 2. To pronounce more loudly than those that surround it. 3. To subject to stress or strain.

strike *v.* **strikes, striking, struck** 1. To deliver to. 2. To come or cause to come into sudden or violent contact. 3. To make an attack on. 4. To produce or to be produced by ignition. 5. To cause to light by friction or to be lighted. 6. To press or to sound in this or a similar way. 7. To indicate by the sound of a hammer striking a bell or by any other percussive sound. 8. To cause injury by biting. 9. To affect or cause to affect deeply, suddenly, or radically, as if by dealing a blow: *Her appearance struck him as strange.* 10. To render incapable or nearly so: *She was stricken with grief.* 11. To enter the mind of: *It struck me that he had become very quiet.* 12. To render: *I was struck dumb.* 13. To be perceived by; catch the glint of: *Metal struck his eye.* 14. To arrive at or come upon, esp. suddenly or unexpectedly: *to strike the path for home.* 15. To set or proceed, esp. upon a new course: *to strike for the coast.* 16. To afflict with a disease, esp. unexpectedly: *He was struck with polio when he was six.* 17. To discover or come upon a source of. 18. To produce or send down. 19. To take apart or pack up; break. 20. To take down or dismantle. 21a. To lower or remove. b. To haul down or dip in salute or in surrender. c. To lower into the hold of a ship. 22. To attack with the intention of causing damage to, seizing, or destroying it. 23. To impale the hook in the mouth of by suddenly tightening or jerking the line after the bait or fly has been taken. 24. To form or impress by or as if by stamping. 25. To level by use of a flat board. 26. To assume or take up. 27. To cease work collectively as a protest against working conditions, low pay, etc. 28. To reach by agreement: *to strike a bargain.* 29. To form by cancelling certain names among those nominated for jury service until only the requisite number remains. 30. To make per minute: *Oxford were striking 38.* 31. To make a stroke or kick in swimming. 32. To win. 33. **Strike home** a. To deliver an effective blow. b. To achieve the intended effect. 34. **Strike lucky** To have some good luck. 35. **Strike it rich** a. To discover an extensive deposit of a mineral, petroleum, etc. b. To have an unexpected financial success. *n.* 1. An act or instance of striking. 2. A cessation of work by workers in a factory, industry, etc., as a protest against working conditions or low pay: *The workers are on strike again.* 3. A military attack, esp. an air attack on a surface target: *air strike.* 4. A pitched ball judged good but missed or not swung at, three of which cause a batter to be out. 5. Also called **ten-strike** a. The act or an instance of knocking down all the pins with the first bowl of a single frame. b. The score thus made. Compare *spare.* 6. A sound made by striking. 7. The mechanism that makes a clock strike. 8. The discovery of a source of ore, petroleum, etc. 9. The horizontal direction of a fault, rock stratum, etc., which is perpendicular to the direction of the dip. 10. The act or an instance of striking. 11. The number of coins or medals made at one time. 12. Another name for strickle. 13. An

186

unexpected or complete success, esp. one that brings financial gain. **14.** ***Take strike*** To prepare to play a ball delivered by the bowler.

strong *adj.* **stronger, strongest 1.** Involving or possessing physical or mental strength. **2.** Solid or robust in construction; not easily broken or injured. **3.** Having a resolute will or morally firm and incorruptible character. **4.** Intense in quality; not faint or feeble: *a strong voice.* **5.** Easily defensible; incontestable or formidable. **6.** Concentrated; not weak or diluted. **7.** Containing or having a specified number: *an army 40,000 strong.* **8.** Having an unpleasantly powerful taste or smell. **9.** Having an extreme or drastic effect: *strong discipline.* **10.** Emphatic or immoderate: *strong language.* **11.** Convincing, effective, or cogent. **12.** Having a high degree of saturation or purity; being less saturated than a vivid colour but more so than a moderate colour; produced by a concentrated quantity of coloring agent. **13a.** Denoting or belonging to a class of verbs, in certain languages including the Germanic languages, whose conjugation shows vowel gradation, as *sing, sang, sung.* **b.** Belonging to any part-of-speech class, in any of various languages, whose inflections follow the less regular of two possible patterns. **14.** Moving fast. **15.** Accented or stressed. **16.** Firm in price or characterized by firm or increasing prices. **17.** Producing high concentrations of hydrogen or hydroxide ions in aqueous solution. **18.** Prosperous; well-to-do. **19.** ***Have a strong stomach*** Not to be prone to nausea. *adv.* **1.** In a strong way; effectively: *going strong.* **2.** ***Come on strong*** To make a forceful or exaggerated impression.

site *n.* **1.** The piece of land where something was, is, or is intended to be located: *a building site; archaeological site.* **2.** An Internet location where information relating to a specific subject or group of subjects can be accessed. *v.* **1.** To locate, place, or install in a specific place.

student *n.* **1.** A person following a course of study, as in a school, college, university, etc. **2.** A person who makes a thorough study of a subject.

study (1) *v.* **studies, studying, studied 1.** To apply the mind to the learning or understanding of, esp. by reading: *to study languages; to study all night.* **2.** To investigate or examine, as by observation, research, etc.: *to study the effects of heat on metal.* **3.** To look at minutely; scrutinize. **4.** To give much careful or critical thought to. **5.** To take a course in, as at a college. **6.** To try to memorize: *to study a part for a play.* **7.** To meditate or contemplate; reflect. *n. pl.* **studies**: **1.** The act or process of studying. **2.** A room used for studying, reading, writing, etc. **3.** Work relating to a particular discipline: *environmental studies.* **4.** An investigation and analysis of a subject, situation, etc.: *a study of transport provision in rural districts.* **5.** A product of studying, such as a written paper or book. **6.** A drawing, sculpture, etc., executed for practice or in preparation for another work. **7.** A musical composition intended to develop one aspect of performing technique: *a study in spiccato bowing.* **8.** A person who memorizes a part in the manner specified: *a quick study.* **9.** ***In a brown study*** In a reverie or daydream. [C13: from Old French *estudie*, from Latin *studium* zeal, inclination, from *studēre* to be diligent]

submit *v.* **-mits, -mitting, -mitted 1.** To yield, as to the will of another person, a superior force, etc. **2.** To subject or be voluntarily subjected. **3.** To refer for judgment or consideration: *to submit a claim.* **4.** To state, contend, or propose deferentially. **5.** To defer or accede. [C14: from Latin *submittere* to place under, from *sub-* + *mittere* to send]

summit *n.* **1.** The highest point or part, esp. of a mountain or line of communication;

top. **2.** The highest possible degree or state; peak or climax: *the summit of ambition.* **3.** The highest level, importance, or rank: *a meeting at the summit.* **4.** A meeting of chiefs of governments or other high officials.

success *n.* **1.** The favorable outcome of something attempted. **2.** The attainment of wealth, fame, etc. **3.** An action, performance, etc., that is characterized by success. **4.** A person or thing that is successful. **5.** Any outcome.

successful *adj.* **1.** Having succeeded in one's endeavours. **2.** Marked by a favourable outcome. **3.** Having obtained fame, wealth, etc.

sucker *n.* **1.** A person or thing that sucks. **2.** A person who is easily deceived or swindled. **3.** A person who cannot resist the attractions of a particular type of person or thing. **4.** A young animal that is not yet weaned, esp. a suckling pig. **5.** An organ that is specialized for sucking or adhering. **6.** A cup-shaped device, generally made of rubber, that may be attached to articles allowing them to adhere to a surface by suction. **7a.** A strong shoot that arises in a mature plant from a root, rhizome, or the base of the main stem. **b.** A short branch of a parasitic plant that absorbs nutrients from the host. **8.** A pipe or tube through which a fluid is drawn by suction. **9.** Any small mainly North American cyprinoid fish of the family Catostomidae, having toothless jaws and a large sucking mouth. **10.** Any of certain fishes that have sucking discs, esp. the clingfish or sea snail. **11.** A piston in a suction pump or the valve in such a piston. *v.* **1.** To strip off the suckers from. **2.** (Botany) To produce suckers.

Suez *n.* **1.** A port in NE Egypt, at the head of the Gulf of Suez at the South end of the Suez Canal: an ancient trading site and a major naval station under the Ottoman Empire; port of departure for pilgrims to Mecca; oil-refining centre. It suffered severely in the Arab-Israeli conflicts of 1967 and 1973. Pop.: 388,000. **2.** *Isthmus of Suez* A strip of land in NE Egypt, between the Mediterranean and the Red Sea: links Africa and Asia and is crossed by the Suez Canal. **3.** *Gulf of Suez* The NW arm of the Red Sea: linked with the Mediterranean by the Suez Canal.

Suez Canal *n.* **1.** A man-made ship canal in northeastern Egypt linking the Red Sea with the Mediterranean Sea. It is ninety-nine miles long, with a depth of thirty-three feet, and width of one hundred twenty-two feet. The cost to build it was one hundred fifty million dollars.

sum *n.*: **1 a.** The result of the addition of numbers, quantities, objects, etc. **b.** The cardinality of the union of disjoint sets whose cardinalities are the given numbers. **2.** One or more columns or rows of numbers to be added, subtracted, multiplied, or divided. **3.** The limit of a series of sums of the first n terms of a converging infinite series as n tends to infinity. **4.** A quantity, esp. of money: *He borrows enormous sums.* **5.** The essence or gist of a matter. **6.** A less common word for *summary.* **7.** The summit or maximum. **8.** Complete or final. *v.* **sums, summing, summed 1.** To add or form a total of. **2.** To calculate the sum of.

sun *n.* **1.** The star that is the source of heat and light for the planets in the solar system. It is a gaseous body having a highly compressed core, in which energy is generated by thermonuclear reactions, surrounded by a less dense convective zone serving to transport the energy to the surface. The atmospheric layers are normally invisible except during a total eclipse. The Earth is 93,000,000 miles from the Sun and the diameter of the Sun is 853,000 miles. **2.** Any star around which a planetary system revolves. **3.** The sun as it appears at a particular time or place: *the winter sun.* **4.** The radiant energy, esp. heat and light, received from the sun; sunshine. **5.** A person or thing considered as a source of radiant warmth, glory, etc. **6.** A pictorial representation of the sun, often depicted with a human face. **7.** A year or a day. **8.** A climate. **9.** Sunrise or sunset. **10.** *Catch the sun* To become slightly sunburnt. **11.** *Place in the sun* A prominent or favourable position. **12.** *Take or shoot the sun* To measure the altitude of the sun in order to determine latitude. **13.** *Touch of the sun* Slight sunstroke. **14.** *Under or beneath the sun* On earth; at all: *Nobody under the sun eats more than you do.* *v.* **suns, sunning, sunned 1.** To expose to the sunshine. **2.** To expose to the sunshine in order to warm, tan, etc.

support *v.* **1.** To carry the weight of. **2.** To bear or withstand. **3.** To provide the necessities of life for. **4.** To tend to establish by providing new facts; substantiate. **5.** To speak in favor of. **6.** To give aid or courage to. **7.** To give approval to; subscribe to: *to support a political candidate.* **8.** To endure with forbearance: *I will no longer support bad behavior.* **9.** To give strength to; maintain: *to support a business.* **10.** To perform earlier than (the main attraction). **11a.** To play a subordinate role to. **b.** To accompany in a film program. **12.** To act or perform. *n.* **1.** The act of supporting or the condition of being supported. **2.** A thing that bears the weight or part of the weight of a construction. **3.** A person who or thing that furnishes aid. **4.** The means of maintenance of a family, person, etc. **5.** A band or entertainer not topping the bill. **6.** An actor or group of actors playing subordinate roles. **7.** An appliance worn to ease the strain on an injured bodily structure or part. **8.** The solid material on which a painting is executed, such as canvas.

suppose *v.* **1.** To presume to be true without certain knowledge: *I suppose he meant to kill her.* **2.** To consider as a possible suggestion for the sake of discussion, elucidation, etc.; postulate: *Suppose that he wins the election.* **3.** To imply the inference or assumption: *Your policy supposes full employment.*

supreme *adj.* **1.** Of highest status or power: *a supreme tribunal.* **2.** Of highest quality, importance, etc.: *supreme endeavour.* **3.** Greatest in degree; extreme: *supreme folly.* **4.** Final or last, esp. being last in one's life or progress; ultimate: *the supreme judgment.*

surface *n.* **1.** The exterior face of an object or one such face. **2.** The area or size of such a face. **3.** Material resembling such a face, with length and width but without depth. **4a.** The superficial appearance as opposed to the real nature. **b.** A surface resemblance. **5a.** The complete boundary of a solid figure. **b.** A continuous two-dimensional configuration. **6a.** The uppermost level of the land or sea. **b.** Surface transportation. **7.** Come to the surface to emerge; become apparent. **8.** *On the surface* To all appearances. *v.* **1.** To rise or cause to rise to or as if to the surface. **2.** To treat the surface of, as by polishing, smoothing, etc. **3.** To furnish with a surface. **4a.** To work at or near the ground surface. **b.** To wash surface ore deposits. **5.** To become apparent; emerge. **6a.** To wake up. **b.** To get up.

surround *v.* **1.** To encircle or enclose or cause to be encircled or enclosed. **2.** To deploy forces on all sides of, so preventing access or retreat. **3.** To exist around: *I dislike the people who surround her.* *n.* **1.** A border, esp. the area of uncovered floor between the walls of a room and the carpet or around an opening or panel. **2a.** A method of capturing wild beasts by encircling the area in which they are believed to be. **b.** The area so encircled.

swear *v.* **swears, swearing, swore, sworn 1.** To declare or affirm as true, esp. by invoking a deity, etc., as witness. **2a.** To invoke by name as a witness or guarantee to an oath. **b.** To trust implicitly; have complete confidence. **3.** To curse, blaspheme, or use swearwords. **4.** To promise solemnly on oath; vow. **5.** To assert or affirm with great emphasis or earnestness. **6.** To give evidence or make any statement or solemn declaration on oath. **7.** To take an oath in order to add force or solemnity to. **8.** ***Swear blind*** To assert emphatically. ***n.*** **1.** A period of swearing.

swift *adj.* **1.** Moving or able to move quickly; fast. **2.** Occurring or performed quickly or suddenly; instant: *a swift response.* **3.** Prompt to act or respond: *swift to take revenge.* ***adv.*** **1a.** Swiftly or quickly. **b.** Swift-moving. ***n.*** **1.** Any bird of the families Apodidae and Hemiprocnidae, such as Apus apus of the Old World: order Apodiformes. **6.** A variety of domestic fancy pigeon originating in Egypt and Syria and having an appearance somewhat similar to a swift. **7.** Short for *swift moth.* **8.** Any of certain North American lizards of the genera Sceloporus and Uta that can run very rapidly: family Iguanidae. **9.** The main cylinder in a carding machine. **10.** An expanding circular frame used to hold skeins of silk, wool, etc.

swim *v.* **swims, swimming, swam, swum 1.** To move along in water, etc., by means of movements of the body or parts of the body, esp. the arms and legs, or tail and fins. **2.** To cover in this way. **3.** To compete in in this way. **4.** To be supported by and on a liquid; float. **5.** To use in swimming. **6.** To move smoothly, usually through air or over a surface. **7.** To reel or seem to reel: *My head swam the room.* **8.** To be covered or flooded with water or other liquid. **9.** To be liberally supplied: *He's swimming in money.* **10.** To cause to float or swim. **11.** To provide with water deep enough to float in. **12.** ***Swim with the stream or tide*** To conform to prevailing opinion. ***n.*** **1.** The act, an instance, or period of swimming. **2.** Any graceful gliding motion. **3.** A condition of dizziness; swoon. **4.** A pool in a river good for fishing. **5.** ***In the swim*** Fashionable or active in social or political activities.

sword *n.* **1.** A thrusting, striking, or cutting weapon with a long blade having one or two cutting edges, a hilt, and usually a crosspiece or guard. **2.** Such a weapon worn on ceremonial occasions as a symbol of authority. **3.** Something resembling a sword, such as the snout of a swordfish. **4.** ***Cross swords*** To argue or fight. **5.** ***The sword*** **a.** Violence or power, esp. military power. **b.** Death; destruction: *to put to the sword.*

syllable *n.* **1.** Sonorous element and may or may not contain less sonorous elements flanking it on either or both sides: for example *paper* has two syllables. **2.** A symbol or set of symbols standing for a syllable. **3.** The least mention in speech or print: *Don't breathe a syllable of it.* **4.** ***In words of one syllable*** Simply; bluntly. *v.* **1.** To pronounce syllables of; articulate. **2.** To write down in.

T

n. **1.** The 20th letter and 16th consonant of the modern English alphabet. **2.** A speech sound represented by this letter, usually a voiceless alveolar stop, as in *tame.* **3a.** Something shaped like a T. **b.** A T-junction. **4.** ***To a T*** In every detail; perfectly: *The work suited her to a T.*

take *v.* **takes, taking, took, taken 1.** To gain possession of by force or effort. **2.** To appropriate or steal: *to take other people's belongings.* **3.** To receive or accept into a relationship with oneself: *to take a wife.* **4.** To pay for or buy. **5.** To rent or lease: *to take a flat in town.* **6.** To receive or obtain by regular payment: *We take a newspaper every day.* **7.** To obtain by competing for; win: *to take first prize.* **8.** To obtain or derive from a source: *He took his good manners from his older brother.* **9.** To assume the obligations of: *to take office.* **10.** To endure, esp. with fortitude: *to take punishment.* **11.** To adopt as a symbol of duty, obligation, etc.: *to take the veil.* **12.** To receive or react to in a specified way:

She took the news very well. **13.** To adopt as one's own: *to take someone's part in a quarrel.* **14.** To receive and make use of: *to take advice.* **15.** To receive into the body, as by eating, inhaling, etc.: *to take a breath.* **16.** To eat, drink, etc., esp. habitually: *to take sugar in one's tea.* **17.** To have or be engaged in for one's benefit or use: *to take a rest.* **18.** To work at or study: *to take economics at college.* **19.** To make, do, or perform: *to take a leap.* **20.** To make use of: *to take an opportunity.* **21.** To put into effect; adopt: *to take measures.* **22.** To make a photograph of or admit of being photographed. **23.** To act or perform: *She takes the part of the Queen.* **24.** To write down or copy: *to take notes.* **25.** To experience or feel: *to take pride in one's appearance; to take offense.* **26.** To consider, believe, or regard: *I take him to be honest.* **27.** To consider or accept as valid: *I take your point.* **28.** To hold or maintain in the mind: *His father took a dim view of his career.* **29.** To deal or contend with: *The tennis champion took her opponent's best strokes without difficulty.* **30.** To use as a particular case: *Take hotels for example.* **31.** To diminish or detract: *The actor's bad performance took from the effect of the play.* **32.** To confront successfully: *The horse took the jump at the third attempt.* **33.** To have or produce the intended effect; succeed: *The glue is taking well.* **34.** To start growing successfully. **35.** To aim or direct: *He took a swipe at his opponent.* **36.** To deal a blow to in a specified place. **37.** To carry off or remove from a place. **38.** To carry along or have in one's possession: *Don't forget to take your umbrella.* **39.** To convey or transport: *The train will take us out of the city.* **40.** To use as a means of transport. **41.** To conduct or lead: *This road takes you to the station.* **42.** To escort or accompany. **43.** To bring or deliver to a state, position, etc.: *His ability took him to the forefront in his field.* **44.** To go to look for; seek: *to take cover.* **45.** To ascertain or determine by measuring, computing, etc.: *to take a pulse; take a reading from a dial.* **46.** To catch or engage. **47.** To put an end to; destroy. **48.** To come upon unexpectedly; discover. **49.** To contract: *He took a chill.* **50.** To affect or attack: *The fever took him one night.* **51.** To become suddenly or be rendered: *He took sick.* **52.** To absorb or become absorbed by something: *to take a polish.* **53.** To charm or captivate: *She was very taken with the puppy.* **54.** To be or become popular; win favour. **55.** To require or need: *This job will take a lot of attention.* **56.** To subtract or deduct: *To take six from ten leaves four.* **57.** To hold or contain: *The suitcase won't take all your clothes.* **58.** To quote or copy: *He has taken several paragraphs from the book for his essay.* **59.** To proceed to occupy: *to take a seat.* **60.** To use or employ: *to take steps to ascertain the answer.* **61.** To win or capture. **62.** To catch as prey or catch prey. **63.** To cheat, deceive, or victimize. **64.** Take amiss: *To be annoyed or offended by.* **65.** Take at one's word. **66.** Take care: *to pay attention; be heedful.* **67. Take care of** To assume responsibility for; look after. **68. Take chances or a chance** To behave in a risky manner. **69. Take five** To take a break of five minutes. **70. Take heart** To become encouraged. **71. Take it a.** To assume; believe: *I take it you'll be back later.* **b.** To stand up to or endure criticism, abuse, harsh treatment, etc. **72. Take one's time** To use as much time as is needed; not rush. **73. Take place** To happen or occur. **74. Take name in vain a.** To use a name, esp. of God, disrespectfully or irreverently. **b.** To say name. **75. Take upon oneself** To assume the right to do or responsibility for. *n.* **1.** The act of taking. **2.** The number of quarry killed or captured on one occasion. **3.** The amount of anything taken, esp. money. **4a.** One of a series of recordings from which the best will be selected for release. **b.** The process of taking one such recording. **c.** A scene or part of a scene photographed without interruption. **5a.**

Any objective indication of a successful vaccination, such as a local skin reaction. **b.** A successful skin graft. **6.** A part of an article, story, etc., given to a compositor or keyboard operator for setting in type. **7.** A try or attempt. **8.** A version or interpretation.

taken *v. past part.* of **take**. *adj.* **1.** Enthusiastically impressed; infatuated.

taking *adj.* **1.** Charming, fascinating, or intriguing. **2.** Infectious; catching. *n.* **1.** Something taken. **2.** Receipts; earnings.

talk *v.* **1.** To express one's thoughts, feelings, or desires by means of words; speak. **2.** To communicate or exchange thoughts by other means. **3.** To exchange ideas, pleasantries, or opinions: *to talk about the weather.* **4.** To articulate words; verbalize: *His baby can talk.* **5.** To give voice to; utter: *to talk rubbish.* **6.** To hold a conversation about; discuss: *to talk business.* **7.** To reveal information: *The prisoner talked after torture.* **8.** To know how to communicate in: *He talks English.* **9.** To spread rumors or gossip: *We don't want the neighbours to talk.* **10.** To make sounds suggestive of talking. **11.** To be effective or persuasive: *money talks.* **12. Now you're talking** At last you're saying something agreeable. **13. Talk big** To boast or brag. **14. Talk shop** To speak about one's work, esp. when meeting socially, sometimes with the effect of excluding those not similarly employed. **15. You can talk** You don't have to worry about doing a particular thing yourself. **16. You can't talk** You yourself are guilty of offending in the very matter you are upholding or decrying. *n.* **1.** A speech or lecture: *a talk on ancient Arabia.* **2.** An exchange of ideas or thoughts: *a business talk with a colleague.* **3.** Idle chatter, gossip, or rumor: *There has been a lot of talk about you two.* **4.** A subject of conversation; theme: *Our talk was of war.* **5.** A conference, discussion, or negotiation: *talks about a settlement.* **6.** A specific manner of speaking: *children's talk.*

tamper *v.* **1.** To interfere or meddle. **2.** To use corrupt practices such as bribery or blackmail. **3.** To attempt to influence or corrupt, esp. by bribery: *to tamper with the jury.*

tamperer *n.* **1.** A person or thing that tamps, esp. an instrument for packing down tobacco in a pipe. **2.** A casing around the core of a nuclear weapon to increase its efficiency by reflecting neutrons and delaying the expansion.

taught *v. past tense* and *past part.* of **teach**

teach *v.* **teaches, teaching, taught 1.** To help to learn; tell or show: *to teach someone to paint.* **2.** To give instruction or lessons in: *to teach children; to teach Arabic.* **3.** To cause to learn or understand: *Experience taught him that he could not be a journalist.* **4.** To cause to suffer the unpleasant consequences of some action or behavior.

teacher *n.* **1.** A person whose occupation is teaching others, esp. children. **2.** A personified concept that teaches: *Nature is a good teacher.*

teaching *n.* **1.** The art or profession of a teacher. **2.** Something taught; precept. **3.** Denoting a person or institution that teaches: *a teaching hospital.* **4.** Used in teaching: *teaching aids.*

tell *v.* **tells, telling, told 1.** To let know or notify: *He told me that he would go.* **2.** To order or instruct: *I told her to send the letter airmail.* **3.** To give an account or narration: *She told me her troubles.* **4.** To communicate by words; utter: *to tell the truth.* **5.** To make known; disclose: *to tell fortunes.* **6.** To serve as an indication: *Her blush told of her embarrassment.* **7.** To comprehend, discover, or discern: *I can tell what is wrong.* **8.** To distinguish or discriminate: *He couldn't tell chalk from cheese.* **9.** To have or produce an impact, effect, or strain: *Every step told on his* *bruised feet.* **10.** To reveal secrets or gossip: *She told on him.* **11.** To assure: *I tell you, I've had enough!* **12.** To count. **13.** To talk or chatter. **14.** To tell the truth no matter how unpleasant it is. **15.** *Tell the time* To read the time from a clock. **16.** *You're telling me* I know that very well.

telling *adj.* **1.** Having a marked effect or impact: *a telling blow.* **2.** Revealing: *a telling smile.*

temple *n.* **1.** A building or place dedicated to the worship of a deity or deities. **2.** A Mormon church. **3.** Another name for a synagogue. **4.** Any Christian church, esp. a large or imposing one. **5.** Any place or object regarded as a shrine where God makes himself present, esp. the body of a person who has been sanctified or saved by grace. **6.** A building regarded as the focus of an activity, interest, or practice: *a temple of the arts.*

ten *n.* **1.** The cardinal number that is the sum of nine and one. It is the base of the decimal number system and the base of the common logarithm. **2.** A numeral, 10, X, etc., representing this number. **3.** Something representing, represented by, or consisting of ten units, such as a playing card with ten symbols on it. **4.** Ten hours after noon or midnight. Also called *ten o'clock.* *deter.* **1.** Amounting to ten.

tense *adj.* **1.** Stretched or stressed tightly; taut or rigid. **2.** Under mental or emotional strain. **3.** Producing mental or emotional strain: *a tense day.* **4.** Pronounced with considerable muscular effort and having relatively precise accuracy of articulation and considerable duration: *in English the vowel in beam is tense.* Compare *lax.* *v.* **1.** To make or become tense. *n.* **1.** a category of the verb or verbal inflections, such as present, past, and future, that expresses the temporal relations between what is reported in a sentence and the time of its utterance.

tenth *adj.* **1.** Coming after the ninth in numbering or counting order, position, time, etc.; being the ordinal number of ten: often written 10th. *n.* **1.** One of 10 approximately equal parts of something. **2.** One of 10 equal divisions of a particular measurement, etc. **3.** The fraction equal to one divided by ten (1/10). **4a.** An interval of one octave plus a third. **b.** One of two notes constituting such an interval in relation to the other. *adv.* **1.** After the ninth person, position, event, etc. Also: *tenthly.* **sentence connector 1.** As the 10th point: linking what follows with the previous statements, as in a speech or argument. Also: *tenthly.*

term *n.* **1a.** Name, expression, or word used for some particular thing, esp. in a specialized field of knowledge: *a medical term.* **2.** Any word or expression. **3a.** Limited period of time: *His second term of office.* **4.** Any of the divisions of the academic year during which a school, college, etc., is in session. **5.** A point in time determined for an event or for the end of a period. **6.** The period at which childbirth is imminent. Also called: *full term.* **7a.** An estate or interest in land limited to run for a specified period: *a term of years.* **b.** The duration of an estate, etc. **c.** A period of time during which sessions of courts of law were held. **d.** Time allowed to a debtor to settle. **8** Either of the expressions the ratio of which is a fraction or proportion, any of the separate elements of a sequence, or any of the individual addends of a polynomial or series. **9a.** The word or phrase that forms either the subject or predicate of a proposition. **b.** A name or variable, as opposed to a predicate. **c.** One of the relata of a relation. **d.** Any of the three subjects or predicates occurring in a syllogism. **10.** A sculptured post, esp. one in the form of an armless bust or an animal on the top of a square pillar. **11.** The usual word for quarter. **12.** A boundary or limit. *v.* **1.** To designate; call: *He was termed a thief.*

terrific *adj.* **1.** Very great or intense: *a terrific noise.* **2.** Very good; excellent: *a terrific singer.* **3.** Very frightening.

territory *n.* **1.** Any tract of land; district. **2.** The geographical domain under the jurisdiction of a political unit, esp. of a sovereign state. **3.** The district for which an agent, etc., is responsible a salesman's territory. **4.** An area inhabited and defended by an individual animal or a breeding pair of animals. **5.** An area of knowledge: *Science isn't my territory.* **6.** The area defended by a team. **7.** A region of a country, esp. of a federal state, that enjoys less autonomy and a lower status than most constituent parts of the state. **8.** A protectorate or other dependency of a country.

test (1) *v.* **1.** To ascertain of by subjection to certain examinations; try. **2.** To carry out an examination on by applying some chemical or physical procedure designed to indicate the presence of a substance or the possession of a property: *to test food for arsenic; to test for magnetization.* **3.** To achieve a specified result in a test. **4.** To put under severe strain: *The long delay tested my patience.* **5. Test the water** To make an exploratory or initial approach; sound out. *n.* **1.** A method, practice, or examination designed to test a person or thing. **2.** A series of questions or problems designed to test a specific skill or knowledge: *an intelligence test.* **3.** A standard of judgment; criterion. **4a.** A chemical reaction or physical procedure for testing a substance, material, etc. **b.** A chemical reagent used in such a procedure: *Litmus is a test for acids.* **c.** The result of the procedure or the evidence gained from it: *The test for alcohol was positive.* **5.** A declaration or confirmation of truth, loyalty, etc.; oath. **6.** Performed as a test: *test drive; test flight.*

than *conj.* **coordinating preposition 1.** Used to introduce the second element of a comparison, the first element of which expresses difference: *shorter than you; couldn't do otherwise than love him; He swims faster than I run.* **2.** Used after adverbs such as *rather* or *sooner* to introduce a rejected alternative in an expression of preference: *Rather than be imprisoned, I shall die.* **3. Other than** Besides; in addition to.

thank *v.* **1.** To convey feelings of gratitude to. **2.** To hold responsible: *He has his creditors to thank for his bankruptcy.* **3.** Used in exclamations of relief: *Thank goodness; thank God.* **4.** *I'll thank you to* Used ironically to intensify a command, request, etc.: *I'll thank you to mind your own business.* *v.* **1.** Express gratitude, show gratitude, show one's appreciation.

that *pron.* and *deter.* **1.** Used preceding a noun that has been mentioned at some time or is understood: *that idea of yours.* **2.** Used preceding a noun that denotes something more remote or removed: *That building over there is for sale.* Compare *this.* **3.** Used to refer to something that is familiar: *that old chap from across the street.* **4.** *And that, and all that* Everything connected with the subject mentioned: *He knows a lot about building and that.* **5. At that** Additionally, all things considered, or nevertheless: *He's a pleasant fellow at that.* **6.** *Like that* **a.** With ease; effortlessly: *He gave me the answer just like that.* **b.** Of such a nature, character, etc.: *He paid for all our tickets. He's like that.* **7. That is a.** To be precise. **b.** In other words. **c.** For example. **8.** *That's more like it* That is better, an improvement, etc. **9.** *That's that* There is no more to be done, discussed, etc. **10. With that** Thereupon; having said or done that. *conj.* **1.** Used to introduce a noun clause: *I believe that you'll come.* **2.** Used to introduce a clause of purpose: *They fought that others might have peace.* Also: *so that, in order that.* **3.** Used to introduce a clause of result: *He laughed so hard that he cried.* **4.** Used to introduce a clause after an understood sentence expressing desire, indignation, or amazement: *Oh, that I had never lived!* **adv. 1.** Used with adjectives or adverbs to reinforce the specification of a precise degree already mentioned: *He wasn't all that upset.* Also: *all that.* **n. 1.** Used to introduce a restrictive relative clause: *the book that we want.* **2.** Used to introduce a clause with the verb to be to emphasize the extent to which the preceding noun is applicable: *genius that she is, she outwitted the computer.*

the (1) *def. art.* and *deter.* **1.** Used preceding a noun that has been previously specified: *The pain should disappear soon.* **2.** Used with a qualifying word or phrase to indicate a particular person, object, etc., as distinct from others: *Ask the man standing outside.* **3.** Used preceding certain nouns associated with one's culture, society, or community: *to go to the doctor.* **4.** Used preceding present participles and adjectives when they function as nouns: *the singing is awful.* **5.** Used preceding titles and certain uniquely specific or proper nouns, such as place names. **6.** Used preceding a qualifying noun in certain names or titles: *William the Conqueror; Edward the First.* **7.** Used preceding a noun to make it refer to its class generically: *The white seal is hunted for its fur.* **8.** Used instead of *my, your, her*, etc., with parts of the body: *Take me by the hand.* **9.** The best, only, or most remarkable: *Harry's is the place in this town.* **10.** Used with proper nouns when qualified: *written by the young Hardy.* **11.** Another word for per, esp. with nouns or noun phrases of cost: *fifty pence the pound.* **12.** My; our: *the wife goes out on Thursdays.* **13.** Used preceding a unit of time in phrases or titles indicating an outstanding person, event, etc.: *match of the day; housewife of the year.* **the (2)** *adv.* **1.** Used before comparative adjectives or adverbs for emphasis: *She looks the happier for her trip.* **2.** Used correlatively before each of two comparative adjectives or adverbs to indicate equality: *The sooner you come, the better.*

their *pron.* **1.** Of, belonging to, or associated in some way with them: *their finest hour; their own clothes.* **2.** Belonging to or associated in some way with people in general not including the speaker or people addressed in many countries: *They wash their clothes in the river.* **3.** Belonging to or associated in some way with an indefinite antecedent such as one, whoever, or anybody: *Everyone should bring their own lunch.*

them *pron.* **1.** Refers to things or people other than the speaker or people addressed. **2.** A dialect word for themselves when used as an indirect object: *They got them a new vice president.* *deter.* **1.** A nonstandard word for those: *three of them oranges.*

themselves *pron.* **1.** The reflexive form of they or them: *The team themselves voted on it.* **2.** Their normal or usual selves: *They don't seem themselves any more.* **3.** A reflexive form of an indefinite antecedent such as one, whoever, or anybody: *Everyone has to look after themselves.*

then *adv.* **1.** At that time; over that period of time. **2.** In that case; that being so: *Then why don't you ask her?* **3.** Then and there A variant of there and then. *sentence connector* **1.** After that; with that: *Then John left the room and didn't return.* *adj.* **1.** Existing, functioning, etc., at that time: *the then prime minister.*

theology *n.* **1.** The systematic study of the existence and nature of the divine and its relationship to and influence upon other beings. **2.** A specific branch of this study, undertaken from the perspective of a particular group: *feminist theology.* **3.** The systematic study of Divine revelation concerning God's nature and purpose, esp. through the teaching of religion. **4.** A specific system, form, or branch of this study, esp. for those preparing for the ministry or priesthood.

there *adv.* **1.** In, at, or to that place, point, case, or respect: *We never go there I'm afraid.* *pron.* **1.** Used as a grammatical subject with some verbs, esp. be, when the true subject is an indefinite or mass. noun phrase following the verb as complement: *There is a girl in that office.* **adj. 1.** Who or which is in that place or position: *That boy there did it.* **2. All there** Having his wits about him; of normal intelligence. **3.** So there an exclamation that usually follows a declaration of refusal or defiance: *You can't have any more, so there!* **4. There and then** On the spot; immediately; instantly. **5. There it is** That is the state of affairs **6. There you are a.** An expression used when handing a person something requested or desired. **b.** An exclamation of triumph: *There you are, I knew that would happen!* ***n.*** **1. That place** Near there; from there. ***interject.*** **1.** An expression of sympathy, as in consoling a child.

USAGE: In correct usage, the verb should agree with the number of the subject in such constructions as there is a man waiting and there are several people waiting. However, where the subject is compound, it is common in speech to use the singular as in: *There's a police car and an ambulance outside.*

therefore *adv. sentence connector* **1.** Thus; hence: used to mark an inference on the speaker's part: *Those people have their umbrellas up: therefore, it must be raining.* ***adv.*** **1.** Accordingly, consequently, ergo, for that reason, hence, so, then, thence, thus, whence.

therein *prep.* and *adv.* In or into that place, thing, etc.

these *pron.* Used to identify a specific person or thing close at hand or being indicated or experienced.

they *pron.* **1.** Refers to people or things other than the speaker or people addressed: *They fight among themselves.* **2.** Refers to unspecified people or people in general not including the speaker or people addressed: *In Australia they have Christmas in the summer.* **3.** Refers to an indefinite antecedent such as one, whoever, or anybody: *If anyone objects, they can go.*

USAGE: It was formerly considered correct to use *he*, *him*, *or* his after pronouns such as *everyone*, *no-one*, *anyone*, or *someone* as in "everyone did his best," but it is now more common to use *they*, *them*, or *their*, and this use has become acceptable in all but the most formal contexts: *Everyone did their best.*

think *v.* **thinks, thinking, thought 1.** To consider, judge, or believe: *He thinks my ideas impractical.* **2.** To exercise the mind as in order to make a decision; ponder. **3.** To be capable of conscious thought: *Man is the only animal that thinks.* **4.** To remember; recollect: *I can't think what his name is.* **5.** To make the mental choice: *think of a number.* **6a.** To expect; suppose: *I didn't think to see you here.* **b.** To be considerate or aware enough: *He did not think to thank them.* **7.** Consider; regard: *She thinks of herself as a poet.* **8.** To focus the attention on being: *think thin; think big.* **9.** To bring into or out of a specified condition by thinking: *to think away one's fears.* **10.** *I don't think* A phrase added to an ironical statement: *You're the paragon of virtue, I don't think.* **11. Think again** To reconsider one's decision, opinion, etc. **12. Think better of a.** To change one's mind about. **b.** To have a more favorable opinion of. **13. Think much of** To have a high opinion of. **14. Think nothing of a.** To regard as routine, easy, or natural. **b.** To have no compunction or hesitation about. **c.** To have a very low opinion of. **15. Think twice** To consider carefully before deciding. ***n.*** **1.** A careful, open-minded assessment: *Let's have a fresh think about this problem.* **2.** Characterized by or involving thinkers, thinking, or thought: *a think session.* **3.** *You've got another think coming* You are mistaken and will soon have to alter your opinion.

thin *adj.* **thinner, thinnest 1.** Of relatively small extent from one side or surface to the other; fine or narrow. **2.** Slim or lean. **3.** Sparsely placed; meager: *thin hair.* **4.** Of relatively low density or viscosity: *a thin liquid.* **5.** Weak; poor; insufficient: *a thin disguise.* **6.** Having low density, usually insufficient to produce a satisfactory positive **7.** A climb or pitch on which the holds are few and small. **8.** Thin on the ground few in number; scarce. *adv.* **1.** In order to produce something thin: *to cut bread thin.* *v.* **thins, thinning, thinned 1.** To make or become thin or sparse. --**thinly** *adv.*

third *adj.* **1.** Coming after the second and preceding the fourth in numbering or counting order, position, time, etc.; being the ordinal number of three: often written 3rd. **2.** Rated, graded, or ranked below the second level. **3.** Denoting the third from lowest forward ratio of a gearbox in a motor vehicle. *n.* **1.** One of three equal or nearly equal parts of an object, quantity, etc.: *a third part.* **2.** The fraction equal to one divided by three. **3.** The forward ratio above second of a gearbox in a motor vehicle. In some vehicles it is the top gear. **4a.** The interval between one note and another three notes away from it counting inclusively along the diatonic scale. **b.** One of two notes constituting such an interval in relation to the other. Also *interval, major, minor.* **5.** Goods of a standard lower than that of seconds. *adv.* In the third place. Also: *thirdly.* **sentence connector 1.** As the third point: linking what follows with the previous statements as in a speech or argument. Also: *thirdly.*

thirteen *n.* **1.** The cardinal number that is the sum of ten and three and is a prime number. **2.** A numeral, 13, XIII, etc., representing this number. **3.** The amount or quantity that is three more than ten; baker's dozen. **4.** Something represented by, representing, or consisting of 13 units. *deter.* **1.** Amounting to thirteen.

thirty *n.* **1.** The cardinal number that is the product of ten and three. **2.** A numeral, 30, XXX, etc., representing this number. **3.** The amount or quantity that is three times as big as ten. **4.** Something representing, represented by, or consisting of 30 units. *deter.* **1.** Amounting to thirty.

this *n.* **1a.** Referring to something or someone that is closer: distinct from *that: This dress is cheaper than that.* **2.** Used preceding a noun that has just been mentioned or is understood: *This plan of yours will work.* **3.** Used to refer to something about to be said, read, etc.: *Consider this argument.* **4.** The present or immediate: *This time you'll know better.* **5.** An emphatic form of *a (1)* or *the (1)*: used esp. on relating a story: *I saw this big brown bear.* **6. This and that** Various unspecified and trivial actions, matters, objects, etc. **7. This here** An emphatic form of this. **8. With this** After this; thereupon. *adv.* **1.** Used with adjectives and adverbs to specify a precise degree that is about to be mentioned: *Go just this fast and you'll be safe.*

thorough *adj.* **1.** Carried out completely and carefully: *a thorough search.* **2.** Utter: *a thorough bore.* **3.** Painstakingly careful: *My work is thorough.* --**thoroughly** *adv.* --**thoroughness** *n.*

those *pron.* **1.** The form of that used before a plural noun.

thought *v. past tense* and *past part.* of think *n.* **1.** The act or process of thinking; deliberation, meditation, or reflection. **2.** A concept, opinion, or idea. **3.** Philosophical or intellectual ideas typical of a particular time or place: *German thought in the 19th century.* **4.** Application of mental attention; consideration: *He gave the matter some thought.* **5.** Purpose or intention: *I have no thought of giving up.* **6.** Expectation: *no thought of reward.* **7.** A small amount; trifle: *You could be a thought more enthusiastic.* **8.** Kindness or regard: *He has no thought for his widowed mother.*

thousand *n.* **1.** The cardinal number that is the product of 10 and 100. **2.** A numeral,

1000, 103, M, etc., representing this number. **3.** A very large but unspecified number, amount, or quantity they are thousands of miles away. **4.** The numbers 2000-9999: *The price of the picture was in the thousands.* **5.** The amount or quantity that is one hundred times greater than ten. **6.** Something represented by, representing, or consisting of 1000 units. **7.** The position containing a digit representing that number followed by three zeros: In *4,760, 4* is in the thousand's place. ***deter.*** **1.** Amounting to a thousand. **2.** Amounting to 1000 times a particular scientific unit. Related prefix: **kilo-**.

three *n.* **1.** The cardinal number that is the sum of two and one and is a prime number. **2.** A numeral, 3, III, representing this number. **3.** The amount or quantity that is one greater than two. **4.** Something representing, represented by, or consisting of three units such as a playing card with three symbols on it. **5.** Three hours after noon or midnight. Also called: *three o'clock.* ***deter.*** **1.** Amounting to three.

through *prep.* **1.** Going in or starting at one side and coming out or stopping at the other side of: *a path through the wood.* **2.** Occupying or visiting several points scattered around in. **3.** As a result of; by means of: *the thieves were captured through his vigilance.* **4.** Up to and including: *Monday through Friday.* **5.** During: *through the night.* **6.** At the end of; having completed. **7. *Through with*** Having finished with; having successfully completed some specified activity. **8.** Connected. **9.** No longer able to function successfully in some specified capacity: *As a journalist, you're through.* **10.** Continuous or unbroken: *a through train.* ***adv.*** **1.** Through some specified thing, place, or period of time. **2.** Thoroughly; completely.

thunder *n.* **1.** A loud cracking or deep rumbling noise caused by the rapid expansion of atmospheric gases which are suddenly heated by lightning. **2.** Any loud booming sound. **3.** A violent threat or denunciation. **4. *Steal someone's thunder*** To detract from the attention due to another by forestalling him. *v.* **1.** To make or utter in a manner suggesting thunder. **2.** To be the case that thunder is being heard. **3.** To move fast and heavily: *The bus thundered downhill.* **4.** To utter vehement threats or denunciation; rail.

thus *adv.* **1.** In this manner: *Do it thus.* **2.** To such a degree: *thus far and no further.* ***sentence connector*** **1.** Therefore: *We have failed. Thus we have to take the consequences.*

time *n.* **1.** The continuous passage of existence in which events pass from a state of potentiality in the future, through the present, to a state of finality in the past. **2.** A quantity measuring duration, usually with reference to a periodic process such as the rotation of the earth or the vibration of electromagnetic radiation emitted from certain atoms. In classical mechanics, time is absolute in the sense that the time of an event is independent of the observer. According to the theory of relativity it depends on the observer's frame of reference. Time is considered as a fourth coordinate required, along with three spatial coordinates, to specify an event. See: *space-time continuum.* **3.** A specific point on this continuum expressed in terms of hours and minutes: *The time is four o'clock.* **4.** A system of reckoning for expressing time. **5.** A definite and measurable portion of this continuum. **6.** An accepted period such as a day, season, etc. **7.** An unspecified interval; a while: *I was there for a time.* **8.** A period or point marked by specific attributes or events: *the Victorian times; time for breakfast.* **9.** A sufficient interval or period: *Have you got time to help me?* **10.** An instance or occasion: *I called you three times.* **11.** An occasion or period of specified quality: *Have a good time.* **12.** The duration of human existence. **13.** The heyday of human life: *In her time she was a great star.* **14.** A suitable period or moment: *It's time I told you.* **15.** The expected interval in which something is done: *The flying time from New York to London was seven hours.* **16.** A particularly important moment, esp. childbirth or death: *Her time had come.* **17.** Indicating a degree or amount calculated by multiplication with the number specified: *Ten times three is thirty.* **18.** The fashions, thought, etc., of the present age. **19.** Short for *closing time.* **20.** A term in jail. **21a.** A customary or full period of work. **b.** The rate of pay for this period. **22.** Also *metre* **a.** The system of combining beats or pulses in music into successive groupings by which the rhythm of the music is established. **b.** A specific system having a specific number of beats in each grouping or bar. **23.** Short for *time value.* **24.** A unit of duration used in the measurement of poetic metre. **25.** *Against time* In an effort to complete something in a limited period. **26.** *Ahead of time* Before the deadline. **27.** *All in good time* In due course. **28.** *All the time* Continuously. **29.** *At one time* **a.** Once; formerly. **b.** Simultaneously. **30.** *At the same time* **a.** Simultaneously. **b.** Nevertheless; however. **31.** *At times* Sometimes. **32.** *Beat time* To indicate the tempo or pulse of a piece of music by waving a baton or a hand, tapping out the beats, etc. **33.** *Before one's time* Prematurely. **34.** *For the time being* For the moment; temporarily. **35.** *From time to time* At intervals; occasionally. **36.** *Have no time for* To have no patience with; not tolerate. **37.** *In good time* **a.** Early. **b.** Quickly. **38.** *In no time* Very quickly; almost instantaneously. **39.** *In one's own time* **a.** Outside paid working hours. **b.** At one's own rate. **40.** *In time* **a.** Early or at the appointed time. **b.** Eventually. **c.** At a correct metrical or rhythmic pulse. **41.** *Keep time* To observe correctly the accent or rhythmic pulse of a piece of music in relation to tempo. **42.** *Lose time* To operate too slowly. **43.** *Lose no time* To do something without delay. **44.** *Make time* **a.** To find an opportunity. **b.** To succeed in seducing. **45.** *In the nick of time* At the last possible moment; at the critical moment. **46.** *On time* **a.** At the expected or scheduled time. **b.** Payable in installments. **47.** *Pass the time of day* To exchange casual greetings. **48.** Alternately; turn and turn about. **49.** *Time and again* Frequently. **50.** *Time off* A period when one is absent from work for a holiday, through sickness, etc. **51.** *Time out of mind* From time immemorial. **52.** *Time of one's life* A memorably enjoyable time. **53.** Operating automatically at or for a set time, for security or convenience time. *v.* **1.** To ascertain or calculate the duration or speed of. **2.** To set a time for. **3.** To adjust to keep accurate time. **4.** To pick a suitable time for. **5.** To control the execution or speed of so that it has its full effect at the right moment. *interject.* **1.** The word called out by a publican signalling that it is closing.

title *n.* The distinctive name of a work of art, musical or literary composition, etc. **2.** A descriptive name, caption, or heading of a section of a book, speech, etc. **3.** A name or epithet signifying rank, office, or function. **4.** A formal designation, such as *Mr.*, *Mrs.*, or *Miss*. **5.** An appellation designating nobility. **6a.** Short for subtitle. **b.** Written material giving credits in a film or television programme. **7.** A championship. **8a.** The legal right to possession of property, esp. real property. **b.** The basis of such right. **c.** The documentary evidence of such right: *title deeds.* **9a.** The heading or a division of a statute, book of law, etc. **b.** The heading of a suit or action at law. **10a.** Any customary or established right. **b.** A claim based on such a right. **11.** A definite spiritual charge or office in the church, without appointment to which a candidate for holy orders cannot lawfully be ordained. **12.** A titular church. *v.* **1.** To give a title to.

to *prep.* **1.** Used to indicate the destination of the subject or object of an action: *He climbed to the top.* **2.** Used to mark the indirect object of a verb in a sentence: *Telling stories to children.* **3.** Used to mark the infinitive of a verb: *He wanted to go.* **4.** As far as; until: *working from Monday to Friday.* **5.** Used to indicate equality. **6.** Against; upon; onto: *Put your ear to the wall.* **7.** Before: *the hour of five minutes to four.* **8.** Accompanied by: *dancing to loud music.* **9.** As compared with, as against: *The score was eight to three.* **10.** Used to indicate a resulting condition: *He wore his clothes to shreds.* **11.** Towards a fixed position, esp. closed.

today *n.* **1.** This day, as distinct from yesterday or tomorrow. **2.** The present age: *children of today.* *adv.* **1.** During or on this day. **2.** Nowadays.

together *adv.* **1.** With cooperation and interchange between constituent elements, members, etc.: *We worked together.* **2.** In or into contact or union with each other: *to stick papers together.* **3.** In or into one place or assembly; with each other: *The people are gathered together.* **4.** At the same time: *We left school together.* **5.** Considered collectively or jointly: *All our wages put together couldn't buy that car.* **6.** Continuously: *working for eight hours together.* **7.** Closely, cohesively, or compactly united or held: *Water will hold the dough together.* **8.** Mutually or reciprocally: *to multiply seven and eight together.* **9.** Organized: *to get things together.* **10. Together with** In addition to. *adj.* **1.** Self-possessed and well-organized; mentally and emotionally stable: *She's a very together lady.*

told *v. past tense* and *past part.* of **tell**.

tomorrow *n.* **1.** The day after today. **2.** The future. *adv.* **1.** On the day after today. **2.** At some time in the future.

tongue *n.* **1.** A movable mass of muscular tissue attached to the floor of the mouth in most vertebrates. It is the organ of taste and aids the mastication and swallowing of food. In man it plays an important part in the articulation of speech sounds. **2.** An analogous organ in invertebrates. **3.** The tongue of certain animals used as food. **4.** A language, dialect, or idiom: *the English tongue.* **5.** The ability to speak: *to lose one's tongue.* **6.** A manner of speaking: *a glib tongue.* **7.** Utterance or voice. **8.** Anything which resembles a tongue in shape or function: *a tongue of flame a tongue of the sea.* **9.** A promontory or spit of land. **10.** A flap of leather on a shoe, either for decoration or under the laces or buckles to protect the instep. **11.** The reed of an oboe or similar instrument. **12.** The clapper of a bell. **13.** The harnessing pole of a horse-drawn vehicle. **14.** A long and narrow projection on a machine part that serves as a guide for assembly or as a securing device. **15.** A projecting strip along an edge of a board that is made to fit a corresponding groove in the edge of another board. **16. Hold one's tongue** To keep quiet. **17. On the tip of one's tongue** About to come to mind: *Her name was on the tip of his tongue.* **18. With tongue in cheek** With insincere or ironical intent: also *tongue in cheek.* *v.* **tongues, tonguing, tongued 1.** To articulate by the process of tonguing. **2.** To lick, feel, or touch with the tongue. **3.** To provide with a tongue. **4.** To project into a body of water. **5.** To reproach; scold.

ton *n.* **1.** A unit of weight equal to 2,240 pounds or 1,016.046909 kilograms also called long ton. **2.** A unit of weight equal to 2,000 pounds or 907.184 kilograms. Also called: *short ton, net ton.* **3.** A unit of weight equal to *1000* kilograms. Also called: *metric ton, tonne.* **4.** A unit of volume or weight used for charging or measuring freight in shipping. It depends on the type of material being shipped but is often taken as 40 cubic feet, 1 cubic metre, or 1000 kilograms freight is charged at 40 per ton of 1 cubic metre. Also called: *freight ton.* **5.** A unit of volume used in shipping freight, equal to 40 cubic feet, irrespective of the commodity shipped. Also called *measurement ton, shipping ton.* **6.** A unit used for measuring the displacement of a ship, equal to 35 cubic feet of sea water or 2240 pounds. Also called: *displacement ton.* **7.** A unit of internal capacity of ships equal to 100 cubic feet. Also called: *register ton.* **ton (2)** *n.* **1.** Style, fashion, or distinction.

too *adv.* As well; in addition; also: *Can I come too?* **2.** In or to an excessive degree; more than a fitting or desirable amount: *I have too many things to do.* **3.** Extremely: *You're too kind indeed.* **4.** Used to reinforce a command: *You will too do it!* **5.** Too right! certainly; indeed.

took *v. past tense* of **take**

tool *n.* **1a.** An implement, such as a hammer, saw, or spade, that is used by hand. **b.** A power-driven instrument; machine tool. **c.** A toolkit. **2.** The cutting part of such an instrument. **3a.** Any of the instruments used by a bookbinder to impress a design on a book cover. **b.** A design so impressed. **4.** Anything used as a means of performing an operation or achieving an end: *He used his boss's absence as a tool for gaining influence.* **5.** A person used to perform dishonorable or unpleasant tasks for another. **6.** A necessary medium for or adjunct to one's profession: *Numbers are the tools of the mathematician's trade.* *v.* **1.** To work, cut, shape, or form with a tool or tools. **2.** To decorate with a bookbinder's tool. **3.** To furnish with tools. **4.** To drive or to be driven, esp. in a leisurely or casual style.

toothache *n.* A pain in or about a tooth.

top *n.* The highest or uppermost part of anything: *the top of a hill.* **2.** The most important or successful position: *to be at the top of the class the top of the table.* **3.** The part of a plant that is above ground: *carrot tops.* **4.** A thing that forms or covers the uppermost part of anything, esp. a lid or cap: *Put the top on the saucepan.* **5.** The highest degree or point: *at the top of his career.* **6.** The most important person: *He's the top of this organization.* **7.** The best or finest part of anything: *We've got the top of this year's graduates.* **8.** The loudest or highest pitch. **9.** Short for top gear. **10.** The highest card of a suit in a player's hand. **11a.** A stroke that hits the ball above its centre. **b.** Short for *topspin.* **12.** A platform around the head of a lower mast of a sailing vessel, the edges of which serve to extend the topmast shrouds. **13.** The part of a volatile liquid mixture that distils first. **14.** A garment, esp. for a woman, that extends from the shoulders to the waist or hips. **15.** The high-frequency content of an audio signal. **16.** *Blow one's top* To lose one's temper. **17.** *On top of* **a.** In addition to: *On top of his accident, he caught pneumonia.* **b.** In complete control of. **18.** *Off the top of one's head* With no previous preparation; extempore. **19.** *Over the top* **a.** Over the parapet or leading edge of a trench. **b.** Over the limit; excessive; lacking restraint or a sense of proportion. **20.** *The top of the morning* A morning greeting regarded as characteristic of Irishmen. *adj.* **1.** Of, relating to, serving as, or situated on the top: *the top book in a pile.* *v.* **tops, topping, topped 1.** To form a top on: *to top a cake with whipped cream.* **2.** To remove the top of or from: *to top carrots.* **3.** To reach or pass the top of: *We topped the mountain.* **4.** To be at the top of: *He tops the team.* **5.** To exceed or surpass. **6.** To kill, esp. by hanging. **7a.** To hit above the centre. **b.** To make by hitting the ball in this way. **8.** To distill off from a liquid mixture. **9.** To add other colorants to in order to modify the shade produced. **10.** *Top and tail* **a.** To trim off the ends of before cooking them. **b.** To wash a baby's face and bottom without immersion in a bath. *n.* **1.** A toy that is spun on its pointed base by a flick of the fingers, by pushing a handle at the top up and down, etc. **2.** Anything that spins or whirls around. **3.** *Sleep like a top* To sleep very soundly.

total *n.* **1.** The whole, esp. regarded as the complete sum of a number of parts. *adj.* **1.** Complete; absolute: *a total eclipse.* **2.** Being or related to a total: *the total number of passengers.* *v.* **-tals, -talling, -talled** or U.S. **-tals, -taling, -taled 1.** To amount to: *total six pounds.* **2.** To add up to: *total a list of prices.* **3.** To kill or destroy. --**totally** *adv.*

tour *n.* **1.** An extended journey, usually taken for pleasure, visiting places of interest along the route. **2.** A period of service, esp. in one place of duty. **3.** A short trip, as for inspection. **4.** A trip made by a theatre company, orchestra, etc., to perform in several different places: *a concert tour.* **5.** An overseas trip made by a cricket or rugby team, etc., to play in several places. *v.* **1.** To make a tour of.

trader *n.* A person who engages in trade; dealer; merchant. **2.** A vessel regularly employed in foreign or coastal trade. **3.** A member who operates mainly on his own account rather than for customers' accounts. *n.* **1.** The act or an instance of buying and selling goods and services either on the domestic markets or on the international markets. **2.** A personal occupation, esp. a craft requiring skill. **3.** The people and practices of an industry, craft, or business. **4.** Exchange of one thing for something else. **5.** The regular clientele of a firm or industry. **6.** Amount of custom or commercial dealings; business. **7.** A specified market or business: *the tailoring trade.* **8.** An occupation in commerce, as opposed to a profession. **9.** Commercial customers, as opposed to the general public. **10.** A custom or habit. *v.* **1.** To buy and sell. **2.** To exchange for another. **3.** To engage in trade. **4.** To deal or do business: *We trade with them regularly.* *adj.* **1.** Intended for or available only to people in industry or business: *trade prices.*

train *v.* **1.** To guide or teach, as by subjecting to various exercises or experiences: *to train a man; to fight.* **2.** To control or guide towards a specific goal: *to train a plant up a wall.* **3.** To do exercises and prepare for a specific purpose: *The athlete trained for the Olympics.* **4.** To improve or curb by subjecting to discipline to train the mind. **5.** To focus or bring to bear: *to train a telescope on the moon.* *n.* **1.** A line of coaches or wagons coupled together and drawn by a railway locomotive. **2.** A sequence or series, as of events, thoughts, etc.: *a train of disasters.* **3.** A procession of people, vehicles, etc., travelling together, such as one carrying supplies of ammunition or equipment in support of a military operation. **4.** A series of interacting parts through which motion is transmitted: *a train of gears.* **5.** A fuse or line of gunpowder to an explosive charge, etc. **6.** Something drawn along, such as the long back section of a dress that trails along the floor behind the wearer. **7.** A retinue or suite. **8.** Proper order or course.

training *n.* **1.** The process of bringing a person, etc., to an agreed standard of proficiency, etc., by practice and instruction: *training for the priesthood.* **2.** *In training* **a.** Undergoing physical training. **b.** Physically fit. **3.** *Out of training* Physically unfit.

transportation *n.* **1.** A means or system of transporting. **2.** The act of transporting or the state of being transported. **3.** Deportation to a penal colony. **4.** A ticket or fare.

travel *v.* **-els, -elling, -elled** or U.S. **-els, -eling, -eled 1.** To go, move, or journey from one place to another: *He travels to improve his mind.* **2.** To go, move, or journey through or across: *He travelled the country.* **3.** To go, move, or cover a specified or unspecified distance. **4.** To go from place to place as a salesman: *to travel in textiles.* **5.** To withstand a journey. **6.** To be transmitted or move: *The sound travelled for miles.* **7.** To progress or advance. **8.** To take an excessive number of steps while holding the ball. **9.** To move in a fixed predetermined path. **10.** To move rapidly:

that car certainly travels. **11.** To be in the company; associate. ***n.*** **1.** The act of traveling. **2.** The distance moved by a mechanical part, such as the stroke of a piston. **3.** Movement or passage.

treat *n.* **1.** A celebration, entertainment, gift, or feast given for or to someone and paid for by another. **2.** Any delightful surprise or specially pleasant occasion. **3.** The act of treating. *v.* **1.** To deal with or regard in a certain manner: *She treats school as a joke.* **2.** To apply treatment to: *treat a patient for malaria.* **3.** To subject to a process or to the application of a substance: *to treat photographic film with developer.* **4.** To provide as a treat: *He treated the children to a trip to the zoo.* **5.** To deal, as in writing or speaking. **6.** To discuss settlement; negotiate.

tree *n.* **1.** Any large woody perennial plant with a distinct trunk giving rise to branches or leaves at some distance from the ground. **2.** Any plant that resembles this but has a trunk not made of wood, such as a palm tree. **3.** A wooden post, bar, etc. **4.** A treelike crystal growth; dendrite. **5.** A branching diagrammatic representation of something, such as the grammatical structure of a sentence. **6.** An archaic word for gallows. **7.** The cross on which Christ was crucified. **8.** *At the top of the tree* In the highest position of a profession, etc. **9.** *Up a tree* In a difficult situation; trapped or stumped. *v.* **trees, treeing, treed 1.** To drive or force up a tree. **2.** To shape or stretch a shoe on a shoetree.

tricknollegy (also tricknology) *n.* **1.** The science of devilishment - telling lies, stealing, and how to master the original man. Tricknollegy has been described as the art and science of tricking, deceiving, or manipulating to achieve a desired result.

tried *v. past tense* and *past participle* of **try**

trillion *n.* **1.** The number represented as one followed by twelve zeros; a million million. **2.** An exceptionally large but unspecified number. ***deter.*** **1a.** Amounting to a trillion.

trip *n.* **1.** An outward and return journey, often for a specific purpose. **2.** Any tour, journey, or voyage. **3.** A false step; stumble. **4.** Any slip or blunder. **5.** A light step or tread. **6.** A manoeuvre or device to cause someone to trip. **7.** Also called: *tripper.* Any catch on a mechanism that acts as a switch. **8.** A hallucinogenic drug experience. **9.** Any stimulating, profound, etc., experience. *v.* **trips, tripping, tripped 1.** To stumble or cause to stumble. **2.** To make or cause to make a mistake or blunder. **3.** To trap or catch in a mistake. **4.** To go on a short tour or journey. **5.** To move or tread lightly. **6.** To experience the effects of LSD or any other hallucinogenic drug. **7a.** To activate: *trip a switch.* **b.** To switch electric power off by moving the switch armature to disconnect the supply.

trouble *n.* **1.** A state or condition of mental distress or anxiety. **2.** A state or condition of disorder or unrest. **3.** A condition of disease, pain, or malfunctioning: *She has liver trouble.* **4.** A cause of distress, disturbance, or pain; problem: *What is the trouble?* **5.** Effort or exertion taken to do something: He took a lot of trouble over this design. **6.** Liability to suffer punishment or misfortune: *He's in trouble with the police.* **7.** A personal quality that is regarded as a weakness, handicap, or cause of annoyance: *His trouble is that he's too soft.* **8.** Political unrest or public disturbances. **9.** The condition of an unmarried girl who becomes pregnant. *v.* **1.** To cause trouble to; upset, pain, or worry. **2.** To put oneself to inconvenience; be concerned: *Don't trouble about me.* **3.** To take pains; exert oneself: *Please don't trouble to write everything down.* **4.** To cause inconvenience or discomfort to: *Does this noise trouble you?* **5.** To agitate or make rough: *The seas were troubled.* **6.** To interfere with: *He wouldn't like anyone to trouble his new bicycle.*

true *adj.* **truer, truest 1.** Not false, fictional, or illusory; factual or factually accurate; conforming with reality. **2.** Being of real or natural origin; genuine; not synthetic. **3.** Unswervingly faithful and loyal to friends, a cause, etc.: *a true follower.* **4.** Faithful to a particular concept of truth, esp. of religious truth: *a true believer.* **5.** Conforming to a required standard, law, or pattern: *a true aim.* **6.** Exactly in tune: *a true note.* **7.** According to the earth's geographical rather than magnetic poles: *true north.* **8.** Conforming to the typical structure of a designated type: *Sphagnum moss is a true moss, Spanish moss is not.* **9.** Not apparent or relative; taking into account all complicating factors: *The true expansion of a liquid takes into account the expansion of the container.* Compare: *apparent.* **10.** Unbelievable; remarkable: *She's got so much money it's not true.* **11. True to life** Exactly, comparable with reality. **12.** Correct alignment. *adv.* **1.** Truthfully; rightly. **2.** Precisely or unswervingly: *He shot true.* **3.** Without variation from the ancestral type: *to breed true.* *v.* **trues, truing, trued 1.** To adjust so as to make true.

try *v.* **tries, trying, tried 1.** To make an effort or attempt: He tried to climb a cliff. **2.** To sample, test, or give experimental use to in order to determine its quality, worth, etc.: *try her cheese flan.* **3.** To put strain or stress on: *He tries my patience.* **4.** To give pain, affliction, or vexation to: *I have been sorely tried by those children.* **5a.** To examine and determine the issues involved in in a court of law. **b.** To hear evidence in order to determine the guilt or innocence of: *to melt in order to separate out impurities.* **6.** To extract from an ore, mixture, etc., usually by heat; refine. *n.* **1.** An experiment or trial. **2.** An attempt or effort. **3.** The act of an attacking player touching the ball down behind the opposing team's goal line, scoring five or, in Rugby League, four points. **4.** An attempt made after a touchdown to score an extra point by kicking a goal or, for two extra points, by running the ball or completing a pass across the opponents' goal line.

trying *adj.* **1.** Upsetting, difficult, or annoying: *a trying day at the office.* *v.* **try tries, trying, tried**

turn *v.* **1.** To move or cause to move around an axis: *a wheel turning; to turn a knob.* **2.** To change or cause to change positions by moving through an arc of a circle: *He turned the chair to face the light.* **3.** To change or cause to change in course, direction, etc.: *He turned left at the main road.* **4.** To alter the direction of advance by changing direction simultaneously or to cause the direction of advance to be altered simultaneously. **5.** To go or pass to the other side of. **6.** To assume or cause to assume a rounded, curved, or folded form: *The road turns here.* **7.** To reverse or cause to reverse position. **8.** To pass round so as to attack it from the flank or rear: *The Germans turned the Maginot line.* **9.** To perform or do by a rotating movement: *to turn a somersault.* **10.** To shape or cut a thread by rotating it on a lathe against a fixed cutting tool. **11.** To change or convert or be changed or converted: *The alchemists tried to turn base metals into gold.* **12.** To change or cause to change in nature, character, etc.: *The frog turned into a prince.* **13.** To change so as to become: *He turned nasty when he heard the price.* **14.** To cause to change color or to change colour: *Frost turned the trees a vivid orange.* **15.** To cause to become rancid or sour or to become rancid or sour. **16.** To change or cause to change in subject, trend, etc.: *The conversation turned to fishing.* **17.** To direct or apply or be directed or applied: *He turned his attention to the problem.* **18.** To appeal or apply for help, advice, etc.: *She was very frightened and didn't know where to turn.* **19.** To reach, pass, or progress beyond in age, time, etc.: *She has just turned twenty.* **20.** To cause or allow to go: *to turn an animal loose.* **21.** To affect or be affected with nausea: *The sight of the dead body turned his stomach.* **22.** To affect or be affected with giddiness: *My head is turning.* **23.** To affect the mental or emotional stability of. **24.** To release from a container: *She turned the fruit into a basin.* **25.** To render into another language. **26.** To transfer or reverse or cause to transfer or reverse. **27.** To cause to become a double agent working for one's own side: *The bureau turned some of the spies it had caught.* **28.** To bring from lower layers to the surface. **29.** To blunt or to become blunted. **30.** To give a graceful form to: *to turn a compliment.* **31.** To reverse in order to hide the outer worn side. **32.** To be merchandised as specified: *Shirts are turning well this week.* **33.** To spin. **34.** *Turn one's hand to* To undertake. **35.** *Turn tail to* Run away; flee. **36.** *Turn the tide* To reverse the general course of events. *n.* **1.** An act or instance of turning or the state of being turned or the material turned: *a turn of a rope around a bollard.* **2.** A movement of complete or partial rotation. **3.** A change or reversal of direction or position. **4.** Direction or drift: *His thoughts took a new turn.* **5.** A deviation or departure from a course or tendency. **6.** The place, point, or time at which a deviation or change occurs. **7.** Another word for *turning.* **8.** The right or opportunity to do something in an agreed order or succession: *We'll take turns to play.* **9.** A change in nature, condition, etc.: *His illness took a turn for the worse.* **10.** A period of action, work, etc. **11.** A short walk, ride, or excursion: *to take a turn in the park.* **11.** Natural inclination: *He is of a speculative turn of mind.* **12.** Distinctive form or style: *a neat turn of phrase.* **13.** Requirement, need, or advantage: *to serve someone's turn.* **14.** A deed performed that helps or hinders someone: *to do an old lady a good turn.* **15.** A twist, bend, or distortion in shape. **16.** A melodic ornament that makes a turn around a note, beginning with the note above, in a variety of sequences. **17.** A short theatrical act, esp. in music hall, cabaret, etc. **18a.** The difference between a market maker's bid and offer prices, representing the market maker's profit. **b.** A transaction including both a purchase and a sale. **19.** A military manoeuvre in which men or ships alter their direction of advance together. **20.** A party. **21.** A shock or surprise: *The bad news gave her quite a turn.* **22.** *At every turn* On all sides or occasions. **23.** *By turns* One after another; alternately. **24.** *On the turn* **a.** At the point of change. **b.** About to go rancid. **25.** *Out of turn* **a.** Not in the correct or agreed order of succession. **b.** Improperly, inappropriately, or inopportunely. **26.** *Turn and turn* About one after another; alternately. **27.** *To a turn* To the proper amount; perfectly: *cooked to a turn.*

twelve *n.* **1.** The cardinal number that is the sum of ten and two. **2.** A numeral, 12, XII, etc., representing this number. **3.** Something represented by, representing, or consisting of 12 units. **4.** Noon or midnight. Also called: *twelve o'clock.* **deter.** **1.** Amounting to twelve. Also: *dozen.*

twenty *n.* The cardinal number that is the product of ten and two; a score. **2.** A numeral, 20, XX, etc., representing this number. **3.** Something representing, represented by, or consisting of 20 units. **deter.** **1.** Amounting to twenty.

two *n.* **1.** The cardinal number that is the sum of one and one. It is a prime number. **2.** A numeral, 2, II, etc., representing this number. **3.** The numeral 2 used as the lower figure in a time signature, indicating that the beat is measured in minims. **4.** Something representing, represented by, or consisting of two units, such as a playing card with two symbols on it. **5.** Two hours after noon or midnight. Also called: *two o'clock.* **6.** In two in or into two parts: *Break the bread in two.* **7.** Put two and two together to make an inference from available evidence, esp. an obvious inference. **8.** *That makes two of us* The same applies to me. *deter.* **1.** Amounting to two.

type *n.* **1.** A kind, class, or category, the constituents of which share similar characteristics. **2.** A subdivision of a particular class of things or people; sort: *What type of shampoo do you use?* **3.** The general form, plan, or design distinguishing a particular group. **4.** A person who typifies a particular quality: *He's the administrative type.* **5.** A person, esp. of a specified kind: *He's a strange type.* **6a.** A small block of metal or more rarely wood bearing a letter or character in relief for use in printing. **b.** Such pieces collectively. **7.** Characters printed from type; print. **8.** The taxonomic group the characteristics of which are used for defining the next highest group, for example, Rattus norvegicus is the type species of the rat genus Rattus. **9.** The characteristic device on a coin. **10.** A symbol regarded as standing for the class of all symbols identical to it. **11.** A class of expressions or of the entities they represent that can all enter into the same syntactic relations. **12.** A universal. If a sentence always has the same meaning whenever it is used, the meaning is said to be a property of the *sentence-type.* Compare *token.* **13.** A figure, episode, or symbolic factor resembling some future reality in such a way as to foreshadow or prefigure it. **14.** A distinctive sign or mark. *v.* **1.** To write on a typewriter. **2.** To be a symbol of; typify. **3.** To decide the type of; clarify into a type. **4.** To determine the blood group of. **5.** To foreshadow or serve as a symbol of.

U

n. **1.** The 21st letter and fifth vowel of the modern English alphabet. **2.** Any of several speech sounds represented by this letter, in English as in *mute, cut, hurt, sure, pull,* or *minus.* **3a.** Something shaped like a U: *U-turn.*

unable *adj.* **1.** Lacking the necessary power, ability, or authority; not able.

uncivilized *adj.* **1.** Not yet civilized, esp. preliterate. **2.** Lacking culture or sophistication.

uncle *n.* **1.** A brother of one's father or mother. **2.** The husband of one's aunt. **3.** A term of address sometimes used by children for a male friend of their parents. **4.** A pawnbroker.

under *prep.* **1.** Directly below; on, to, or beneath the underside or base of under one's feet. **2.** Less than under forty years. **3.** Lower in rank than under a corporal. **4.** Subject to the supervision, jurisdiction, control, or influence of. **5.** Subject to; in. **6.** Within a classification of a book under theology. **7.** Known by under an assumed name. **8.** Planted with a field under corn. **9.** Powered by under sail. **10.** During the period that the sun is in born under Aries. *adv.* **1.** Below; to a position underneath something.

understand *v.* –stands, -standing, -stood **1.** To know and comprehend the nature or meaning of. **2.** To realize or grasp: *He understands your position.* **3.** To assume, infer, or believe: *I understand you are thinking of marrying.* **4.** To know how to translate or read: *Can you understand Spanish?* **5.** To accept as a condition or proviso: It is understood that children must be kept quiet. **6.** To be sympathetic to or compatible with: *We understand each other.* --**understandable** *adj..* --**understandably** *adv.*

understanding *n.* **1.** The ability to learn, judge, make decisions, etc.; intelligence or sense. **2.** Personal opinion or interpretation of a subject: *my understanding of your predicament.* **3.** A mutual agreement or compact, esp. an informal or private one. **4.** An unofficial engagement to be married. **5.** The mind, esp. the faculty of reason. **6.** *On the understanding that* With the condition that; providing. *adj.* **1.** Sympathetic, tolerant, or wise towards people. **2.**

Possessing judgment and intelligence. -- **understandingly** *adv.*

understood *v. past tense* and *past part.* of **understand** *adj.* 1. Implied or inferred. 2. Taken for granted; assumed.

undertaking *n.* 1. Something undertaken; task, venture, or enterprise. 2. An agreement to do something. 3. The business of an undertaker. 4. The practice of overtaking on an inner lane a vehicle which is traveling in an outer lane.

unit *n.* 1. A single undivided entity or whole. 2. Any group or individual, esp. when regarded as a basic element of a larger whole. 3. A mechanical part or integrated assembly of parts that performs a subsidiary function: *a filter unit.* 4. A complete system, apparatus, or establishment that performs a specific function: *a production unit.* 5. A subdivision of a larger military formation. 6. A standard amount of a physical quantity, such as length, mass, energy, etc., specified multiples of which are used to express magnitudes of that physical quantity. *The second is a unit of time.* 7. The amount of a drug, vaccine, etc., needed to produce a particular effect. 8. A standard measure used in calculating alcohol intake and its effect. 9a. The first position in a place-value counting system, representing a single-digit number: in the decimal system the number *27* has 7 units and 2 tens. b. Having a value defined as one for the system: *unit vector.* 10. A set having a single member. Also called: *unit set.* 11. A self-propelled railcar.

united *adj.* 1. Produced by two or more persons or things in combination or from their union or amalgamation: *a united effort.* 2. In agreement. 3. In association or alliance. --**unitedly** *adv.*

unite *v.* 1. To make or become an integrated whole or a unity; combine. 2. To join, unify or be unified in purpose, action, beliefs, etc. 3. To enter or cause to enter into an association or alliance. 4. To adhere or cause to adhere; fuse. 5. To possess or display.

United States See *America.*

universe *n.* 1. *(Astronomy)* The aggregate of all existing matter, energy, and space. 2. Human beings collectively. 3. A province or sphere of thought or activity. 4. *(Statistics)* Another word for *population.*

university *n.* 1. An institution of higher education having authority to award knowledge and higher degrees, usually having research facilities. 2. The buildings, members, staff, or campus of a university.

unjust *adj.* 1. Not in accordance with accepted standards of fairness or justice; unfair. --**unjustly** *adv.*

unless *conj.* 1. Except under the circumstances that: except on the condition that: *They'll sell it unless he hears otherwise.* *prep.* Except.

unlike *adj.* 1. Not alike; dissimilar or unequal; different. 2. *(Archaic)* Unlikely. *prep.* 1. Not like; not typical of: *Unlike his father he lacks intelligence.*

unlimited *adj.* 1. Without limits or bounds: *unlimited knowledge.* 2. Not restricted, limited, or qualified: *unlimited power.* 3a. Not restricted to any unpaid portion of nominal capital invested in a business. b. Having owners with such unlimited liability. --**unlimitedly** *adv.*

unrighteous *adj.* 1. A sinful; wicked. 2. Not fair or right; unjust.

unseen *adj.* 1. Not observed or perceived; invisible. 2. Not previously seen or prepared. *n.* 1. A passage, not previously seen, that is presented to students for translation.

unsound *adj.* 1. Diseased, weak, or unstable: *of unsound mind.* 2. Unreliable or fallacious: *unsound advice.* 3. Lacking solidity, strength, or firmness: *unsound foundations.* 4. Of doubtful financial or commercial viability: *an unsound* enterprise. **5.** Not in an edible or usable condition. **--unsoundly** *adv.*

until *adv.* and *conj.* **1.** Up to that: *He laughed until he cried.* **2.** Before: *Until you change, you can't go out.* **prep. 1.** In or throughout the period before: *He waited until six.* **2.** Earlier than; before: *He won't come until tomorrow.*

up *prep.* **1.** Indicating movement from a lower to a higher position: *climbing up a mountain.* **2.** At a higher or further level or position in or on: *soot up the chimney; a shop up the road.* *adv.* **1.** To an upward, higher, or erect position, esp. indicating readiness for an activity: *Looking up at the stars; up and doing something.* **2.** Indicating intensity or completion of an action: *He tore up the cheque.* **3.** To the place referred to or where the speaker is: *The man came up and asked the way.* **4a.** To a more important place: *up to London.* **b.** To a more northerly place: *up to Scotland.* **c.** To or at university. **d.** In a particular part of the country: *up north.* **5.** Appearing for trial: *up before the magistrate.* **6.** Having gained: *ten pounds up on the deal.* **7.** Higher in price: *Coffee is up again.* **8.** Raised: *The plan was up for consideration.* **9.** Taught: *well up in physics.* **10.** Get, stand, etc., up: *Up with you!* **11. All up with a.** Over; finished. **b.** Doomed to die. **12. Up with** Wanting the beginning or continuation of: *Up with the monarchy!* **13. Something's up** Something strange is happening. **14. Up against a.** Touching. **b.** Having to cope with: *Look what we're up against now.* **15. Up and running** In operation; functioning properly. **16. Up for** As a candidate or applicant for: *He's up for re-election again.* **17. Up for it** Keen or willing to try something out or make a good effort: *It's a big challenge and I'm up for it.* **18. Up to a.** Devising or scheming; occupied with: *She's up to no good.* **b.** Dependent or incumbent upon: *The decision is up to you.* **c.** Equal to or capable of: *Are you up to playing in the final?* **d.** Aware of: *Up to a person's tricks.* **e.** As far as: *up to his waist in mud.* **f.** As many as: *up to two years waiting time.* **g.** Comparable with: *not up to your normal standard.* **19. Up top** In the head or mind. **20. What's up? a.** What is the matter? **b.** What is happening? *adj.* **1.** Of a high or higher position. **2.** Out of bed; awake: *The children aren't up yet.* **3.** Of or relating to a train or trains to a more important place or one regarded as higher: *the up platform.* **4.** Over or completed: *The examiner announced that their time was up.* **5.** Beating one's opponent by a specified amount: *three goals up by half-time.* *v.* **ups, upping, upped 1.** To increase or raise. **2.** To do suddenly, unexpectedly, etc.: *She upped and married someone else.* *n.* **1.** High point; good or pleasant period. **2. On the up and up a.** Trustworthy or honest. **b.** On the upward trend or movement: *Our firm's on the up and up.*

upon *prep.* **1.** Another word for *on.* **2.** Indicating a position reached by going up: *Climb upon my knee.* **3.** Imminent: *for the weekend was upon us again.*

upper *adj.* **1.** Higher or highest in relation to physical position, wealth, rank, status, etc.; lying farther upstream, inland, or farther north: The upper valley of the Loire denoting the late part or division of a period, system, formation, etc. **2.** Greater than or equal to one or more numbers or variables.

Uranus *n.* **1.** The personification of the sky, who, as a god, ruled the universe and fathered the Titans and Cyclopes on his wife and mother Gaea. He was overthrown by his son Crones. **Uranus (2)** *n.* **1.** A giant planet with a ring of particles that is one billion seven hundred eighty-two million miles from the Sun, and it takes her eighty-four years to make one complete circle around the Sun. Her diameter is thirty thousand nine hundred miles.

us *n.* **1.** Refers to the speaker or writer and another person or other people: *to decide* *among us.* **2.** Refers to all people or people in general: *This table shows us the tides.* **3.** An informal word for *me.* **4.** A formal word for *me.* **5.** A dialect word for *ourselves* when used as an indirect object: *We ought to get us a car.*

use *v.* **1.** To put into service or action; employ for a given purpose: *to use a spoon to stir with.* **2.** To make a practice or habit of employing; exercise: *He uses his brain.* **3.** To behave towards: *to use your study materials well.* **4.** To behave towards in a particular way for one's own ends: *He uses people.* **5.** To consume, expend, or exhaust: *The engine uses very little oil.* **6.** To partake of or smoke. *n.* **1.** The act of using or the state of being used: *The carpet wore out through constant use.* **2.** The ability, right, or permission to use. **3.** The occasion to use; need: *I have no use for this paper.* **4.** An instance or manner of using. **5.** Usefulness; advantage: *It is of no use to complain.* **6.** Custom; practice; habit: *Long use has inured him to it.* **7.** The purpose for which something is used; end. **8.** A distinctive form of liturgical or ritual observance, esp. one that is traditional in a Church or group of Churches. **9.** The enjoyment of property, land, etc., by occupation or by deriving revenue or other benefit from it. **10.** The beneficial enjoyment of property the legal title to which is held by another person as trustee. **11.** An archaic word for *trust.* **12.** The occurrence of an expression in such a context that it performs its own linguistic function rather than being itself referred to. **13.** *Have no use for* **a.** To have no need of. **b.** To have a contemptuous dislike for. **14.** *Make use of* **a.** To employ; use. **b.** To exploit.

used *adj.* **1.** Bought or sold second-hand: *used cars.*

useful *adj.* **1.** Able to be used advantageously, beneficially, or for several purposes; helpful or serviceable. **2.** Commendable or capable.

useable *adj.* **1.** Able to be used.

usage *n.* **1.** The act or a manner of using; use; employment. **2.** Constant use, custom, or habit. **3.** Something permitted or established by custom or practice. **4.** What is actually said in a language, esp. as contrasted with what is prescribed.

V

n. **1.** The 22nd letter and 17th consonant of the modern English alphabet. **2.** A speech sound represented by this letter, in English usually a voiced labia-dental fricative, as in vote. **3.** Something shaped like a V. **4.** The Roman numeral for five.

value *n.* **1.** The desirability of a thing, often in respect of some property such as usefulness or exchangeability: worth, merit, or importance. **2.** An amount, esp. a material or monetary one, considered to be a fair exchange in return for a thing; assigned valuation. **3.** Reasonable or equivalent return; satisfaction: *value for money.* **4.** Precise meaning or significance. **5.** The moral principles and beliefs or accepted standards of a person or social group: *a person with old-fashioned values.* **6.** A particular magnitude, number, or amount: *the value of the variable.* **7.** The particular quantity that is the result of applying a function or operation for some given argument; the value of the function for. **7.** Short for *time value.* **8a.** A gradation of tone from light to dark or of color luminosity. **b.** The relation of one of these elements to another or to the whole picture. **9.** The quality or tone of the speech sound associated with a written character representing it. *v.* **-ues, -uing, -ued 1.** To assess or estimate the worth, merit, or desirability of; appraise. **2.** To have a high regard for, esp. in respect of worth, usefulness, merit, etc.; esteem or prize: *to value freedom.* **3.** To fix the financial or material worth of.

Venus *n.* **1.** A planet that is sixty-seven million, two hundred thousand miles from the Sun, and makes one complete circle around the Sun in two hundred twenty-five days, which is considered the Venusian common year. **2.** The alchemical name for copper. **Venus (2)** *n.* The Roman goddess of love. Greek counterpart: *Aphrodite*. **Venusian** *adj.* Of, occurring on, or relating to the planet Venus. *n.* **1.** An inhabitant of Venus.

verse *n.* **1.** A stanza or other short subdivision of a poem. **2.** Poetry as distinct from prose. **3.** A series of metrical feet forming a rhythmic unit of one line. **4.** A specified type of meter or metrical structure: *iambic verse*. **5.** One of the series of short subsections into which most of the writings in the Bible are divided. **6.** A metrical composition; poem.

very *adv.* **1.** Used to add emphasis to adjectives that are able to be graded: *very good; very tall*. *adj.* **1.** Used with nouns preceded by a definite article or possessive determiner, in order to give emphasis to the significance, appropriateness or relevance of. *n.* **1.** In a particular context, or to give exaggerated intensity to certain nouns: *the very man I want to see*. **2.** Used in metaphors to emphasize the applicability of the image to the situation described: *He was a very lion in the fight*. **3a.** Real or true; genuine: *the very living God*. **b.** Lawful: *the very vengeance of the gods*.

victim *n.* **1.** A person or thing that suffers harm, death, etc., from another or from some adverse act, circumstance, etc.: *victims of tyranny*. **2.** A person who is tricked or swindled; dupe. **3.** A living person or animal sacrificed in a religious rite.

W

n. **1.** The 23rd letter and 18th consonant of the modern English alphabet. **2.** A speech sound represented by this letter, in English usually a bilabial semivowel, as in *web*.

wait *v.* **1.** To stay in one place or remain inactive in expectation; hold oneself in readiness. **2.** To delay temporarily or be temporarily delayed: *That work can wait*. **3.** To be in store: *Success waits for you in your new job*. **4.** To act as a waiter or waitress. *n.* **1.** The act or an instance of waiting. **2.** A period of waiting. **3.** An interlude or interval between two acts or scenes in a play, etc. **4. Lie in wait** To prepare an ambush.

walk *v.* **1.** To move along or travel on foot at a moderate rate; advance in such a manner that at least one foot is always on the ground. **2.** To pass through, on, or over on foot, esp. habitually. **3.** To cause, assist, or force to move along at a moderate rate: *to walk a dog*. **4.** To escort or conduct by walking: *to walk someone home*. **5.** To appear or move about in visible form. **6.** To move or cause to move in a manner that resembles walking. **7.** To follow a certain course or way of life: *to walk in misery*. **8.** To bring into a certain condition by walking: *I walked my shoes to shreds*. **9.** To measure, survey, or examine by walking. **10.** To take more than two steps without passing or dribbling the ball. **11.** To disappear or be stolen: *Where's my pencil? It seems to have walked*. **12.** To be acquitted or given a no custodial sentence. **13. Walk it** To win easily. **14. Walk on air** To be delighted or exhilarated. **15. Walk tall** To have self-respect or pride. **16. Walk the streets a.** To be a prostitute. **b.** To wander round a town or city, esp. when looking for work or having nowhere to stay. *n.* **1.** The act or an instance of walking. **2.** The distance or extent walked. **3.** A manner of walking; gait. **4.** A place set aside for walking; promenade. **5.** A chosen profession or sphere of activity. **6.** A foot race in which competitors walk. **7a.** An arrangement of trees or shrubs in widely separated rows. **b.** The space between such rows. **8.** An enclosed ground for the exercise or feeding of domestic animals, esp. horses. **9.** The route covered in the course of work, as by a tradesman or postman. **10.** A procession; march. **11.** The section of a forest controlled by a keeper.

walking *adj.* **1.** Considered to possess the qualities of something inanimate as specified: *He is a walking encyclopedia.*

want *v.* **1.** To feel a need or longing for: *I want a new hat.* **2.** To wish, need, or desire: *He wants to go home.* **3.** To be lacking or deficient: *The child wants for nothing.* **4.** To feel the absence of: *Lying on the ground makes me want my bed.* **5.** To fall short by; to have need of or require: *Your shoes want cleaning.* **6.** To be destitute. **7.** To seek or request the presence of: *You're wanted upstairs.* **8.** To be absent. **9.** Should or ought: *You don't want to go out so late.* **10.** ***Want in*** To wish to be included in a venture. *n.* **1.** The act or an instance of wanting. **2.** Anything that is needed, desired, or lacked: *to supply someone's wants.* **3.** A lack, shortage, or absence: *for want of common sense.* **4.** The state of being in need; destitution: *The state should help those in want.* **5.** A sense of lack; craving.

wanted *adj.* **1.** Being searched for by the police in connection with a crime that has been committed.

war *n.* **1.** Open armed conflict between two or more parties, nations, or states. **2.** A particular armed conflict: *the 1973 war in the Middle East.* **3.** The techniques of armed conflict as a study, science, or profession. **4.** Any conflict or contest: *a war of wits; the war against crime.* **5.** Of, relating to, resulting from, or characteristic of war: *a war hero.* **6.** ***To have had a good war*** To have made the most of the opportunities presented to one during wartime. **7.** ***In the wars*** Hurt or knocked about, esp. as a result of quarrelling and fighting. *v.* **wars, warring, warred 1.** To conduct a war.

warm *adj.* **1.** Characterized by or having a moderate degree of heat; moderately hot. **2.** Maintaining or imparting heat: *a warm coat.* **3.** Having or showing ready affection, kindliness, etc.: *a warm personality.* **4.** Lively, vigorous, or passionate: *a warm debate.* **5.** Cordial or enthusiastic; ardent: *warm support.* **6.** Quickly or easily aroused: *a warm temper.* **7.** Predominantly red or yellow in tone. **8.** Recently made; strong. **9.** Near to finding a hidden object or discovering or guessing facts, as in children's games. **10.** Uncomfortable or disagreeable, esp. because of the proximity of danger. *v.* **1.** To raise or be raised in temperature; make or become warm or warmer. **2.** To make or become excited, enthusiastic, etc.: *He warmed to the idea of buying a new car.* **3.** To feel affection, kindness, etc.: *I warmed to her mother from the start.* **4.** To give a caning to: *I'll warm you in a minute.* *n.* **1.** A warm place or area: *Come into the warm.* **2.** The act or an instance of warming or being warmed. --**warmly** *adj.*

was *v.* **1.** The past tense of be. **2.** A form of the subjunctive mood used in place of were, esp. in conditional sentences: *If the film was to be with you, would you be able to process it?*

USAGE: Used with *I, he, she, it*, and with singular nouns.

water *n.* **1.** A clear colorless tasteless odourless liquid that is essential for plant and animal life and constitutes, in impure form, rain, oceans, rivers, lakes, etc. It is a neutral substance, an effective solvent for many compounds, and is used as a standard for many physical properties. Formula: H_2O. **2.** Any body or area of this liquid, such as a sea, lake, river, etc. **3.** The surface of such a body or area: *fish swam below the water.* **4.** Any form or variety of this liquid, such as rain. **5.** Any of various solutions of chemical substances in water: *lithia water; ammonia water.* **6a.** Any fluid secreted from the body, such as sweat, urine, or tears. **b.** The amniotic fluid surrounding a fetus in the womb. **7.** A wavy lustrous finish on some fabrics, esp. silk. **8.** The degree of brilliance in a diamond. **9.**

Excellence, quality, or degree. **10a.** Capital stock issued without a corresponding increase in paid-up capital, so that the book value of the company's capital is not fully represented by assets or earning power. **b.** The fictitious or unrealistic asset entries that reflect such inflated book value of capital. **11.** Of or relating to the three signs of the zodiac Cancer, Scorpio, and Pisces. **12.** *Above the water* Out of trouble or difficulty, esp. financial trouble. **13.** *Hold water* To prove credible, logical, or consistent: *The alibi did not hold water.* **14.** *In deep water* In trouble or difficulty. **15.** *Make water* **a.** To urinate. **b.** To let in water. **16.** *Pass water* To urinate. **17.** *Test the water* Test. **18.** *Throw cold water on* To be unenthusiastic about or discourage. **19.** *Water under the bridge* Events that are past and done with. *v.* **1.** To sprinkle, moisten, or soak with water. **2.** To weaken by the addition of water. **3.** To fill with tears. **4.** To salivate, esp. in anticipation of food. **5.** To irrigate or provide with water: *to water the land; water the cattle.* **6.** To drink water. **7.** To take in a supply of water. **8.** To raise the par value of without a corresponding increase in the real value of assets. **9.** To produce a wavy lustrous finish on.

way *n.* **1.** A manner, method, or means: *a way of life; a way of knowing.* **2.** A route or direction: *the way home.* **3.** A means or line of passage, such as a path or track. **4.** Space or room for movement or activity. **5.** Distance, usually distance in general: *You've come a long way.* **6.** A passage or journey on the way. **7.** Characteristic style or manner: *I did it in my own way.* **8.** Habits; idiosyncrasies: *He has some offensive ways.* **9.** An aspect of something: *In many ways he was right.* **10.** A street in or leading out of a town. **11.** Something that one wants in a determined manner. **12.** The experience or sphere in which one comes into contact with things. **13.** A state or condition, usually financial or concerning health. **14.** The area or direction of one's home: *Drop in if you're ever over my way.* **15.** Movement of a ship or other vessel. **16.** A right of way in law. **17.** A guide along which something can be moved, such as the surface of a lathe along which the tailstock slides. **18.** The wooden or metal tracks down which a ship slides to be launched. **19.** A course of life including experiences, conduct, etc.: *the way of righteousness.* **20.** Calling or trade. **21.** *By the way* In passing or incidentally. **22.** *By way of* **a.** Via. **b.** Serving as: *by way of introduction.* **c.** In the state or condition of: *by way of being an artist.* **23.** *Give way* **a.** To collapse or break down. **b.** To withdraw or yield. **24.** *Give way to* **a.** To step aside for or stop for. **b.** To give full rein to. **25.** *Go out of one's way* To take considerable trouble or inconvenience oneself. **26.** *Have a way with* To have such a manner or skill as to handle successfully. **27.** *Have it both ways* To enjoy two things that would normally contradict each other or be mutually exclusive. **28.** *In a way* In some respects. **29.** *In no way* Not at all. **30.** *Lead the way* **a.** To go first. **b.** To set an example or precedent. **31.** *Make one's way* **a.** To proceed or advance. **b.** To achieve success in life. **32.** *No way* That is impossible. **33.** *On the way out* **a.** Becoming unfashionable, obsolete, etc. **b.** Dying. **34.** *Out of the way* **a.** Removed or dealt with so as to be no longer a hindrance. **b.** Remote. **c.** Unusual and sometimes improper. **35.** *Pay one's way* Pay. **36.** *One's way* To find it possible and be willing. **37.** *The way* So that: *I left early the way I would avoid the traffic.* **38.** *Under way* Having started moving or making progress. *adv.* **1a.** At a considerable distance or extent: *way over yonder.* **b.** Very far: *They're way up the mountain.* **2.** By far; considerably: *way better.*

we *n.* **1.** Refers to the speaker or writer and another person or other people: *We should go now.* **2.** Refers to all people or people in general: *the planet on which we live.* **3.** A formal word for *I* used by editors or other writers, and formerly by monarchs. **4.** Used instead of *you* with a tone of persuasiveness, condescension, or sarcasm: *How are we today?*

weak *adj.* **1.** Lacking in physical or mental strength or force; frail or feeble. **2.** Liable to yield, break, or give way: *a weak link in a chain.* **3.** Lacking in resolution or firmness of character. **4.** Lacking strength, power, or intensity: *a weak voice.* **5.** Lacking strength in a particular part: *a team weak in defense.* **6.** Not functioning as well as normal: *weak eyes.* **7.** Lacking in conviction, persuasiveness, etc.: *a weak argument.* **8.** Lacking in political or strategic strength: *a weak state.* **9.** Lacking the usual, full, or desirable strength of flavor: *weak tea.* **10a.** Denoting or belonging to a class of verbs, in certain languages including the Germanic languages, whose conjugation relies on inflectional endings rather than internal vowel gradation, as *look, looks, looking, looked.* **b.** Belonging to any part-of-speech class, in any of various languages, whose inflections follow the more regular of two possible patterns. **11.** Not accented or stressed. **12.** Containing a relatively low proportion of fuel. **13.** Having low density or contrast; thin. **14.** Falling in price or characterized by falling prices.

wear *v.* **wears, wearing, wore, worn 1.** To carry or have on one's person as clothing, ornament, etc. **2.** To carry or have on one's person habitually: *She wears a lot of red.* **3.** To have in one's aspect: *to wear a smile.* **4.** To display, show, or fly: *A ship wears its colours.* **5.** To deteriorate or cause to deteriorate by constant use or action. **6.** To produce or be produced by constant rubbing, scraping, etc.: *to wear a hole in one's trousers.* **7.** To bring or be brought to a specified condition by constant use or action: *to wear a tire to shreds.* **8.** To submit to constant use or action in a specified way: *His suit wears well.* **9.** To harass or weaken. **10.** To pass or be passed slowly. **11.** To accept: *Larry won't wear that argument.* **12. Wear ship** To change the tack of a sailing vessel, esp. a square-rigger, by coming about so that the wind passes astern. *n.* **1.** The act of wearing or state of being worn. **2.** Anything designed to be worn leisure wear. **3.** Deterioration from constant or normal use or action. **4.** The quality of resisting the effects of constant use.

week *n.* **1.** A period of seven consecutive days, esp., one beginning with Sunday. **2.** A period of seven consecutive days beginning from or including a specified day: *a week from Wednesday.* **3.** The period of time within a week devoted to work. **4.** A week devoted to the celebration of a cause. *adv.* **1.** Seven days before or after a specified day.

weekly *adj.* **1.** Happening or taking place once a week or every week determined or calculated by the week. *adv.* **1.** Once a week or every week. *n. pl.* **-lies 1.** A newspaper or magazine issued every week.

weigh *v.* **1.** To measure the weight of. **2.** To have weight or be heavy: *She weighs more than her sister.* **3.** To apportion according to weight. **4.** To consider carefully: *to weigh the facts of a case.* **5.** To be influential: *His words weighed little with the jury.* **6.** To be oppressive or burdensome. **7.** To regard or esteem. **8. Weigh anchor** To raise a vessel's anchor or to have its anchor raised preparatory to departure.

weight *n.* **1.** A measure of the heaviness of an object; the amount anything weighs. **2.** The vertical force experienced by a mass as a result of gravitation. It equals the mass of the body multiplied by the acceleration of free fall. Its units are units of force but is often given as a mass unit. Symbol: *W.* **3.** A system of units used to express the weight of a substance. **4.** A unit used to measure weight: *The kilogram is the weight used in the metric system.* **5.** Any mass or heavy object used to exert pressure or weigh down. **6.** An oppressive force: *the weight of cares.* **7.** Any heavy load: *The bag was such a weight.* **8.** The main or greatest force: preponderance: *the weight of evidence.* **9.** Importance, influence, or consequence: *His opinion carries weight.* **10.** One of a set of coefficients assigned to items of a frequency distribution that are analysed in order to represent the relative importance of the different items. **11.** The apparent blackness of a printed typeface. **12. Pull one's weight** To do one's full or proper share of a task. **13. Throw one's weight around** To act in an overauthoritarian or aggressive manner. *v.* **1.** To add weight to. **2.** To burden or oppress. **3.** To add importance, value, etc., to one side rather than another; bias; favour: *a law weighted towards landlords.* **4.** To attach a weight or weights to. **5.** To make heavier by treating with mineral substances, etc.

we'll *contract.* of *we will* or *we shall*

well *adv.* **1.** In a satisfactory manner: *The party went very well.* **2.** In a good, skilful, or pleasing manner: *She plays the violin well.* **3.** In a correct or careful manner: *Listen well to my words.* **4.** In a comfortable or prosperous manner: *to live well.* **5.** Suitably; fittingly: *You can't very well say that.* **6.** Intimately: *I knew him well.* **7.** In a kind or favorable manner: *She speaks well of you.* **8.** To a great or considerable extent; fully: *to be well informed.* **9.** By a considerable margin: *Let me know well in advance.* **10.** Indeed: *You may well have to do it yourself.* **11. All very well** Used ironically to express discontent, dissent, etc. **12. As well a.** In addition; too. **b.** With equal effect: *You might as well come.* **13. As well as** In addition to. **14. As well** Preferable or advisable: *It would be just as well if you paid me now.* **15. Just leave well alone** To refrain from interfering with something that is satisfactory. **16. Well and good** Used to indicate calm acceptance, as of a decision: *If you accept my offer, well and good.* **17. Well up in** Well acquainted with; knowledgeable about. *adj.* **1.** In good health: *I'm very well, thank you.* **2.** Satisfactory, agreeable, or pleasing. **3.** Prudent; advisable: *It would be well to make no comment.* **4.** Prosperous or comfortable. **5.** Fortunate or happy: *It is well that you agreed to go.* **interject. 1a.** An expression of surprise, indignation, or reproof. **b.** An expression of anticipation in waiting for an answer or remark. *sentence connector* **1.** An expression used to preface a remark, gain time, etc.: *Well, I don't think I will come.* **n. 1.** A hole or shaft that is excavated, drilled, bored, or cut into the earth so as to tap a supply of water, oil, gas, etc. **2.** A natural pool where ground water comes to the surface. **3.** A cavity, space, or vessel used to contain a liquid. **4.** An open shaft through the floors of a building, such as one used for a staircase. **5.** A deep enclosed space in a building or between buildings that is open to the sky to permit light and air to enter. **6a.** A bulkheaded compartment built around a ship's pumps for protection and ease of access. **b.** Cockpit. **7.** A perforated tank in the hold of a fishing boat for keeping caught fish alive. **8.** The open space in the centre of a law court. **9.** A source, esp. one that provides a continuous supply: *He is a well of knowledge.* *v.* **1.** To flow or cause to flow upwards or outwards: *Tears welled from her eyes.*

were *v. pl.* of *past tense* of *be* and *singular* used with *you.* Also used as a subjunctive, esp. in conditional sentences.

west *n.* One of the four cardinal points of the compass, 270 clockwise from north and 180 from east. **2.** The direction along a parallel towards the sunset, at 270 clockwise from north. **3. The west** Any area lying in or towards the west. **4.** The player or position at the table corresponding to west on the compass. *adj.* **1.** Situated in, moving towards, or facing the west. **2.**

From the west. *adv.* 1. In, to, or towards the west. 2. From the west.

West *n.* 1. The western part of the world contrasted historically and culturally with the East or Orient; the Occident. 2. The non-Communist countries of Europe and America contrasted with the Communist states of the East. 3a. That part of the U.S. lying approximately to the west of the Mississippi. b. The region outside the 13 colonies, lying mainly to the west of the Alleghenies. 4. The Western Roman Empire and, later, the Holy Roman Empire. *adj.* 1a. Of or denoting the western part of a specified country, area, etc. b. The West Coast.

what *deter.* 1. Used with a noun in requesting further information about the identity or categorization of something: *What job does he do?* 2. The person, thing, people, or things that: *We photographed what animals we could see.* *adv.* 1. *In what respect?* To what degree? *What do you care?* *pron.* 1. Which, who, or that, when used as relative pronouns: *This is the man what I saw in the park yesterday.* 6. What about: *What do you think, know, feel, etc., concerning?* 7. *What for* a. For what purpose? Why? b. A punishment or reprimand. 8. *What have you* Someone, something, or somewhere unknown or unspecified: *cars, motorcycles, or what have you.* 9. *What if* a. What would happen if? b. What difference would it make if? 10. *What matter* What does it matter? 11. *What's what* The true or real state of affairs. *interject.* 1. Don't you think? Don't you agree? *Splendid party, what?*

wheel *n.* 1. A solid disc, or a circular rim joined to a hub by radial or tangential spokes, that is mounted on a shaft about which it can turn, as in vehicles and machines. 2. Anything like a wheel in shape or function. 3. A device consisting of or resembling a wheel or having a wheel as its principal component: *a steering wheel; a water wheel.* 4. A medieval torture consisting of a wheel to which the victim was tied and then had his limbs struck and broken by an iron bar. 5. The act of turning. 6. A pivoting movement of troops, ships, etc. 7. A type of firework coiled to make it rotate when let off. 8. A set of short rhyming lines, usually four or five in number, forming the concluding part of a stanza. 9. The disc in which the ball is spun in roulette. 10. An informal word for bicycle. 11. A refrain. 12. A person of great influence. 13. *At the wheel* a. Driving or steering a vehicle or vessel. b. In charge. *v.* 1. To turn or cause to turn on or as if on an axis. 2. To move or cause to move on or as if on wheels; roll. 3. To perform with or in a circular movement. 4. To provide with a wheel or wheels. 5. To change one's mind or opinion. 6. *Wheel and deal* To be a free agent, esp. to advance one's own interests.

wheels *n.* 1. The main directing force behind an organization, movement, etc. *the wheels of government.* 2. An informal word for car. 3. *Wheels within wheels* A series of intricately connected events, plots, etc.

when *adv.* 1. At what time? Over what period? when is he due? 2. *Say when* To state when an action is to be stopped or begun, as when someone is pouring a drink. 3. At a time at which; at the time at which; just as; after: *I found it easily when I started to look seriously.* 4. Although: *He drives when he might walk.* 5. Considering the fact that: *How did you pass the exam when you'd not worked for it?* 6. At which; over which: *an age when men were men.* *n.* 1. A question as to the time of some occurrence.

where *adv.* 1. In, at, or to what place, point, or position? *Where are you going?* 2. In, at, or to which: *the hotel where we spent our honeymoon.* 3. In the place at which: *Where we live it's always raining.* *n.* 1. A question as to the position, direction, or destination of something.

whether *conj.* 1. Used to introduce an indirect question or a clause after a verb expressing or implying doubt or choice in order to indicate two or more alternatives: *He doesn't know whether she's in Britain or whether she's gone to France.* **2.** Used to introduce any indirect question: *He was not certain whether his friend was there or not.*

which *pron.* and *deter.* **1.** Used with a noun: in requesting that its referent be further specified, identified, or distinguished from the other members of a class: *Which house did you want to buy?* **2.** Whatever of a class; whichever: *Bring which car you want.* **3.** Used in relative clauses with inanimate antecedents: *The house, which is old, is in poor repair.* **4.** As; and that: used in relative clauses with verb phrases or sentences as their antecedents: *He died of cancer, which is what I predicted.* **5. The which** A longer form of *which*, often used as a sentence connector.

while *conj.* and *adv.* **1.** Also; at the same time that: *Please light the fire while I'm cooking.* **2.** All the time that: *I stay inside while it's raining.* **3.** In spite of the fact that: *While I agree about his brilliance I still think he's rude.* **4.** Whereas; and in contrast: *Flats are expensive, while houses are cheap.* **5.** During the activity of: *While walking, I often whistle.* **prep. conj. 1.** Until: *You'll have to wait while Monday for these sheets.* **n. 1.** A period or interval of time: *once in a long while.* **2.** Trouble or time: *It's hardly worth your while to begin work today.* **3. The while** At that time: *He was working the while.*

white (1) *adj.* **1.** Having no hue due to the reflection of all or almost all incident light. Compare *black* consisting of all the colors of the spectrum or produced by certain mixtures of three additive primary colours, such as red, green, and blue. **2.** Comparatively white or whitish-grey in colour or having parts of this colour. **3.** Having pale-coloured or white skin, fur, or feathers. **4.** Bloodless or pale, as from pain, emotion, etc. **5.** Silvery or grey, usually from age. **6.** Benevolent or without malicious intent: *white magic.* **7.** Colorless or transparent: *white glass.* **8.** Capped with or accompanied by snow: *a white Christmas.* **9.** Counterrevolutionary, very conservative, or royalist. **10.** Blank, as an unprinted area of a page. **11.** Made from pale grapes or from black grapes separated from their skins. **13a.** With milk or cream. **b.** Made with white flour. **14.** Having or characterized by a continuous distribution of energy, wavelength, or frequency: *white noise.* **15.** Honorable or generous. **16.** Made completely of iron or steel. **17.** Morally unblemished. **18.** Auspicious; favorable. **19.** Having a fair complexion; blond. **20. Bleed white** To deprive slowly of resources. **21. Whiter than white a.** Extremely clean and white. **b.** Very pure, honest, and moral. *n.* **1.** A white color. **2.** The condition or quality of being white; whiteness. **3.** The white or lightly coloured part or area of something. **4.** The viscous fluid that surrounds the yolk of a bird's egg, esp. a hen's egg; albumen. **5.** The white part of the eyeball. **6.** Any of various butterflies of the family Pieridae.

White (2) *n.* **1.** A member of the Caucasoid race. **2.** A person of European ancestry. *adj.* **1.** Denoting or relating to a White or Whites.

who *n.* **1** Which person? what person? Used in direct and indirect questions: *He can't remember who did it; Who met you?* **2.** Used to introduce relative clauses with antecedents referring to human beings: *The people who lived here have left.* **3.** The one or ones who; whoever: *Bring who you want.*

whole *adj.* **1.** Containing all the component parts necessary to form a total; complete: *a whole apple.* **2.** Constituting the full quantity, extent, etc. **3.** Uninjured or undamaged. **4.** Healthy. **5.** Having no fractional or decimal part; integral: *a whole number.* **6.** Of, relating to, or designating a relationship established by descent from the same parents; full: *whole brothers.* **7.**

Out of whole cloth Entirely without a factual basis. *adv.* **1.** In an undivided or unbroken piece: *to swallow a plum whole*. *n.* **1.** All the parts, elements, etc., of a thing. **2.** An assemblage of parts viewed together as a unit. **3.** A thing complete in itself. **4.** *As a whole* Considered altogether; completely. **5. *On the whole*** **a.** Taking all things into consideration. **b.** In general.

whom *n.* The objective form of who used when who is not the subject of its own clause: *Whom did you say you had seen? He can't remember whom he saw.*

whose *pron.* and ***deter.*** **1.** Of whom? belonging to whom? Used in direct and indirect questions: *Whose car is this?* **2.** Of whom; belonging to whom; of which; belonging to which: used as a relative pronoun: *a house whose windows are broken; a man whose reputation has suffered.*

why *adv.* **1.** For what reason, purpose, or cause? Why are you here? *pron.* **1.** For or because of which: *There is no reason why he shouldn't come.* *n. pl.* **whys 1.** The reason, purpose, or cause of something. *interject.* **1.** An introductory expression of surprise, disagreement, indignation, etc.: *Why, don't be silly!*

wicked *adj.* **1.** Morally bad in principle or practice. **2.** Mischievous or roguish, esp. in a playful way: *a wicked grin.* **3.** Causing injury or harm. **4.** Troublesome, unpleasant, or offensive.

wide *adj.* **1.** Having a great extent from side to side. **2.** Of vast size or scope; spacious or extensive. **3a.** Having a specified extent, esp. from side to side: *two yards wide.* **b.** Covering or extending throughout: *nationwide.* **4.** Distant or remote from the desired point, mark, etc.: *Your guess is wide of the mark.* **5.** Opened fully. **6.** Loose, full, or roomy wide trousers. **7.** Exhibiting a considerable spread, as between certain limits: *a wide variation.* **8.** Another word for lax or open. **9.** Unscrupulous and astute: *a wide boy.* *adv.* **1.** Over an extensive area: *to travel far and wide.* **2.** To the full extent: *He opened the door wide.* **3.** Far from the desired point, mark, etc. *n.* **1.** A bowled ball that is outside the batsman's reach and scores a run for the batting side. **2.** A wide space or extent. **3. *To the wide*** Completely. **--widely** *adv.*

width *n.* **1.** The linear extent or measurement of something from side to side, usually being the shortest dimension or the shortest horizontal dimension. **2.** The state or fact of being wide. **3.** A piece or section of something at its full extent from side to side: *a width of cloth.* **4.** The distance across a rectangular swimming bath, as opposed to its length.

wife *n.* **1.** A man's partner in marriage; a married woman. **2.** An archaic or dialect word for woman. **3. *Take to wife*** To marry.

wild (1) *adj.* **1.** Living independently of man; not domesticated or tame. **2.** Growing in a natural state; not cultivated. **3.** Uninhabited or uncultivated; desolate: *a wild stretch of land.* **4.** Living in a savage or uncivilized way: *wild tribes.* **5.** Lacking restraint: *wild merriment.* **6.** Of great violence or intensity: *a wild storm.* **7.** Disorderly or chaotic: *wild thoughts; wild talk.* **8.** Dishevelled; untidy: *wild hair.* **9.** In a state of extreme emotional intensity: *wild with anger.* **10.** Reckless: *wild speculations.* **11.** Not calculated; random: *a wild guess.* **12.** Unconventional; fantastic; crazy: *wild friends.* **13.** Intensely enthusiastic or excited. **14.** Able to be given any value the holder pleases: *Jacks are wild.* **15. *Wild and woolly*** **a.** Rough; untamed; barbarous. **b.** Not fully thought out. *adv.* **1.** In a wild manner. **2. *Run wild*** **a.** To grow without cultivation or care: *The garden has run wild.* **b.** To behave without restraint: *He has let his children run.*

wilderness *n.* **1.** A wild, uninhabited, and uncultivated region. **2.** Any desolate tract or area. **3.** A confused mass or collection. **4.** *A voice in the wilderness* A person, group, etc., making a suggestion or plea that is ignored. **5.** *In the wilderness* No longer having influence, recognition, or publicity. *n.* **1.** The barren regions to the south and east of Palestine, esp. those in which the Israelites wandered before entering the Promised Land and in which Christ fasted for 40 days and nights.

will *v. past tense* of **would 1.** To make the future tense. Compare: *shall.* **2.** To express resolution on the part of the speaker: *I will buy that radio if it's the last thing I do.* **3.** To indicate willingness or desire: *Will you help me with this problem?* **4.** To express compulsion, as in commands: *You will report your findings to me tomorrow.* **5.** To express capacity or ability: *This rope will support a load.* **6.** To express probability or expectation on the part of: *the speaker that will be telephoning.* **7.** To express customary practice or inevitability: *Boys will be boys.* **8.** To express desire: usually in polite requests: *Stay if you will.* **9.** *What you will* Whatever you like. **10.** *Will do* A declaration of willingness to do what is requested. *n.* **1.** The faculty of conscious and deliberate choice of action; volition. **1.** The act or an instance of asserting a choice. **2a.** The declaration of a person's wishes regarding the disposal of his property after his death. **b.** A revocable instrument by which such wishes are expressed. **3.** Anything decided upon or chosen, esp. by a person in authority; desire; wish. **4.** Determined intention: *Where there's a will there's a way.* **5.** Disposition or attitude towards others: *He bears you no ill will.* **6.** *At will* At one's own desire, inclination, or choice. **7.** *With a will* Heartily; energetically. **8.** *With the best will in the world* Even with the best of intentions. *v.* **1.** To exercise the faculty of volition in an attempt to accomplish: *He willed his wife's recovery from her illness.* **2.** To give by will to a person, society, etc.: *He willed his art collection to the nation.* **3.** To order or decree: *The king wills that you shall live.* **4.** To choose or prefer: *Wander where you will.* **5.** To yearn for or desire: *To will that one's friends be happy.*

winner *n.* **1.** A person or thing that wins. **2.** A person or thing that seems sure to win or succeed.

wisdom *n.* **1.** The ability or result of an ability to think and act utilizing knowledge, experience, understanding, common sense, and insight. **2.** Accumulated knowledge, erudition, or enlightenment. **3.** A wise saying or wise sayings or teachings. **4.** Soundness of mind.

wise (1) *adj.* **1.** Possessing, showing, or prompted by wisdom or discernment. **2.** Prudent; sensible. **3.** Shrewd; crafty: *a wise plan.* **4.** Well-informed; erudite. **5.** Aware, informed, or knowing. **6.** In the know, esp. possessing inside information. **7.** Possessing powers of magic. **8.** Cocksure or insolent. **9.** *Be or get wise* To be or become aware or informed or to face up. **10.** *Put wise* To inform or warn. *prep.* **1.** Using; by means of. **2.** Accompanying; in the company of: *the lady you were with.* **3.** Possessing; having. **4.** Concerning or regarding: *Be patient with her.* **5.** In spite of: *With all his talents, he was still humble.* **6.** Used to indicate a time or distance by which something is away from something else: *With three miles to go, he collapsed.* **7.** In a manner characterized by: *writing with abandon.* **8.** Caused or prompted by: *shaking with rage.* **9.** Often used with a verb indicating a reciprocal action or relation between the subject and the preposition's object: *agreeing with me.* **10.** *Not with you* Not able to grasp or follow what you are saying. **11.** *With it* **a.** Fashionable; in style. **b.** Comprehending what is happening or being said. **12.** *With that* After that; having said or done that.

within *prep.* **1.** In; inside; enclosed or encased by. **2.** Before a period of time has elapsed: *within a week.* **3.** Not beyond the limits of; not differing by more than: *live* *within your means; within seconds of the world record.* ***adv.*** **1.** Inside; internally.

without ***prep.*** **1.** Not having: *a traveller without much money.* **2.** Not accompanied by: *He came without his wife.* **3.** Not making use of: *It is not easy to undo screws without a screwdriver.* **4.** Not, while not, or after not: *She can sing for two minutes without drawing breath.* **5.** On the outside of. ***adv.*** **1.** Outside; outwardly. ***conj.*** **1.** Unless: *Don't come without you have some money.*

woman ***n.*** **1.** An adult female human being. **2.** Female or feminine: *a woman politician.* **3.** Women collectively; womankind. **4.** Feminine nature or feelings: *Babies bring out the woman in her.* **5.** A female servant or domestic help. **6.** A man considered as having supposed female characteristics, such as meekness or timidity. **7.** A wife, mistress, or girlfriend. **8. *The little woman*** One's wife. **9. *Woman of the streets*** A prostitute.

word ***n.*** **1.** One of the units of speech or writing that native speakers of a language usually regard as the smallest isolable meaningful element of the language, although linguists would analyse these further into morphemes. **2.** An instance of vocal intercourse; chat, talk, or discussion: *to have a word with someone.* **3.** An utterance or expression, esp. a brief one: *a word of greeting.* **4.** News or information: *He sent word that he would be late.* **5.** A verbal signal for action; command: *When I give the word, fire!* **6.** An undertaking or promise: *I give you my word. He kept his word.* **7.** An autocratic decree or utterance; order: *His word must be obeyed.* **8.** A watchword or slogan, as of a political party: *The word now is ``freedom''.* **9.** A set of bits used to store, transmit, or operate upon an item of information in a computer, such as a program instruction. **10. *As good as one's word*** Doing what one has undertaken or promised to do. **11. *At a word*** At once. **12. *By word of mouth*** Orally rather than by written means. **13. *In a word*** Briefly or in short. **14. *My word!*** **a.** An exclamation of surprise, annoyance, etc. **b.** An exclamation of agreement. **15. *Of one's word*** Given to or noted for keeping one's promises: *I am a man of my word.* **16. *Put in a word or good word for*** To make favorable mention of; recommend. **17. *Take someone at his or her word*** To assume that someone means, or will do, what he or she says: *When he told her to go, she took him at his word and left.* **18. *Take someone's word for it*** To accept or believe what someone says. **19. *The last word*** **a.** The closing remark of a conversation or argument, esp. a remark that supposedly settles an issue. **b.** The latest or most fashionable design, make, or model: *the last word in cars.* **c.** The finest example: *the last word in luxury.* **20. *The word*** The proper or most fitting expression: *Cold is not the word for it, it's freezing!* **21. *Upon my word!*** **a.** On my honor. **b.** An exclamation of surprise, annoyance, etc. **22. *Word for word*** **a.** Using exactly the same words as those employed in the situation being reported; verbatim. **b.** Translated by substituting each word in the new text for each corresponding word in the original rather than by general sense. **23. *Word of honor*** A promise; oath. **24.** Of, relating to, or consisting of words: *a word list.* ***v.*** **1.** To state in words, usually specially selected ones; phrase. **2.** To inform or advise.

words ***n.*** **1.** The text of a part of an actor, etc. **2.** The text or lyrics of a song, as opposed to the music. **3.** Angry speech. **4. *Eat one's words*** To retract a statement. **5. *For words*** Indescribably; extremely: *The play was too funny for words.* **6. *Have no words for*** To be incapable of describing. **7. *In other words*** Expressing the same idea but differently. **8. *In so many words*** Explicitly or precisely. **9. *Of many words*** Talkative. **10. *Put into words*** To express in speech or writing as well as thought. **11. *Say a few words*** To give a brief speech. **12.**

Take the words out of one's mouth To say exactly what someone else was about to say. **13.** *Words fail me* I am too happy, sad, amazed, etc., to express my thoughts.

work *n.* **1.** Physical or mental effort directed towards doing or making something. **2.** Paid employment at a job or a trade, occupation, or profession. **3.** A duty, task, or undertaking. **4.** Something done, made, etc., as a result of effort or exertion: *a work of art.* **5.** Materials or tasks on which to expend effort or exertion. **6.** Another word for workmanship. **7.** The place, office, etc., where a person is employed. **8.** Any piece of material that is undergoing a manufacturing operation or process; workpiece. **9.** Decoration or ornamentation, esp. of a specified kind. **10.** An engineering structure such as a bridge, building, etc. **11.** The transfer of energy expressed as the product of a force and the distance through which its point of application moves in the direction of the force. **12.** A structure, wall, etc., built or used as part of a fortification system. **13.** *At work* **a.** At one's job or place of employment. **b.** In action; operating. **14.** *Make short work of* To handle or dispose of very quickly. **15.** Of, relating to, or used for work: *work clothes; a work permit.* *v.* **1.** To exert effort in order to do, make, or perform something. **2.** To be employed. **3.** To carry on operations, activity, etc., in: *That salesman works the southern region.* **4.** To cause to labor or toil: *He works his men hard.* **5.** To operate or cause to operate, esp. properly or effectively: *That clock doesn't work.* **6.** To till or cultivate. **7.** To handle or manipulate or be handled or manipulated: *to work dough.* **8.** To shape, form, or process or be shaped, formed, or processed: *to work copper.* **9.** To reach or cause to reach a specific condition, esp. gradually: *The rope worked loose.* **10.** To solve. **11.** To move in agitation: *His face worked with anger.* **12.** To provoke or arouse: *to work someone into a frenzy.* **13.** To effect or accomplish: *to work one's revenge.* **14.** To make with effort: *He worked his way through the crowd.* **15.** To make or decorate by hand in embroidery, tapestry, etc.: *She was working a sampler.* **16.** To move in a loose or otherwise imperfect fashion. **17.** To ferment, as in brewing. **18.** To manipulate or exploit to one's own advantage. **19.** To cheat or swindle.

worked *adj.* **1.** Made or decorated with evidence of workmanship; wrought, as with embroidery or tracery.

worker *n.* **1.** A person or thing that works, usually at a specific job: *a good worker; a research worker.* **2.** An employee in an organization, as opposed to an employer or manager. **3.** A manual laborer or other employee working in a manufacturing or other industry. **4.** Any other member of the working class. **5.** A sterile female member of a colony of bees, ants, or wasps that forages for food, cares for the larvae, etc.

working *n.* **1.** The operation or mode of operation of something. **2.** The act or process of moulding something pliable. **3.** A convulsive or jerking motion, as from excitement. **4.** A part of a mine or quarry that is being or has been worked. **5.** The whole system of excavations in a mine. **6.** A record of the steps by which the result of a calculation or the solution of a problem is obtained: *All working is to be submitted to the examiners.* **7.** Slow advance against or as if against resistance. *adj.* **1.** Relating to or concerned with a person or thing that works: *a working man.* **2.** Concerned with, used in, or suitable for work: *working clothes.* **3.** During which business discussions are carried on: *working lunch.* **4.** Capable of being operated or used: *a working model.* **5.** Sufficiently large or accurate to be useful or to accomplish a desired end: *a working majority; a working knowledge of.* **6.** Providing a basis, usually a temporary one, on which operations or procedures may be carried out.

works *n.* **1.** A place where a number of people are employed, such as a factory. **2.** The sum total of a writer's or artist's achievements, esp. when considered together: *the works of Shakespeare.* **3.** The deeds of a person, esp. virtuous or moral deeds performed as religious acts: *works of charity.* **4.** The interior parts of the mechanism of a machine, etc.: *the works of a clock.* **5.** *In the works* In preparation. **6.** *The works* **a.** Full or extreme treatment. **b.** A very violent physical beating: *to give someone the works.*

world *n.* **1.** The earth as a planet, esp. including its inhabitants. **2.** Mankind; the human race. **3.** People generally; the public: *in the eyes of the world.* **4.** Social or public life: *to go out into the world.* **5.** The universe or cosmos; everything in existence. **6.** A complex united whole regarded as resembling the universe. **7.** Any star or planet, esp. one that might be inhabited. **8.** A division or section of the earth, its history, or its inhabitants: *the Western World; the Ancient World; the Third World.* **9.** An area, sphere, or realm considered as a complete environment: *the animal world.* **10.** Any field of human activity or way of life or those involved in it: *the world of television.* **11.** A period or state of existence: *the next world.* **12.** The total circumstances and experience of an individual that make up his life, esp. that part of it relating to happiness: *You have shattered my world.* **13.** A large amount, number, or distance: *worlds apart.* **14.** Worldly or secular life, ways, or people. **15.** *Bring into the world* **a.** To deliver. **b.** To give birth to. **16.** *Come into the world* To be born. **17.** *Dead to the world* Unaware of one's surroundings, esp. fast asleep or very drunk. **18.** *For the world* For any inducement, however great. **19.** *For all the world* In every way; exactly. **20.** *Give to the world* To publish. **21.** *Man of the world* A man experienced in social or public life. **22.** *Not long for this world* Nearing death. **23.** *On top of the world* Exultant, elated, or very happy. **24.** Wonderful; excellent. **25.** *Set the world on fire* To be exceptionally or sensationally successful. **26.** *The best of both worlds* The benefits from two different or opposed ways of life, philosophies, etc. **27.** *Think the world of* To be extremely fond of or hold in very high esteem. **28.** *World of one's own* A state of mental detachment from other people. **29.** *World without end* Forever. **30.** Of or concerning most or all countries; worldwide: *world politics; a world record.* **31.** *Throughout the world* World-famous.

worry *v.* **-ries, -rying, -ried 1.** To be or cause to be anxious or uneasy, esp. about something uncertain or potentially dangerous. **2.** To disturb the peace of mind of; bother: *Don't worry me with trivialities.* **3.** To proceed despite difficulties. **4.** To struggle or work: *to worry away at a problem.* **5.** To lacerate or kill by biting, shaking, etc. **6.** To bite, tear, or gnaw with the teeth: *a dog worrying a bone.* **7.** To move as specified, esp. by repeated pushes: *They worried the log into the river.* **8.** To touch or poke repeatedly and idly. **9.** To choke or cause to choke. **10.** *Not to worry* You need not worry. *n. pl* **-ries 1.** A state or feeling of anxiety. **2.** A person or thing that causes anxiety. **3.** An act of worrying.

worship *v.* **-ships, -shipping, -shipped** or U.S. **-ships, -shiping, -shiped 1.** Show profound religious devotion and respect to; adore or venerate. **2.** To be devoted to and full of admiration for. **3.** To have or express feelings of profound adoration. **4.** To attend services for worship. **5.** To honor. *n.* **1.** Religious adoration or devotion. **2.** The formal expression of religious adoration; rites, prayers, etc. **3.** Admiring love or devotion. **4.** Dignity or standing.

worst *adj.* **1.** The superlative of bad. *adv.* **1.** In the most extreme or bad manner or degree. **2.** Least well, suitably, or acceptably. **3.** In or to the smallest degree or extent; least: *worst-loved.* *n.* **1.** *The worst* The least good or most inferior person, thing, or part in a group, narrative, etc. **2.** The most poor, unpleasant, or unskilled quality or condition: *Television is at its worst these days.* **3.** The greatest amount of damage or wickedness of which a person or group is capable: *The invaders came and did their worst.* **4.** The weakest effort or poorest achievement that a person or group is capable of making: *The applicant did his worst at the test because he did not want the job.* **5. The worst a.** In the least favorable interpretation or view. **b.** Under the least favorable conditions. **6.** *If the worst comes to the worst* If all the more desirable alternatives become impossible or if the worst possible thing happens. **7.** *Come off worst or get the worst of it* To enjoy the least benefit from an issue or be defeated in it. *v.* **1.** To get the advantage over; defeat or beat.

worth (1) *adj.* **1.** Worthy of; meriting or justifying: *It's worth discussing the idea.* **2.** Having a value of: *The book is worth 30 pounds.* **3.** *For all one is worth* To the utmost; to the full extent of one's powers or ability. **4.** *Worth one's weight in gold* Extremely helpful, kind, etc. *n.* **1.** High quality; excellence. **2.** Value, price. **3.** The amount or quantity of something of a specified value: *five pounds worth of petrol.* **worth (2)** *v.* To happen or betide.

would *v.* **1.** To form the past tense or subjunctive mood of *will*. **2.** To indicate willingness or desire in a polite manner: *Would you help me, please?* **3.** To describe a past action as being accustomed or habitual: *Every day we would go for walks.* **4.** I wish: *Would that he were here.*

writing *n.* **1.** A group of letters or symbols written or marked on a surface as a means of communicating ideas by making each symbol stand for an idea, concept, or thing, by using each symbol to represent a set of sounds grouped into syllables, or by regarding each symbol as corresponding roughly or exactly to each of the sounds in the language. **2.** Short for handwriting. **3.** Anything expressed in letters, esp. a literary composition. **4.** The work of a writer. **5.** Literary style, art, or practice. **6.** Written form: *Give it to me in writing.* **7.** Related to or used in writing: *writing ink.* **8.** *Writing on the wall* A sign or signs of approaching disaster. *v.* **write writes, writing, wrote, written 1.** To draw or mark on a surface, usually paper, with a pen, pencil, or other instrument. **2.** To describe or record in writing. **3.** To compose to or correspond regularly with. **4.** To say or communicate by letter: *He wrote that he was on his way.* **5.** To send a letter to. **6.** To write in cursive as opposed to printed style. **7.** To be sufficiently familiar with to use in writing. **8.** To be the author or composer of. **9.** To fill in the details for. **10.** To draw up or draft. **11.** To produce by writing: *He wrote ten pages.* **12.** To show clearly: *Admiration was written all over his face.* **13.** To spell, inscribe, or entitle. **14.** To ordain or prophesy: *It is written.* **15.** To produce writing as specified. **16.** To record in a location in a storage device.

written *v. past part.* of **write** *adj.* **1.** Taken down in writing; transcribed: *written evidence; the written word.*

wrong *adj.* **1.** Not correct or truthful: *the wrong answer.* **2.** Acting or judging in error: *You are wrong to think that.* **3.** Immoral; bad: *It is wrong to cheat.* **4.** Deviating from or unacceptable to correct or conventional laws, usage, etc. **5.** Not intended or wanted: *the wrong road.* **6.** Not working properly; amiss: *Something is wrong with the engine.* **7.** Intended to face the inside so as not to be seen. **8.** Get on the wrong side of or get in wrong with: *to come into disfavour with.* **9.** *Go down the wrong way* To pass into the windpipe instead of the gullet. *adv.* **1.** In the wrong direction or manner. **2.** *Go wrong* **a.** To turn out other than intended. **b.** To make a mistake. **c.** To cease to function properly. **d.** To go astray morally. **3.** *Get wrong* **a.** To fail to understand properly. **b.** To fail to provide the correct answer to. *n.* **1.** A bad, immoral, or unjust thing or action. **2a.** An infringement of another person's rights, rendering the offender liable to a civil action, as for breach of contract or tort a private wrong. **b.** A violation of public rights and duties, affecting the community as a whole and actionable at the instance of the Crown: *a public wrong.* **3.** In the wrong; mistaken or guilty. *v.* **1.** To treat unjustly. **2.** To discredit, malign, or misrepresent. **3.** To seduce or violate.

X

n. **1.** The twenty-fourth letter of the alphabet; denoting the next after *W* in a set of items, categories, etc; denoting an unknown or unspecified person or thing. **2.** A cross-shaped written symbol, in particular; used to indicate a position on a map or diagram; used to indicate a mistake or incorrect answer; used in a letter or message to symbolize a kiss; used to indicate one's vote on a paper ballot; used in place of the signature of a person who cannot write.

Y

n. The twenty-fifth letter of the alphabet; denoting the next after *X* in a set of items, categories, etc. Denoting a second unknown or unspecified person or thing.

Yacob also Yacub, Yakub, Jacob *n.* **1.** An original man, who was a scientist born twenty miles from the Holy City (Mecca) in the year eight thousand four hundred who made the Caucasian devil from the original man. The name Yacub means to supplant; uproot through trickery, to remove violently, to replace through underhanded tactics. Its American form, Jacob, has been the most common male name in the United States for several years. The name Yacub has several cognates and derivations throughout the earth, particularly the Western world.

yard *n.* **1.** A unit of length equal to 3 feet and defined in 1963 as exactly 0.9144 metre. Abbrev.: *yd.* **2.** A cylindrical wooden or hollow metal spar, tapered at the ends, slung from a mast of a square-rigged or lateen-rigged vessel and used for suspending a sail. **3.** Short for *yardstick.* **4.** A piece of enclosed ground, usually either paved or laid with concrete and often adjoining or surrounded by a building or buildings. **5.** An enclosed or open area used for some commercial activity, for storage, etc.: *a railway yard.* **6.** A U.S. and Canadian word for *garden.* **7.** An area having a network of railway tracks and sidings, used for storing rolling stock, making up trains, etc. **8.** The winter pasture of deer, moose, and similar animals. **9.** An enclosed area used to draw off part of a herd, etc.

year *n.* **1.** The period of time, the calendar year, containing 365 days or in a leap year 366 days. It is based on the Gregorian calendar, being divided into 12 calendar months, and is reckoned from January 1 to December 31. Also called civil year. **2.** A period of twelve months from any specified date, such as one based on the four seasons. **3.** A specific period of time, usually occupying a definite part or parts of a twelve-month period, used for some particular activity: *a school year.* **4.** The period of time, the solar year, during which the earth makes one revolution around the sun, measured between two successive vernal equinoxes: equal to 365.242 19 days. **5.** The period of time, the sidereal year, during which the earth makes one revolution around the sun, measured between two successive conjunctions of a particular star: equal to 365.256 36 days. **6.** The period of time, the lunar year, containing 12 lunar months and equal to 354.3671 days. **7.** The period of time taken by a specified planet to complete one revolution around the sun: *the Martian year.* **8.** Age, esp. old age: *A man of his years should be more careful.* **9.** Time: *in* *years to come.* **10.** A group of pupils or students, who are taught or study together, divided into classes at school: *They are the best year we've ever had for history.* **11. Year and a day** A period fixed by law to ensure the completion of a full year. It is applied for certain purposes, such as to determine the time within which wrecks must be claimed. **12. Year in, year out** Regularly or monotonously, over a long period.

yes *interject.* **1.** Used to express acknowledgment, affirmation, consent, agreement, or approval or to answer when one is addressed. **2.** Used, often with interrogative intonation, to signal someone to speak or keep speaking, enter a room, or do something. *n.* **1.** An answer or vote of yes. **2.** A person who votes in the affirmative.

yet *conj.* **1.** Nevertheless; still; in spite of that: *I want to and yet I haven't the courage.* *adv.* **1.** So far; up until then or now: *They're not home yet.* **2.** Now: *We can't stop yet.* **3.** Even; still: *yet another reason to celebrate.* **4.** Eventually, in spite of everything: *We'll convince him yet.* **5.** *As yet* So far; up until then or now.

you *pron.* **1.** Refers to the person addressed or to more than one person including the person or persons addressed but not including the speaker: *You know better; the culprit is among you.* **2.** Refers to an unspecified person or people in general: *You can't tell the one from the other.* **3.** A dialect word for yourself or yourselves when used as an indirect object: *You should get you a wife now.* *n.* **1.** The personality of the person being addressed or something that expresses it: *That hat isn't really you.* **2. You know what or who** A thing or person that the speaker cannot or does not want to specify.

Z

n. **1.** The twenty-sixth letter of the alphabet; denoting the next after *Y* in a set of items, categories, etc. **2.** Denoting a third unknown or unspecified person or thing.

Appendix I

A Guide to The English Language

SPELLING

Spelling concerns the forming of words with letters according to the principles underlying its accepted usage. Letters and words are not simply expected to be thrown together; instead, letters have purposes and functions. Letters are expected to be formed together with other letters to form words. Likewise, words are formed together to express thoughts and sentiments. When it comes to spelling, there are several rules that are required that students should know (this addendum would not have enough space to cover them). Since the English Language has a unique and peculiar development, learning the rules of spelling may become even more daunting since many English words are not spelled the way they are pronounced. Nonetheless, it is incumbent upon the student to learn, practice, and master the art and sciences of spelling because spelling serves as a rudimentary basis whereby further learning may take place.

The science of spelling is often learned by recognizing letters and by pronouncing the sounds that each letter makes when joined with other letters (based on accepted rules). Once a learner is capable of remembering and applying the rules of spelling, he or she is given the foundational abilities necessary for continued learning. Perhaps this is why great emphasis is put on believing parents to inculcate spelling into their children as mentioned in ***The Supreme Wisdom***.

PARTS OF SPEECH

The way a word is used in a sentence determines what part of speech it is. Often, a single word can be used as several different parts of speech based on how it functions in a sentence. Example: *I want to go to **space** one a **space** ship, but first, **space** out the cards.*

NOUNS: Refer to a person, place, thing, or idea. There are several types of nouns

Common Nouns: Refer to any one of a group of nouns. Examples: *cars, trucks, windows*
Proper Nouns: Name a particular noun. Examples: *Mosque Maryum, Mecca, Arabia*
Concrete Nouns: Refer to nouns that can be perceived by one or more of the senses (sight, hearing, taste, touch, and smell). Examples: *table, desk, chairs*
Abstract Nouns: Refer to an idea, feeling, quality, or characteristic. Examples: *wisdom, knowledge, power, love, and hate.*

PRONOUNS: a word used in the place of one or more nouns or pronouns.
The word that the pronoun takes the place of is called its **antecedent**. There are several types of pronouns.
Personal Pronouns: refer to the one speaking (first person), the one spoken to (second person), or the one spoken about (third person).

Ex: *I* (1st) hope that *you* (2nd) can help *them* (3rd) with *their* (3rd) papers. Possessive and Reflexive pronouns are included as personal pronouns. The table below illustrates pronouns according to its functions.

Person	*First Person*		*Second Person*			*Third Person*		
Number	Singular	Plural	Familiar	Singular	Plural	Singular	Plural	Relative
Subject	I	we	thou	you	you	he/she it	they	who
Object	me	us	thee	you	you	him/her it	them	whom
Possessive	my mine	our ours	thy thine	your yours	your yours	his/hers its	their theirs	whose
Reflexive/ Intensive	myself	ourselves	thyself	yourself	yourselves	himself, herself, itself	themselves	

Reflexive Pronoun: refers to the subject of a sentence and functions as a complement or as an object of a preposition. It ends in *–self* or *–selves*. Examples: *I can do this **myself**. We must depend on **ourselves**.*
Demonstrative Pronoun: points out a specific person, place, thing, or idea. They include *this, that, these,* and *those*. Example: ***These** are the best followers in the world.*
Interrogative Pronoun: introduces a question. They are *what, which, who, whom,* and *whose*. Example: ***What** makes it rain, snow, and hale?*
Relative Pronoun: introduces a subordinate clause. They include that, which, who, whom, and whose. Example: He is the man **who** is running for Governor.
Indefinite Pronoun: refers to a person, place, or thing that may or may not be specifically named. Example: **Many** are called, but **few** are chosen.

VERBS: express action or state of being. The main types of verbs are Action and Linking, along with Helping verbs.

Action Verbs: express either physical or mental activity.
Examples: Our fathers ***constructed*** the pyramids. ***Do*** you ***recall*** when you recited?

Linking Verbs: connect the subject to a word or word group (subject complement) in the predicate that identifies or describes the subject. Linking verbs include any form of the verb *to be* and many others, which indicate a state of being.
EX: *He **became** a highly respected Minister and he **looks** sharp.* (The subject complement *Minister* identifies the subject *He*)
EX: *Allah **appeared** in the person of Master Fard Muhammad.*

A ***verb phrase*** consists of a least one ***main verb*** and one or more ***helping verbs*** (also called ***auxiliary verbs***). Example: Rashad ***will be arriving*** after Fajr. (*will* and *be* are the helping verbs; *arriving* is the main verb).
EX: She ***should have been taught*** about the Prophet's history. (*should, have,* and *been* are the helping verbs; *told* is the main verb).

Transitive Verbs have an object, a word that tells who or what receives the action.
Intransitive Verbs do not have an object.
EX: Dr. Kushmir *recommended* the vegetarian diet (Transitive). Afterwards, we *ate* (Intransitive).

Verb Tense indicates the time of the action or of the state of being expressed by the verb.

Past: existing or happening in the past. Example: I saw him in another descent.
Present: existing or happening now. Example: I see him in a different light.
Future: existing or happening in the future. Example: I will see him in person next time.
Past Perfect: existing or happening before a specific time in the past. Example: I had seen numerous fights at first.
Present Perfect: existing or happening sometime before now; may be continuing now. Example: I have seen several planes.
Future Perfect: existing or happening before a specific time in the future. Example: I will have seen three planes before he leaves us.

Irregular Verbs are those verbs that form its past and past participle in some other way than by adding *–d* or *–ed*. Examples: *be, build, fight, teach,* etc.

Voice is the form a verb takes to indicate whether the subject of the verb performs or receives the action. The verb in the passive voice always includes a form of *be* and the past participle of a verb.
Active Voice is when the subject performs the action. Example: *The dog ate my homework*.
Passive Voice is when the subject receives the action. Example: *My homework was eaten by the dog.*

Mood is the form a verb takes to indicate the attitude of the person using the verb. There are three.
Indicative mood expresses a fact, an opinion, or a question. Example: *We **think** this **is** best for us.*
Imperative mood expresses a direct command or request. Example: Please **drive** safely.
Subjunctive mood expresses a suggestion, a necessity, a condition contrary to fact, or a wish (present & past tenses only). Example: *It is necessary that we **attend** the workshop.*

ADJECTIVES: describe a noun or pronoun. Proper Adjectives describe proper nouns as in *Islamic teachings or Mexican food*. Adjectives have different degrees besides their regular form.
Comparative degree relates two items. Example: *bigger*, or *more enlightened*.
Superlative degree shows the relationship of three or more items. Example: *biggest* or *most enlightened*.
Absolute adjectives do not vary in degree. Example: full, complete, correct, dead, empty, impossible, unique, true, perfect, round, square, etc.

ARTICLES: are the most frequently used adjectives. There are two types of articles.
Indefinite Articles: refer to any member of a general group. They are *a* and *an*.
Definite Article: refers to a particular someone or something as well as standardize and epitomize the word(s) it modifies. It is *the*.

DETERMINERS: Although not considered a part of speech alone, a determiner is a noun-modifier that expresses the reference of a noun or noun-phrase in the context, including quantity, rather than attributes expressed by adjectives. This function is usually performed by articles, demonstratives, possessive determiners, or quantifiers. Traditional English grammar does not include determiners and calls most determiners adjectives.

ADVERB: modify a verb, an adjective, or another adverb. Adverbs tell how, when, where, or to what extent. Some adverbs can be interrogative like, *Where* are you going and *When* will you return?
Example: *That sister spoke **magnificently**.* (modifies a verb)
Example: *Their documentary wasn't thorough **enough**.* (modifies and adjective)
Example: *Injelah reacted **rather** calmly.* (modifies another adverb)

PREPOSITIONS: show the relationship of a noun or pronoun (object of the preposition) to another word. Prepositions indicate location, direction, or position. An easy way that prepositions can be understood is by thinking of it as "anything a mouse can do to a box".
Example: *A mouse can go **up, under, through, between, in, out** a box.*
Example: *Many people **from around** my neighborhood ran **down** the street **with** boys **from** the high school all the way **to** the store.*

CONJUNCTIONS: join words or word groups. There are different types.
Coordinating Conjunctions: join words or word groups that are used in the same way. (**FANBOYS**=for, and, nor, but, or, yet, so)
Correlative Conjunctions: are pairs of conjunctions that join words or word groups that are used in the same way (both…and, either…or, neither…nor, not only…but, whether…or, etc.)
Subordinate Conjunctions: begin a subordinate clause and connect it to an independent clause.
Example: We were delayed *because* of the snow.

INTERJECTIONS: express emotion and have no grammatical relation to the rest of the sentence.
Examples: oh, ah, oops, uh-oh, wow, aha, whew, well, etc.

SENTENCES

Parts of a Sentence

A sentence is a word group that contains a subject and a verb and that expresses a complete thought. **Sentence Fragments** do not contain both a subject and a verb, nor do they express a complete thought. Parts of sentences are described below.

SUBJECT: Sentence part that tells whom or what the sentence is about. *Barak and Kurt are brothers*.

PREDICATE: a sentence part that tells something about the subject and contains a verb. *Terrika and Tazia **are sisters***. Whereas *Terrika and Tazia* are the subject, the fact that they *are sisters* tells the reader about the subject.

COMPLEMENT: a word or word group that completes the meaning of a verb. Types of complements are listed below.

Direct Object: a noun, pronoun, or word group that tells who or what receives the action of the verb.
Example: *God brought forth **whatever we planted***.

Indirect Object: tells *to whom, to what, for whom,* or *for what* the action of the verb is done.
Example: *God gave **us** wisdom and guidance*.

Objective Complement: a word or word group that helps complete the meaning of a transitive verb by identifying or modifying the direct object.
Example: The people elected Rahim **president** (The noun *president* identifies the direct object *Rahim*).

Subjective Complement: a word or word group in the predicate that identifies or describes the subject. It complements the meaning of a linking verb. The two Subjective Complements are Predicate Nominatives and Predicate Adjectives.

- **Predicate Nominative:** a word or word group that is in the predicate and identifies the subject or refers to it.
  EX: Brother Louis became a famous **Minister**. (The noun *Minister* refers to the subject *Brother Louis*).
- **Predicate Adjective**: an adjective that is in the predicate and modifies the subject.
  EX: The Brother is **calm**. (The adjective *calm* modifies the subject *Brother*).

PHRASES: Sentences often contain Phrases. A Phrase is a group of related words that is used as a single part of speech and that does not contain both a verb and its subject. Phrases may be used as an introductory part of a sentence. Example: ***During the blessed month of Ramadan**, we gave to the poor*. Some phrases may be **Nonessential** to the sentence. Example: *Joe the plumber, **despite being ignorant**, lambasted the President*. Other phrases may be **Essential** to the sentence. Following are several types of Phrases.

Prepositional Phrase includes a preposition, the object of the preposition, and any modifiers of that object. Example: The huge building *with the golden dome* is our mosque.
Adjective Phrase is a prepositional phrase that tells describes what kind or which ones. Example: Many *of these books* include information about the Prophet.
Adverb Phrases are prepositional phrases that modify a verb, an adjective, or an adverb. Example: *During the Great Depression*, The Savior came for us.

Appositive: A noun or pronoun placed beside another noun or pronoun to identify or describe it.
Example: Most people overlook America's most devastating history, *slavery*.
Appositive Phrases: Rename noun phrases and are usually placed beside what they rename.
Example: Most people didn't know that Elijah Muhammad, *the most powerful Blackman in America*, only had a fourth grade education.

Verbals are forms of verbs used as nouns, adjectives, and adverbs. **Verbal Phrases** consist of verbals, its modifiers and complements. Following are the most common verbals and phrases.
Participle is a verb form that can be used as an adjective.
Example: The *cheering* soldiers waved their national flag.
Participial Phrase: A group of words containing a participle that acts as an adjective
Example: **Encouraged by his teacher**, Farrakhan boldly defended his people.
Gerund is a verb form ending in *–ing* that is used as a noun.
Example: *Studying* makes us more useful.
Gerund Phrase: A verb phrase containing a gerund, which is used as a noun.
Example: *Propagating this message* will awaken our people.
Infinitive is a verb form that can be used as a noun, adjective, or adverb. Most infinitives begin with *to*.
Example: We like *to fly* to our headquarters.
Infinitive Phrase: An infinitive phrase will begin with an infinitive [to + simple form of the verb]. It will include objects and/or modifiers and can function as nouns, adjectives, or adverbs.
Example: *To complete the problem neatly* will get you a reward.

CLAUSES
Clause: a word group that contains a verb and its subject and that is used as a sentence or as part of a sentence. A clause doesn't have to express a complete thought.
Independent Clause: expresses a complete thought and can stand alone as a sentence.
Example: *I love bean pie, but not potato pie.*
Subordinate/Dependent Clause: cannot stand by itself as a sentence. Subordinate clauses can be used as adjectives, nouns, and adverbs. Example: *I love bean pie, **but not potato pie.***
Elliptical Clause is when part of a clause may be left out when its meaning can be clearly understood from the context of the sentence. Example: *Suffiyah recited the lessons faster that Ibrahim [did].*

Types of Sentences

Sentences can be separated into different classes or types based on the purpose the sentence makes.
Declarative makes a statement and ends with a period. Example: *There is no God but Allah, and Muhammad is His Messenger.*
Interrogative asks a question and ends with a question mark. Example: *Who is the Original Man?*
Imperative makes a request or gives a command. It may end in a period or exclamation point. Example: *Please make your word bond.*
Exclamatory shows excitement or expresses strong feeling and ends with an exclamation point. Example: *Hurry and submit your answers at once!*

Classifying Sentences According to Structure
Simple Sentence: contains one independent clause and no subordinate clauses.
Example: *Khadijah and Ayanna taught us how to prepare bean soup.*
Compound Sentence: contains two or more independent clauses and no subordinate clauses.
Example: *Rashad's performance was outstanding and it was also stimulating.*
Complex Sentence: contains one independent clause and at least one subordinate clause.
Example: *While living in Memphis, we never knew the impact that cotton had on the economy.*
Compound-Complex Sentence: contains two or more independent clauses and at least one subordinate clause.
Example: *I just spoke with Arif, who manages the newspaper, and he mentioned that we have an office in Arabia.*

MECHANICS & CONVENTIONS & USAGE

Subject and Verb Agreement: a verb should agree in number (singular or plural) with its subject. Singular subjects take singular verbs and plural subjects take plural verbs.
Example: *He is leaving soon.* **NOT** *He are leaving soon.*

Pronoun and Antecedent Agreement: a pronoun should agree in number, gender, and person with its antecedent. When a pronoun does not agree with its antecedent, it creates unclear, ambiguous, or faulty references, which create confusion.
EX: Aziz is my oldest brother and *he* (not *she* or *they*) will be here shortly. The masculine pronoun *he* agrees with the antecedent *Aziz* because it agrees in number and gender.

Case: Case refers to the form that a noun or pronoun takes to show its relationship in a sentence.
Nominative/Subjective Case: is when the noun or pronoun is used as the subject or predicate nominative in the sentence.
Example: ***Islam*** *is the greatest* ***force*** *in the universe.* (*Islam* is the subject, *force* is the predicate nominative)
Objective Case: when the noun or pronoun is used as a direct object, an indirect object, or object of the preposition.
Example: *Islam is the greatest force in the* ***universe****.* (*universe* is the object of the preposition).
Possessive Case: shows ownership or possession.

Example: *My Leader is Farrakhan Muhammad.* (*My* indicates possession)

MODIFIERS
Some sentences should avoid certain modifiers.
Misplaced Modifier is a modifying word, phrase, or clause that seems to modify the wrong word or word group in a sentence.
Example: During the show, *Khadir found the gold man's necklace.* (*gold* should describe necklace, not the man)
Dangling Modifier does not clearly or sensibly modify any word or word group in a sentence.
Example: *High above the sky, the archaeologist spotted the Wheel.* (*High above the sky* is supposed to describe the Wheel, not the archeologist).

Parallel Structure
Parallel Structure or **Parallelism** in sentences refers to matching grammatical structures. Elements in a sentence that have the same function or express similar ideas should be grammatically parallel, or grammatically matched. Parallelism is used effectively as a rhetorical device throughout literature and in speeches, advertising copy, and popular songs. See the following examples.
- *I taught as a teacher, I learned as a student.*
- *Reading is to the mind what eating is to the body.*
- *Blessed is the man that walketh not in the counsel of the ungodly, nor standeth in the way of sinners, nor sitteth in the seat of the scornful.*—The Book of Psalms 1:1

Faulty Parallelism: A failure to create grammatically parallel structures within or among sentences. Notice the difference between correct parallel structure and faulty parallelism.
What counts isn't how you look but how you behave.
NOT: *What counts isn't how you look but your behavior.*
The president promises to reform health care, preserve social security, and balance the budget.
NOT: *The president promises to reform health care, preserve social security, and a balanced budget.*

Double Negative: a construction in which two negative words are used to express a single negative idea. This should be avoided. Example of a double negative: *He hasn't read none of the books.*
Nonsexist Language: language that applies to people in general, both male and female. People can now use nonsexist language when referring to non gender-specific terms. The use of such language attempts to include all sexes and genders. For example, this may include replacing words such as *chairman* and *stewardess* with terms such as *chairperson* and *flight attendant.*

Denotation and Connotation
Denotation: Refers to the literal meaning of a word, that is to say, the strict dictionary definition of a word. Example: *Jacob's pet is a snake.* The denotation of snake in the sentence refers to a limbless scaly elongated reptile; the literal definition.

Connotation: Refers to the figurative meaning/associations that are connected to a certain word or the emotional suggestions related to that word. The connotative meanings of a word exist together with the denotative meanings. Example: *He is a snake.* In this sentence, the snake refers to a treacherous person who may demonstrate the characteristics of a snake; tricky, conniving, or deceitful.

PUNCTUATION

Period (.) indicates an end to a declarative statement or command and abbreviations.

Question Mark (?) used to ask a question.

Exclamatory Mark (!) used to indicate excitement or strong feeling.

Commas (,) have several uses:
- Items in a series: *Bring me apples, oranges, bananas, and celery.*
- Before a coordinating conjunction *for, and ,nor, but, or, yet,* and *so* (FANBOYS) when it joins independent clauses: *I heard about little Elijah, and now I want to visit the Mosque.*
- Nonessential clauses and phrases: *The Messenger, although given little credit, changed Black America.*
- Introductory Elements: *Yes, my word is bond. Unlike Jacob, Demetric keeps his word.*
- Interrupters: *Angela, my wife, makes the best bean soup.*
- Direct Address: *Sister Wahidah, don't for get your books!*
- Conventional uses: dates, city-state, address, informal salutations, etc.

Semicolon (;) is used between independent clauses that are closely related in thought and that are not joined by a coordinating conjunction (FANBOYS). It can however, be used between independent clauses joined by a conjunctive adverb or a transitional expression. Example: *Muslims and Christians had a wonderful time together at the convention; consequently, they will pursue more endeavors together.*

Colon (:) may be used to mean "note what follows" before a list of items. Here are other uses.
Before a long formal statement or quotation.
Between independent clauses when the second clause explains or restates the idea of the first: *Marvin is not feeling well: he's been stopped, harassed, and beaten.*
Conventional uses: *time, scriptures, subtitles, formal salutations, etc.*

Parentheses ( ) used to enclose informative or explanatory material of minor importance. Example: *Don Bitros (1898-1963) was an imaginary person for this sentence.*

Square brackets [ ] used to enclose explanatory or missing [...] material, especially in quoted text.
Example: *"I appreciate it [the honor], but I must refuse."*

Angle brackets < > used to enclose highlighted material, such as URL's in text.
Example: *"I found it in Fun Easy English <www.funeasyenglish.com>."*

Braces { } also called curly brackets used in specialized ways in poetry and music (to mark repeats or joined lines), and sometimes used in conventional text to indicate a series of equal choices.
Example: *"Select your animal {goat, sheep, cow, horse} and follow me."*

Hyphens (-) used for several purposes:
- Use a hyphen to join two or more words serving as a single adjective before a noun: *a one-way street*
- However, when compound modifiers come after a noun, they are not hyphenated: *The peanuts were chocolate covered.*
- Use a hyphen with compound numbers: *Our much-loved teacher was ninety-three years old.*
- Use a hyphen to avoid confusion or an awkward combination of letters: *re-sign a petition (vs. resign from a job)*
- Use a hyphen with the prefixes ex- (meaning former), self-, all-; with the suffix -elect; between a prefix and a capitalized word; and with figures or letters: *ex-husband, self-assured, mid-September, all-inclusive, mayor-elect, anti-American, T-shirt, pre-Civil War, mid-1980s*
- Use a hyphen to divide words at the end of a line if necessary, and make the break only between syllables: pref-er-ence, sell-ing, in-di-vid-u-al-ist
- For line breaks, divide already hyphenated words only at the hyphen:
mass-
produced
self-
conscious

Dashes: An **en dash (–)**, roughly the width of an *n*, is a little longer than a hyphen. It is used for periods of time when you might otherwise use *to*: The years *2001–2003, January–June*
An **em dash (—)** is the width of an *m*. Use an em dash sparingly in formal writing. In informal writing, em dashes may replace commas, semicolons, colons, and parentheses to indicate added emphasis, an interruption, or an abrupt change of thought:
You are a true brother—the only brother—who offered to help me.
Never have I met such a loyal person—before you.
I pay the bills—she manages the home. A semicolon would be used here in formal writing.
I need three items from the store—navy beans, celery, and butter. Remember, a colon would be used here in formal writing.
My agreement with Kushmir is clear—he teaches me Arabic and I teach him Spanish. A colon would work here in formal writing.
Please call my secretary—Kareemah—about my speaking engagement. Parentheses or commas would work just fine here instead of the dashes.
I wish you would—oh, never mind. This shows an abrupt change in thought and warrants an em dash.

Italics (*sample*) A typeface with a right-hand slant that is often used for quotations, titles, and special emphasis. Some of the uses of Italics are demonstrated below:
- Emphasis: Smith wasn't the onl*y **gui**lty* party, it's true.
- The titles of works that stand by themselves: He wrote his thesis on ***Message To The Black Man***. Works that appear within larger works, such as short stories, poems, or newspaper articles, are not italicized, but merely set off in quotation marks.
- Foreign words, including the Latin and Greek based terms: Constantine's motto included the words ***in hoc signo vinces*** and those words were used to conquer the darker world.
- Using a word as an example of a word: "The word ***the*** is an artic*le"*.
- Using a letter or number mentioned as itself: Angela was annoyed because they forgot the ***h*** in her name.

Quotation Marks (" ") The function of quotation marks is to set off and represent exact language. Do not use quotation marks with quoted material that is more than three lines in length.

Slash or Forward Slash (/) The most common use of the slash is to replace the hyphen or en dash to make clear a strong joint between words or phrases, such as *the Joshua/Caleb generation*. Often it is used to represent the concept "or", especially in instruction books. Its other common usage represents the concept of "and".

HISTORY OF THE ENGLISH LANGUAGE

English language was first written nearly 1,300 years ago, but forms of the language were already spoken several years prior. The English Language has changed so drastically from its beginnings that English speakers today would find it difficult to recognize it in its previous forms. The History of the English language can divided into four major periods

Pre-English:
Nearly five thousand years ago, ***Proto-Indo-European***, an ancestor of English and other languages, was spoken by populations in Asia Minor and southeast Europe. Many European languages, along with those spoken in northern India and Iran, come from Proto-Indo-European. (Proto- means "first or earliest.") (Odell, Vacca, Hobbs, & Warriner. Elements of Language. English Origins and Uses. Holt Rinehart Winston, 5th Course, Tennessee Edition. 934). As people settled, they developed their own dialects and organized into several tribes including the Angles, the Saxons, and the Jutes. Their version of Proto-Indo-European, called Germanic is the language from which Modern English is descended.

The European Anglo-Saxons eventually mingled with Latin-speaking Romans of the south and took words, referred to as ***loanwords***, into their language. Although the English language has borrowed many words from several sources, the early English speakers borrowed most of their loan words from Latin approximately two thousand years ago.

Old English:

The Anglo-Saxons invaded Britain around 450 A.D., taking over land that had been settled earlier by the Celts and colonized for centuries by the Romans. The Anglo-Saxons named the island after themselves, *Englaland*, meaning the land of Angles—or, as it is known today, England. They called their language *Englisc*, now referred to as Old English. Throughout the years the Language was further enriched after the English were converted to Christianity by Latin speaking missionaries.

Middle English:
A group of Norse (Invaders from Scandinavia settled in Britain) seized control of England in 1066. The French-speaking Normans ("north men") made French the language of government, business, and law in England for the next 150 years. Hence, many English words associated with wealth and power came from the French, such as *governor, attorney,* and *fashion*. However, the common people of England still spoke English. This changing form of the language is now called Middle English. Some hundred years after the French invasion, English was re-established as the national language of England thereby developing a grammar and structure similar to the English spoken today.

Modern English (1500-Present):
The English were relatively isolated from the European continent for nearly 1, 200 years. They were also isolated from one another living in small villages, which rendered several different versions of the language. However, as London became the center of commerce and government, the English used there became the standard. The spread of the English language brought a spread of the English culture, which ultimately influenced the whole world on every continent. Since then, English has become one of the most important languages used in commerce, politics, and international relations.

Etymology
Etymology is the origin and historical development of a linguistic form as shown by determining its basic elements, earliest known use, and changes in form and meaning, tracing its transmission from one language to another, identifying its cognates in other languages, and reconstructing its ancestral form where possible. It also refers to the branch of linguistics that deals with etymologies.

Etymological example of the word *etymology*:
[Middle English *etimologie*, from Old French *ethimologie*, from Medieval Latin *ethimologia*, from Latin *etymologia*, from Greek *etumologi*: *etumon*, meaning true sense of a word; ***etymon*** + -logi, -logy.]

Morphology
In linguistics, Morphology is the field of linguistics that studies the internal structure of words. (Words as units in the lexicon are the subject matter of lexicology.) While words are generally accepted as being the smallest units of syntax, it is clear that in most (if not all) languages, words can be related to other words' by rules. For example, English speakers recognize that the words dog, dogs, and dog-catcher are closely related. In this way, morphology is the branch of linguistics that studies patterns of word-formation within and across languages, and attempts to formulate rules that model the knowledge of the speakers of those languages.

ROOT WORDS & AFFIXES

Root: As its name suggests, a root is a word or word part from which other words grow, usually through the addition of prefixes and suffixes. The root of the word *vocabulary*, for example, is *voc*, a Latin root meaning "word" or "name." Understanding roots can help deduce the meaning of words. However, root words can have more than one meaning and various shades of meaning so dictionaries may be necessary to clarify meaning.

Affix: A word element that can be attached to a base or root to form a new word. An affix can be a prefix, suffix, or infix.

Common Word Roots and Affixes

Root	Meaning	Example
agri	field	agriculture
anthropo	man	anthropomorphism
astro	star	astronomy
bio	life	biology
cardio	heart	cardiac
cede	go	precede
chromo	color	chromosome
demos	people	demography
derma	skin	epidermis
dyna	power	dynamic
geo	earth	geology
helio	sun	heliotrope
hydro	water	hydroponics

Root	Meaning	Example
hypno	sleep	hypnosis
ject	throw	eject
magni	great, big	magnify
man(u)	hand	manuscript
mono	one	monotheism
ortho	straight	orthodox
pod	foot	pseudopod
psycho	mind	psychology
pyro	fire	pyrometer
script	write	manuscript
terra	earth	terrace
thermo	heat	thermometer
zoo	animal	zoology

Roots & Affixes Used in Math and Science

Root or Affix	Example
aqua (water)	aquarium
hydro (water)	hydroplane
hemi (half)	hemisphere
semi (half)	semicircle
equi (equal)	equivalent
tele (far off)	telescope
micro (small)	microfilm
onomy (science of)	astronomy
ology (study of)	geology
uni (one)	universe
bi (two)	bicycle

Root or Affix	Example
tri (three)	triangle
octa (eight)	octagon
dec (ten)	decade
centi (hundred)	centimeter
milli (thousand)	millimeter
bio (life)	biology
astro (star)	astronaut
thermo (heat)	thermodynamic
meter (measure)	diameter
ped (foot)	pedestrian
pod (foot)	tripod

Prefix: A letter or group of letters attached to the beginning of a word that partly indicates its meaning. Below are some examples.

Prefix	Meaning	Example
anthro	man	anthropology, anthropomorphic
post	after	post script (p.s.), ex post facto, post hoc, post-mortem
pre	before	premier, preview, premium, prescient, prefix

Suffix: A letter or group of letters added to the end of a word or stem (i.e., a base form), serving to form a new word or functioning as an inflectional ending. Below are some examples.

Suffix	Meaning	Examples
able, ible	able, can do	capable, agreeable, visible
ion, sion, tion	act of, state of, result of	contagion, infection, aversion
ist	one who, that which	pianist, elitist

Infix: A word element that can be inserted within the base form of a word (rather than at its beginning or end) to create a new word or intensify meaning. The English language does not have true infixes, but the plural suffix -s behaves something like an infix in unusual plurals like *passers-by* and *mothers-in-law*. Only those expressive words used to intensify meaning can be infixed. Ex: *fanfrigginstastic, unbefrigginlievable*

Other Linguistic Concepts

Dialect: a distinct version of speech. Dialect may include pronunciation, choice of words, and grammar usage.

Jargon: terminology that relates to a specific activity, profession or group. Much like slang it develops as a kind of shorthand, to quickly express ideas that are frequently discussed between members of a group. In many cases a standard term may be given a more precise or specialized usage among practitioners of a field. In many cases this may cause a barrier to communication as many may not understand.

Vernacular: the native language of a country or a locality. In general linguistics, it is used to describe local languages as opposed to official standards or global languages. It is sometimes applied to nonstandard dialects of a global language. For instance, in Western Europe up until the 17th century, most scholarly work had been written in Latin, so works written in a native language were said to be in the vernacular.

Body Language

English language is accompanied by gestures or **Body Language**. Body language includes universal expressions that reinforce or contradict what is said verbally like expressing farewell (waving), humor (laughter), and appellation (extending hands or arms).

LITERARY CONCEPTS & DEVICES

Literary Terms can be described as words, concepts, and devices used in discussion, classification, criticism, and analysis of various forms of literature. Although not defined, a list of common literary terms and concepts are listed below.

Common Literary Concepts and Terms

1. Allegory
2. Alliteration
3. Allusion
4. Ambiguity
5. Analogy
6. Assonance
7. Character
8. Climax
9. Comedy
10. Conflict
11. Connotation
12. Consonance
13. Couplet
14. Dialogue
15. Figure of Speech
16. Flashback
17. Foreshadowing
18. Hyperbole
19. Idiom
20. Imagery
21. Irony
22. Metaphor
23. Metonymy
24. Mood
25. Oxymoron
26. Parable
27. Paradox
28. Parody
29. Personification
30. Plot
31. Point of View
32. Protagonist
33. Pun
34. Setting
35. Simile
36. Stereotype
37. Style
38. Symbol
39. Symbolism
40. Synecdoche
41. Theme
42. Tone

These English Language Lessons have been compiled and arranged by Brother Ilia "Rashad" Muhammad who serves in the Ministry of Education of the Nation Of Islam and teaches English/Language Arts.

Appendix II

Word Frequency Table
Each Word That Appears In The Lessons and How Many Times It Appears

Example: Muhammad:15 (Muhammad appears 15 times in the Supreme Wisdom Lessons)

WORD : FREQUENCY	AFRICANS : 1	ANDSHE : 1
A : 137	AFTER : 10	ANGEL : 1
ABILITY : 1	AGAINST : 5	ANIMAL : 6
ABLE : 6	AGE : 5	ANNUALLY : 1
ABOUT : 8	AGEAN : 1	ANOTHER : 4
ABOVE : 17	AGO : 11	ANS : 40
ABROAD : 1	AGREE : 1	ANSWER : 22
ABSENCE : 1	AGREED : 2	ANSWERED : 3
ABSENT : 2	AID : 1	ANSWERS : 7
ABSOLUTE : 1	AILMENTS : 1	ANY : 16
ABSOLUTELY : 1	AIR : 10	ANYONE : 2
ACCEPTED : 1	AL : 1	ANYTHING : 2
ACCOMPLISH : 1	ALI : 2	APART : 1
ACCOMPLISHING : 1	ALIKE : 1	APOSTLE : 8
ACCOMPLISHMENT : 1	ALL : 69	APOSTLES : 1
ACCOMPLISHMENTS : 2	ALLAH : 18	APPEARANCE : 2
ACCORDING : 1	ALLAH'S : 1	APPLICATION : 1
ACCOUNT : 1	ALLEGIANCE : 2	APPROVAL : 2
ACCUSATION : 1	ALLOWED : 1	APPROVE : 1
ACCUSED : 1	ALLOWING : 1	APPROXIMATELY : 10
ACT : 1	ALMIGHTY : 2	ARABIA : 3
ACTING : 1	ALONG : 8	ARABIAN : 1
ACTIONS : 1	ALREADY : 1	ARE : 50
ACTUAL : 2	ALSO : 22	AREA : 14
ADD : 2	ALWAYS : 5	ARGUMENT : 1
ADVOCATE : 1	AMERICA : 22	ARGUMENTS : 1
ADVOCATED : 1	AMONG : 9	ARIEL : 1
AFFAIRS : 1	AMOUNT : 4	ARISE : 3
AFRAID : 1	AN : 11	AROSE : 1
AFRICA : 1	ANALYSIS : 2	AROUND : 12
	AND : 381	AS : 14

ASCENDS : 1
ASIA : 6
ASIATIC : 2
ASK : 2
ASSIGNMENT : 5
ASTRONOMY : 1
AT : 53
ATLANTIC : 1
ATMOSPHERE : 3
ATOM : 5
ATOMS : 9
ATTRACT : 1
ATTRACTED : 1
ATTRACTING : 1
AVERAGE : 12
AWAITING : 4
AWAKE : 1
AWAY : 3
AZHAR : 1
B : 6
BABIES : 6
BABY : 7
BACK : 8
BALANCE : 1
BASE : 1
BE : 66
BEAST : 2
BEAT : 5
BEAUTIFUL : 1
BEAUTY : 2
BECAME : 2
BECAUSE : 20
BECOMES : 2
BED : 1
BEDTIME : 2
BEEN : 10
BEFORE : 10

BEG : 1
BEGIN : 1
BEGINNING : 3
BEING : 5
BELIEVE : 5
BELIEVED : 1
BELIEVES : 1
BELONG : 1
BELONGING : 1
BELONGS : 2
BENEFIT : 2
BESIDES : 2
BEST : 15
BIBLE : 4
BIG : 2
BIGGER : 1
BILLION : 5
BILLS : 1
BIND : 1
BIRTH : 7
BIRTHED : 1
BLACK : 14
BLIND : 4
BLOOD : 6
BOND : 3
BONE : 1
BOOK : 6
BOOKS : 1
BORDERED : 1
BORN : 4
BOUGHT : 1
BOY : 1
BRAIN : 7
BRAINS : 1
BREAD : 2
BREAK : 1
BREATHE : 4

BREATHED : 1
BREATHES : 3
BREEDERS : 1
BRING : 4
BRINGING : 1
BRINGS : 2
BROKE : 1
BROTHER : 4
BROTHERS : 2
BROUGHT : 3
BROWN : 4
BUDDHISM : 1
BUILD : 3
BUILT : 1
BURIED : 1
BURN : 1
BUSY : 2
BUT : 22
BUTTON : 1
BUY : 1
BY : 66
C : 10
CA : 3
CAGE : 2
CAIRO : 2
CALCULATE : 1
CALL : 6
CALLED : 6
CAME : 8
CAN : 19
CANAL : 6
CANNOT : 9
CAPT : 1
CAPTAIN : 2
CAR : 1
CARE : 4
CARRY : 1

242

CASE : 1	CLEAN : 2	CONTROL : 2
CAST : 2	CLEANLINESS : 1	CONVERTS : 3
CATCH : 1	CLEAR : 3	COOK : 1
CAUCASIAN : 2	CLEARLY : 1	COPY : 2
CAUSE : 1	CLOTHING : 1	CORRECT : 1
CAUSED : 2	COAT : 1	CORRECTLY : 3
CAUSES : 1	COLD : 2	COST : 3
CAUSING : 1	COLORED : 7	COSTS : 1
CAVE : 7	COLUMBUS : 3	COULD : 12
CAVES : 3	COME : 6	COUNTED : 1
CAVY : 4	COMES : 1	COUNTRY : 2
CENTS : 1	COMING : 1	COURSE : 2
CENTURIES : 1	COMMON : 7	COURSES : 2
CERTAIN : 2	COMPARING : 1	COVER : 4
CHALLENGED : 1	COMPARISON : 1	COVERED : 1
CHANCE : 2	COMPLETE : 7	COVERS : 4
CHANGE : 2	COMPLETED : 1	CRACKED : 5
CHANGEABLE : 1	COMPLETELY : 1	CREAM : 1
CHAPTER : 3	COMPLETION : 1	CREATURE : 1
CHARGES : 2	COMPOUNDING : 1	CREDIT : 2
CHEERFULLY : 1	CONCEAL : 1	CREMATOR : 2
CHILDREN : 4	CONCERNING : 2	CUBE : 2
CHILLS : 1	CONDITION : 1	CUBIC : 28
CHOSEN : 1	CONFERENCE : 2	CULTURE : 1
CHRIST : 1	CONFERRED : 1	CURRENT : 1
CHRISTIANITY : 3	CONFINED : 1	CURRENTS : 3
CHRISTOPHER : 1	CONGO : 1	D : 30
CIPHERS : 2	CONSIDERATION : 2	DAILY : 2
CIRCLE : 6	CONSIDERED : 6	DARKNESS : 1
CIRCUMFERENCE : 5	CONSTRUCTION : 3	DATE : 4
CITY : 6	CONTAIN : 2	DAY : 18
CIVIL : 2	CONTAINS : 12	DAYS : 11
CIVILIZATION : 15	CONTINENT : 4	DEAD : 7
CIVILIZE : 3	CONTINUATION : 1	DEAF : 2
CIVILIZED : 7	CONTINUE : 1	DEAREST : 1
CLAIM : 1	CONTRADICT : 1	DEATH : 7
CLASS : 6	CONTRIBUTION : 1	DECEIVE : 1

DECIDED : 1	DIRTY : 1	EARLY : 1
DECIDES : 1	DISAGREEABLE : 1	EARNING : 1
DECLARED : 1	DISAPPEARED : 1	EARTH : 41
DELIVER : 1	DISBELIEVE : 1	EARTHQUAKES : 4
DELIVERING : 1	DISCOVER : 1	EARTH'S : 3
DELIVERY : 1	DISCOVERED : 2	EASILY : 1
DEPARTMENT : 2	DISMISSED : 1	EAST : 3
DEPARTURE : 1	DISPUTE : 1	EAT : 2
DEPENDS : 1	DISQUALIFIED : 1	EATER : 1
DEPTH : 4	DISTILLS : 1	EATERS : 1
DESERT : 2	DISTURBED : 1	EATING : 2
DESERTS : 1	DIVIDE : 1	EATS : 1
DESIRE : 4	DO : 26	EDUCATE : 1
DESIRES : 2	DOCTOR : 4	EDUCATIONAL : 2
DESIRING : 1	DOCTOR'S : 1	EFFORT : 1
DESTROY : 4	DOCTORS : 2	EIGHT : 22
DESTROYING : 1	DOES : 41	EIGHTH : 1
DESTROYS : 1	DOING : 1	EIGHTS : 1
DESTRUCTION : 1	DOLLARS : 2	EIGHTY : 17
DETECT : 1	DONE : 2	ELEVEN : 5
DETERMINED : 1	DON'T : 1	ELEVENTH : 1
DETROIT : 2	DOOR : 1	ELIJAH : 5
DEVIL : 67	DOORS : 1	ELSE : 1
DEVILISHMENT : 2	DOWN : 1	ELSE'S : 1
DEVILS : 17	DOWNHILL : 2	EMBLEM : 1
DEVIL'S : 4	DRAWN : 1	EMPHATICALLY : 1
DEVOTED : 1	DRAWS : 1	EMPTY : 1
DIAMETER : 12	DRINK : 2	END : 1
DID : 24	DROPS : 3	ENDING : 2
DIDN'T : 1	DRY : 2	ENEMY : 7
DIED : 1	DUCKS : 2	ENFORCED : 3
DIES : 3	DUG : 1	ENGINE : 1
DIFFERENT : 2	DUMB : 3	ENGINEERING : 3
DILUTED : 1	DURING : 1	ENGINEERS : 3
DIPLOMA : 1	DUTY : 6	ENGLAND : 1
DIPLOMAS : 2	E : 2	ENGLISH : 2
DIRECTION : 2	EACH : 11	ENLISTMENT : 1

ENOUGH : 3
ENRICH : 2
ENROLLMENT : 1
ENSLAVEMENT : 1
EQUAL : 18
EQUALITY : 5
EQUALLY : 1
EQUALS : 9
EQUIPMENT : 1
EQUIPPED : 1
EQYPT : 1
ERIE : 3
ERRORS : 1
EU : 2
EUROPE : 3
EVER : 4
EVEREST : 1
EVERY : 22
EVERYONE : 2
EVERYONE'S : 1
EVERYTHING : 5
EVERYWHERE : 2
EXACT : 7
EXAMINATION : 5
EXAMINE : 1
EXAMINED : 1
EXAMPLE : 1
EXCEPT : 1
EXCLUSIVELY : 1
EXILED : 1
EXIST : 2
EXISTS : 2
EXPERIMENTING : 1
EXPIRATION : 1
EXPIRE : 1
EXPIRED : 1
EXPLANATION : 1

EXPLOSION : 1
EXTERNALLY : 1
EXTRA : 1
EXTRACT : 2
EYE : 3
EYES : 1
EZEKIEL : 1
F : 2
FACE : 1
FACT : 1
FACTS : 2
FAIL : 2
FAILS : 1
FALLING : 1
FALSE : 1
FAMILY : 4
FAMILY'S : 1
FAR : 5
FARD : 22
FARD'S : 4
FAST : 3
FATHER : 1
FEAR : 3
FEED : 1
FEET : 18
FELL : 1
FEVER : 3
FEW : 1
FIELDS : 1
FIFTEEN : 1
FIFTH : 2
FIFTHS : 1
FIFTY : 18
FIGHT : 1
FIGURE : 2
FIGURES : 3
FILL : 1

FILLED : 1
FILTHY : 1
FINAL : 1
FIND : 4
FINDER : 1
FINE : 1
FIRST : 11
FIRT : 1
FIT : 1
FIVE : 34
FLAG : 6
FLUFFY : 1
FOLLOW : 2
FOLLOWED : 2
FOLLOWERS : 2
FOLLOWING : 3
FOOD : 3
FOOL : 3
FOOLED : 1
FOOT : 11
FOOTNOTE : 1
FOR : 64
FORCE : 1
FORGET : 1
FORGOTTEN : 1
FORM : 6
FORMER : 1
FORMS : 1
FORTH : 2
FORTY : 27
FOT : 1
FOUND : 13
FOUNDED : 1
FOUNDER : 2
FOUNDS : 3
FOUR : 34
FOURTEEN : 3

FOURTH : 4	GRAMMATIC : 1	HEAVENS : 1
FOURTHS : 1	GRAVE : 1	HEAVIER : 1
FREE : 1	GRAVITATION : 2	HEAVY : 1
FREEDOM : 3	GREAT : 1	HEIGHT : 1
FREQUENTLY : 1	GREATEST : 4	HELD : 1
FRIENDSHIP : 1	GREET : 1	HELL : 1
FROM : 56	GRIPPE : 1	HELP : 5
FRUIT : 3	GROUPS : 1	HELPER : 1
FULFILLMENT : 1	GROWN : 1	HELPING : 1
FULL : 2	GUARANTEE : 1	HER : 27
FUTURE : 7	GUIDE : 1	HERE : 5
G : 7	H : 1	HEREAFTER : 1
GALLON : 3	HAD : 10	HERSELF : 3
GALLONS : 5	HAIL : 3	HIGH : 5
GAVE : 4	HAILS : 1	HIGHER : 1
GENERAL : 4	HAIRS : 1	HILLS : 1
GERM : 6	HALF : 20	HILLSIDE : 1
GERMANY : 1	HAND : 1	HILLSIDES : 2
GERMS : 2	HAPPEN : 1	HIM : 43
GET : 5	HAPPENED : 1	HIMSELF : 13
GETS : 1	HAPPINESS : 3	HIS : 72
GIRLS : 4	HARD : 4	HISTORY : 8
GIVE : 7	HARDLY : 2	HOLDERS : 2
GIVEN : 12	HAS : 30	HOLES : 1
GIVES : 3	HAVE : 30	HOLY : 17
GO : 2	HAVING : 4	HOME : 10
GOD : 23	HAY : 1	HOMES : 1
GODS : 1	HE : 119	HONOR : 1
GOES : 2	HEAD : 2	HOPE : 1
GOING : 1	HEADACHES : 2	HORSE : 2
GOLD : 2	HEALTHY : 1	HOT : 1
GONE : 1	HEAR : 2	HOUR : 16
GOOD : 5	HEARD : 2	HOURS : 4
GRADING : 1	HEARS : 1	HOUSE : 1
GRAFT : 2	HEART : 3	HOUSEHOLD : 2
GRAFTED : 7	HEAVEN : 3	HOUSES : 1
GRAFTING : 4	HEAVENLY : 1	HOW : 90

HUDNRED : 2	INTEREST : 1	KINDS : 1
HUMAN : 3	INTERNALLY : 1	KNOW : 24
HUNDED : 1	INTERPRETATION : 1	KNOWING : 1
HUNDRED : 92	INTO : 7	KNOWLEDGE : 14
HUNDREDTH : 5	INVESTIGATED : 1	KNOWN : 6
HUNDREDTHS : 2	INVISIBLE : 1	KNOWS : 5
HUNGER : 1	IS : 225	KORAN : 8
HURRY : 4	ISCONSIDERED : 1	L : 1
HUSBANDS : 1	ISLAM : 43	LABOR : 7
HYPOCRITES : 2	ISLAND : 1	LABORER'S : 1
I : 16	ISLANDS : 1	LABORERS : 21
ICE : 2	ISN'T : 1	LABORING : 1
IDEA : 2	IT : 76	LACK : 1
IF : 20	ITALY : 1	LAKE : 10
IGNORANT : 1	ITS : 5	LAKES : 1
II : 1	IV : 1	LAND : 14
ILLITERATE : 2	JEBUS : 1	LANGUAGE : 12
IMMEDIATELY : 1	JERUSALEM : 3	LAPEL : 1
IMPORTANCE : 1	JESUS : 2	LARGE : 2
IMPOSSIBLE : 2	JEWS : 1	LAST : 1
IMPRISON : 1	JOBS : 1	LASTS : 1
IN : 186	JOINTS : 2	LATER : 1
INCH : 7	JUDGING : 1	LAW : 14
INCHES : 12	JUNGLE : 2	LAWS : 4
INCLUDE : 3	JUPITER : 2	LAY : 1
INCLUDING : 3	JUPITERIAN : 1	LAYERS : 1
INCREASING : 1	JUST : 1	LAYS : 1
INDIA : 1	JUSTICE : 4	LEAD : 1
INDIAN : 2	KEEP : 5	LEADER : 1
INDIANS : 2	KEEPING : 1	LEADERS : 1
INHABITED : 2	KEEPS : 1	LEARN : 8
INSIDE : 1	KEPT : 1	LEARNED : 5
INSTEAD : 1	KEYS : 1	LEARNING : 1
INSTRUCTION : 1	KILL : 4	LEARNS : 1
INSTRUCTIONS : 2	KILLED : 4	LEAVE : 1
INSUFFICIENT : 1	KILLS : 1	LED : 1
INSURANCE : 1	KIND : 4	LEFT : 2

LESS : 1	LUCKY : 1	MEMORIZE : 1
LESSON : 15	LUKE : 1	MEN : 4
LESSONS : 5	LUXURY : 2	MENTAL : 6
LET : 3	M : 6	MENTALLY : 3
LETTER : 1	MADE : 16	MENTIONED : 3
LETTERS : 2	MAGNETIC : 3	MERCURIAN : 1
LETTING : 1	MAINTAIN : 2	MERCURY : 2
LEVEL : 1	MAKE : 19	MESENGER : 1
LIABLE : 1	MAKER : 1	MESSENGER : 3
LIBRARY : 1	MAKERS : 1	METHODS : 1
LIED : 1	MAKES : 7	MICHIGAN : 7
LIES : 3	MAKING : 6	MIGHTY : 1
LIEU : 1	MAN : 56	MILE : 2
LIEUTENANT : 2	MAN'S : 4	MILEAGE : 4
LIEUTENANT'S : 1	MANUFACTURED : 2	MILES : 97
LIFE : 11	MANUFACTURING : 2	MILITARY : 1
LIGHT : 5	MANY : 34	MILLION : 31
LIKE : 4	MARRY : 4	MIND : 2
LIKES : 1	MARS : 2	MINDS : 1
LIMIT : 1	MASTER : 2	MINISTER : 5
LIMITED : 1	MATHEMATICAL : 3	MINISTERS : 4
LION : 1	MATHEMATICIAN : 1	MINOR : 1
LIST : 1	MATHEMATICS : 3	MINUTE : 6
LITTLE : 6	ME : 2	MINUTES : 1
LIVE : 11	MEAL : 2	MISERABLE : 1
LIVED : 4	MEALS : 1	MIST : 3
LIVES : 7	MEAN : 2	MISTAKES : 1
LIVESTOCK : 2	MEANING : 5	MISTS : 1
LIVING : 13	MEANS : 12	MIXED : 2
LOCKS : 2	MEANT : 2	MODERN : 3
LONG : 23	MEASURE : 1	MONEY : 5
LONGEST : 2	MECCA : 4	MONTH : 2
LOOK : 1	MECHANICAL : 2	MONTHS : 4
LOSE : 3	MEDICAL : 1	MOON : 4
LOSING : 1	MEDICINE : 1	MORE : 12
LOST : 13	MEET : 1	MOSES : 1
LOVE : 2	MEMBERS : 3	MOSSA : 5

MOST : 1	NILE : 5	ONETHOUSAND : 1
MOSTLY : 1	NINE : 26	ONLY : 14
MOTHER : 3	NINETEEN : 3	OR : 30
MOTHERS : 1	NINETY : 7	ORDERS : 1
MOUNT : 1	NO : 41	ORIGIN : 1
MOUNTAINS : 2	NONE : 1	ORIGINAL : 52
MOVING : 1	NOR : 4	ORIGINATOR : 1
MR : 32	NORTH : 22	OSMAN : 1
MUCH : 23	NOT : 66	OTHER : 22
MUHAMMAD : 15	NOTE : 3	OTHERS : 3
MUHAMMAD'S : 2	NOTHING : 3	OTHERWISE : 5
MULTIPLYING : 1	NOW : 13	OUNCE : 3
MURDER : 2	NOWADAYS : 1	OUNCES : 16
MURDERED : 1	NUBMER : 1	OUR : 35
MUSA : 1	NUMBER : 6	OUT : 15
MUSLIM : 22	NUMBERING : 1	OVER : 12
MUSLIMS : 9	NUMBERS : 3	OWN : 22
MUST : 34	NURSE : 1	OWNER : 2
MY : 10	NURSE'S : 1	PACIFIC : 1
MYSELF : 1	NURSES : 2	PAID : 6
MYSTERY : 9	O : 2	PAIN : 2
NAKED : 2	OBEY : 2	PALESTINE : 1
NAME : 13	OBEYED : 1	PANAMA : 3
NAMED : 1	OCEAN : 4	PAPER : 1
NAMES : 5	OF : 410	PARAGRAPH : 1
NATION : 22	OFF : 3	PARDON : 1
NATIONS : 1	OFFERS : 1	PART : 16
NEAR : 5	OFFICE : 1	PARTS : 1
NEARLY : 3	OFFICES : 1	PAST : 6
NEATEST : 5	OFFICIAL : 1	PATMOS : 1
NEEDLE : 1	OFFICIALS : 1	PAY : 2
NEEDY : 1	OIL : 1	PEACE : 6
NEPTUNE : 2	OLD : 9	PELAN : 1
NEVER : 4	ON : 31	PENALTY : 2
NEW : 4	ONCE : 11	PEOPLE : 37
NEXT : 1	ONE : 164	PEOPLE'S : 2
NIGHT : 1	ONES : 4	PER : 36

PERCENT : 10	PRESCRIBED : 1	PUTTING : 1
PERCENTAGE : 2	PRESCRIBES : 1	QUALIFICATION : 1
PERFECT : 5	PRESCRIPTION : 1	QUALIFIED : 5
PERFORM : 2	PRESENT : 8	QUALIFY : 1
PERMIT : 1	PRESENTING : 2	QUARRELING : 1
PERSON : 14	PRESERVED : 1	QUESTION : 1
PERSONS : 1	PRESSURE : 4	QUESTIONS : 3
PHYSICAL : 6	PRICE : 2	QUICK : 1
PHYSICALLY : 2	PRISON : 1	QUICKLY : 2
PIECE : 4	PRIVATE : 1	QUICKNESS : 1
PIECES : 1	PRIZE : 3	QUINTILLION : 4
PILLS : 4	PRIZES : 1	QUR'AN : 3
PLACE : 4	PROBLEM : 12	R : 2
PLACED : 1	PROBLEMS : 3	RAIN : 3
PLAINLY : 1	PROCESS : 1	RAINS : 2
PLANET : 39	PRODUCING : 1	RAN : 1
PLANETS : 4	PROFESSION : 1	RATE : 16
PLATOON : 2	PROFIT : 1	RATES : 4
PLAYING : 1	PROGRESS : 2	RATIO : 1
PLUTO : 1	PROMISED : 1	RAVELS : 1
POCKET : 1	PRONUNCIATION : 2	RE : 2
POISON : 12	PROPER : 1	READ : 1
POOR : 11	PROPERLY : 1	READING : 4
POPULATION : 10	PROPHECIES : 2	REAL : 3
POSITION : 1	PROPHET : 13	REAR : 1
POSITIONS : 1	PROPHET'S : 1	REASON : 1
POSSESS : 1	PROPHETS : 4	REBELLED : 1
POST : 2	PROPORTION : 1	RECEIVE : 9
POUND : 3	PROVE : 3	RECITE : 1
POUNDS : 14	PUBLIC : 1	RECORD : 3
POWER : 12	PULSE : 5	REDUCE : 1
POWERFUL : 1	PUNISHED : 3	REFERENCE : 1
PRACTICE : 2	PUNISHMENT : 2	REFINEMENT : 1
PRAISE : 1	PURPOSES : 1	REFORM : 3
PRAY : 1	PURSUIT : 1	REGARDLESS : 3
PREDICTED : 2	PUT : 5	REGARDS : 3
PREPARE : 1	PUTS : 1	REGISTER : 1

REGISTERED : 2
REGISTERS : 2
REGULAR : 3
REGULATIONS : 1
REIVER : 1
RELIEF : 1
RELIGION : 1
REMOVE : 3
REMOVED : 1
RENEWING : 1
RENEWS : 1
REPEL : 1
REPORT : 5
REQUIRED : 2
RESPECTFUL : 1
RESPECTIVE : 1
RESPONSIBLE : 1
REST : 5
RESTRICTIVE : 1
RETURN : 4
REVEAL : 1
REVEALED : 1
REVEALS : 2
REVELATIONS : 1
REVIEW : 1
REVIVED : 1
REWARD : 13
REWARDED : 1
RHEUMATISM : 2
RICE : 1
RICH : 2
RIGHT : 6
RIGHTEOUS : 13
RIGHTEOUSNESS : 1
RIPE : 1
RIVER : 6
RIVERS : 1

RIVER'S : 1
ROB : 3
ROBBED : 3
ROOT : 5
ROPE : 3
ROTATING : 1
ROTATION : 1
ROUND : 2
RULE : 5
RULERS : 1
RULES : 4
RUN : 2
RUST : 2
RUSTY : 5
SAID : 20
SALEM : 1
SAME : 8
SAT : 1
SATAN : 2
SATURN : 4
SATURNERS : 1
SAVAGE : 6
SAVE : 4
SAVIOUR : 9
SAVIOUR'S : 1
SAY : 3
SAYING : 1
SCHOOL : 1
SCIENCE : 1
SCIENCES : 1
SCIENTIST : 1
SCIENTISTS : 1
SEA : 1
SEARCHED : 1
SEARCHING : 1
SECOND : 13
SECONDS : 1

SECRET : 1
SECRETARY : 3
SECRETS : 1
SECURE : 1
SECURED : 1
SEE : 13
SEEING : 1
SEEKING : 2
SEEN : 2
SELF : 4
SELLING : 1
SEND : 1
SENDS : 1
SENT : 2
SEPARATE : 1
SEPARATED : 1
SEPARATING : 1
SETTLED : 1
SETTLEMENT : 1
SEVEN : 35
SEVENTEEN : 6
SEVENTY : 8
SEVERE : 1
SEW : 1
SEXTILLION : 3
SHAH : 2
SHALL : 8
SHARE : 4
SHARES : 1
SHARRIEFF : 6
SHE : 26
SHEEP : 1
SHIELD : 1
SHOULD : 12
SHOW : 2
SHOWN : 1
SHOWS : 2

SIDE : 1	SOUNDS : 1	STRESS : 1
SINCE : 5	SOUTH : 1	STRIKE : 2
SINCERE : 1	SOUTHEAST : 1	STRIKES : 1
SIR : 2	SPARE : 1	STRONG : 1
SISTER : 1	SPEAK : 6	STTE : 1
SISTERS : 1	SPEAKING : 1	STUDENT : 16
SISTY : 1	SPEAKS : 1	STUDENT'S : 1
SIT : 3	SPEED : 4	STUDENTS : 5
SITUATED : 1	SPELLING : 1	STUDIES : 1
SIX : 38	SPENT : 1	STUDY : 12
SIXTEEN : 7	SPHERE : 1	STUDYING : 1
SIXTIETH : 1	SPOOK : 2	SUBMIT : 7
SIXTY : 20	SPREAD : 1	SUBMITTANCE : 1
SKUNK : 1	SQUAE : 1	SUBMMIT : 1
SLAVE : 2	SQUARE : 48	SUCCESS : 1
SLAVES : 3	ST : 1	SUCCESSFUL : 3
SMALL : 1	STAMMERING : 1	SUCCESSFULLY : 1
SNAKE : 2	STAND : 1	SUCH : 1
SNOW : 4	STANDARD : 1	SUCKERS : 1
SNOWS : 1	STANDS : 1	SUEZ : 1
SO : 33	STAR : 1	SUM : 1
SOCIAL : 1	STARS : 2	SUN : 28
SOCIALIST : 1	STARTED : 3	SUPPORT : 3
SOCIETY : 1	STATE : 4	SUPPOSE : 3
SOLD : 3	STATES : 3	SUPREME : 2
SOLDIERS : 1	STAY : 1	SURFACE : 3
SOLID : 1	STEALING : 1	SURROUNDED : 1
SOLVE : 1	STEEL : 1	SWEAR : 1
SOLVES : 1	STEP : 1	SWIFT : 1
SOLVING : 1	STICKING : 1	SWIM : 1
SOME : 8	STING : 1	SWORD : 4
SOMEONE : 1	STOCK : 1	SYLLABLES : 2
SOMETHING : 3	STONE : 1	T : 4
SON : 9	STOP : 2	TAKE : 20
SONS : 3	STORE : 1	TAKEN : 3
SOON : 3	STORY : 1	TAKES : 6
SOUND : 2	STRAYED : 1	TAKING : 6

TALK : 1	THINKS : 1	TRAINING : 5
TAMPERED : 1	THINNING : 1	TRANSPORTATION : 1
TAT : 1	THIRD : 15	TRAVEL : 7
TAUGHT : 4	THIRDS : 2	TRAVELS : 14
TEACH : 17	THIRTEEN : 2	TREAT : 1
TEACHER : 8	THIRTY : 21	TREE : 1
TEACHERS : 3	THIS : 58	TRICKNOLLEGY : 5
TEACHERSHIP : 1	THOROUGH : 2	TRIED : 3
TEACHES : 3	THOSE : 2	TRILLIONS : 1
TEACHING : 3	THOUGHT : 2	TRIPS : 1
TEACHINGS : 1	THOUSAND : 80	TROUBLE : 1
TELL : 20	THOUSANDS : 1	TROUBLED : 1
TELLING : 2	THREE : 39	TRUE : 5
TEMPLE : 2	THROUGH : 2	TRY : 2
TEN : 8	THUNDER : 1	TRYING : 3
TENSE : 2	THUS : 3	TURN : 2
TENTH : 3	TIME : 25	TURNS : 1
TENTHS : 4	TIMES : 11	TWELVE : 1
TERM : 2	TITLE : 2	TWENTY : 33
TERRIFIC : 1	TO : 238	TWO : 44
TERRITORY : 1	TOAL : 1	TYPE : 1
TEST : 1	TODAY : 5	U : 1
THAN : 21	TOGETHER : 1	UNABLE : 3
THANK : 1	TOLD : 4	UNALIKE : 1
THAT : 126	TOMORROW : 1	UNCIVILIZED : 3
THE : 841	TONGUE : 1	UNCLE : 21
THEIR : 32	TONS : 4	UNDER : 5
THEM : 31	TOO : 1	UNDERSTAND : 2
THEMSELVES : 4	TOOK : 3	UNDERSTANDING : 3
THEN : 25	TOOL : 1	UNDERSTOOD : 1
THEOLOGY : 1	TOOTHACHES : 1	UNDERTAKINGS : 1
THERE : 22	TOP : 5	UNIT : 2
THEREFORE : 11	TOTAL : 10	UNITED : 1
THEREIN : 1	TOURING : 1	UNITS : 1
THESE : 5	TRADER : 2	UNIVERSE : 5
THEY : 54	TRADING : 2	UNIVERSITY : 5
THINK : 1	TRAIN : 1	UNJUSTLY : 1

UNLESS : 4	WAS : 75	WIDTH : 1
UNLIKE : 3	WATER : 25	WIFE : 1
UNLIMITED : 1	WATTER : 1	WILD : 1
UNRIGHTEOUSNESS : 1	WAY : 6	WILDERNESS : 13
UNSEEN : 2	WAYS : 1	WILL : 55
UNSOUND : 1	WE : 26	WINNER : 4
UNTIL : 7	WEAK : 6	WISDOM : 3
UNTURNED : 1	WEAKER : 1	WISE : 5
UP : 4	WEAR : 3	WITH : 35
UPON : 1	WEEK : 2	WITHIN : 1
UPPER : 3	WEEKLY : 1	WITHOUT : 1
URANUS : 2	WEEKS : 1	WOMEN : 2
US : 25	WEIGH : 8	WORD : 5
USE : 9	WEIGHING : 1	WORDS : 5
USED : 11	WEIGHS : 11	WORK : 5
USEFUL : 4	WEIGHT : 6	WORKED : 1
USES : 3	WEIGHTS : 1	WORKER : 5
USING : 4	WELL : 4	WORKING : 1
V : 1	WENT : 1	WORKS : 3
VALUE : 3	WERE : 23	WORLD : 4
VENUS : 2	WEST : 1	WORRIED : 1
VENUSIAN : 1	WHAT : 65	WORSHIP : 1
VERSE : 3	WHEELS : 1	WORSHIPPING : 1
VERY : 6	WHEN : 20	WORST : 2
VI : 1	WHERE : 2	WORTH : 1
VICTIM : 3	WHETHER : 1	WOULD : 31
W : 28	WHICH : 33	WRITING : 2
WAIT : 2	WHILE : 8	WRITTEN : 2
WAITED : 1	WHITE : 3	WRONG : 2
WALK : 3	WHO : 39	YACOB : 1
WALKING : 2	WHOLE : 3	YACUB : 9
WALKS : 2	WHOM : 3	YACUB'S : 3
WANT : 2	WHOSE : 1	YARDS : 3
WANTED : 1	WHY : 22	YEAR : 14
WANTS : 14	WICKED : 5	YEARS : 58
WAR : 1	WICKEDNESS : 1	YES : 5
WARM : 1	WIDE : 4	YET : 2

YOU : 39
YOUNG : 1
YOUR : 20
YOURSELF : 4

Made in the USA
Columbia, SC
12 July 2023